B·e·r·t·o·l·t B·r·e·c·h·t

브레히트 선집

1

희곡

한국브레히트학회 편

연극과인간

발 간 사

　2010년 10월 3일은 서독과 동독이 하나의 국가로 통합된지 만 20년이 되는 날이다. 베를린과 브레멘 등 독일 전역에서는 독일통일 20주년을 기념하는 다양하고 성대한 축하행사가 벌어졌으며, 당시 서독총리였던 헬무트 콜에게는 훈장이 수여되었다. 그리고 이로써 분단과 냉전 그리고 이데올로기 투쟁으로 점철되었던 과거는 모두 사라져버린 것으로 치부되었다.

　2010년은 또한 브레히트가 서독을 버리고 동독으로 이주한 지 63년이 되는 해이다. 동독에 거주하던 시절 브레히트는 날카로운 사회비판과 혁신적인 무대기법으로 기존의 연극을 완전히 뒤집는 새로운 연극을 태동시켰으며, 이로써 그는 현대연극의 아버지가 되었다.

　그렇다면 냉전과 이데올로기 대립이 사라졌다는 오늘날, 자본주의 체제의 구조적 모순을 비판하며 새로운 연극과 이를 통한 사회변화를 주창한 브레히트는 이제 어디에 있는가? 브레히트의 사회비판은 이제 그 효용가치가 사라진 흘러간 옛 노래인가?

　우선 브레히트는 기본적으로 작가이다. 따라서 그의 작품은 무엇보다도 우선 작품으로 읽혀질 필요가 있다. 심미적 탐닉과 기법적 실험은 이러한 시도를 통해 만날 수 있는 흥미로운 감동이 될 수 있을 것이다.

　물론 브레히트는 사회비판적 작가이다. 그러나 브레히트의 사회비판은 특정 정권이나 특정 이데올로기를 벗어난다. 브레히트의 시선은 인류의 보편적인 삶의 방식과 역사의 일반적인 수탈구조를 바라보고 있다.

따라서 브레히트의 연극 또한 특정 이데올로기에서 출발하지 않는다. 브레히트의 연극은 연극미학적 추구이자 연극사회학적 발상이다. 아리스토텔레스가 비극에서 출발하여 예술 일반을 지향하듯이, 브레히트의 반아리스토텔레스 연극 역시 인간의 보편적 연극체험에서 출발하여 사회속의 인간의 일반적인 삶을 지향한다.

이러한 이유에서 한국브레히트학회는 브레히트를 새롭게 읽고 새롭게 이해하는 계기를 마련하기로 하였다. 우리가 알고 있었던 브레히트를 잊지 않되, 그동안 우리가 잊고 있었던 그의 또다른 진면목을 담대히 만나보기로 한 것이다. 따라서 한국브레히트 학회가 이번에 출간하는 『브레히트 선집』은 다음과 같은 몇 가지 중요한 의미를 지닌다.

우선, 『브레히트 선집』은 그동안 여러 단행본과 잡지 등에 흩어져 있었던 브레히트 번역서들을 모두 한 자리에 모았다는 데에 큰 의미가 있다.

둘째, 형식과 내용 그리고 언어선택에 있어서 기존 번역서들을 현재의 상황에 맞도록 대폭 수정 보완하였으며, 특히 희곡의 경우는 무대작업에 적합하도록 적극 수정·보완하였다.

셋째, 기존의 번역서와 번역물 외에 주요한 작품들을 새로이 번역하고 수록함으로써 『브레히트 선집』이 대표적인 작품들을 모두 포함하는 의미있는 선집이 되도록 노력하였다.

넷째, 이제까지 번역되지 않았던 영화 관련 글들을 모아 한 권으로 번역·출간함으로써, 그동안 많은 관심에도 불구하고 미루어져 왔던 부분이 최초로 발간되는 의미가 있다.

이승진 교수와 정민영 교수의 헌신과 노고가 없었다면 『브레히트 선집』은 햇빛을 보지 못하였을 것이다. 두 분의 학문적 열정이 아니었다면 지리한 작업은 이어져 나가지 못하였을 것이며, 두 분의 지적 호기심이 없었다면 지난한 작업은 방향을 잃고 헤매였을 것이다. 이 자리를 빌어 두 분께 깊은 감사의 뜻을 전한다.

이번에 발간되는 『브레히트 선집』은 우선 희곡 3권, 영화 1권의 총 4권으로 발간된다. 그리고 후속 작업이 완료되는 대로 시와 산문 선집 역시 속간될 것이다.

이번에 발간되는 『브레히트 선집』이 브레히트를 새롭게 만나고, 그의 진면목을 다시 들여다 볼 수 있는 계기가 될 것을 믿어 의심치 않는다.

2011년 1월 26일
한국브레히트학회장 왕치현

차 례

바알
Baal

[1922년 판]

■ 집필기간 : 1918, 1919, 1922, 1926, 1955년
■ 초연 : 1923년 12월 8일, 독일 라이프치히

■ 원전

Bertolt Brecht. Baal. Fassung 1922. In: Bertolt Brecht, Werke. Große
kommentierte Berliner und Frankfurter Ausgabe. Herausgegeben von
Werner Hecht, Jah Knopf, Werner Mittenzwei, Klaus-Detlef Müller. 30
Bände. 1. Bd.: Stücke I. 1. Auflage. Berlin und Weimar: Aufbau-Verlag,
Frankfurt am Main: Suhrkamp Verlag, 1989. S. 83-137.

■ 생성사

브레히트의 첫 번째 희곡 작품인 <바알(Baal)>은 여러 판본(1918,
1919, 1922, 1926, 1955년판)이 존재한다. 1918년 완성된 이후 출판사들
로부터 출판을 거부당하고 있었던 이 작품의 출간과 공연 성사를 위해
많은 부분을 수정하는 노력 끝에 첫 출판을 이끌어낸 판본이 1922년의
세 번째 판본인데, 이러한 사실이 이 판본을 번역 원본으로 선택하게 한
가장 큰 이유다. 브레히트는 이 작품의 발생에 영향을 주었던 한스 요스

트(Hanns Johst)의 색깔을 걷어내고 자신의 의도를 더욱 부각시켰던 1919년 판본에서 출판 성사를 위해 더욱 타협적인 자세로 시민사회비판적인 내용의 많은 부분을 걸러낸다. 그 결과 이 작품을 세상에 내놓게 되었음에도 불구하고 브레히트 스스로 1919년 판본에 비해 생동감을 잃은 이 판본에 불만스러워 하기도 했다. 그는 1953년과 1955년의 수정 작업에서 이 1922년 판본을 다시 수정하고자 하지만 출판사의 저항으로 이번에도 자신의 의도대로 손대지 못한다. 브레히트의 이러한 선택이나 출판사의 강경한 거부가 모두 일반 독자층을 염두에 두었기 때문이었던 것처럼, 본 번역자는 번역 소개 역시 일반 독자층을 위한 것이어야 한다고 생각했다. 또한, 1955년의 마지막 판본을 번역 원본으로 선택할 수도 있겠지만 1922년판을 번역 원본으로 선택하는 것이 초기 브레히트 의도를 많이 접해볼 수도 있으면서, 연대기적 나열을 기본 방향으로 잡은 본 '번역 선집'의 편집 의도에 따르는 것이라 판단했다. 그러나 본 해설은 판본의 제한을 벗어난 전체 판본을 포괄하는 것이어야 한다는 생각에 여러 판본을 포괄적으로 고려하면서 '바알'이라는 인물의 의미를 추적해 보고자 한다.

■ 작품해설

이 작품을 이해하는 데 있어 어려움은 바알이라는 인물 자체의 의미에서 출발한다. <바알(Baal)>은 - 브레히트의 1918년 3월 카스파 네어(Caspar Neher)에게 보낸 편지에 의하면 - 15세기에 프랑스의 브레타니어(Bretagne)에 살았던 살인자이며, 노상강도이며, 발라드 시인이었던 프랑수아 비용(François Villon, 1431~1463)을 모델로 쓴 작품이다. 비용의 삶을 보면 그는 안락한 삶에 안주할 수 있는 기회에도 자신의 발라드로 권력층에 도발함으로써 쉴새없이 삶의 부침을 거듭하다 결국 사형선고까지 받게 되고, 겨우 사면을 받아 죽음을 모면한 뒤, 세상에서 잠적한 인물이다. 브레히트가 퇴폐적 인간과 천재적 시인과의 연결을 시도하고 있음은 이 작품을 이해하는 데 중요한 열쇠가 된다. 그런데 브레히트는 작품 속에서 비용 대신 이러한 비용을 상기시키는 인물인 프랑스 상징주의 작가인 베를렌(Paul Verlaine, 1844~1896)을 다룬다. 1919년 판의 첫 장면에서는 바알의 시에 나타난 노골적인 외설성을 휘트먼(Walt Whitman, 1819~1892), 베를렌, 베데킨트(Frank Wedekind, 1864~1918) 등과 비교하는 대화가 등장한다. 그러나 이것은 바알의 시적 특성에 대한 단순한 해설로써 기능하는 데에 그치는 것이 아니라. 베를렌이 작품 『바알』의 원형임을 암시하고 있다고도 할 수 있다. 시인으로써 천재성을 가지고 있으면서도 랭보와의 방랑생활, 그리고 결혼생활로부터 탈출, 음주벽, 랭보에 대한 살인기도 등으로 점철되는 베를렌의 삶의 역정은 그대로 『바알』의 구조가 되고 있다. 브레히트는 그가 최초에 구상했던 비용 모티브를 동시대인이 더욱 실감할 수 있도록 이 대화를 통해서 바알과 베를렌의 비교 가능성을 열어 놓고 있다. 1922년판에서는 위의 작가들이 거명되는 대사가 삭제되었음에도 불구하고 카스파 네어는 유진 카리에르(Eugène Carrière, 1849~1906)의 베를렌 초상화를 바탕으로 바알의 모습을 그려 이 1922년 인쇄본의 표지 그림으로 선보임으로써 작품이 가지고 있는 발생사적 맥을 이어주고 있다. 이 그림은 2006년 11월 한국브레히트학회 주관으로 개최된 브레히트 사후 50년 기념행사의 공식 포스터로 이용되기도 했다. 나아가 1955년 판에서는 베를렌 등의 이름이 거명되었던 이 대화를 시적 특성을 이해하는 열쇠로서뿐 아니라, 인상학적 이해를 유도하는 내용이 새롭게 추가된다.

> **한 젊은 여자** : 당신은 월트 휘트먼을 생각나게 하는군요. 하지만 당신께서 더 탁월하십니다. 그렇게 생각해요.
> **한 다른 남자** : 그렇다면 저분은 오히려 베르헤렌과 비슷하다고 생각합니다.
> **필러** : 베를렌! 베를렌! 정말이지 관상학적이군요. 우리의 롬브로소를 잊어서는 안 됩니다. (GBA. 169쪽)

〈바알〉

케사레 롬브로소(Cesare Lombroso, 1836~1909)는 의사이면서 범죄 인류학의 창시자였다. 그는 천재와 광기 사이의 관계를 널리 알렸으며, 범죄의 원인이 범죄자의 신체적 특성과 관련이 있다고 생각했던 인물이다. 더욱이 19세기말 이후 독일 문학계에서 중요하게 다루어지는 예술과 범죄 사이의 관계를 고려해 볼 때, 바알과 베를렌의 시와 운명에 있어 유사성에 외양적, 관상학적 유사성까지 보태고 있는 것은 브레히트가 이 작품을 통해서 말하고자 하는 바를 포착할 수 있는 중요한 포인트라고 하겠다. 시민들로부터 천재라고 칭송되는 향락적 시인 바알은 인습의 옥죔을 파괴하는 그 순간 스스로 증오와 박해의 대상이 되는 인물이다. 분명히 바알은 천재성과 광기의 힘을 빌려 시대적 사회적 올가미와 멍에를, 그 도덕적 예술적 의미 등등 총체적 의미에 있어 파괴하고 그것을 벗어던지기 위해 스스로를 함께 파괴하는 인물이다.

브레히트는 그 당시 관객들에게 잘 알려진 사물과 사건, 인물들을 바알이라는 모든 것을 탐식하는 향락 중독자와 대면시키고 있다. 모든 것을 거부하는 바알의 내재적 근본 특성은 자기중심주의의 넘치는 힘을 통한 개인의 파괴라 할 것이다. 자기중심적 바알은 그 자신이 살고 있고 방랑하고 있는 이 사회에 대해 도발하고 또 자신과 타인 모두를 "남김없이 소모해 버리"면서 이 세상에 전면 대항하고 있다는 점에서 오히려 자신의 삶을 가지고 있지 못하다. 바알은 자신이 살고 있는 사회에서 살아가면서 또 몰락하는 것이다. 자신만의 개인성을 지키고자 한 "자기실현"의 길이 결국은 자기의 모든 것을 철저하게 파괴하는 길이었다는 점에서, 계몽주의 이후 "위대한 개인"으로 절대화 되어있던 "개인(Individum)"을 해체하고 개조하려는 1920년대 브레히트의 의도가 <바알>에 이미 선취되어 있음을 알 수 있다. 브레히트의 다른 작품과는 전혀 다른 색깔을 띠고 있는 작품 <바알(Baal)>은 그럼에도 불구하고 이런 의미에서 자본주의 시민사회를 비판하고 있는 다른 작품들과 함께 브레히트 문학의 총체성을 이룬다.

■벗 게오르게 판첼트에게 바침.

등장인물

바알·메히·에밀리에(메히의 아내)·요하네스·필러 박사·요하나·에
카르트·루이제(접대부)·두 자매·주부·소피 바르거·부랑자·루푸·
뮤르크·수브레트·피아니스트·목사·볼레볼·구우구우·늙은 거지·
마야(거지여인)·젊은 여인·바츠만·여종업원·두 시골경찰관·여러 마
부·여러 농부·여러 벌목꾼·몇 명의 남자

위대한 바알 찬미가

어머니의 하얀 자궁 속에서 바알이 자라고 있을 때
하늘은 이미 드넓고 조용했으며 창백했지
하늘은 젊고 알몸이었으며 대단히 신비로웠다
바알이 그 하늘을 사랑했을 때, 바알이 세상에 태어나.

그리고 하늘은 거기 있었다 기쁠 때도 우울할 때도
바알이 잠을 자든, 행복하든 그리고 하늘을 보지 않을지라도:
밤이면 하늘은 보랏빛이었고 바알은 취해 있었다
아침엔 바알은 단정하였고, 하늘은 창백한 살구 빛이었다.

그리곤 선술집 거쳐, 대성당과 요양소
별 마음 없이 어슬렁거려보지만 그것도 포기한다.
바알은 피곤할 때도 주저앉지 않는다 결코:
바알은 자기 하늘을 끌어내려 안는다.

수치심 가득한 죄인들 무리 속에서
벌거벗고 바알은 누워서 이리 뒹굴 저리 뒹굴 즐겼다.
다만 하늘만이, 그러나 언제나 하늘은
그 거대한 힘으로 그의 벌거벗은 몸을 덮어주었다.

그리고 웃으며 몸을 내어 주는 위대한 여인 대지는
그녀의 두 무릎에 끼어 으스러지려는 그에게
그가 사랑하는 격렬한 엑스타시를 선사했다
그러나 바알은 죽지 않았다. 시선을 던질 뿐이었다.

그리고 바알은 여인 대지 주위에 시체들만 보았지
하지만 정욕은 몇 배로 커져만 갔어.
자리가 있어, 바알은 말한다, 사람이 없거든 별로.
자리가 있어, 바알은 말한다, 이 여인 품속에는.

바알이 말한다, 여인이 너희에게 모든 걸 바치거든
포기하라 그 여인을, 더 이상 가진 게 없으니!
두려워 마라 남성들아 여인의 품안, 여자란 다 그게 그거니라.
그런데 아이만은 두려워 한다 바알조차.[1]

악덕은 뭔가를 위해 모두 좋은 거야
바알은 말한다, 그걸 행하는 남자만 그렇지 않은 거지.
악덕은 그 어떤 무엇이지, 우리가 하고자 하는 바를 알고만 있다면
나누어 저지르라. 한 번에는 감당키 어려울 것이니![2]

그렇게 게을러선 안 돼, 달리 향락이란 있을 수 없는 거야!
바알이 말한다, 그것은 해야만 하는 거야, 원하는 것 말이야.
바알이 말한다, 잘 생각해봐, 너희가 더러운 일을 한다 해도
훨씬 나은 거야, 아무 일도 하지 않는 것보다는.

다만 그렇게 게으르고 그렇게 무력하지만 마라
향유한다는 것은 맹세코 쉬운 일이 아니니까!
강인한 사지가 필요하지 그리고 경험 또한.
가끔은 불룩한 배가 방해되기도 하지만.

바알이 살찐 콘도르 떼[3]를 실눈으로 올려다 본다
별이 총총한 밤하늘 바알의 시체 기다리는 놈들.

종종 바알은 죽은 척한다. 콘도르 한 마리가 그 위로 덮쳐온다
바알은 말없이 저녁으로 먹어치운다, 콘도르 한 마리를.

어스레한 별빛 아래 고통의 땅
바알은 드넓은 평야를 소리 내어 뜯어먹는다.
그것이 텅 비니, 바알은 노래하며 어슬렁
영원한 숲으로 잠자리 찾아 들어간다.

그리고 깜깜한 품속으로 바알을 끌어내려 안으니:[4]
바알에게 세상은 더 이상 무엇이겠는가? 바알은 만족스럽다.
그렇게도 많이 하늘을 바알은 눈 아래 품었으니[5]
그는 죽어서도 여전히 하늘을 품고 있다 하리라.[6]

어두운 대지의 품에서 바알이 썩어가고 있을 때
하늘은 여전히 드넓고 조용했으며 창백했지
하늘은 젊고 알몸이었으며 아주 경이로웠어
바알이 세상에 있어, 한때 그 하늘을 사랑했을 때.

탁자가 있는 환한 방

메히, 에밀리에 메히, 요하네스 필러 박사, 바알 등이 들어온다.

메히	술 한 잔 하시겠습니까? *사람들이 앉아 먹는다.* 게를 드시나요?
필러	시를 출간 하셔야죠. 체카자크가 후원자로서 지불할 겁니다. 다락방 신세를 면하게 되는 거지요!
메히	저건 죽은 장어고깁니다. 전 개피나무를 수입하지요. 개피나무 숲 전체가 저를 위해 브라질의 여러 강을 따라 떠내려 오고 있습니다. 선생의 시 역시 출간하겠습니다.
에밀리에	다락방에 사신다구요?
바알	*먹고 마시며* 홀츠 거리 64번지.
메히	저는 시를 쓰기엔 살이 너무 쪘지요. 하지만 선생은 내가 좋아했던 말레이시아 군도의 한 남자와 같은 두개골을 하고 있어요. 그 남잔 채찍질을 해야 일하러 가는 버릇이 있었지요. 항상 이빨을 드러낸 채로 일을 한 거지요.
필러	제가 선생에 대해 에세이 한 편을 쓰면 어떨까요? 원고가 있으십니까? 전 신문사를 줄줄이 알고 있어요.
요하네스	바알 선생님은 마부들에게 시를 들려줍니다. 강가에 있는 조그만 술집에서요.
에밀리에	와인 더 하시겠어요? 하지만 무리하진 마세요. 술이 세나요? *술을 따른다.*
메히	여행하십니까? 저 바다, 보랏빛 감동이지요! 토하는 걸 원치 않으신지요? 그곳 다음은 아비시니아 고지대![7] 선생을 위한 거지요.

바알	그런데 그것들이 나에게 와야 말이지요.[8]
필러	선생의 삶의 감각엔 딱![9] 선생의 샹송은 저에게 아주 강한 감동을 주었답니다.
바알	마부들은 마음에 들면 그 대가를 지불하지.
메히	*마시며* 제가 선생의 시를 출판하겠습니다. 개피나무는 떠내려가게 놔두든지 아니면 둘 다 할 겁니다.
에밀리에	당신 그렇게 많이 마시지마!
바알	난 셔츠 한 벌 없어. 하얀 셔츠가 필요하긴 해.
메히	출판사업에는 관심이 없으신 가요?
바알	부드러운 거야 하는데.
필러	*빈정거리며* 무엇으로 **제가**[10] 선생께 봉사할 수 있다고 생각하시는지요?
에밀리에	선생님은 정말 굉장한 샹송을 지으세요.
바알	*에밀리에에게* 오르간 좀 치시지요?
필러	선생은 정말 우스꽝스런 고슴도치 같습니다!
메히	나도 오르간 소리를 들으며 식사하는 걸 좋아하지요. *에밀리에는 연주한다.*
바알	*단추를 푼다. 에밀리에에게* 팔이 예쁜데요!
메히	장어 좀 더 드시지요! 이놈에겐 유감스런 일이 되겠지요![11] 변소 간에서 헤엄치게 될지 모르니까요. *바알은 그것을 되민다.* 안 드세요? 그럼 제가 먹지요.
에밀리에	너무 많이 마시지 마세요, 제발, 바알 씨!
바알	*에밀리에를 주의 깊게 쳐다본다.* 당신을 위한 개피나무가 강을 따라 떠오고 있다고요, 메히 씨? 벌목한 숲이? *그는 줄곧 마신다.*
에밀리에	마음껏 드세요. 전 그저 권했을 뿐이에요.
필러	선생께선 술 마시는 것도 장래가 촉망됩니다 그려!

바알	*에밀리에에게* 팔이 예쁜데요. 이제 다들 볼 수 있겠군. 저 위에서부터 연주하세요.[12]
	에밀리에는 중단하고 탁자로 온다.
필러	음악 자체는 관심이 없으시군요?
바알	당신 말이 너무 많아. 난 음악을 듣고 있는 게 아니야. 이 팔을 보고 있지.
메히	*약간 화난 상태로* 누가 많이 먹을 수 있는지 시합할까요? 모슬린 면사 셔츠 5벌을 걸게요, 바알 씨!
바알	난 배가 불러서. *에밀리에를 주의 깊게 쳐다본다.*
필러	선생의 시에는 악의적인 어떤 것이 내포되어 있어요. 그 건 유감스럽게도 분명한 사실입니다.
바알	동물은 취급하지 않나요, 메히 씨?
메히	그것에 반대하나요? – 어쨌거나 제가 선생의 시를 받을 수 있는 거지요?
바알	*에밀리에의 팔을 어루만진다.* 내 시가 댁과 무슨 상관이지 요?
메히	선생 마음에 드는 일을 하고자 했던 겁니다. 사과 몇 개 더 깎지 않겠어, 에밀리에?
필러	착취당할까봐 겁이 난 게군. – 선생께는 여전히 제가 할 만한 일이 떠오르지 않았나요?
바알	늘 넓은 소매를 하세요, 에밀리에!
에밀리에	이제 와인을 좀 그만하세요.
메히	목욕을 하시지 않겠습니까? 잠자리를 만들라 할까요? 뭐 빠뜨린 건 없나요?
필러	이제 속옷 여러 벌이 떠내려가네요, 바알 씨. 시는 이미 다 떠내려 가버렸고요.
바알	*에밀리에에게* 난 홀츠 거리 64번지에 살고 있어. 왜 나와

무릎을 맞대면 안 되는 거지? 속옷 속에 있는 허벅지가 떨리지 않는다는 거야? *마신다.* 왜 독점하는 거지? 잠이나 자러 가시지요, 메히 씨!

메히 *일어나 있다.* 난 사랑하는 조물주의 모든 짐승을 다 좋아하지, 그런데 **저**[13] 짐승하고는 거래를 할 수가 없군. 가자, 에밀리에! 갑시다, 필러 씨! 가지, 요하네스! *나간다.*

필러 *문을 향해* 완전히 갔군 갔어!

바알 요하네스에게 저 남자 이름이 뭐지?

요하네스 필러입니다. *서서 바알의 어깨에 팔을 얹어 놓는다.*

바알 필러 씨! 당신은 내게 묵은 신문지나 보내도록 하시오![14]

필러 *나가면서* 당신 같은 사람하고는 볼 일 없어! *퇴장*

요하네스 *바알에게* 제가 선생님 방으로 찾아가도 될까요? 선생님을 모시고 가도 되나요? - 아직 이 분에게 볼 일이 있으신가요, 메히 부인?

에밀리에 *문에서* 저 사람이 내게 고통을 주는군.

바알 *혼자 앉아 계속 마신다.*

바알의 다락방

별이 총총한 밤. 창가에 바알과 애송이 요하네스 하늘을 쳐다보고 있다.

바알 밤에 풀밭에 누워 몸을 쭉 펴면, 이 지구는 공처럼 둥글고, 또 우리는 날고 있으며, 이 별에는 식물을 뜯어먹는 동물이 있다는 것을 사무치게 느끼게 되지. 이 별은 좀 작은 별 중의 하나야.

요하네스	선생님은 천문학에 조예가 있으시나요?
바알	아니.
	침묵.
요하네스	전 사랑하는 사람이 있습니다. 그 사람은 존재하는 가장 순수한 여잡니다. 그런데 한번은 꿈속에서 그 여잘 목격했어요, 노간주나무와 동침하고 있는 걸요.[15] 다시 말씀드리자면: 노간주나무 위에 그 여자의 하얀 몸이 쭉 뻗어 누워 있었고, 옹이가 많아 울퉁불퉁한 가지들이 그 몸을 휘감아 끌어안고 있었어요. 그 후로 전 잠을 잘 수가 없어요.
바알	그녀의 하얀 몸을 이미 보았는가?
요하네스	아니요. 그 여잔 순결해요. 더욱이 두 다리—순결에도 여러 질이 있어요, 그렇지 않아요? 그렇긴 하지만, 제가 가끔 밤에 아주 잠깐 팔에 껴안기라도 하면, 그 여잔 나뭇잎처럼 몸을 떨어요. 물론 늘 밤에만 그랬어요. 그리고 전 그걸 해내기엔 너무 약해요. 그 여잔 열일곱이거든요.
바알	자네 그 꿈속에서 말이야, 그 여자가 그 사랑을 마음에 들어 하던가?
요하네스	예.
바알	그 여자는 몸에 하얀 속옷을 걸치고 있지, 다리 사이에 눈처럼 하얀 속옷을 말이야? 자네가 그 여자와 자고 나면, 그 여잔 모르긴 몰라도 한 줌의 고깃덩이로 보일 거야, 더 이상 얼굴이 없는 고깃덩이로 말이야.
요하네스	선생님은 제가 늘 느끼고 있는 것만을 말씀하세요. 전 제가 겁쟁이라고 생각했거든요. 이제 알았어요: 선생님께서도 육체의 결합을 역시 불결한 것으로 생각하신다는 것을.
바알	그건 그런 걸 성공해보지 못한 돼지 같은 놈들의 한탄일 뿐이야. 만약 자네가 그 숫처녀 엉덩이를 감싸 안게 된다

면, 자넨 가련한 피조물의 두려움과 환희 속에서 신이 되는 거야. 그 노간주나무가 수없는 뿌리를 가지고 있듯이, 뒤엉킨 뿌리들 말이야, 너희들도 한 침대에서 그렇게 뒤엉킬 것이고, 그 속에서 심장이 뛰고 피가 관통해 흐를 거야.

요하네스　그런데 법이 그걸 벌하고 또 부모님이!

바알　자네 부모는, *그는 기타에 손을 뻗는다.* 그 분들은 한물간 인간이지. 썩은 이빨이 보이는 그 입을 어떻게 사랑에 거슬리는 말을 담으며 열 수 있겠나, 사랑에 죽고 살 수도 있는데? 자네들이 사랑을 못 참겠으면, 토하면 그만이지.[16] *기타 음을 조절한다.*

요하네스　그 여자가 임신하게 되는 것을 말하시나요?[17]

바알　*몇 번 강하게 치면서* 창백하고 부드러운 여름이 멀리 흘러가면 해면처럼 사랑을 빨아들인 뒤일 것이고, 그리곤 다시 짐승이 되겠지. 사악하고 유치한 짐승 말이야, 불룩한 배에 처진 가슴, 끈적끈적한 문어처럼 축축하게 눌어붙은 팔, 이런 볼품없는 짐승이 되는 거지. 육신은 허물어지고, 그리고는 극도로 힘이 달려 헉헉댈 거야. 그리고 새 우주가 나기라도 하는 것처럼 엄청나게 큰 소리를 지르며 조그마한 열매를 낳을 것이야. 그것을 고통 속에서 내뱉을 것이나, 그건 한때 쾌락으로 빨아들였던 것이었어. *기타로 재빠르게 연속음을 뜯으며* 사람에겐 이빨이 있어야 해, 그리고 나서야 사랑이 있는 거야, 오렌지 즙이 이빨 사이로 터져 나오게 하려면 오렌지를 물어뜯어야 하는 것과 같은 게지.

요하네스　선생님의 이빨은 짐승의 것 같아요: 누렇고, 단단하고, 섬뜩한.

| 바알 | 그리고 사랑은 말이야, 팔을 걷어붙이고 연못물을 저어볼 때와 같은 느낌이지, 손가락 사이엔 수초가 걸려 있고 또 바람이 올라타 고통에 비틀거리던 나무가 삐걱삐걱 노래를 시작하게 되는 그런 고통과 같은 것이야. 또는 뜨거운 날 홀짝홀짝 마셔대며 술독에 빠지는 것과 같은 거야. 그녀의 육체는 아주 찬 와인처럼 피부 주름 하나하나에 스며들고, 관절은 바람 속의 풀처럼 나긋나긋하고, 그리고 부딪혀 오는 그 힘은 나중엔 결국 잦아들긴 하지만 거센 바람에 맞서 나는 것과 같고, 그 여자의 육체는 차디찬 자갈 같이 자네 위에서 이리저리 뒹굴 거야. 그러나 사랑은 또한 막 딴 맛있는 코코넛과 같지. 그런데 코코넛은 말이야, 즙을 꽉꽉 짜낸 뒤, 쓴맛 나는 과육만 남게 되면 뱉어내야 돼. *기타를 던져버린다.* 이제 아리아 부르는 것도 신물이 나는군. |

| 요하네스 | 선생님께서는 그러니까 그게 그렇게 축복받은 거니까 그걸 해라 이건 가요? |

| 바알 | 내말은 말이야, **자네**[18] 그걸 조심해야 한다 이거야, 요하네스 군! |

선술집

오전. 바알. 마부들. 뒤쪽에는 접대부 루이제와 함께 에카르트. 창문으로 하얀 구름이 보인다.

| 바알 | *마부에게 이야기를 해주고 있다.* 그 친구가 날 자기의 하얀 방에서 밖으로 던져 버린 거야. 왜냐하면 내가 그 친구 |

	의 술을 다시 토해냈거든. 그런데 그 친구의 부인이 날 쫓
	아왔기에 밤에 한바탕 축제를 벌였지. 그 여잔 이제 부담
	스러워. 신물이 나.

마부들   엉덩이를 흠씬 맞아야겠군.─아주 색을 밝히는 것들이지
그것들은, 암말처럼. 그런데 말보다 더 멍청하지. 자두나
따먹으라고 해! 난 내 여자를 말이야, 만족시키기 전에 늘
실컷 패놓지.

요하네스   *요하나와 함께 들어온다.* 이 사람이 요하나입니다.

바알   *뒤쪽으로 가는 마부들에게* 나중에 자네들한테 뒤쪽으로
갈게. 그리고 노래해 주지. 안녕, 요하나.

요하나   요하네스가 선생님의 노래들을 읽어주었어요.

바알   그래요. 그런데 나이가 몇이나 되나요?

요하네스   열일곱이 되었어요, 유월에.

요하나   전 선생님께 질투가 날 지경이에요. 저 사람이 늘 선생님
에게 미쳐있거든요.

바알   아가씬 요하네스에게 푹 빠져 있군! 하긴 지금이 봄이니
깐. 나도 에밀리를 기다리고 있으니. 사랑하는 것이 단순
한 향락보다 낫지.

요하네스   남자들 마음이 선생님께 끌리는 것은 이해하겠어요. 그런
데 어떻게 여자들에게서도 성공하시는 거지요?

에밀리에   *재빨리 들어온다.*

바알   저기 오는군. 안녕, 에밀리에. 이 요하네스가 여자 친구를
데리고 왔어. 앉아!

에밀리에   어떻게 날 이리 불러낼 수 있는 거예요! 순전히 불량배들
뿐이고, 더군다나 이런 선술집에! 그러니까 이런 게 당신
취향이군요.

바알   루이제! 이 여자 분에게 브랜디 한 잔!

에밀리에	날 우습게 만들 작정이에요?
바알	아니. 자기도 마시게 될 거야. 인간은 인간이지.
에밀리에	자긴 인간이 아니에요.
바알	알긴 아는군. *루이제에게 잔을 내민다.* 그렇게 짜게 딸지 마, 처녀야. *그녀를 안는다.* 오늘 끝내주게 말랑말랑하군, 자두처럼.
에밀리에	정말 속되기 짝이 없군.
바알	더 크게 소리쳐 보오, 내 사랑이여!
요하네스	어쨌거나 여긴 참 재미있는 곳이야. 단순한 민중. 마시고, 농을 즐기는 모습들이란! 그리고 창에는 구름이!
에밀리에	저분이 아가씰 아마 또 처음으로 여기에 끌어들였겠지요? 이 하얀 구름으로 말이에요?
요하나	우리 차라리 강가로 가지 않을래, 요하네스?
바알	그곳엔 아무 것도 없어! 여기 그냥 있어! *마신다.* 하늘은 자주빛이지, 특히 취하면 말이야. 반대로 침대는 하얗지. 하기 전에는. 저기 하늘과 땅이 사랑을 하고 있어. *마신다.* 너흰 왜 그렇게 비겁한 거지? 저 하늘이 드넓게 열려 있잖아, 이 보잘것없는 그림자들아! 몸뚱이들로 가득하고! 사랑한 나머지 창백하잖아!
에밀리에	이제 또 다시 너무 많이 마시고선 떠들어 대는군요. 그리 곤 그 엄청나게 놀라운 수다로 사람을 술자리에 끌어다 붙잡아 놓고 있어.
바알	저 하늘은 말이야 *마시면서* 때로는 노란색이기도 해. 그 속에서는 사나운 새가 날고 있지. 너희는 취해야 해. *탁자 아래를 본다.* 누구야 나한테 정강이를 드미는 게? 루이제 너였어? 아, 그렇군. 자기 에밀리에였군! 그래, 괜찮아. 그 냥 마시기나 해!

에밀리에	*반쯤 서서* 당신 오늘 무슨 일인지 모르겠군요. 내가 여기에 아마 잘못 왔나 봐요.
바알	그걸 이제야 알았어? 이제 조용히 있어.
요하나	그러시면 안 돼요, 바알 선생님.
바알	아가씬 심장이 따뜻하군, 요하나. 나중에 남편을 기만하지 않을 거야, 응?
마부 한 사람	*크게 웃어대며* 으뜸패야, 돼지 같은 놈아! 내가 더 높아!19)
두 번째 마부	그 창녀가 말하길, 계속해 계속, 바로 그거야! *웃음소리* 자두나 먹으라 할 년!
세 번째 마부	창피한 줄 알아라, 날 배신한 걸! 부인이 남편의 하인에게 말했대, 하녀 곁에 누워있던 그 하인 녀석에게. *웃음소리.*
요하네스	*바알에게–* 단지 아직 어린애인 요하나를 생각해서!
요하나	*에밀리에에게* 저하고 함께 갈래요? 둘이서 가는 거예요.
에밀리에	*탁자에 머리를 숙이고 흐느끼며* 이젠 낯 뜨거워 고개를 못 들겠어.
요하나	*그녀에게 팔을 감싸며* 이해해요, 괜찮아요.
에밀리에	그런 눈으로 날 보지 말아요! 아가씬 아직은 어려서 그래요. 정말이지 아직 아무 것도 몰라서 그래요.
바알	*적의를 품고 일어서며* 희극이군. 아주 저승에서 온 자매 같구나! *마부들에게 가서, 벽에 있는 기타를 내려 조율한다.*
요하나	저분 취했어요, 부인. 내일이면 후회할 거예요.
에밀리에	아가씨가 알면 좋으련만. 저 사람은 늘 저래요. 그래도 난 저 사람을 사랑한답니다.
바알	*노래한다.* 오르게가 나에게 말했지:

1. 그가 이 세상에 소유한 가장 사랑스런 장소
   부모 무덤가 잔디방석은 아니라오.

2. 고해소도 아니고, 아니라네 창녀의 침대는
   그리고 품안도 아니라네, 하얗고 뜨뜻하고 통통하며 보
   드라운.

3. 오르게가 나에게 말했지: 가장 사랑스런 장소
   이 세상에서 말이야 그에겐 언제나 뒷간이었다고.

4. 이곳은 흐뭇함을 느끼는 곳이라는 거야
   저 위엔 별들 그리고 이 아랜 똥구덩이니 말이야.

5. 그런 곳은 정말로 환상적이지
   결혼 첫날밤조차 홀로 있을 수 있으니.

6. 겸손의 장소지. 그곳에서 통렬하게 인식할 거다 너는:
   단지 한 인간일 뿐이라는 것을, 어떤 것도 간직할 수
   없는

7. 지혜의 장소지. 넌 부른 배를 그곳에서
   손질할 수 있어 새로운 쾌락을 위해서.

8. 그곳은, 우리가 육체적으로 유쾌하게 쉬면서
   부드러우면서도, 힘주어 무언가 자신을 위해 행하는 휴
   식처.

〈비알〉

9. 그리고 그곳에서 넌 인식하게 될 거야, 네가 누구인지:
뒷간에 앉아서도 – 처먹는 머슴아이!

마부들 *손뼉을 친다.* 브라보! – 기막힌 노래다! – 저 바알 씨에게
체리브랜디 한 잔, 저 양반이 원한다면! – 그런데 저걸 저
양반 손수 지었다니 – 존경스러워!

루이제 *방 한 가운데에서* 당신은 정말 특별하네요, 바알 씨!

마부 한 사람 선생께선 이익 될 만한 것에 몰두하면: 아마 크게 성공할
거요. 곧바로 운송업자가 될 수도 있을 텐데.

두 번째 마부 골통이 저 정도는 되어야 하는 건데!

바알 그렇다고 화내지는 마시오! 그거 말고도 엉덩이와 그 외
나머지 것도 있어야 하는 거요. 건배, 루이제! *그의 탁자
로 돌아간다.* 건배, 에미! 그래, 최소한 그렇게 마시는 거
야, 달리 할 일이 없다면 말이야. 내가 말하건대, 마셔!

에밀리에 *눈물이 그윽한 눈으로 브랜디 잔을 홀짝거리며 마신다.*

바알 그래 맞아. 이제 몸속에 적어도 불덩이가 생길 거야.

에카르트 *몸을 일으켜 천천히 바카텐더 뒤에서 바알에게로 나타난
다. 그는 깡마르긴 했지만 힘 있는 젊은이다.* 바알! 그만
둬! 함께 가자고, 형제! 거친 먼지 가득한 거리로: 저녁에
공기는 보랏빛으로 변하지. 술 취한 자들로 가득한 선술
집으로: 자네가 채워주었던 계집들이 검은 강물로 뛰어드
는 곳. 조그만 하얀 여인들로 가득한 대성당으로: 자넨 말
하지: 이곳에서 숨을 쉬어도 되나요? 짐승들 사이에서 잠
잘 수 있는 외양간으로: 그 곳은 칠흑 같고 암소들의 음
매 소리로 가득하지. 그리고 숲으로, 위로는 청동 소방울
이 울리고, 하늘의 빛을 잊을 수 있는 숲: 하느님도 사람
을 잊어버렸던 그곳. 자네 아직 기억하고 있나, 하늘이 어
떻게 보이는지? 자넨 테너가 된 거야! *두 팔을 벌린다.* 나

	와 더불어 가자, 형제! 춤과 음악과 술! 피부로 스며든 빗물! 피부까지 꿰뚫고 들어오는 태양! 암흑과 빛! 계집들과 개새끼들! 자네 벌써 그렇게 시들어 버린 거야?
바알	루이제! 루이제! 닻 하나 줘! 내가 저 녀석과 함께 가도록 놔두지 마! *루이제가 그에게 온다.* 와서 좀 도와줘, 어이!
요하네스	유혹에 넘어가지 말아요!
바알	이런 세상에!
요하네스	선생님의 어머니를 생각해보세요, 그리고 선생님의 예술을! 강하셔야 해요! *에카르트에게* 창피한 줄 아세요! 당신은 악마예요.
에카르트	이리 와, 바알 형제! 두 마리의 하얀 비둘기처럼 우리 더없이 행복한 마음으로 저 파란 창공으로 날아보세! 아침햇빛 속에 있는 강! 바람 속 공동묘지 그리고 무한히 펼쳐진 평야의 내음새, 그것들이 베어 넘어지기 전에!
요하나	마음 단단히 먹으세요, 바알 선생님!
에밀리에	*그에게 돌진하면서* 그래선 안 돼요! 내 말 들리지요! 그러기에는 자긴 너무 아까워요!
바알	아직 때가 이른 것 같군, 에카르트! 아직은 상황이 우리뜻과 달라! 저들은 우리와 함께 하지 않아, 형제!
에카르트	악마에게나 떨어져라, 이 애새끼 대가리에다, 심장에 비계덩이 낀 놈아! *퇴장한다.*
마부들	클로버 10 내놔! 제기랄! 세어 봐 ─ 손 털겠어!
요하나	이번엔 선생님께서 이기셨어요, 바알 선생님!
바알	이제 땀이 나는군! 오늘 쉬는 날인가, 루이제?
에밀리에	자기 그런 식으로 말하는 거 아니야, 바알! 자긴 몰라, 그렇게 하면 나에게 얼마나 상처를 주는지.
루이제	부인을 가만히 놔두세요, 바알 씨. 저 분이 정신이 다 나

	가버린 건 갓난애도 알 거에요.
바알	조용히 좀 해, 루이제! 어이, 호르가우 출신![20]
마부 한 사람	내게서 뭘 바라는 게요?
바알	여기 한 여인이 제대로 대우를 받지 못하고 있어. 사랑을 받고 싶은 거야. 그녀에게 키스 한번 해주지. 호르가우 사람!
요하네스	바알 선생님!
	요하나가 에밀리에를 감싼다.
마부들	*웃으며 식탁을 내리친다.* 자 해봐, 안드레아스! ― 시작해! ― 끝내주는 인간인데. 먼저 코부터 풀어야지, 안드레! ― 선생은 짐승 같은 사람이오, 바알 선생!
바알	추운 거야, 에밀리에? 날 사랑하지? 저 놈은 수줍음을 타는 놈이야, 에미! 키스해 줘! 사람들 앞에서 날 망신주면, 모든 게 끝장인 줄 알아. 하나. 둘.
	마부가 몸을 굽힌다.
에밀리에	*그에게 눈물이 넘쳐흐르는 얼굴을 마주해 올린다. 그는 그녀에게 요란한 소리를 내어 키스한다. 큰 웃음소리.*
요하네스	저건 악의적이기까지 하네요. 바알 선생님! 술이 사람을 나쁘게 만들지요. 그러고도 기분 좋게 생각하고요. 저 사람 정말 뻔뻔스럽군요.
마부들	브라보! 저 여자 뭐 하겠다고 이런 술집에서 서성거리는 거야! 인간이라면 저 정도는 돼야지! 저 여잔 간통한 여자야! ―저렇게 당해도 싸! *떠날 태세로 일어난다.* 자두나 먹으라지!
요하나	퉤, 부끄러운 줄 아세요!
바알	*그녀에게 다가와* 무릎은 왜 떠는 거야, 요하나?
요하네스	또 뭘 하시려는 거죠?

바알	*손을 그의 어깨에 올려놓고* 뭐 좋다고 자네도 시를 쓰겠다는 거야! 사는 게 만족할 만한가 보지: 오렌지색 하늘 아래 발가벗고 급류에 누워 몸을 맡기면, 하늘이 보랏빛으로 변하다가, 나중엔 구멍처럼 시커멓게 변하는 것 말고는 아무 것도 볼 수 없지… 적을 짓밟아 부숴버릴 때… 아니면 슬픔에 젖어 악기를 켤 때… 아니면 사랑의 번민으로 흐느끼며 사과를 씹을 때… 아니면 여자 몸뚱이를 침대 위로 덮칠 때…
요하네스	*말없이 요하나를 밖으로 데리고 나간다.*
바알	*탁자 위에 몸을 의지하고서* 자네들 뭔가 느꼈나? 찌릿찌릿했냐 말이야? 그건 서커스였어! 그 짐승을 꼬드겨 끄집어내야만 해! 그 짐승을 햇빛 속으로! 계산합시다! 사랑을 세상 밖으로! 하늘 아래 햇빛 속에서 발가벗으란 말이야!
마부들	*그의 손을 잡아 흔들면서* 잘 있게, 바알 선생! – 충직하기 그지없는 친구, 바알 선생! – 이것 보게, 바알 선생: 나로 말할 것 같으면 말이야 난 늘 생각 했어: 저 바알 선생은 머리가 좀 정상은 아닌 것 같아. 노래도 그렇고 모든 것이다. 그런데 이것만은 분명해: 선생은 말이야 심장이 오른쪽에 있다는 거! – 계집들이란 제대로 다뤄야만 해! – 그래서 오늘, 오늘 여기에서 하얀 엉덩이를 구경한 거지. – 좋은 아침 되길 바라네, 서커스 선생! *퇴장.*
바알	좋은 아침 되게, 친구들! *에밀리에는 벤치에 몸을 던져 흐느끼고 있다. 바알이 손등으로 그녀의 이마를 훔친다.* 에미! 이제 진정해. 이제 다 끝났어. *그녀의 얼굴을 들어올려, 젖은 얼굴에서 머리칼을 치운다.* 잊어! *그녀를 무겁게 덮쳐 키스한다.*

바알의 다락방

1

새벽노을. 바알과 요하나가 침대에 걸터앉아 있다.

요하나 아, 내가 무슨 짓을 한 거지! 난 나쁜 년이야.

바알 차라리 씻기나 해!

요하나 아직도 모르겠어요, 어쩌다 이렇게 되었는지.

바알 그 요하네스 녀석이 모든 것에 책임이 있어. 널 이 위로 끌어다 놓고선 뻔뻔스럽게 슬그머니 사라져 버린 거야. 네가 왜 무릎을 떨고 있는지 불현듯 알게 되었다는 듯이.

요하나 *일어서서 목소리를 낮추어.* 그가 다시 돌아왔다면…

바알 멍청이! 이제 정말이지 지겹다, 내 사랑아. *뒤로 눕는다.* 노아의 방주가 닿은 아라라트[21] 산 위에 아침노을이 뜬다.

요하나 일어날까요?

바알 노아의 홍수가 끝난 후. 누워 있어!

요하나 창문 좀 열지 않을래요?

바알 이 냄새가 좋은데. ─ 다시 한 번 하는 게 어때? 지나 간 건 지나 간 거니까.

요하나 정말 이렇게 뻔뻔할 수가 없군요.

바알 *침대에서 게으름을 피우며.* 노아의 홍수로 하얗고 깨끗하게 청소된 후, 바알은 자신의 생각에 나래를 펴리. 검은 물 위를 나는 비둘기 같이.

요하나 내 코르셋 어디 있죠? 난 이렇게는 불가능…

바알 *그걸 내밀어 건넨다.* 여기! ─ 뭐가 불가능하다고, 내 사랑?

요하나 집에 가는 거. *그걸 떨어뜨리지만, 그냥 옷을 입는다.*

바알	*휘파람을 불며 화끈한 처녀구만!* 뼈 하나하나까지 다 느 낌을 줘. 키스해다오!
요하나	*거실 한가운데, 탁자에 앉아 있다.* 말해요! 아직 날 사랑 하나요? 말해 봐요! *바알은 휘파람을 분다.* 말할 수 없는 거지요?
바알	*천장을 쳐다본다.* 이제 지겨워, 목까지 찼어!
요하나	그럼 지난 밤 그건 뭐였어요? 그리고 방금 전엔?
바알	그 요하네스 녀석은 큰 소리로 대들까봐 걱정이고. 저 에 밀리에는 돛단배처럼[22] 이리저리 떠돌고 난 여기서 굶어 죽을 수도 있고. 너흰 날 위해 손가락 하나 까닥하지 않 고 너흰 언제나 하나만 원하지.
요하나	*혼란에 빠져 탁자를 쓸어버린다.* 그리고 당신 - 나에 대해 결코 지금과 다른 적이 없었지요?
바알	씻기나 한 거야? 진짜로 해야 하는 것이 무언지 생각이 없어![23] 넌 얻은 게 전혀 없었다는 거야? 집에 돌아가도 록 해! 그 요하네스 녀석에게 말해, 내가 널 어제 집으로 데려다 주었고, 지금 그 녀석에게 쓴 욕설을 내뱉더라고 말이야. 비가 내렸군. *이불을 몸에 감는다.*
요하나	요하네스? *무거운 모습으로 문으로 간다.* 퇴장.
바알	*몸을 휙 돌린다.* 요하나! *침대에서 문으로 간다.* 요하나! *창가에서.* 저기 가는군! 저기 가고 있어! *침대로 돌아가려 다가, 마루바닥에 베게를 던져버리고는 신음 소리를 내며 그 위에 앉는다.* 어두워진다. 뜰에서 한 거지가 손풍금을 연주한다.

2

바알이 침대에 누어있다.

바알	*흥얼거리고 있다.*
	술은 저녁 하늘을 아주 깜깜하게;
	때로는 보랏빛으로 만들지;
	속옷 속 너의 몸뚱이 뒹굴며 힘쓸 채비하네
두 자매	*서로 꼭 붙어 들어온다.*
언니	말씀하셨죠, 선생님을 다시 찾아오라고
바알	*계속 흥얼거린다.*
	하얗고 넓은 침대 위에서.[24]
언니	우리 왔어요, 바알 선생님.
바알	이제 저것들이 한 번에 쌍으로 둥지에 날아드는군.
언니	어머니가 지난주에 계단이 삐걱거리는 소릴 들었대요. *동생의 블라우스를 벗긴다.*
동생	계단은 이미 어둑어둑 했었어요, 우리가 살금살금 방으로 기어 올라갈 때.
바알	언젠간 너흰 지겨워질 거야.
동생	그러면 강물에 뛰어들 거예요, 바알 선생님!
언니	우리 둘이서…
동생	부끄러워, 언니.
언니	처음도 아닌데…
동생	그렇지만 이렇게 환하진 않았어, 언니. 지금은 환한 점심 때야, 밖은.
언니	한 두 번이 아니잖아.
동생	언니도 벗어야 해.
언니	곧 벗을게.
바알	다 벗었으면 이리 와. 그러면 금방 어두워질 거야.
동생	오늘은 언니가 먼저야, 언니.
언니	지난번에도 내가 먼저 했는데…

동생	아니야, 나였어.
바알	너희 둘 동시에 와라.
언니	*팔로 동생을 감싸 안고 서있다.* 우린 준비 다 됐어요, 여기 안이 너무 환해요.
바알	밖은 따뜻한가?
언니	이제 겨우 사월인데요.
동생	하지만 바깥 햇볕이 오늘은 따사로워요.
바알	지난번은 너희들 마음에 들었지?
	침묵.
언니	어떤 여자가 물에 몸을 던졌어요: 요하나 라이어라는 여자가.
동생	라히 강으로. 나 같으면 그곳에 뛰어들지 않았을 텐데. 그 강은 아주 물살이 세거든요.
바알	물속으로? 이유가 뭔지 아나?
언니	몇 사람이 말하긴 하데요. 그게 주변에 떠돌고 있어요.
동생	저녁에 집을 나갔는데, 밤새 내내 돌아오지 않았대요.
바알	아침까지도 집에 돌아오지 않았다고?
동생	예. 그때 강으로 뛰어들었나 봐요. 그런데 사람들이 아직 그 여잘 발견하지 못했대요.
바알	아직 떠내려가고 있겠지…
동생	뭐 하는 거야, 언니.
언니	아무 것도 아니야. 아마 추워서 그런가 봐.
바알	오늘 내가 아주 늘어지는데. 집에 가봐라.
언니	그러시면 안 돼요, 바알 선생님. 저 애에게 그러시면 안 돼요.
	노크한다.
동생	노크했어. 어머니일 거야.

언니	이일을 어째, 열지마세요!
동생	무서워, 언니.
언니	저기 네 블라우스!
	노크 소리 더 커진다.
바알	만약 너희 어머니라면, 너흰 알게 될 거야, 자기가 저지른 일은 자기가 책임져야 한다는 걸 말이야.[25]
언니	*아주 빠르게 옷을 입는다.* 열지 말고 좀 더 기다려주세요; 문고리를 걸어주세요, 제발, 이일을 어째.
여주인	*뚱뚱하다. 들어온다.* 아이고, 저것 좀 봐. 짐작했었지. 이젠 한 번에 둘을! 그래, 너흰 도대체 전혀 부끄럽지도 않냐? 둘이서 이 사람 연못에 누워있는 것이?[26] 아침부터 저녁까지 그리고 다시 아침까지 저 인간 침대는 식지도 않는구먼! 하지만 이제 나도 말 좀 해야겠다; 내 집 테라스 방은 창녀촌이 아니야!
바알	*벽 쪽으로 몸을 돌린다.*
여주인	잠을 자고 계시다 이거지? 그래, 도대체 당신이란 사람은 여자 살덩이로 배부르지도 않아? 햇빛에 몸뚱이가 정말 훤히 비칠 지경이군. 정말 영적으로 불타는 듯이 보입니다, 그려. 뼈에 정말이지 껍데기 한 꺼풀밖엔 없군.
바알	*팔을 움직이며* 백조처럼 제들이 내 숲으로 날아들었지요!
여주인	*두 손을 마주치며* 아름다운 백조이기도 하겠소! 당신 언어 씀씀이란! 시인이라도 되겠구먼, 선생! 두 무릎이 곧 썩어 문드러지지만 않는다면야, 당신 무릎이!
바알	난 하얀 몸뚱이를 음미한답니다.
여주인	하얀 몸뚱이라고! 시인이시군! 그거 말고 뭐겠어! 그리고 이 젊은 것들! 너흰 틀림없이 자매겠지, 그지? 틀림없이 불쌍한 고아일 거야, 그렇지, 왜냐하면 너흰 곧바로 눈물

	을 펑펑 쏟으며 애처롭게 소리쳐 울어댈 테니까. 좀 두들
	겨 줄까? 너희 하얀 몸뚱이를?
바알	*웃는다.*
여주인	아직도 웃음이 나와? 자기 동굴로 끌고 들어가 이 불쌍한

아직도 웃음이 나와? 자기 동굴로 끌고 들어가 이 불쌍한
아이들을 한꺼번에 망쳐놓다니! 퉤, 빌어먹을, 짐승 같으
니라고! 방 빼요! 이제 너희들 빨리 없어져,[27] 집으로 어
머니한테 가, 나도 곧 뒤따라 갈 거니까!

동생   *더 거세게 운다.*

언니   저 애는 책임이 없어요, 아줌마.

여주인   *두 사람을 손으로 잡고* 지금 비 오고 있나? 세상에 이런
불쌍한 것들이 있나! 그래, 오로지 너희들만 여기에 온 아
가씨들은 아니지! 저 인간은 백조들 품속에서 아주 진하
게 굴지. 저 인간은 말이야 전혀 다른 백조들을 즐겁게 해
주었어. 그리곤 그것들의 빈껍데기를 똥구덩이 속에 던져
버렸단 말이야. 어쨌든 이제 신선한 공기가 있는 곳으로
나가! 여긴 짠물은 필요 없어! *두 사람의 어깨를 잡는다.*
난 저기 있는 저 사람이 어떤 사람인지 알아! 저런 패거
리들을 잘 알아. 콧물까지 흘리면서 그렇게 울어대지 마
라, 그러면 눈만 봐도 알 수 있게 되잖아![28] 다정하게 손
잡고 집으로 어머니께 가라. 그리곤 다신 이런 짓하면 안
돼! *그들을 문 쪽으로 밀어붙인다. 그리고 당신:* 방 빼세
요! 당신 백조우리를 딴 곳에 차리시지요! *두 사람을 밖으
로 밀어낸다. 퇴장.*

바알   *위를 쳐다보며 몸을 편다.* 비천한 여편네가 심장은 가지
고선! - 오늘은 어차피 되게 늘어지는 걸. *종이를 탁자 위
에 던지며, 그 앞에 앉는다.* 새로운 아담을 창조해내겠어.
종이 위에 커다란 이니셜을 스케치한다. 내적인 인간으로

〈바알〉

그 걸 시도할 거야. 난 지금 속이 완전히 비어있어, 맹수처럼 난 지금 배가 고파. *뼈에 껍데기만 남았어. 비천한 것! 뒤로 기대며, 사지를 쭉 뻗는다, 아주 힘을 주어.* 이제 난 여름을 만들어 내보겠어. 빨갛고, 진홍빛의. 탐욕스러운. *그가 다시 흥얼거리고 날이 다시 어두워진다.*
그리곤 한 거지가 손풍금을 연주한다.

3

바알이 탁자에 앉아 있다.

바알   *술병을 움켜쥔다. 잡았다 놓았다 하면서* 이제 넷째 날이 되는 오늘 원고를 빨간 여름으로 가득 채우고 있지: 거칠면서도, 부드러우며, 탐욕스러운. 그리고 또 술병과 싸우고 있는 거야. 이 부분에서 여러 번 실패했었어. 그러나 여자들 몸뚱이는 벽 쪽의 어둠 속으로, 이집트의 암흑[29] 속으로 뒷걸음쳐 도망치기 시작하지. 난 그것들을 두들겨 패 나무 벽으로 밀어붙였어. 난 술만은 마셔서는 안 돼. *그는 수다를 떤다.* 그 하얀 술은 나의 지팡이요, 지휘봉이야.[30] 하얀 눈이 홈통에서 물 방울져 떨어질 때부터, 그 술병에 내 원고가 반사되어 비치고 있으나 술병은 손도 안댄 채 놓여 있지. 그러나 이제 손이 떨리는군. 그 여자들의 몸뚱이가 아직 이 손 안에 들어있기라도 한 것처럼. *그는 귀를 기울인다.* 심장이 말발굽처럼 뛰는구나. *그는 열광한다.* 오 요하나, 너의 수족관에서 하루 밤만 더. 그랬다면 난 물고기들 속에서 썩어 문드러졌을 거야! 그러나 이제 내 안엔 온화한 오월 밤 냄새가 스며있구나. 난 사랑하는 이도 없는 연인이야. 난 지금 몰락하고 있어. *마*

시며, 일어선다. 난 이사 가야만 해.[31] 그러나 먼저 여자 하나를 데려 와야겠어. 혼자서 이사 간다는 것, 그건 슬픈 일이야. *창문으로 밖을 내다본다.* 어떤 여자든 하나! 얼굴만 여자 닮았어도! *응얼거리며 퇴장.*

아래에선 트리스탄 오르간 연주 소리가 들린다.

요하네스   *초췌하고 창백한 모습으로 문으로 들어온다. 탁자의 종이들을 마구 뒤적인다. 술병을 들어올린다. 머뭇거리며 문으로 가서 그곳에서 기다린다.*

계단에서 시끄러운 소리. 휘파람 소리.

바알   *소피 바르거를 질질 끌며 들어온다. 휘파람을 분다.* 말 들어, 내 사랑! 이곳은 내 방이야. *그녀를 앉힌다.* 요하네스를 본다. 거기서 뭐하나?

요하네스   난 다만…

바알   그래? 그저 뭘 원했다? 그냥 서성거리고 있다? 네가 떠나 버린 내 요하나의 비석이라도 되냐? 요하네스, 다른 세상에서라도 온 것 같은 시체, 뭐 그런 거지? 밖으로 집어던져 버릴 거야! 지금 당장 여기에서 꺼져! *그의 주변을 돈다.* 이런 뻔뻔스러운 일이 있나! 벽에다 동댕이쳐 버릴 거야, 어차피 봄이야! 뛰어!

요하네스   *그를 쳐다본 뒤, 퇴장.*

바알   *휘파람을 분다.*

소피 바르거 저 젊은이가 당신에게 뭘 하기라도 했나요? 이거 놓으세요, 가게!

바알   *문을 활짝 연다.* 저 아래 일층에서 오른쪽으로 가시오.

소피 바르거 그들이 우릴 뒤쫓아 왔어요, 당신이 날 저 아래 문 앞에서 붙잡았을 때. 날 찾아낼 거예요.

바알   여기선 아무도 아가씰 찾아내지 못해.

소피 바르거	난 당신을 전혀 몰라요. 날 어쩌려는 거죠?
바알	그런 걸 물으려면 다시 가도 돼.
소피 바르거	당신은 사람들이 다 보는 거리에서 날 습격했어요. 오랑우탄이라도 되는 줄 알았어요.
바알	이제 또 봄철이지. 이 빌어먹을 동굴에 무엇인가 하얀 것이 있어야 했어! 구름이! *문을 열고 귀를 기울인다.* 그 멍청이들은 지나가버렸어.
소피 바르거	집에 너무 늦게 가면, 쫓겨날 거예요.
바알	특히 그렇게 보이는군.
소피 바르거	어떻게요?
바알	나한테 사랑을 받고 난 뒤 보이는 그 모습으로.
소피 바르거	왜 내가 아직 여기에 있는지 모르겠군.
바알	내가 알려줄 수도 있지.
소피 바르거	내게서 제발 못된 것을 상상하지 마세요!
바알	왜 안 되지? 아가씬 다른 여자와 마찬가지로 여자야. 얼굴은 다르지. 그러나 두 무릎은 모두 약해 빠졌지.
소피 바르거	*반쯤은 갈 태세로 문 주위를 둘러본다. 바알은 그녀를 쳐다본다. 의자에 말 탄 자세를 하고서* 아듀!
바알	*태연하게 숨 쉬는 데 어려움이 있나?*
소피 바르거	잘 모르겠어요, 힘이 빠지는데. *벽에 등을 기댄다.*
바알	난 알지. 4월이거든. 이제 어두워지지. 그리고 넌 내 냄새를 맡게 될 거야. 짐승들에겐 그렇지. *일어선다.* 그리고 넌 이제 바랄 거야, 하얀 구름아! *그녀에게 잽싸게 가서, 문을 닫고는 소피 바르거를 팔에 껴 앉는다.*
소피 바르거	*숨이 막히어 놔요!*
바알	난 바알이라고 하지.
소피 바르거	놓으라니까요!

바알	넌 내게 위안이 되어야 해. 겨울이라서 내가 쇠약해졌거든. 게다가 네가 여자로 보인단 말이야.
소피 바르거	*그를 올려다본다.* 자기가 바알이라고…?
바알	이제 집에 가지 않을 거지?
소피 바르거	*그를 올려다보며* 당신은 너무 끔찍해요, 너무 끔찍해서 사람을 놀라게 하는군요. 그러나 그리고 나면…
바알	그래서?
소피 바르거	그리고 나면 아무렇지도 않다는 거죠.
바알	*그녀에게 키스한다.* 무릎은 강한가, 응?
소피 바르거	내 이름이 무언지 아세요? 소피 바르거라고 해요.
바알	그런 거 다 잊어. *그녀에게 키스한다.*
소피 바르거	이러지 말아요… 이러지 말아… 나를 아직 이렇게 다룬 사람은 없었…
바알	숫처녀라 이건가? 이리 와! *그녀를 뒤쪽 침대로 데리고 간다. 앉는다.* 있잖아. 나무로 된 이 방에 몸뚱이로 인공폭포를 만들었었지. 그러나 이제 얼굴을 가지고 싶어. 밤에는 밖으로 나가자. 풀 속에 눕자고. 넌 여자고, 난 더러워졌어. 넌 날 사랑해줘야 해, 한동안은!
소피 바르거	그렇군요, 당신은? … 난 당신을 사랑해.
바알	*머리를 그녀의 가슴에 파묻는다.* 이제 우리 위엔 하늘이 있고 우리 단 둘만 있는 거지.
소피 바르거	하지만 여기 조용히 누워있어야 해요.
바알	어린아이처럼!
소피 바르거	*몸을 일으키며* 집엔 어머니가 있어. 난 집에 가야해요.
바알	나이가 많은가?
소피 바르거	일흔 살이죠.
바알	그렇다면 못된 일에 익숙할 거야.

소피 바르거 날 땅바닥이 삼켜버려도? 내가 저녁에 동굴로 끌려가 더 이상 돌아오지 않더라도?

바알 다시는 안 온다? *침묵.* 남매가 있나?

소피 바르거 그럼요. 걔들은 내가 필요해요.

바알 이 방 공기는 마치 우유 같군. *일어나 창가에서.* 강가의 버드나무들은 물을 흠씬 먹었어. 내린 비로 어지럽게 흐트러져 있군. *그녀를 잡는다.* 네 허벅지는 보들보들할 거야.

다시 어두워지고 뜰에서 다시 한 거지가 손풍금을 연주한다.

갈색 나무로 된 회칠한 집들

육중한 저음의 종소리. 바알. 술 취한, 약해 빠진 부랑자.

바알 *큰 보폭으로 부랑자 주위를 반원을 그리며 맴돈다. 그 부랑자는 돌 위에 앉아 창백한 얼굴을 위로 치켜들고 있다.* 누가 나무시체들을 벽에 못질해 놓았지?[32)]

부랑자 나무시체들 주변의 보드랍고 상아 같은 공기: 성체축제일.

바알 거기에 종소리, 식물이 망가지는데도!

부랑자 종소리는 날 도덕적으로 고양시키지.

바알 나무들이 자넬 두들겨 쓰러뜨리지 않나?

부랑자 푸하, 나무시체가 말이야! *술병에서 한 모금 마신다.*

바알 여자 몸뚱이가 나을 건 없어!

부랑자 여자 몸뚱이가 성체행렬하고 무슨 상관이야?

바알 다 추잡한 것들이야! 자넨 사랑하고 있지 않잖아!

부랑자	예수님의 하얀 몸: 난 그분을 사랑하고 있어! *그에게 술병을 올려준다.*
바알	*조금 누그러져* 난 노래 몇 곡을 이 종이에 적어놓았지. 하지만 이제 변소 간에 걸리게 될 거야.
부랑자	*성스러운 모습으로 봉사하라!* 나의 주 예수께: 난 예수님의 하얀 몸을 보고 있노라. 난 예수님의 하얀 몸을 보고 있노라. 예수께서는 사악함도 사랑하셨다.
바알	*마시며* 나처럼.
부랑자	자네 그분과 죽은 개에 대한 이야기를 아나? 모두 이렇게 말했대: 이거 구린내 나는 더러운 썩은 시체군! 경찰을 불러와! 정말 참을 수 없어! 그러나 예수께서는 말씀하셨어: 그 놈 참 이빨도 예쁘고 하얗기도 하다.
바알	가톨릭으로 개종할까보다.
부랑자	그분은 그러지 않으셨어. *그에게서 술병을 빼앗는다.*
바알	*다시 분노에 찬 모습으로 주위를 맴돈다.* 그가 벽에 못질한 그 여자들 몸뚱이, 난 그렇게 하지 않아.
부랑자	벽에 못질을 했다고! 그들은 강 아래로 떠내려가지 않았어! 그들은 도륙당한 거지 그를 위해, 예수의 하얀 몸을 위해.[33]
바알	*그에게서 술병을 빼앗아 몸을 돌린다.* 당신께서는 너무 종교적이십니다. 아니면 몸뚱이에 너무 술이 많이 들어갔든지. *술병을 가지고 나간다.*
부랑자	*절제하지 못하고, 그의 뒤에 대고 소리친다.* 그러니까 선생의 이상을 위한 쪽에 못 서시겠다 그거군요, 선생! 축제 행렬에 자신을 내던져보지 않겠다고요? 선생은 식물을 사랑하면서도 그것들을 위해 아무것도 하지 않겠다는 거지요?

바알	난 강가로 내려가 몸을 씻을 거요. 난 시체 따위에 신경 쓰고 싶지는 않아. *퇴장.*
부랑자	그러나 내 몸속에 술이 들어있어도 난 저걸 견딜 수가 없어. 이 빌어먹을 죽은 식물들을 견딜 수가 없단 말이야. 혹 몸속에 술이 많이 들어있다면 아마 견딜 수 있을지는 모르지.

오월의 밤, 몇 그루의 나무 아래에서

바알. 소피.

바알	*게으르게* 이제 비가 그쳤어. 풀은 아직 축축할 거야… 빗물이 우리 잎들을 통과하지 못했어… 새 잎은 젖어 물방울이 뚝뚝 떨어지지만, 여기 뿌리 사이는 바싹 말라있어. *화가 나서.* 왜 사람은 나무와 잠을 잘 수가 없지?
소피	들어봐!
바알	비에 젖은 시꺼먼 잎사귀에 거칠게 부딪쳐대는 바람소리야! 비가 나뭇잎을 뚫고 떨어지는 소리가 들리지?
소피	난 내 목에 떨어진 물방울을 느끼고 있어… 아 당신, 날 가만히 좀 놔둬요!
바알	사랑은 상대방 몸에서 옷을 잡아 뜯어내지, 소용돌이처럼. 그리곤 하늘을 보고 난 뒤에는, 알몸인 상대를 잎사귀시체들로 묻어버리지.
소피	당신 품안에 푹 안기고 싶어요, 난 지금 알몸이거든요, 바알.
바알	난 취했는데, 넌 살랑거리는구나. 하늘은 까맣고, 우린 그

네를 타고 있는 거야. 몸속에 사랑을 싣고. 하늘은 까맣지. 난 널 사랑해.

소피 오 바알! 우리 어머니, 그분은 지금 내 시체를 생각하고 울고 있을 거예요, 내가 강물에 뛰어 들었을 거라 생각하시는 거지요. 지금 몇 주째지요? 그땐 아직 오월이 아니었어. 아마 3주가 되었을 거예요.

바알 이제 3주가 되었다고 나무뿌리 사이에 앉아서 사랑하는 이가 말하는군, 30년인데 말이야. 그 정도면 그녀가 반쯤은 썩은 건데.

소피 먹이처럼 이렇게 누워있으니 참 좋아요. 그리고 하늘이 당신 위에 펼쳐있어요. 그리고 당신은 이제 결코 혼자가 아니에요.

바알 네 속옷을 다시 벗겨야겠어.

밤 카페 <밤의 구름>

불결한 조그만 카페. 하얀 칠을 한 의상실. 왼쪽 뒤에 갈색의 어두침침한 커튼. 오른쪽 옆에 변소로 나가는 하얀 칠을 한 판자문. 오른쪽 뒤에 문. 그 문이 열리자 파란 저녁하늘이 보인다. 카페 안 뒤쪽에서는 수브레트가 노래를 하고 있다.

바알 *웃통을 벗어 붙인 채 배회하며, 흥얼거린다.*

루푸 *뚱뚱하며 핼쑥한 얼굴을 한 젊은이다. 머리카락이 까맣고 반질거린다. 땀에 젖어 창백해 보이는 이마에 머리카락 두 가닥을 찰싹 붙여놓았다. 튀어나온 뒤통수가 눈에 띈*

다. 문 오른쪽에서 어떤 놈이 가로등을 또다시 깨부쉈어.

바알	여긴 못된 놈들만 오가는 곳이야. 내가 마실[34] 술잔이 또 어디 갔지?
루푸	선생님께서 다 드셨지요.
바알	자네 조심해야겠어!
루푸	뮤르크 씨가 스펀지라고 말합니다.
바알	그래서 술을 더 얻을 수 없다?
루프	공연 전에는 선생님을 위한 술은 더 이상 없습니다. 선생님은 제 마음을 아프게 하세요.
뮤르크	*커튼 안쪽에서* 자리 좀 비켜, 루푸!
바알	난 내가 마실 술잔은 받아야겠소, 뮤르크 씨, 그렇지 않으면 어떤 서정시도 없습니다.
뮤르크	그렇게 많이 드시면 안 됩니다. 그렇지 않으면 어느 날 저녁 더 이상 전혀 노래할 수가 없게 됩니다.
바알	그러면 내가 뭐 하러 노래하겠소!
뮤르크	선생께서는 수브레토 사베트카와 더불어 이 카페 <밤의 구름>에서 가장 보석 같은 존재지요. 난 선생을 내 손으로 직접 발굴해낸 사람입니다. 이전에 언제 이렇게 섬세한 영혼이 이런 비계덩이에 처박혀 있었겠습니까? 비계덩이가 성과를 올리는 것이지요, 서정시가 아니라. 선생의 음주는 나를 망하게 할 것입니다.
바알	난 매일 저녁 이 계약된 술로 싸움질하는 것에 진절머리가 나. 여기서 사라지겠어.
뮤르크	내 뒤엔 경찰이 있어요. 선생께서는 또다시 하룻밤을 쉬어야 할 것 같습니다. 이보세요, 선생께서는 무릎이 베이기라도 한 사람처럼 비틀거리고 있어요. 사랑하는 여인도 날려버리세요. *카페에서 박수갈채가 나온다.* 자 이제 선생

노래가 나갑니다.

바알   이제 지겨워 참을 수 없을 지경이야.

수브레트   *창백하고 무표정한 인간인 피아니스트와 함께, 커튼에서 나오면서 이제 일과 끝냈어!*

뮤르크   *바알에게 연미복을 강요하며 우리 집 무대에서 반나체는 안 돼요.*

바알   멍청이 같으니! *연미복을 벗어던져 버리고 기타를 뒤에 질질 끌며 커튼을 지나 나간다.*

수브레트   *앉아 마신다.* 저 분은 오로지 함께 살고 있는 애인을 위해 일하지요. 저분은 천재예요. 루푸는 창피한 줄도 모르고 그를 따라하지요. 저분은 애인도 그렇지만 톤이 늘 한결같아요.

피아니스트   *변소 문에 기대어* 저 사람 노래는 천상의 것이지. 그런데 여기에선 지난 열하루 전부터 자기 술 한 잔 때문에 루푸와 싸움질이나 하고 있지.

수브레트   *마시며* 우리의 불행이지요.

바알   *커튼 뒤에서* 난 작아요, 내 심장은 맑아요,
언제나 난 즐겁게 살고 싶어요.
박수소리, 바알은 계속한다, 기타에 맞추어
골방사이로 바람 불어 들어올 때
그 아인 파란 자두를 먹어치웠네
그리곤 보드랍고 하얀 자기 몸뚱이
심심풀이로 가지고 놀았네 소리 없이.
박수소리 가득한 카페, 야유소리도 있다. 바알은 계속 노래한다. 그리고 소동은 점점 더 커진다. 왜냐하면 그 노래가 점점 더 음란해지기 때문이다. 결국 카페에는 엄청난 소요가 일어난다.

피아니스트	*냉담한 표정으로* 빌어먹을, 끝까지 해내는군! 응급요원 불러! 지금은 뮤르크 씨가 달래고 있지만, 저 사람들 결국은 그의 사지를 찢어놓을 거야. 저 사람이 이야기를 노골적으로 해댔거든.
바알	*커튼으로부터 나와 기타를 질질 끌며 온다.*
뮤르크	*그의 뒤에서* 짐승 같은 인간, 가만히 두지 않을 거야. 앞으로 프로그램대로 부르시오! 계약대로! 그렇지 않으면 경찰을 부르겠어! *홀 안으로 돌아간다.*
피아니스트	선생은 우릴 파멸시키고 있어요, 바알 선생.
바알	*목을 움켜쥐고 오른쪽 변소 문 쪽으로 간다.*
피아니스트	*비켜주지 않으며* 어딜 가시려고?
바알	*그를 밀어낸다. 기타를 들고 문들을 지나 나간다.*
수브레트	변소에 갈 때도 기타를 들고 가나요? 굉장하시네요!
손님들	*머리를 드밀며* 이 개 같은 놈 어디에 있어? – 계속 노래하라고! – 벌써 휴식은 안 돼! – 이런 잡놈 같으니라고! *홀 안으로 돌아간다.*
뮤르크	*들어온다.* 난 구세군장교처럼 말했어. 경찰이 언제든지 우리에게 올 거라고. 그런데 젊은 놈들이 다시 그를 찾아 난리를 쳐대니. 도대체 그 사람 어디 있는 거야? 이제 나와야만 하는데.
피아니스트	그 매력 있는 분 변소에 가셨다오. *뒤에 대고 소리친다.* 바알 씨!
뮤르크	*문을 두들겨대며* 선생! 그러지 말고 대답 좀 해봐요! 빌어먹을, 빗장 거는 것을 금지하는 바입니다. 선생이 나한테 급료를 받는 동안은. 난 그것을 문서로 가지고 있소! 선생은 고등 사기꾼이요! *미친 듯이 두들겨 댄다.*
루푸	*문 오른쪽에 있다. 파란 밤이 보인다.* 변소 쪽 창문이 열

려 있어요. 그 콘도르 밖으로 날아가 버렸어요. 술 없인 노래도 없는 게지.

뮤르크 비었어? 날아가 버렸다고? 변소를 통해서 밖으로? 사기꾼 같은 놈! 경찰에 도움을 청할 거야! *밖으로 뛰쳐나간다.*

외침 *뒤쪽에서 일정한 박자로 바알! 바알! 바알!*

초록의 드넓은 평야, 몇 그루 파란 자두나무

바알, 에카르트

바알 *천천히 평야를 걸으며* 하늘이 점점 초록이 되고 풍요를 잉태한 뒤부터, 7월의 공기, 바람, 이제 바지 말고는 속옷은 필요 없어! *에카르트 쪽을 돌아보며.* 바지가 맨 허벅지를 스쳐대는군. 내 머리통은 바람으로 부풀고, 겨드랑이 털엔 평야의 냄새가 머금는구먼. 공기는 브랜디에 취한 것처럼 흔들어대고

에카르트 *그의 뒤에서* 왜 자두나무들이 있는 이곳에서 달아나려는 거지? 코끼리가 서두르는 모양으로.

바알 내 머리통에 손모가지를 대봐! 내 머리는 맥박이 뛸 때마다 부풀어 올랐다가, 거품처럼 다시 푹 꺼지지. 손으로 그걸 느끼지 못하겠나?

에카르트 그래.

바알 자넨 내 영혼을 이해하지 못해.

에카르트 우리 물속으로 들어가지 않을래?

바알 내 영혼은 말이야, 형제, 곡식으로 가득 찬 평야가 바람 아래서 이리저리 뒤척일 때 그 신음소리야. 또 서로 잡아

먹으려는 두 마리 곤충의 눈 속에 번뜩이는 불꽃이야.

에카르트 영원히 썩지 않을 창자를 가진 7월에 미친 젊은 놈, 그게 자네야. 언젠간 하늘에 개기름 얼룩을 남기게 될 뚱뚱보!

바알 말은 잘하는군. 상관없어.

에카르트 내 육체는 바람에 흔들리는 조그만 자두처럼 가볍지.

바알 그건 여름의 창백한 하늘 때문이야, 형제. 우리 파란 웅덩이의 미지근한 물속에 몸을 띄워 볼까? 하얀 길이 천사의 밧줄처럼 우리를 하늘로 끌어올릴지 몰라.

마을 술집. 저녁

바알 주변에 농부들. 한쪽 구석엔 에카르트

바알 여러분들 모두와 함께 할 수 있어 좋습니다! 내 형이 내일 저녁 이리 올 것입니다. 그때 황소들이 여기에 있어야 하는 것이지요.

한 농부 *입을 벌리고선* 선생님의 형이 원하는 황소인지 아닌지 어떻게 알 수 있지요?

바알 그건 오로지 내 형만 알지. 정말 좋은 놈이어야 합니다. 그렇지 않으면 쓸모가 없어요. 술 한 잔, 주인!

두 번째 농부 그 자리에서 사줄 겁니까?

바알 허리힘이 가장 센 놈을.

세 번째 농부 옆한 마을에서는 황소를 가져올 거야. 자네가 제안한 가격이라면.

첫 번째 농부 자 내 황소를 살펴보시오!

바알 주인, 술 한 잔!

농부들	내 황소, 이놈이 최고죠! 내일 저녁이라고 말씀하셨지요? *떠나면서.* 선생께선 오늘 밤 여기서 주무시겠지요?
바알	그럼요. 침대에서!
	농부들 퇴장.
에카르트	도대체 뭘 원하는 거지? 자네 머리가 어떻게 된 건가?
바알	멋지지 않던가? 그 농부 놈들 눈을 껌벅이다가 얼빠진 것처럼 입을 벌리고 쳐다보더니, 그리고 나서야 사태를 파악하고선 계산을 시작하는 모습이 말이야.
에카르트	적어도 술 몇 잔은 보태주었지. 그러니 이제 줄행랑칠 차례야!
바알	지금 줄행랑? 자네 미쳤어?
에카르트	그래, 바로 자네가 돈 거야? 황소들을 생각해봐!
바알	그래, 그렇담 내가 뭐 하려고 그 놈들을 속였겠어?
에카르트	바로 술 몇 잔 때문에?!
바알	엉뚱하게 상상하지 마! 난 자네에게 축제를 벌여주고 싶은 거야, 에카르트. *그는 자신의 뒤에 있는 창문을 연다. 어두워진다. 그는 다시 앉는다.*
에카르트	자넨 술 여섯 잔에 취해버렸어. 창피한 줄 알아!
바알	모든 게 잘 될 거야. 난 이 단순한 사람들을 사랑해. 자네에게 끝내주는 볼거리를 줄 거네, 형제! 건배!
에카르트	자넨 순진한 사람처럼 보이는 것을 사랑해. 그 불쌍한 녀석들은 내 머리통을 박살내버릴 거야, 자네 것도!
바알	그들은 자신들의 배움을 위해 그렇게 하는 거지. 난 이 따뜻한 저녁, 어떤 애정 같은 것을 품고 그들을 생각하고 있어. 그들은 사기를 치려고 올 거야, 그들의 순박한 방법으로. 그런데 그게 내 마음에 든단 말이야.
에카르트	*일어나며* 좋아, 황소야 아니면 나야. 주인이 낌새를 채지

못하고 있을 때, 가겠어.

바알 *음울한 표정으로* 오늘 저녁은 참 따뜻하구먼. 자 한 시간
만 더 있어. 그러면 나도 함께 가지. 자네 알잖아, 내가 자
넬 사랑하는 거. 저 평야에서 이리로 거름 냄새가 밀려오
는군. 자넨 저 주인이 황소를 가지고 그런 일을 벌이는 사
람들에게 술 한 잔 더 팔 거라고 생각하나?

에카르트 발소리가 들리는데.

목사 *들어온다.* 바알에게 선생이 황소 이야기를 꺼낸 그 분이
십니까?

바알 내가 그 사람입니다.

목사 무엇 때문에 대체 그런 속임수를 쓰시는 겁니까?

바알 가진 게 이 세상에 다른 건 없거든요. 건초 냄새가 아주
강하게 풍겨오는군! 저녁에는 늘 이렇습니까?

목사 이보시오 선생, 선생의 세상은 아주 궁색하게 보이는군요!

바알 내 하늘은 나무와 여자 몸뚱이로 가득 합니다.

목사 그런 식으로 말하지 마시오. 세상은 선생의 서커스가 아닙니다.

바알 그렇담 세상은 무엇이오?

목사 그냥 떠나시오! 아십니까. 저는 아주 선량한 사람입니다.
선생의 일에 대해서도 관대하지 않을 이유가 없지요. 제
가 이 일을 다 깨끗하게 처리해놓았습니다.

바알 정의의 사자께서는 전혀 유머 감각이 없군, 에카르트!

목사 도대체 선생의 계획이 얼마나 유치했는지 깨닫지 못하시겠
습니까? *에카르트에게* 대체 저 남자가 원하는 게 뭡니까?

바알 *몸을 뒤쪽에 기대고서* 땅거미가 몰려올 때. 저녁에 말이
야—물론 저녁이어야 해. 그리고 물론 하늘에는 구름이 끼
어 있어야 하지. 공기는 부드럽고 또 약간 바람이 불면,
그때 황소들이 올 거야. 그것들은 사방에서 느릿느릿 모

여들 거야. 굉장히 볼 만할 거야. 그 때 그 불쌍한 사람들은 황소들 사이에 서있겠지. 그리고 황소를 가지고 무엇을 어떻게 해야 할지 당황해 할 거야. 대단한 광경을 체험하게 될 거라고 잘못 생각했던 거지. 난 잘못 생각한 사람들도 사랑하거든. 그리고 어디에서 그렇게 많은 황소를 한 곳에서 볼 수 있겠나?

목사	그런데 그걸 위해 선생께서는 일곱 마을을 불러 모았단 말입니까?
바알	그 장관에 대해 일곱 마을이 어쨌다는 거요!
목사	이제 이해하겠군. 선생은 불쌍한 인간입니다. 그리고 선생은 아마 황소를 특별히 사랑하나 보지요?
바알	가지 에카르트! 저분이 일을 다 망쳐놓았어. 예수를 믿는 사람들은 동물을 더 이상 사랑하지 않는 게야.
목사	*웃고 나서는 진지하게* 어쨌든 그걸 선생께서는 갖지 못하십니다. 그냥 가십시오. 그리고 더 이상 눈에 띄지 마세요! 이보시오 선생, 내 생각에는 제가 선생께 상당한 봉사를 해드린 겁니다!
바알	가지 에카르트! 자넨 그 축제를 볼 수가 없게 됐어, 형제! *에카르트와 천천히 퇴장.*
목사	잘 가시오! 주인장, 저 신사 분들 술값은 내가 지불하리다!
주인	*탁자 뒤에서* 열한 잔이죠, 목사님.

저녁. 나무 숲

벌목꾼 예닐곱 명이 이 나무 저 나무에 기대어 앉아있다. 그중에 바알. 풀밭에는 시체 한 구.

한 벌목꾼 그건 참나무였어. 저 사람 곧바로 죽지 않고, 한참을 고통 받았어.

두 번째 벌목꾼 오늘 아침에만 해도 날씨가 나아질 것 같다고 말했지. 그 사람이 원하는 건 초록이라고 했지, 약간의 비와 함께. 그러면 목재가 너무 건조하지 않을 거라며.

세 번째 좋은 놈이었는데, 그 테디 말이야. 전에 어디엔가 조그만 가게를 가지고 있었지. 그때가 전성기였어. 성직자처럼 아직은 뚱뚱했던 시절이야. 그런데 계집문제로 사업을 망쳐먹었던 거지. 그리고 여기로 올라온 거야. 그리곤 그 녀석 해가 거듭되면서 배가 홀쭉해지더군.

또 다른 사람 계집 문제에 대해선 뭔가 이야기하지 않던가?

세 번째 응. 그가 다시 내려가고자 했나 안했나 나도 아는 바 없어. 그는 상당히 많이 저축했지, 그러나 그것은 그의 절제 덕분이었을 거야. 우린 여기 위에서는 오로지 거짓말만 하지. 그게 훨씬 더 나으니까.

한 사람 일주일 전에 그가 말하길 겨울에는 북쪽으로 올라갈 거라고 했지. 그때 그는 어딘가에 오두막이라도 가지고 있는 것처럼 보였어. 네 놈에게 그게 어디라고 말하지 않았어, 코끼리야? *바알에게* 너희 둘 그것에 대해 이야기했잖아?

바알 날 가만히 좀 놔둬. 난 아는 바 없어.

바로 전 사람 모르긴 몰라도 네가 스스로 들어앉으려 그러는 거지, 엉?

두 번째 저 녀석은 믿을만한 데가 없어. 생각나지? 밤사이 우리 신발을 물속에 빠뜨렸던 거. 우리가 숲으로 못 들어가게 말이야. 늘 그랬던 것처럼, 일하기 싫다는 이유 하나로.

또 다른 사람 저 놈은 돈을 벌려고 뭔가를 하진 않아.

바알 오늘은 제발 다투지 마라! 너흰 잠시라도 저 불쌍한 테디를 생각해줄 수 없겠어?

한 사람	너 어디에 있었지, 그가 완전히 초주검이 되어 있을 때?
바알	*몸을 일으켜 느린 걸음으로 풀밭을 가로질러 테디에게 간다. 그곳에 자리를 잡고 앉는다.*
한 사람	애들아, 바알이 똑바로 걷지 못해!
다른 사람	걔 내버려 둬! 그 코끼리 녀석 충격 받은 상태거든.
세 번째	너희들 오늘 진짜 좀 더 조용히 있어야겠어, 그가 저기에 아직 누워 있는 한에는 말이야.
그 다른 사람	테디를 가지고 뭐하냐, 코끼리야?
바알	*그의 건너편에서* 저 녀석은 안식을 찾았는데 우린 혼란 속에 있어. 그것 둘 다 괜찮긴 하지. 하늘은 까맣다. 나무들이 몸을 떤다. 어디에선가 구름이 뭉게뭉게 피어난다. 이게 바로 원하는 장면이지. 사람들은 먹을 수 있지. 잠을 자고 난 뒤엔 깨어나고. 그는 아니야, 우리지. 양쪽 다 좋은 거지.
그 다른 사람	하늘이 어떻다고?
바알	하늘은 까맣다고.
그 다른 사람	넌 머리가 그렇게 좋진 않아.[35] 늘 엉뚱한 놈들이 해를 입지.
바알	그래, 그 말 한번 참 잘했다. 그래 네 말이 맞아.
한 사람	바알 녀석에게 그런 날씨 같은 건 아무런 해를 끼치지 않을 거야. 일하고 있는 곳에는 그 근처에도 오질 않는 걸.
바알	테디는 반대로 부지런했지. 테디는 남에게 베푸는 사람이었지. 테디는 붙임성 있었어. 이 말에서 한 가지가 남는데: 그는 **그랬지**라는 말이지.[36]
두 번째	그는 이제 어디에 있을까?
바알	*죽은 이를 가리키면서* 저기 있잖아.
세 번째	늘 생각하는 건데, 불쌍한 영혼들 그들은 바람이야, 특히

	봄날 저녁에 부는 바람은. 물론 가을에도 그렇다고 생각하지만.
바알	그리고 여름에도 그렇지, 태양 아래에서, 곡식 평야 위로 내리쬐는.
세 번째	그건 그것에 어울리지 않아. 어두워야 해
바알	어두워야 한데, 테디.
	침묵.
한 사람	어이, 저 사람 대체 어디로 보내지?
세 번째	그를 원하는 사람이 없어.
그 다른 사람	그는 이 세상에서 오로지 자신만을 위해 살았어.
한 사람	그리고 그 사람 물건은?
세 번째	그건 그리 많지 않아. 돈을 어딘가로 가지고 갔어, 은행으로 말이야. 그것은 언제까지나 남아 있겠지, 그가 그곳에 더 이상 가지 않더라도 말이야. 어이 바알, 그렇지 않나?
바알	아직도 여전히 썩는 냄새가 나지 않는군.
한 사람	어이, 금방 정말 좋은 생각이 떠올랐어.
그 다른 사람	토해 내! 그게 무언지!
묘안을 생각해낸 그 사람	
	저 코끼리만 희한한 생각을 떠올리는 것은 아니야, 너희들. 우리가 테디의 좋은 저승길을 위해 한 잔 하는 것은 어떨까?
바알	그건 부도덕한 일이야, 베르크마이어.
다른 사람들	헛소리 마, 부도덕하다니. 그런데 무얼 마신다는 거야? 물? 창피한 줄 알아라, 녀석아!
묘안을 생각해낸 그 사람	
	술!
바알	난 그 제안에 한 표 주겠다. 술이라면 도덕적인 거지. 어

떤 술?

묘안을 생각해낸 그 사람

테디 술.

다른 사람들   테디 것? - 그거 괜찮은데. - 그 배급 술! - 테디가 아꼈거든. - 그것 참, 멍청한 놈 속에서 저렇게 기막힌 생각이 나오다니!

그 남자   예리한 전광석화 같지, 응! 너희 참 무딘 머리통이야! 테디의 장례식을 위해 테디 술이라! 싸게 먹히고 격식도 차리고! 누구 테디를 위해 한마디 한 사람 있나? 그게 당연한 거 아니야?

바알   내가.

한 두 사람   언제?

바알   방금 전에 너희들이 말도 안 되는 소리로 떠들어댈 때. 이렇게 시작했지: 테디는 안식을 찾았다… 너희는 모든 것을 그게 지난 후에야 비로소 알아차리지.

다른 사람들   멍청한 놈! 술이나 가져오자!

바알   그건 치욕스런 일이야.

다른 사람들   저런! - 그런데 왜지, 덩치만 큰 코끼리야?

바알   그건 테디의 소유물이야. 그 술통 따면 안 돼. 테디는 부인과 불쌍한 고아 다섯이 있어.

한 사람   넷. 넷밖에 없어.

다른 사람   지금 갑자기 무슨 소리야.

바알   너흰 테디의 불쌍한 다섯 고아에게서 아빠의 술을 빼앗아 마시겠다는 거지? 이런 게 신앙심인가?

바로 전 사람   넷. 고아 넷.

바알   테디의 고아 넷에게 그들의 목구멍에서 술을 빼앗아 마신다?

한 사람   테디에겐 가족이 전혀 없어.

〈바알〉

바알	그러나 고아들은 있지, 이 사람아, 고아들.
한 다른 사람	이 미친놈의 코끼리가 너흴 우롱하고 있어. 너희들은 테디의 고아들이 테디의 술을 마실 것이라 생각해? 좋아, 그건 테디의 소유물이지…
바알	*말을 끊으며* 그랬다는 거지…
그 다른 사람	또 무슨 꿍꿍이지?
한 사람	저놈이 또 떠벌리는 거지. 저놈은 전혀 제정신이 아니야.
그 다른 사람	내가 말하지: 그건 테디의 소유물이었어. 그래서 우린 대가를 지불할 거야. 돈으로, 비싼 돈으로, 친구들. 그러면 그 고아가 된 아이들이 몰려오겠지.
모두	그것 참 좋은 제안인데. 코끼리가 한방 먹은 거지. 자식 미쳤어, 술을 마다하니. 저 놈은 놔두고 테디의 술 있는 곳으로 가자!
바알	*그들을 등에 대고 외친다.* 어쨌든 이리 다시 와라, 이 망할 놈의 시체 도굴꾼들아! *테디에게* 불쌍한 테디! 나무들이 오늘은 상당히 단단하구나. 공기는 감미롭고 부드러워 난 가슴이이 벅차오름을 느낀다네, 불쌍한 테디, 그게 자넬 간질이지 않나? 자넨 완전히 끝장난 거야. 들어봐, 넌 곧 썩은 냄새가 나겠지. 그리고 바람은 계속 불 것이고, 모든 것이 다 계속되겠지. 자네의 그 오두막집, 그게 어디 있는지 난 알아, 그리고 자네 소유물은 살아있는 자들이 다 빼앗아 갈 거야. 자넨 그걸 버리고 떠나버린 거지. 오로지 자네의 안식만 원했어. 자네 몸은 그렇게까지 나쁜진 않았어, 테디, 지금도 그래. 단지 조금 상했을 뿐일세. 옆구리 한쪽, 그리곤 두 다리―이런 상태론 여자들과는 끝장이지. 이런 것은 여자 몸속에 삽입할 수가 없어. *그는 그 죽은 자의 다리를 들어올린다.* 그러나 크게 보면, 이

좋은 몸집으로 좀 더 **좋은**[37] 의지만 있었다면 더 살 수 있었을 텐데, 이 친구야, 그러나 자네 영혼은 정말 염병하게 고상한 인품이었어. 집이 허물어졌으니, 쥐새끼들이 떠나버리는 거 아니겠나;[38] 자넨 단지 자네의 습관 때문에 망한 거야, 테디.

다른 사람들   *돌아온다.* 오호, 코끼리 녀석, 이제 혼 좀 나야겠다! 테디가 쓰던 침대 아래 브랜디 통이 어디 있지, 이 녀석? – 어디 있었어, 우리가 그 불쌍한 테디에 매달려 있던 사이에? 선생? 그때 테디는 아직 완전히 죽지 않았지, 선생? – 그때 어디 있었어? 너 이 추잡한 놈! 너 시체나 훼손하는 놈! 네 놈이 테디의 불쌍한 고아들의 수호자라, 엉?

바알   전혀 증거도 없으면서, 이 녀석들이!

다른 사람들   그렇다면 그 술이 어디에 있는 거야? 네 놈의 그 잘난 생각으로는 술통이 술을 마셔 버렸다는 건가? 이건 정말 엄청나게 심각한 일이야, 녀석아. – 한번 일어나 봐, 너, 일어서란 말이야! 한번 걸어봐, 네 발자국만. 그리고 휘청거리지 않았다고 해봐. 정신적으로나 육체적으로 완전히 망가졌다는 걸 부인해 보란 말이야, 이 역겨운 놈아! – 그 녀석을 일으켜 세워 봐, 그리고 조금 간질여 보라고, 여보게들, 테디의 가련한 명예를 더럽힌 그 놈을!

바알이 일으켜 세워진다.

바알   더러운 강도 녀석들! 최소한 저 불쌍한 테디는 밟지 마! *그는 앉아 시신의 팔을 그의 팔 아래로 낀다.* 네 놈들이 날 학대하면, 테디는 얼굴을 땅에 처박게 돼. 그게 경건함이라고 할 수 있냐? 난 지금 정당방위를 하고 있는 거야. 너희는 일곱이고, 일–곱 그리고 너희는 술에 취해있지 않지만, 난 나 혼자야 그리고 취했어. 이게 공평한 거냐? 이게 정당해? 일대 칠이? 흥분을 가라앉혀! 테디도 잠잠해졌 잖아!

한 두 사람　*참담한 모습으로 흥분하여* 저놈에겐 어떤 것도 성스럽질 않아. - 하느님 저 주정뱅이의 영혼을 불쌍히 여기소서! - 저 자는 하느님 두 손 사이에서 배회하는 냉혈하기 그지 없는 죄인입니다.

바알　앉아. 난 경건한 체하고 싶지 않아. 세상엔 늘 머리가 좀 영리한 놈도 있고, 또 좀 떨어지는 놈이 있지. 후자가 이런 일엔 더 나은 일꾼이지. 너흰 알고 있었어. 난 **정신노 동자라는**[39] 걸 말이야. *그는 담배를 피운다.* 너흰 정말 진짜 경외심이 없어, 이 친구들아! 그리고 너희들이 그 비싼 술을 너희 몸속에 퍼부으면, 너희에게서 무엇이 꿈틀거리게 될까? 그렇지만 난 통찰이라는 걸 하지, 내가 너희에게 말하겠어! 난 테디에게 지극*증명서를* 히 본질적인 것을 말해주었지. *그는 테디의 윗주머니에서 꺼낸다. 그리고 그걸 자세히 드려다 본다.* 그런데 너흰 그 비참한 술을 찾아 뛰쳐나가야만 했다 이거야. 앉아. 나무들 사이로 보이는, 이제 어두워지는 하늘을 쳐다봐라. 그게 아무 것도 아닌 것으로 보이나? 그렇다면 너희 몸뚱이에는 종교라는 게 없는 거야!

오두막집

비 내리는 소리가 들린다. 바알. 에카르트

바알　이건 말이야, 검은 진흙땅 속에서 겨울잠을 자는 거 그거

	야, 우리들 하얀 몸뚱이를 위해.
에카르트	자네 또 자네 여잘 데려오지 않았군.
바알	자넨 자네 미사곡에 몰두하고 있는 거 아니었나?
에카르트	자네가 내 미사곡까지 신경을 써야 하나? 자네 여자에게나 신경 쓰시지! 자네 그 여자를 또 어디로 내몰아버렸나, 저 비에 말이야?
바알	그 여자가 모든 걸 포기라도 한 것처럼 우릴 쫓아와 내 목에 매달릴 거야.
에카르트	자넨 갈수록 깊이 가라앉고 있어.
바알	내가 너무 무거운 거야.
에카르트	자넨 죽음을 계산에 넣고 있지 않겠지?
바알	난 모든 수단을 다 동원해 싸울 거야. 내 몸에 무슨 이상이 생기더라도 끝까지 살 거야. 마지막까지 힘을 집중할 거라고. 난 황소처럼 쓰러지겠지: 풀밭 위로, 가장 부드러운 곳으로 말이야. 난 죽음을 기꺼이 받아들일 거야. 죽음에 대해 쓸 데 없는 생각은 않겠어.
에카르트	우리가 여기에 자리 잡은 후로 넌 점점 더 뚱뚱해졌어.
바알	*셔츠 속에서 오른손을 왼쪽 겨드랑이로 가져가며* 헌데 내 셔츠가 더 커졌어. 더 지저분해지면 해질수록 더 커지고 있어. 사람 하나가 더 들어갈 거야. 물론 뚱뚱한 몸뚱이가 아니면. 그런데 자넨 왜 그 더러운 살갗으로 뒹굴고 있나, 그 앙상한 갈비는 드러내고선?
에카르트	내 머리통엔 하늘이라고 할까? 그런 것이 있어, 아주 초록빛이고 염병하게 높은. 여러 생각이 바람 속에 가벼운 구름처럼 저 아래로 내려가고 있어. 그게 아주 여러 방향이긴 하지만, 그 모든 것이 내 안에 있단 말이야.
바알	그게 정신착란이란 거야. 자넨 알코올중독자잖아. 이제 알

겠지: 죄 값은 결국 받게 된다는 걸.

에카르트 만약 정신착란이 온다면 말이야, 그건 얼굴에서 알 수 있어.

바알 자넨 바람이 많이 불 수 있는 공간이 있는 그런 얼굴이지. 오목한 얼굴. *그를 들여다본다.* 자넨 전혀 얼굴이 없어. 자넨 전혀 아무 것도 아닌 거야. 자넨 훤히 드려다 보여.

에카르트 난 더욱 수학적으로 될 거야.

바알 자네에 대한 이야기는 들어본 적이 없어. 왜 자넨 자신에 대해 한 번도 이야기하지 않지?

에카르트 내 이야기는 없을 거야. 저기 밖에 누가 뛰어가고 있지?

바알 자네 귀 한번 좋구먼. 자네 안에 있는 그 무엇인 게지. 그걸 자넨 덮어 가리고 있는 거야. 자넨 사악한 인간이야, 바로 나처럼, 악마지. 그러나 어느 날 쥐새끼들을 보게 될 거야. 그러고 나서 다시 좋은 인간이 될 거야.

소피 바르거 *문에 나타난다.*

에카르트 이게 누구야 소피 맞아?

바알 아니 또 뭐 하러 온 거야?

소피 바르거 지금 들어가도 될까요, 바알?

평원. 하늘. 저녁

바알. 에카르트 소피.

소피 내 무릎이 내려앉고 있어. 왜 자포자기한 사람처럼 이리저리 헤매는 거야?

바알 네가 내 목에 매달리니까, 맷돌처럼.

에카르트	자네 소피를 어떻게 그런 식으로 대하나, 자네 때문에 임신까지 했는데도 말이야?
소피	그건 나 스스로 원했던 거예요, 에카르트.
바알	소피가 스스로 원했지. 그런데 이제 내 목에 매달린단 말이야.
에카르트	정말 짐승 같은 소릴 하는군. 앉아, 소피.
소피	*무겁게 앉으며* 저 사람 가게 나둬요!
에카르트	*바알을 향해서* 자네가 소피를 길에다 내팽개치면, 내가 곁에 있을 거야.
바알	소핀 자네 곁에 있지 않을 거야. 그런데 자네가 날 혼자 있게 할지도 모르지. 이 여자 때문에. 자네다운 일이지.
에카르트	자네는 날 두 번이나 침대에서 밀어 던졌어. 내 연인들은 자네에게 무관심했지. 그런데 자네가 나에게서 그들을 낚아채 갔던 거야. 내가 그들을 사랑했는데도 말이야.
바알	자네가 그들을 사랑했기 때문이었지. 난 두 번씩이나 시체 같은 몸뚱이를 범해야 했어,[40] 자넨 순결을 유지해야 했기 때문에. 나에겐 그게 필요하거든. 그때 어떤 쾌락을 맛보았던 건 아니야, 맹세코!
에카르트	*소피에게* 그래도 이 속이 다 들여다보이는 짐승을 여전히 사랑해?
소피	어찌 할 수가 없어, 에카르트. 난 저 사람 시체라도 사랑할 것이거든. 난 저이의 주먹까지도[41] 사랑해. 난 어찌 할 수가 없어, 에카르트.
바알	난 결코 알고 싶지 않아, 내가 그곳에 들어 앉아 있을 때 너희 둘이 무엇을 했는지.
소피	우린 그 하얀 감옥 앞에 서있었어. 그리곤 자기가 앉아있는 곳을 올려다보았어.

〈바알〉

바알	너흰 함께 있었어.
소피	그것 때문이라면 맞겠어.
에카르트	*소리지르며* 자네가 소피를 내게 내던지지 않았나?
바알	그 당시 자넨 내 관심 밖이었어.
에카르트	난 자네 같이 코끼리 피부가 아니야.
바알	그렇기 때문에 내가 자넬 사랑하는 거야.
에카르트	염병할 주둥이 좀 닥치고 있어, 소피가 옆에 있는 한에는 말이야.
바알	그 여자 보고 사라지라고 해! 그 여잔 협잡꾼으로 변하기 시작했어. *두 손으로 자신의 목을 훑어 내린다.* 저 여잔 더러워진 속옷을 자네 눈물로 빨고 있는 거야. 아직도 모르겠어? 저 여자가 우리 사이를 알몸으로 오가는 걸? 난 새끼 양만큼이나 인내심이 많아, 하지만 내 성질을 버리진 못해.
에카르트	*소피에게로 앉으며* 집에 어머니한테 가!
소피	난 그렇게 할 수 없어.
바알	할 수 없대, 에카르트.
소피	원하면 날 때려, 바알. 난 천천히 좀 가라고 더 이상 말하지 않을 거야. 난 그걸 그렇게 생각하지 않았어. 함께 가게 해줘. 내가 발이 있는 한 말이야. 그 다음에 난 덤불 속에 누울 거야. 자긴 들여다 볼 필요 없어. 날 쫓아버리지 말아, 바알.
바알	강물 속에나 뉘여, 그 뚱뚱한 몸뚱이를 말이야! 네가 원했어, 내가 널 뱉어 내길.
소피	날 여기에 내버리고자 하면서도, 자긴 날 여기에 내버리진 않을 거야. 자긴 아직 그런 걸 몰라, 바알. 그런 생각을 다 하다니 어린애 같아.

바알	이제 정말 역겹다.
소피	그렇지만 오늘 밤엔 안 돼, 안 돼 오늘 밤엔, 바알. 난 무서워, 혼자선. 난 어둠이 무서워. 그걸 난 무서워한단 말이야.
바알	그 상태로 말이야? 아무도 네게 뭘 하지 않아.
소피	하지만 오늘 밤은. 두 사람 오늘 밤 나와 함께 있지 않을래?
바알	뗏목꾼들에게나 가봐. 오늘은 세례자 요한 축일이야. 그 자들은 취해있을 거야.
소피	15분만!
바알	가자, 에카르트!
소피	대체 나보고 어디로 가라는 거야?
바알	하늘로, 내 사랑!
소피	내 아이와 함께?
바알	묻어버려!
소피	다시는 기억하지 않길 바래. 그렇게도 맘에 들어 하는 이 좋은 하늘 아래서 방금 내게 말한 걸 말이야. 무릎 꿇고 빌겠어.
에카르트	내가 옆에 있을게. 그런 다음 어머니한테 데려다 줄게. 이 짐승을 더 이상 사랑하지 않을 거라고 말하기만 하면 말이야.
바알	그 여잔 날 사랑해.
소피	난 이 짐승을 사랑해.
에카르트	아직도 거기에 서 있는 거야, 너 이 짐승 같은 놈아? 넌 다리도 없어? 술에 빠져 뒈진 거냐 아니면 서정시에 빠져 뒈진 거냐? 썩어빠진 짐승 새끼야! 썩어빠진 짐승 새끼야!
바알	바보 같은 녀석!

〈바알〉

	에카르트가 그를 덮치고, 그들은 엉켜 싸운다.
소피	어머 이럴 수가! 사나운 맹수처럼.
에카르트	*엉켜 싸우면서* 소피가 말하는 것이 들리기나 하는 거야, 이 덤불 속에서, 더욱이 이제 이미 어두워지고 있는데? 썩어빠진 짐승 새끼야! 썩어빠진 짐승 새끼야!
바알	*에카르트에게 맞서, 그를 자신에게 끌어 채며* 이제 넌 내 가슴에 닿아 있는 거야. 내 냄새를 맡을 수 있지? 이제 널 붙잡고 있겠어. 여자를 가까이 하는 것보다 더 한 것도 존재하지. *멈춘다.* 이제 벌써 덤불 위로 별들이 보이는군, 에카르트.
에카르트	*하늘을 올려다보고 있는 바알을 뚫어지게 쳐다보며* 난 저 짐승을 때려눕힐 수가 없어.
바알	*그를 팔로 안으며* 어두워지고 있어. 우린 밤을 지새울 곳을 찾아야 돼. 덤불 속엔 바람이 들이치지 않는 우묵한 곳이 있지. 자 이리와, 내가 짐승들 이야기를 해줄게. *그는 그를 끌고 가버린다.*
소피	*어둠 속에 홀로 남겨진다. 소리 지른다.* 바알!

나무로 된 갈색 마루청. 밤. 바람

탁자에 구우구우, 볼레볼. 거지, 상자 속에 아이를 데리고 있는 마야.

볼레볼	*구우구우와 카드놀이를 하면서* 이제 한 푼도 없어. 우리 영혼을 걸고 치자.
늙은 거지	바람 형제가 들어오려 하는군. 하지만 우린 우리의 그 차

	디찬 형제를 알지 못하지. 헤헤헤.
아이	*운다.*
마야	*거지여인* 좀 들어 봐! 집 주위에 뭔가가 지나가고 있어! 큰 짐승만 아니길!
볼레볼	왜? 벌써 또 발정한 거야?
	문 두드리는 소리가 난다.
마야	들어 봐! 난 열지 않을 거야!
거지	네가 열어.
마야	싫어. 싫어. 싫어. 맙소사, 싫어!
거지	염병할 소리 그만해! 열어!
마야	*문으로 기어가서* 밖에 누구요?
아이	*운다.*
마야	*문을 연다.*
바알	*에카르트와 함께 들어온다. 비에 젖어 엉망이다.* 여기가 빈민구호소 술집이요?
마야	그렇소, 헌데 더 이상 잠자리가 없다오. *더 무례하게.* 그리고 내가 아프거든요.
바알	우린 샴페인을 가지고 있는데.
	에카르트는 난롯가에 가있다.
볼레볼	이리 와! 샴페인이 무언지 아는 사람 같으면 우리에게 어울리지.
거지	여기 오늘은 정말 멋진 사람들이 모였군, 세상에!
바알	*탁자로 다가서서, 주머니에서 술 두 병을 꺼낸다.* 흠?
거지	내가 지금 허깨비를 보는 거지!
볼레볼	어디에서 샴페인을 가져왔는지 난 알지. 하지만 발설하지 않을 거야.
바알	이리 와, 에카르트! 여기 컵 좀 있나?

마야	찻잔은 있지요, 나리! 찻잔은요! *몇 개를 가져온다.*
구우구우	난 내 찻잔이 필요해.
바알	*의심스러운 듯* 샴페인 드실 수 있소?
구우구우	자!

바알이 술을 따라 준다.

바알	무슨 병을 가지고 있소?
구우구우	폐첨 카타르[42] 그건 아무 것도 아니지. 가래가 조금 있긴 한데. 별 일 아니야.
바알	*볼레볼에게* 당신은?
볼레볼	위궤양. 위험치 않아요.
바알	*거지에게* 원컨대 당신께도 지병이 있겠지요?
거지	난 광기가 좀 있지요.
바알	건배! 이제 우린 서로 아는 사이가 된 겁니다. 난 건강하지요.
거지	난 한 남자를 아는데, 그도 자신이 건강하다고 생각했지. 그렇게 생각했어. 그 사람은 숲 속 출신인데, 언젠가 그곳으로 다시 갔어. 왜냐하면 무엇인가 깊이 생각해야 할 것이 있었거든. 그런데 그에게 숲이 매우 낯설었고 더 이상 친근한 느낌이 들지 않았어. 여러 날 그 사람은 계속 들어갔어, 아주 높이 험한 곳까지. 왜냐하면 알고 싶었던 거야, 자기가 어느 정도까지 종속적인가 그리고 견딜 수 있는 힘이 얼마나 남아 있는지를. 그런데 그렇게 많이 남아 있었던 것은 아니었어. *마신다.*
바알	*초조하게* 웬 바람이! 이러니 우리 오늘 밤에 떠나야겠어, 에카르트.
거지	그래, 바람이었어. 어느 날 저녁 땅거미가 몰려올 때쯤, 그는 더 이상 그렇게 혼자가 아니라는 생각에, 거대한 정

	적을 뚫고 나무 사이를 걷다가, 그것들 중 아주 커다란 것 아래에 멈춰 섰어. *마신다.*
볼레볼	그건 그 속에 있던 원숭이였어.
거지	그래, 아마 원숭이였을지 모르지. 그 사람은 그것에 기대었어, 아주 바짝, 그리고 그 안에 있는 생명을 느꼈어. 아니 그렇게 생각했던 거지. 그리고 말했어: 너는 나보다 더 크고, 굳건히 서 있으며, 땅 저 깊은 곳까지 알고 있지. 그리고 그 땅이 널 지탱해주고 있어. 난 걸을 수 있고, 더 잘 움직일 수 있으나, 하지만 굳건히 서 있지 못하고 또 깊이 들어가지도 못해서 아무 것도 날 지탱해 주질 않아. 또한 끝없는 하늘의 적막한 나무 우듬지 위에 있는 저 위대한 고요함도 나에겐 낯선 것이야. *마신다.*
구우구우	나무가 뭐라고 말했나요?
거지	그래. 바람이 지나갔지. 나무를 뚫고 한 떨림이 지나갔어. 그 남자는 그걸 감지했어. 그때 땅에 몸을 던져 그 거칠고 단단한 뿌리를 껴안았어. 그리곤 비통하게 울었지. 그 남잔 많은 다른 나무들에게도 그렇게 했어.
에카르트	그 남잔 건강해졌나요?
거지	아니, 그러나 훨씬 편하게 죽었지.
마야	이해하지 못하겠어요.
거지	우린 아무 것도 이해하지 못해. 그러나 많은 걸 느끼기는 하지. 우리가 이해하는 이야기, 그건 순전히 엉터리로 전하기 때문이야.
볼레볼	자네들 하느님을 믿나?
바알	*어렵게* 난 늘 나 자신을 믿었어. 우린 무신론자가 될 수 있지.
볼레볼	*요란하게 웃으며* 이제야 즐거워지는군! 세상에! 샴페인!

〈바알〉

69

사랑! 바람과 비! *마야를 덮친다.*

마야 이것 놔! 입에서 구린내가 난단 말이야!

볼레볼 넌 매독 걸리지 **않았고?**[243] *그녀를 무릎 위에 앉혀 놓는다.*

거지 조심해! 볼레볼에게 점점 술이 올라오고 있어. 그러니 넌 오늘 빗속으로 나가지 못해. 내가 완전히 취하면 말이야.

구우구우 *에카르트에게* 저 사람이 더 멋있었지요. 그래서 저 여자를 얻었지요.

에카르트 그리고 당신의 정신적 우월성은? 당신의 영적 우월함은?

구우구우 저 여잔 저렇지 않았어요. 정말 순결했어요.

에카르트 그러면 당신은 무얼 했나요?

구우구우 난 부끄러워 주저했지요.

볼레볼 들어 봐! 저 바람! 하느님께 평화를 빌고 있어.

마야 *노래한다*

아가 아가, 밖에선 바람 분단다.

우린 따뜻하고 술도 취해 있단다.

바알 저 앤 무슨 아이야?

마야 내 딸입니다, 나리.

거지 고통에 찬 동정녀지!

바알 *마시며* 이미 지나간 이야기지, 에카르트. 아름답기도 했지.

에카르트 뭐가?

볼레볼 그걸 잊으셨군.

바알 예-옛날, 얼마나 기묘한 단어인가!

구우구우 *에카르트에게* 가장 아름다운 것은 무(無) 그 자체야.

볼레볼 쉿! 이제 구우구우의 아리아가 나오는군! 구더기 주머니가 노래하는 거야!

구우구우 마치 여름날 저녁에 살랑대는 공기와 같군, 태양은 말이

	야. 그런데 살랑대지 않아. 아무 것도 전혀 아무 것도. 사람들은 그저 모든 걸 그만 두고 있을 뿐. 바람이 불어도 더 이상 춥지 않지. 비가 내려도 더 이상 젖지 않아. 익살로 웃겨도 아무도 함께 웃질 않지. 사람이 썩어 없어진다 해도, 돌볼 필요가 없어. 총파업이지.
거지	거긴 지옥의 낙원이야!
구우구우	맞아, 거긴 낙원이야. 어떤 소원도 채워지지 않은 게 없지. 더 이상 소원도 없어. 모든 습관을 버리게 된 거야. **소원들조차도.**[44] 그렇게 우린 자유로워진 거야.
마야	끝에 가서는 어떻게 되지?
구우구우	*히죽 웃으며* 아무 것도. 전혀 아무 것도. 끝이란 없어. 무(無)만이 영원한 거야.
볼레볼	아멘.
바알	*일어서서, 에카르트에게* 에카르트, 일어나! 우린 살인자 소굴에 빠진 거야. *에카르트에게 의지하여, 어깨를 감싸 안고 있다.* 벌레가 몸이 불어나고 있어.[45] 부패물이 우리에게 기어오고 있군. 벌레들이 노래하며 서로 찬양하고 있어.
에카르트	자네에게 이제 두 번째야. 오로지 술 때문에 생긴 것인지?
바알	여기에선 내 오장육부가 다 드러날 거야… 여기가 무슨 진흙 목욕탕도 아니고
에카르트	앉아! 가득 마셔! 몸을 녹혀!
마야	*노래한다, 약간 취했다* 여름과 겨울은 비와 눈이라- 취해 있으면 더 이상 고통스럽지 않으리라.
볼레볼	*마야를 붙잡고 있다가, 거칠게 뒹굴며* 아리아는 나를 늘 간질인단 말이야, 앙증맞은 구우구우… 간질간질 깜찍한

마야.

아이   *운다.*

바알   *마시며* 당신 누구요? *자극을 받아 구우구우에게 구더기 주머니라고 하신다고.* 죽을 순서를 기다리는 후보겠지? 건배! *앉는다.*

거지   너 조심해야겠어, 볼레볼! 몸이 샴페인을 제대로 받지 못하고 있거든.

마야   *볼레볼에게 기대어, 노래한다*

감으세요 당신 작은 두 눈, 쳐다보면 힘드니까요.

자, 우리 잠자러 가요, 이제 당신은 그걸 느낄지 못할 거예요.[46]

바알   *난폭하게*

우글대는 쥐새끼를 머릿속에 얹고서 넌 떠내려가는데:[47]

그 위 하늘은 여전히 경이롭기만 하네.

일어나서, 손에 잔을 들고 까맣구나 하늘은. 자네 왜 놀라나? *탁자를 북삼아 친다.*

회전목마를 견딜 수 있어야 해. 정말 기막히지. *비틀거린다.* 난 코끼리가 될 거야, 서커스에서 모든 게 마음에 들지 않으면 오줌을 갈겨대는 코끼리 말이야. *춤을 추기 시작하면서 노래한다.* 바람과 함께 춤이나 추시지, 불쌍한 주검이여, 구름과 함께 잠자시구려, 타락한 신이여! *비틀거리며 탁자로 간다.*

에카르트   *취한 상태이다. 일어서서* 이제 자네와는 더 이상 함께 가지 않아. 나도 영혼이 있는 사람이야. 자넨 내 영혼을 망쳐놓았어. 자넨 모든 걸 망쳐놓지. 나 또한 이제 내 미사곡을 쓰기 시작할 거야.

바알   널 사랑해, 건배!

에카르트	하지만 난 더 이상 자네와 함께 가지 않아! *앉는다.*
거지	*볼레볼에게* 손 치워, 돼지 같은 놈!
마야	그게 당신과 무슨 상관이지?
거지	조용히 해, 불쌍한 년!
마야	미친 놈, 정말 돌았군!
볼레볼	*악의에 차서* 사기야! 저 사람 전혀 아프지 않아. 바로 그거야! 모두 다 사기야!
거지	그런 너는 암에 걸렸다 이거야!
볼레볼	*섬뜩할 정도로 조용하게* 내가 암에 걸렸다고?
거지	*비굴하게* 난 전혀 아무 말 하지 않았어. 걔나 가만 놔둬!
마야	*웃는다.*
바알	저 앤 왜 울지? *뒤쪽에 있는 상자로 천천히 간다.*
거지	*화가 나서* 걔한테 뭘 원하는 거야?
바알	*상자 위로 몸을 굽히며* 왜 우는 거냐? 이런 것 아직 본 적이 없어서 그래? 아니면 늘 이렇게 울어대는 거야?
거지	그 아이 가만 놔둬, 이봐! *술잔을 바알에게 던진다.*
마야	*벌떡 일어나며* 돼지 같은 놈!
볼레볼	저 놈이 아이의 속옷을 들춰보려고 해.
바알	*천천히 일어나며* 에이, 이 더러운 놈들! 너흰 인간적인 것을 더 이상 알지 못하는 놈들이야! *탁자에 넓게 자리 잡고 아주 큰 소리로, 간결하게.* 난 칠년 전에 내 윗사람 마누라와 잠을 잤지. 그 여잔 풍만했고 거칠었지. 긴 세월 속에 난 그 여자 얼굴을 잊었어. 하지만 이제 다시 생각이 나, 어떻게 생겼던지. 빛나던 시절이었어. 그 여자는 아이 하나를 얻었고, 집에서 지옥 같은 삶을 살았지. 그 여자를 더 이상 보지 못했어. 그 여자에게 무슨 일이 일어났는지 알 수 없어. 그게 삶이야. 가자, 에카르트, 우린 강에 가

몸이나 씻자! *에카르트와 함께 퇴장.*

초록빛 나뭇잎 덤불숲

뒤편에 강.

바알   *무성한 나뭇잎 속에 앉아서 물이 따뜻하군. 우린 모래 위에 게처럼 누울 수 있겠지. 거기에다 덤불숲과 하늘엔 하얀 구름이 있으니, 에카르트!*

에카르트   *숨어서 뭘 원하는 거지?*

바알   난 널 사랑해.

에카르트   난 지금 아주 편하게 누워있어.

바알   자네 방금 전에 구름 보았나?

에카르트   그래. 그것들은 창피한 줄 모르지. *침묵.* 방금 전에 한 여자가 저 건너편으로 지나갔어.

바알   난 이제 여자는 싫어…

국도. 몇 그루 버드나무

바람. 밤. 에카르트가 풀밭에서 잠자고 있다.

바알   *드넓은 평야를 넘어 이쪽으로 온다. 취한 모습이다. 온통 옷을 열어젖히고 마치 몽유병환자처럼* 에카르트! 에카르트! 드디어 해냈어. 일어나!

에카르트   무슨 일이야? 또 다시 잠꼬대 하는 거야?

바알	*그에게 가 앉는다.* 여기 이거:

그녀가 물에 빠져 죽은 후 아래로 아래로 떠내려갈 때
조그만 개울들을 지나 커다란 강으로 강으로
하늘의 푸르름은 무척이나 경이롭게 빛났지
마치 시신을 달래기라도 하는 것 같았다오.

수초와 물이끼가 그녀에게 붙고 붙어 물고 늘어 졌어
그래서 그녀는 서서히 더욱 더 무거워졌던 거야
매정하게도 고기 떼들은 그녀의 다리에서 헤엄쳐 놀았지.
식물과 동물이 그녀의 마지막 항해를 어렵게 했던 거야.

그리고 연기처럼 하늘은 저녁이면 어두워졌지
그리고 밤이면 공중에 별들로 빛을 매달아 두었어
그러나 아침이면 변함없이 하늘은 밝아져,
아침과 저녁이 존재토록 하였어 그녀를 위해.

그녀의 창백한 육체가 물속에서 부패하고 있을 때
이런 일이 벌어졌어, 아주 천천히, 하느님이 그녀를 점차
잊어버린 거야:
처음엔 그녀의 얼굴, 그 후 두 손, 그리고 맨 마지막엔 머
리카락까지.
그리곤 썩은 시체 가득한 이 강 저 강에서 그녀는 썩은 시
체가 되었지.[48]
바람.

에카르트	벌써 나타났나, 유령이? 그건 자네만큼 그렇게 나쁜 건 아

니야. 잠자는 것만 글러버린 거지. 바람은 버드나무 그루

터기에 부딪혀 계속 오르간 소리를 내는구먼. 그래서 다시 철학의 하얀 가슴만 남아 있고,[49] 그 외에 우리의 그 축복받은 마지막 순간에까지 암흑과 습기만 남는 것이지. 하물며 늙은 여인네 중에도 예지능력만은 남아 있음에도 말이야.

바알   이 바람 속에선 술이 필요 없지. 그리고 우린 아주 취해있어. 난 부드러운 빛에 잠긴 세상을 보고 있지: 이 세상은 주 하느님의 배설물이야.

에카르트   그래 주 하느님의. 그분은 요도와 성기를 결합함으로써 결정적으로 자신의 특징적 본성을 내보여주셨지.[50]

바알   *누워서* 이 모든 것이 참 아름답다.

바람.

에카르트   버드나무들이 하늘의 시꺼먼 입 속 썩은 이빨 같구먼. ─ 이제 난 곧 내 미사곡 작업을 시작할 거야.

바알   4중주곡은 이미 마친 거야?

에카르트   내가 어디에서 시간을 쪼개어 내겠어?

바람.

바알   저기 빨간 머리에 창백한 여자가 있군; 자네가 데리고 노는 그 여자 말이야.

에카르트   그 여잔 몸뚱이가 보드랍고 하얗지. 그리고 정오에 버드나무 숲으로 오지. 그것들 가지는 머리카락처럼 축 늘어져 있어. 그 속에서 우린 …하지 다람쥐들처럼.

바알   그 여자가 나보다 더 좋아 보이나?

어둠. 바람은 계속 오르간 소리를 내는 듯 분다.

몇 그루 어린 개암나무[51)

길고 빨간 가느다란 가지들이 늘어져 있다. 그 속에 바알이 앉아 있다.
정오

바알	난 그 여잘 그저 만족시키겠어, 그 하얀 비둘기… *자리를 살펴보며* 이 자리에서는 버드나무 가지 사이로 구름을 멋지게 볼 수 있군… 그 녀석이 오면, 발가벗은 살가죽만 보게 될 거야. 난 그 녀석의 정사에 진절머리가 났어. 쉿 조용히 해, 내 영혼아!
젊은 여인	*덤불에서 나온다. 빨간 머리에, 풍만하고, 창백하다.*
바알	*돌아보지 않으며* 거기 자넨가?
젊은 여인	친구 분 어디 있나요?
바알	지금 마단조의 미사곡을 쓰고 있지요.
젊은 여인	그이에게 제가 왔었다고 전해주세요!
바알	그 사람 너무 살이 빠져 속이 다 들여다보일 지경이지요. 자기 학대를 하고 있는 겁니다. 동물학으로 되돌아갔어요. 앉으시지요! *돌아다본다.*
젊은 여인	차라리 서 있겠어요.
바알	*버드나무 가지들 사이로 일어나며* 그 친구가 요즘 들어 달걀을 너무 많이 먹어요.
젊은 여인	전 그이를 사랑해요.
바알	나와 무슨 상관이야! *그 여자를 잡아챈다.*
젊은 여인	손대지 말아요. 당신 너무 추잡해요!
바알	*천천히 그녀의 목으로 손을 뻗으며* 이게 당신의 목인가? 아시나, 어떻게 비둘기를 조용하게 만드는지 또는 덤불

속의 야생오리를?

젊은 여인	하느님 맙소사! *확 끌어당긴다.* 귀찮게 하지 마세요!
바알	그 약한 무릎으로? 뒤로 나동그라질 텐데. 버드나무 사이에 눕혀지길 원하신다? 남자는 남자야. 그 점에서 대부분 남자들은 같지. *그 여자를 팔에 안는다.*
젊은 여인	*몸을 떨며* 제발 놔주세요! 제발!
바알	음탕한 메추라기 같으니라고! 자 이리 와! 절망에 빠진 놈이 영웅적 구조 행위를 하는 꼴이군! *그녀의 두 팔에 잡아 덤불 속으로 끌고 간다.*

바람 속의 단풍나무

구름 낀 하늘. 바알과 에카르트 나무뿌리에 앉아서.

바알	마실 게 필요해, 에카르트, 아직 돈 좀 있나?
에카르트	아니, 바람 속에 있는 단풍나무를 봐!
바알	떨고 있는데.
에카르트	그 처녀 어디 있나, 자네가 이 술집 저 술집 데리고 다니며 놀았던?
바알	물고기라도 되어 찾아봐.
에카르트	자네 과식하고 있어, 바알. 터져버릴 거야.
바알	그 폭발 소리 나도 듣고 싶은 걸.
에카르트	자넨 가끔 물속을 들여다보지 않나, 시커멓고 깊은데 고기 한 마리 없는 물 말이야. 그곳에 빠지면 절대 안 돼. 자넨 조심해야 돼. 자넨 몸이 엄청 무겁거든, 바알.
바알	내가 조심해야 할 것은 어떤 사람일 거야. 노래 하나를 만

	들었는데, 들어보겠어?
에카르트	낭송해봐, 그러면 자넬 알게 되겠지.
바알	제목은 숲 속의 죽음이야.

그리고 한 남자가 죽었다 영원한 숲 속에서
폭풍과 성난 강물이 노호하고 있는.
짐승처럼 죽었어 나무뿌리를 움켜쥐고서
눈은 숲 너머 저 위 우듬지를 응시한 채,
폭풍이 며칠째 모든 것 위로 사납게 날뛰는.

그리고 몇몇이 그 남자 주위에 섰다
그리고 말했어, 이제 평온을 찾으리:
자, 벗이여, 우리가 자넬 집으로 데려가지!
그런데 그가 그들을 무릎으로 쳤어
그리고 침을 뱉으며 말했어: 그런데 어디로?
그는 자식도 땅도 없었던 거지.

자네 입 속의 이빨들이 바서지고 있어!
발가벗은 채 영원한 황야에서 헤맬 거냐?
옷과 골과 뼈가 바서지고 있어, 자루는 비었고 말은 죽었지.
좀 조용히 죽어다오! - 자넨 썩어가고 있단 말이야 이미.
넌 어째서 늘 굶주리며 살려는 거야?

그리고 그와 그들 주위에 숲은 몹시도 시끄러웠지
그리고 그들은 보았어 그가 하늘 향해 소리 지르는 걸
그리고 그들은 그가 나무를 부둥켜안고 있는 걸 보았어
그리고 전율했지 전에 없이 -

〈바알〉

몸을 떨며 그들은 불끈 주먹을 쥐었어:
그건 그가 한 남자였기 때문이었어 그들과 똑같은.

"천하의 쓸모없는 놈이야 넌, 비루먹은 놈, 미친 놈, 너 이 짐승새끼야.
썩어 문드러질 놈이야 넌, 오물덩이 너, 이 거지발싸개 같은 놈을 그냥!
넌 공기를 우리에게서 날치기하고 있어 너의 탐욕으로 말이야."
그들이 말했다. 그런데 그는? 그는, 그 고름이 터져 죽어서야 정신 차릴 놈은:
살고 싶어 난! 너희의 태양을 들이마시고 싶어!
그리고 너희처럼 환한 빛 아래 말 달리고 싶은 거야!

그건 어떤 친구도 이해하지 못한 그런 말이었어
그래서 그들은 몸을 떨며 구역질로 침묵했지.
대지가 그의 맨 손을 꼭 잡아주었어
그리고 바람에 싸여 육지는 바다에서 바다로 누워 있지
"그리고 난 여기 아래 평화로이 누워야 해."

그래 불쌍한 삶의 과도함이
그렇게 그를 버티게 해주었고, 그래서 또 자신의 썩은 고깃덩이
자신의 시신까지 밀어 넣었던 거야 땅 속에;
아침 여명이 밝아올 때 그는 죽어 쓰러졌어 컴컴한 풀밭 위.
그들은 혐오감에 가득 차 증오심으로 가득 차 그를 묻어주었지

가장 진한 나무뿌리 아래.

그리고 그들은 말에 올라 말없이 덤불에서 나왔지.
먼발치에서 고개 돌려 한 번 더 살펴 보았어
묘로 쓴 나무가 하늘 향해 꼿꼿이 서 있었어
그들 두 사람은 기이하게 생각했지:
그 나무 위 빛이 가득했기에.
그들은 자신의 젊은 얼굴에 성호를 그었지
그리고 태양 아래 황야로 말을 달렸어.

에카르트	그래. 그래. 그런 상황에 이제 우리가 도달한 것 같아.
바알	밤에 잠들 수 없을 때, 난 별들을 쳐다보지. 그게 그 장면과 똑같아.[52]
에카르트	그래?
바알	*의심하는 눈초리로* 그렇다고 자주 그런 건 아니야. 그러면 몸이 쇠약해지거든.
에카르트	*한참 있다가* 최근에 자넨 많은 서정시를 지었어. 자네 아마 벌써 오랫동안 여자를 갖지 못했지?
바알	왜 그러지?
에카르트	그런 생각이 들었어. 그렇다고 말해.
바알	*일어나서, 몸을 편 뒤, 단풍나무의 우듬지를 보면서 웃는다.*

선술집

저녁. 여종업원 바츠만 누더기를 걸친 요하네스 깃을 높이 세운 다 헤어진 양복 차림으로 희망을 잃고 타락한 모습이다. 여종업원은 소피와 같은 인상이다.

에카르트	이제 8년이야.
	그들은 술을 마시고 있다. 바람이 분다.
요하네스	스물다섯에 비로소 삶이 시작됐어. 그들은 더 뚱뚱해지고 아이들도 갖겠지.
	침묵
바츠만	저 사람 어머니가 어제 세상을 떠났어. 장례 치를 돈을 빌리려고 여기저기 뛰어 다니고 있는 거지. 그걸 가지고 이리로 올 거야. 그러면 술값을 지불할 수 있겠지. 주인은 점잖은 사람이야; 한 어머니였던 시신을 담보로 돈을 빌려 줄 거야. *마신다.*
요하네스	바알! 그의 돛단배에는 더 이상 바람이 불어주지 않을 거야!
바츠만	*에카르트에게* 자네 아마도 그에게서 많은 것을 참아내야 할 걸?
에카르트	그 얼굴에 침을 뱉을 수 없어. 그 사람 몰락하고 있거든.
바츠만	*요하네스에게* 그게 자네에게 고통을 주나? 골치 아프게 해?
요하네스	자네들에게 하는 말이지만, 그에게 일어난 일에 마음 아파. *마신다.*
바츠만	그 사람 점점 더 혐오스러워져.
에카르트	그렇게 말하지 마. 난 그런 말 듣고 싶지 않거든; 난 그 사람을 사랑한단 말이야. 난 그 사람의 어떤 것도 전혀 나쁘게 생각지 않아. 그를 사랑하기 때문이야. 그 친구는 어린 아이야.
바츠만	그 사람은 늘 자신이 해야 할 일만 하지. 아주 게을러서.
에카르트	*문으로 가 서서* 오늘 참 온화한 밤이군. 바람도 따뜻하고. 우유처럼. 난 이런 모든 것을 사랑하지. 술을 마시면 안

	돼. 아니면 너무 많이는 안 되고. *탁자로 돌아온다.* 밤이 아주 온화하군. 그리고 이제 가을로 접어드는 3주 동안은 길에서 거뜬히 살 수 있겠어. *앉는다.*
바츠만	오늘 밤에 떠날 거지? 저 사람을 떼어내고 싶은 거지? 신물이 난 거지?
요하네스	조심해 잘 가!
바알	*천천히 문에 나타난다.*
바츠만	거기 자넨가, 바알?
에카르트	*거칠게* 자네 또 무슨 짓 하려고?
바알	*들어와 앉는다.* 여긴 아주 초라한 굴속이 되었군! *여종업원이 술을 가져온다.*
바츠만	여긴 변한 게 없어. 오직 자네만 더 땟물 벗은 것처럼 보이는데.
바알	이게 누구야, 루이제 너야? *침묵.*
요하네스	그래. 여긴 분위기가 좋아. ─그러니까 난 마실 수밖에 없는 거야, 아주 실컷 마셔야 하는 거야. 그게 강하게 만들어주지. 그러면 우린 또 칼날 위에 서서라도 지옥으로 갈 수 있는 거지.[53] 인정하지. 하지만 좀 달라. 이렇게, 무릎이 내려앉는 것처럼 말이야. 알잖아. 순종하는 것! 그렇게, 사람들은 전혀 느끼지 못하는 거야, 그 칼날을 말이야. 아주 유─연─한 무릎으로. 게다가, 예전에 난 그런 생각은 전혀 하질 못했어, 그런 기이한 발상 말이야, 그럴 듯한 환경 속에서, 내가 잘 나가고 있었을 때 말이야. 이제야 비로소 여러 아이디어가 떠오르고 있지. 내가 천재가 된 게지. 흠.
에카르트	*갑자기 터뜨려 말한다.* 난 이제 다시 숲 속으로 가야겠어,

아침에! 나무줄기 사이로 레몬색 빛이 빛나지! 난 다시 숲으로 올라갈 거야.

요하네스 그래, 난 이해할 수 없어, 바알, 당신 술 한 잔 내야 돼. 여기 정말로 분위기 좋다.

바알 술 한 잔 이분—

요하네스 이름 같은 것 대지 말아요! 우린 서로 알거든요. 밤이면 난 이따금 꿈에서 아주 무시무시한 걸 보지요. 하지만 정말 가끔. 지금 여기 분위기 참 좋아.

바람이 분다. 그들은 마신다.

바츠만 *웅얼거린다*

아직 수많은 나무가 있지

그늘을 만들고 정말 누구나 가질 수 있는—

위에다가는 목매달아 죽든지

아니면 아래에서 편안히 쉴 수 있는.[54]

바알 대체 어디가 그랬다는 거지? 그건 옛날 옛적에 그랬어.

요하네스 그 여잔 아직도 떠다니고 있어요. 아무도 그 여잘 발견하지 못했거든요. 아주 가끔 그런 느낌이 들어요, 거 있잖아요, 마치 그 여자가 내 목구멍을 아래로 내가 마신 술에 떠내려간 것 같아요, 아주 조그만 시체가. 반은 썩어서. 그런데 그 여잔 막 열일곱이 되었는데. 이제 그 여자한텐 쥐새끼가 들끓고 초록빛 머리카락에 수초가 눌어붙어 있겠지요. 어울리지 않는 것은 아니지만… 물에 조금 불었고, 하얀 색에 가깝고, 부유하다 가라앉는 진흙으로 채워져 있죠, 완전히 시꺼먼 흙으로. 늘 깨끗한 걸 좋아했는데. 그래서 그 여잔 강으로 뛰어든 것이며 썩는 냄새가 나게 된 것이죠.

바츠만 육신이라는 게 무엇이지? 와해되는 것이야, 정신과 마찬가지로. 신사 여러분, 난 완전히 취해버렸습니다. 둘 곱하기 둘은 넷. 그러고 보니 취하지 않았군요. 어쨌든 난 보다 높은 세계에 대한 예감을 가지고 있습니다. 몸을 굽히세요, 겨-겸손하십시오! 그 옛날 아담과는 인연을 끊어버리세요. *떨면서 맹렬하게 마셔댄다.* 난 아직 완전히 곤두박질친 건 아니야, 나한테 아직 예감이 있는 한 말이야. 난 곧잘 계산하지, 둘 곱하기 둘은… 그런데 둘이 무어지: 두-울 웃기는 단어군! 둘! *앉는다.*

바알   *기타에 손을 가져가, 그것으로 전등을 때려 부순다.* 이제 내가 노래하지. *노래한다.*
      태양으로 바싹 그을린 채, 비로 완전히 침식되어
      쥐어 뜯겨진 머리카락에 도둑맞은 월계관을 쓰고서
      그는 새파란 청춘을 모두 잊었다 그 시절 꿈만을 제외하고는
      오랜 전에 지붕도! 그러나 저 위에 걸려 있는 하늘은 결코 잊지 않았지.[55]
      내 목소리가 종소리처럼 깨끗하군.[56] *기타를 조율한다.*

에카르트   계속 노래해, 바알!

바알   *계속 노래한다*
      오, 너희, 하늘과 지옥에서 쫓겨난 너희들!
      많은 고통에 시달렸을 너희 살인자들!
      왜 너흰 어머니 자궁에 그대로 머물러 있지 않았는가?
      고요한 곳 그리고 잠 잘 수 있는 곳 그리고 그 때…
      기타도 음이 맞지 않는군.

바츠만   좋은 노래야. 내 맘에 딱 들어! 낭만적이야!
      내 술잔이 더 이상 보이지 않는군. 이놈의 탁자는 멍청하게 흔들리네. 불 좀 켜봐. 이러니 입이나 제대로 찾겠어!

〈바알〉

85

에카르트	멍청하긴! 뭐가 보이기나 하나, 바알?
바알	아니. 보기 싫어. 컴컴하니 좋은데. 몸속엔 샴페인 그리고 아무런 기억 없는 향수에 젖게 되니. 자네 내 친구지, 에카르트?
에카르트	*어렵게* 그래, 노래나 해!
바알	*노래한다*

춤추며 지옥을 지나고 채찍질 당하며 낙원을 지나
본 적 없는 빛의 소나기에 취해 있는
그는 때때로 꿈속에서 조그마한 초원을 만난다
그 위론 파란 하늘 그러나 그 외엔 아무 것도 없는.

요하네스	이제 난 늘 당신 곁에 있을 겁니다. 별문제 없이 절 데리고 갈 수 있을 거예요. 전 더 이상 먹는 게 거의 없어요.
바츠만	*어렵사리 불을 붙이고 나서 빛이 있으라,*[57] 헤헤헤헤.
바알	눈이 부시잖아. *일어선다.*
에카르트	*무릎에 앉혀 여종업원과 함께 있다가, 힘들여 일어나서는 그의 목으로부터 그녀의 팔을 풀려고 한다.* 자네 왜 그래? 아무 일도 아니야. 어처구니가 없군.
바알	*덮칠 요량으로 몸을 구부린다.*
에카르트	자네 설마 저기 저 여자에게 질투하는 건 아니겠지?
바알	*더듬더듬 다가가는데, 잔 하나가 떨어진다.*
에카르트	난 왜 여자를 가지면 안 된다는 거야?
바알	*그를 쳐다본다.*
에카르트	내가 자네 애인이라도 되나?
바알	*그에게 몸을 던져 그의 목을 조른다. 불이 꺼진다. 바츠만은 취해서 큰소리로 웃는다. 여종업원이 비명을 지른다. 옆방에서 다른 손님들이 등불을 들고 들어온다.*
바츠만	저 사람 칼을 들고 있어.

여종업원	저 사람이 그를 죽여요. 어머 이를 어째!
두 남자	*뒤엉켜 있는 두 사람에게로 몸을 던지며* 제기랄, 이거 원! 떼어 내! 저 사람이 칼로 찔렀어. 빌어먹을!
바알	*몸을 일으킨다. 황혼 빛이 갑자기 밀려들고 등불이 꺼진다.* 에카르트!

그리니치로부터 동경 10°

숲. 기타를 맨 바알, 바지 주머니에 두 손을 넣은 채 멀어진다.

바알	시커먼 숲으로 창백한 바람이 부는군! 저것들은 꼭 늑대의 축축한 털 같아. 11시 경에 달이 뜨지. 그러면 충분히 밝을 거야. 이건 작은 숲이지. 난 큰 숲 속으로 사라질 거야. 내가 다시 혼자 있게 된 후로, 푹신한 신을 신고 걷는 기분이야. 방향을 북쪽으로 유지해야 해. 잎 뒷면이 가리키는 방향을 좇아서. 그 조그만 사건일랑은 뒤로 하고. 전진!

노래한다

살찐 콘도르 떼를 실눈으로 올려다본다 바알이
별이 총총한 밤하늘 바알의 시체 기다리는 놈들.
멀어진다.
바알은 종종 죽은 척한다. 콘도르 한 마리가 그 위로 덮쳐 오지
바알은 말없이 저녁으로 먹어치운다, 콘도르 한 마리를.
돌풍.

국도. 저녁. 바람. 소나기

시골경찰 둘이 바람과 싸우고 있다.

첫 번째 시골경찰

시커먼 비 그리고 이 지긋지긋한 바람! 이 빌어먹을 부랑자 놈!

두 번째 시골경찰

그놈이 점점 더 북쪽 깊숙이 숲으로 들어간 것 같아. 거기 위쪽에선 어떤 인간도 그 놈을 찾지 못할 거야.

첫 번째 시골경찰

그놈은 본래 뭐하는 놈이야?

두 번째 시골경찰

무엇보다도 특히: 살인자지. 그 이전에는 쇼 무대 배우이면서 시인이었고. 그 다음엔 회전목마 소유주, 벌목꾼, 백만장자 부인의 정부였고, 감방 신세도 졌었고, 또 뚜쟁이 노릇도 했지. 그 놈이 살인을 저질렀을 때 사람들이 그 놈을 잡았는데, 그 놈은 코끼리 같은 힘을 가지고 있었는데. 그 사건은 한 여종업원, 등록된 창녀 하나 때문에 일어난 거였어. 그 여자 때문에 자신의 가장 친한 젊은 시절 친구를 찔러 죽인 거야.

첫 번째 시골경찰

그런 인간은 도대체 영혼이고 뭐고 없는 놈이지. 들짐승과 같은 놈이야.

두 번째 시골경찰

그런데 그 놈은 아주 어린애 같아. 늙은 여인네들에게 나무를 가져다주다가 사람들에게 거의 잡힐 뻔했어. 그 놈은 어떤 것도 가지질 않았지. 그 여종업원이 마지막이었어. 그렇기에 아마 친구도 죽였을 거야. 그리고 그 친구도 마찬가지로 수상쩍은 놈이야.

첫 번째 시골경찰

여기 어딘가에 술이라도 있으면 좋겠는데, 아니면 계집이라도 있으면! 자 가지! 여긴 섬뜩한 느낌이 들어. 그리고 저기 뭔가 움직이고 있어!

두 사람 퇴장.

바알   *짐과 기타를 들고 덤불에서 나온다. 이빨 사이로 휘파람을 불면서 그러니까 죽었다고? 불쌍한 짐승!* **나의**[58] *길을 막아서다니! 이제 흥미로워지는군. 두 사람을 뒤따라간다. 바람.*

숲 속의 판잣집

밤. 바람. 더러운 침대 위 바알. 남자들이 카드놀이를 하며 술을 마시고 있다.

한 남자   *바알 옆에서 뭐 원하는 거 있나? 자네 기진맥진 다 죽어가고 있어. 그건 어린 아이도 알 수 있어. 누가 자네에게 관심을 갖겠나? 자네 누가 있기나 한 거야? 그렇군! 그렇지! 이를 악물고 이겨내! 아직 이빨은 있는 거지? 재미볼 일이 아직 많은 젊은 놈들도 때때로 죽기도 하지. 그런데 자넨 뭐 증명서 하나 가지고 있는 게 없어. 두려워하지 마. 세상은 계속 굴러가니까, 공처럼 둥글게, 내일 아침에도 바람은 휘파람 소리 내며 불거야. 좀 더 의연*

하게 대처해. 생각해봐: 쥐새끼 한 마리가 뒈진다. 그게 어쨌다는 거지! 저항하는 건 소용없어! 자넨 이제 이빨도 없잖아.

남자들　비는 아직도 퍼붓고 있나? 잘못하다가는 시체 옆에서 밤을 지새워야겠어. – 입 닥쳐! 패 좋다! – 아직 숨이 붙어 있는 거야, 뚱보야? 한 곡조 해봐! 어머니의 하얀 자궁 속에서 – 놔둬라. 그 놈 몸은 싸늘해질 거야, 저 시커먼 비가 멈추기 전에. 카드나 계속해! – 마치 밑 빠진 독처럼, 그는 마셔댔지. 그런데 저 창백한 고깃덩이 속에는 뭔가가 있어. 우리로 하여금 스스로에 대해 생각게 만들거든. 이렇게 죽을 줄은 정말 몰랐을 거야. 클로버 10! 입 좀 다무세요, 신사 여러분! 이건 제대로 된 게임이 아니지요. 여러분들이 더 이상 진지하지 않다면, 이성적인 게임은 이루어질 수 없습니다.

침묵. 몇몇 욕설이 있을 뿐.

바알　몇 시지?

한 남자　열한 시. 떠날 거야?

바알　곧. 길이 나쁘지?

한 남자　비.

남자들　*일어서며* 이제 비가 그쳤다. 갈 시간이야 – 모든 것이 흠뻑 젖어있을 거야 – 저 친구 다시 아무 할 일이 없겠구먼. *그들은 도끼를 집어 든다.*

한 사람　*바알 앞에 멈춰 서서 침을 뱉으며* 좋은 밤 갖길 그리고 다시 보세. 자네 곧 숨이 끊길 거지?

다른 사람　자네 죽을 거지? 이름 없이!

세 번째 사람　썩는 냄새랑 내일까지 미루도록 해.[59] 우린 정오까지 나무를 베고 그리고는 식사할 거니까.

바알	자네들 조금 있어 줄 수 없나?
모두	*크게 웃으며* 우리가 엄마 노릇을 해줄까? – 자네 백조 노래를 불러줄 건가? 참회하고 싶은가, 이 술통아? 자네 혼자서 토할 수는 없겠나?
바알	자네들 30분만 더 있어 주면 좋겠는데.
모두	*크게 웃으며* 나 좀 볼래? 혼자서 뒈져! – 가자 이제! 바람이 완전히 잠잠해졌어. – 자넨 뭐야?
한 남자	뒤따라가겠네.
바알	그리 오래 걸리진 않을 겁니다, 신사 여러분. *웃음소리.* 여러분들도 혼자 죽고 싶진 않을 겁니다, 신사 여러분. *웃음소리.*
다른 사람	할망구 같으니라고! 기념될만한 것 하나 주지! *그의 얼굴에 침을 뱉는다.*
	모두 문 쪽으로 간다.
바알	20분!
	그 남자들은 열려있는 문으로 퇴장.
한 남자	*문에서* 별 많다.
바알	침 좀 닦아줘!
한 남자	*그에게* 어디?
바알	이마 위.
한 남자	자. 왜 웃지?
바알	맛있어.
한 남자	*화를 내며* 정말 완전히 볼 장 다 본 놈이군. 잘 있게! *도끼를 들고 문 쪽으로*
바알	고마워.
한 남자	내가 자넬 위해 아직 뭘 해줄 수… 하지만 일하러 가야만 해. 제기랄. 시체라니!

〈바알〉

91

바알	자네! 가까이 와봐! *그 한 남자가 몸을 숙인다.* 참 아름다 웠어…
한 남자	뭐가, 미친 닭 새끼, 아니 거세된 식용 수탉 같은 놈!
바알	모든 게 다.
한 남자	도락가였군! *크게 웃으며 퇴장. 문은 열린 채 있고 파란 하늘이 보인다.*
바알	불안한 모습으로: 너! 이봐!
한 남자	창문으로: 엉?
바알	가는 거야?
한 남자	일하러!
바알	어디로?
한 남자	너와 무슨 상관이야?
바알	몇 시지?
한 남자	11시 그리고 15분. *퇴장.*
바알	저 놈도 꺼져버렸어.

정적.

하나 둘 셋 넷 다섯 여섯. 도움이 안 되는군.

정적.

엄마! 에카르트는 사라져야 해, 하늘이 또 저기 저렇게 되게 가까이 떠 있군, 잡을 만큼. 모든 것이 다시 흠뻑 젖었어. 자야 돼. 하나. 둘. 셋. 넷. 여긴 정말 질식할 것 같군. 밖은 분명히 환할 거야. 나가야겠어. *몸을 일으킨다.* 난 나갈 수 있을 거야. 바알 이 친구야! *날카롭게.* 난 쥐 새끼가 **아니야**.[60] 밖은 분명히 환할 거야. 바알 이 친구야! 문까지는 갈 수 있어. 아직은 무릎이 있잖아. 문 있는 덴 훨씬 나을 거야. 제기랄! 바알 이 친구야! 두 발 두 손 *으로 문턱을 향해 기어간다.* 별들이 많군… 흠. 밖으로 기어나간다.

−끝−

■주

1) 아이를 두려워한다는 것은 아이가 생기는 것을 말한다.
2) Sucht euch zwei aus: Eines ist zu viel! 저지를 악덕이 하나면 그것에 몰두할 것이
   니 그 하나의 양이 감당하기 어려울 것이므로 둘로 나누어 저지르라는 말.
3) 머리와 목에는 털이 없고 목둘레에 깃 모양의 흰 털이 둘려 있으며, 짐승의 시체
   따위를 먹는 커다란 새. 흔히 독수리라고 부르기도 하지만, 흔히 제왕을 뜻하는 독
   수리(Adler)와는 구분해야 한다.
4) Und wenn Baal der dunkle Schoß hinunter zieht : 바알을 깜깜한 품이 끌어내려 안
   을 때. "여인이 깜깜한 품으로 바알을 끌어내려 안으니"처럼 실질적 주어는 여인
   혹은 대지이다.
5) Soviel Himmel hat Baal unterm Lid. 하늘을 자신 내부로 끌어 들였으니. "더없는
   행복을 바알은 누렸으니"의 뜻.
6) 그는 죽어서도 여전히 행복하기만 하다.
7) 이디오피아를 말하는데, 과거에는 그곳에 나체해안이 있었다.
8) Aber sie kommen nicht zu mir. [나는 여행을 싫어하는데] 그렇다고 바다와 산이
   나에게 오는 것도 않는다.
9) Bei Ihrem Lebensgefühl이라고 해야 했는데, 소문자 ihrem이라고 잘못 썼다. "선생
   의 삶의 감각에 잘 맞을 텐데요!"라는 뜻이다.
10) 원본에는 강조의 의미로 이 단어철자(ich)가 한 칸씩 띄어 쓰여 있다.
11) "장어를 남기게 되면 장어 그 녀석 참 안됐다, 변소에서 헤엄치게 되니까"라는 의
    미.
12) "악보의 처음부터"라는 의미.
13) 원본에는 강조의 의미로 이 단어철자(dem)가 한 칸씩 띄어 쓰여 있다.
14) 기사를 가져올 것이 아니고, 다른 폐지로 사용하도록 헌 신문지나 가져오라는 야
    유.
15) 민간 동화(KHM, Von dem Machandelboom)에서 노간주나무는 인간의 아이를 낳
    을 수 있는 능력이 있는 것으로 이야기된다.
16) 먹은 음식을 속에서 받지 못해 참지 못하면 토해내듯, 사랑을 감당치 못하겠으면
    토해 버려라는 뜻.
17) '토하다', '구토하다'는 말이 나오자, 요하네스가 임신구토로 잘못 이해한 것이다.
18) 원본에는 강조의 의미로 이 단어철자(du)가 한 칸씩 띄어 쓰여 있다.
19) Gestochen! stechen은 카드놀이에서 어떤 카드를 더 나은 카드로 잡아 오는 것을
    말한다.
20) Horgauer! 호르가우(Horgau)는 아우크스부르크(Augsburg) 서쪽에 있는 작은 지역.
21) Ararat 터키의 산. 노아의 방주가 대홍수 후에 닿은 산 이름.
22) 1923년 키펜호이어 출판사 판에는 "wie ein angebohrtes Segelschiff(구멍난 돛단배
    처럼)"이라고 되어 있다.
23) 섹스를 한 뒤 닦아낼 생각은 하지 않고 있다는 말.
24) 위에서 흥얼거리던 노래 3소절과 각운을 맞추고 있는 마지막 소절이다. 이 Motiv

는 그의 거의 같은 시기의 작품인 <밤의 북소리> 마지막 장면에서도 등장한다. "Jetzt kommt das Bett, das große, weiße, breite Bett, komm!"

25) "Wenn es eure Mutter ist, dann könnt ihr sehen, wie ihr die Suppe auslöffelt."에서 "die Suppe auslöffeln"은 "auslöffeln müssen, was man sich eingebrockt hat"에서 나온 말로서 '스프에 빵조각을 넣었으면 그것을 넣은 사람이 그 스프를 다 먹어야 한다'는 뜻이다. 즉, 자신이 저지른 일은 자신이 책임져야 한다는 것을 말한다.

26) "Zu zweit dem in seinem Teich liegen?"에서 "Teich"는 연못이라는 뜻으로 여기에 서는 침대를 말한다.

27) etwas hat Beine gekriegt. 무엇이 갑자기 없어지다.

28) Nur nicht gliech Rotz geflennt, man sieht's ja sonst an den Augen! 엉엉 울면 눈에 서 그들이 뭔가 잘못을 저지른 것을 어머니가 알 수 있게 되니, 울어대지 말라는 뜻.

29) 출애굽기 10장(아홉째 재앙 : 어둠이 온 땅을 덮다), 21~23절의 인용.

30) 시편 23장 4절 인용.

31) ausziehen은 "옷을 벗다"라는 뜻과 "이사 나가다"라는 뜻을 가진 단어로 언어유희 를 하고 있다.

32) BFA에 "성령강림제(Pfingsten) 때 집을 장식했던 푸른 나무가 성체축제일(Fronleichnam) 에 말라 죽는 것을 두고 Baumleichen(나무시체)라고 했다"는 해설되어 있으나, 꼭 말라죽은 것만을 두고 시체라고 한 것은 아닌 듯싶다. 집들의 벽에 나무를 잘라다 장식하는데, 장식하기 위해 잘린 나무 자체를 두고 나무시체라고 한 것이다. 또한 이 성체축제 때에는 또 길바닥에 화초로 화초 양탄자(Blumenteppich)를 만들어 장 식하기도 하는데, 이러한 모든 것을 Fronleichnam의 명칭 속에 있는 Leichnam(시 체)를 강조, 대비시키기 위해 나무라는 단어에 시체라는 단어를 넣은 것이고, 이렇 게 함으로써 나무의 색깔 푸름이 가지고 있는 "삶"의 색깔과 시체 즉 죽음을 대비 시키고 있는 것이다.

33) 이 작품의 첫 장면(「탁자가 있는 환한 방」)의 대화에 나왔던 "벌채되어 팔리기 위 해 강 하류로 떠내려간 나무"가 아니라, 순교했다는 이야기를 뜻한다.

34) Quant = Quantum "할당량, 일정량"을 뜻하는데 바알이 마실 수 있도록 할당된 일 정량을 말한다.

35) Im Kopf bist du nicht stark. 머리가 강하지 않다. 지적이지 않다.

36) "과거였다"라는 말을 강조하는 뜻으로 철자를 띄어 쓰고 있다. Teddy w a r.

37) 원본에는 강조의 의미로 이 단어철자(besserem)가 한자 한자 띄어 쓰여 있다.

38) Die Ratten verlassen das sinkende Schiff. 믿을 수 없는 (비겁한) 사람은 불행한 일 이 닥치면 떠나버린다는 속담.

39) 원본에는 강조의 의미로 이 단어철자(geistiger)가 한 칸씩 띄어 쓰여 있다.

40) 여기에서 '시체를 범하다'란 사랑이 없는 여자와의 잠자리를 은유하고 있다.

41) Ich liebe noch seine Fäuste. 여기에서 '주먹'은 완력, 폭력, 분노를 뜻한다.

42) 폐결핵의 초기 증상으로 폐첨 부분의 염증.

43) 원본에는 강조의 의미로 이 단어철자(keine)가 한 칸씩 띄어 쓰여 있다.

44) 원본에는 "소원들조차도"의 "조차도"에 해당하는 글자(auch)가 강조의 의미로 한

칸씩 띄어 쓰여 있다.

45) Das Gewürm bläht sich. 벌레의 몸이 부푼다는 것은 살찐다는 의미다.

46) 바로 직전의 마야가 부른 두 행의 시와 함께 4행시를 이룬다. 세상을 쳐다보면 힘 드니 눈을 감고, 잠자리에 들자는 노래.

47) "머리 속에 우글대는 쥐"에 대한 모티브는 게오르크 하임의 「오펠리아 Ophelia」(Heym, Der ewige Tag, Berlin 1911)와 고트프리트 벤의 「아름다운 청춘 Schöne Jugen」(Benn, Morgue und andere Gedichten, Berlin-Wilmersdorf 1912)에서 볼 수 있다.

48) 이 시는 브레히트의 『가정기도서 Hauspostille』의 Ballade "Vom ertrunkenen Mädchen" 과 동일한 시다.

49) 아마 "아무 도움이 되지 않는, 의미 없는 철학"의 뜻으로 "하얀 가슴 die weiße Brust"이라고 한 것 같다. 물론 암흑과 대조되는 색깔이기도 하다.

50) Heinrich Heines Gedicht "Zur Theologie" 참조.

51) 대사 중에는 버드나무로 된 조그만 숲인 것으로 이야기되고 있다.

52) 위쪽 시에서 말한 나무 위에 빛이 가득했던 것과 똑같다는 뜻.

53) Man geht auch dann noch über Messer in die Hölle. '고통을 느끼지 않는다'는 말이다.

54) 이것 역시 브레히트 자신의 『가정기도서』 중 「Orges Antwort, als ihm ein geseifter Strick geschickt wurde」라는 시의 5연이다.

55) 『가정기도서』의 「Ballade von den Abenteurern」이다.

56) 반어적인 어법이다. 목이 잠긴 것을 이렇게 표현한 것이다. 아래 "기타도 음이 맞지 않는군. Die Gitarre stimmt auch nicht."이라는 말에서 알 수 있다.

57) 창세기 1장 3절을 인용한 것이다.

58) 원본에는 강조의 의미로 이 단어철자(Mir)가 한 칸씩 띄어 쓰여 있다.

59) '우리가 벌목작업을 끝내고 식사를 마칠 때까지 썩은 냄새를 풍기지 말라', 즉 '죽지 말라'는 뜻이다.

60) 원본에는 강조의 의미로 "Ich b i n keine Ratte."라고 단어철자(bin)가 한 칸씩 띄어 쓰여 있다.

남자는 남자다
Mann ist Mann

1925년 킬코아 병영에서 하역부 갈리 가이의 변신

희극 [1938년 판]

■ 집필기간 : 1918~1954년

■ 초연 : 1926년 9월 25일, 독일 다름슈타트(연출 : 카스파 네어 Caspar Neher)와 뒤셀도르프(연출 : 야콥 그라이스 Jakob Greis)

■ 생성사

브레히트는 1918년부터 1954년 사이 주기적으로 이 작품에 몰두하였으며, 그때마다 주인공에 대한 견해를 바꿨다. 1918년 8월 그는 편지에서 "그네 침대 위의 뚱뚱한 남자"(Der dicke Mann auf der Schiffsschaukel)를 가지고 "미래 연극을 위한 새로운 작품"을 계획하고 있다고 말하는데, 이 남자가 바로 "평범한 남자"에서 "버터 밀매인 픽"(Pick)으로 변신하는 갈가이(Galgei)이다. 1919년 무렵의 작품구상은 다음과 같은 기본구도를 가지고 있었다. "그네 위의 갈가이. 어느 단순한 남자가 수상쩍은 모리배한테서 다른 사람의 역할을 하도록 강요받다."(BBA 160/8=Nr. 3178, Bd. I, 276쪽) 또 1920년에는 다른 비유로 표현되어 있다. "옛날에 (중략) 시민 갈가이가 나쁜 사람들 손에 걸려 심하게 다뤄진 나머지 이름을 빼앗기고 자기 얼굴을 잊어버렸다. 그러니 모두 자기 얼굴을 조심하시길!"(TG 16) 사건의 배경은 아우구스부르크였으며 갈가이의 변신은 일어나지 않았다. 이 "갈가이 초고"(Ur-Galgei)는 몇 장면만 만들어진 채 완성되지 않았다.

1921~25년에 새로운 개작을 시도하여 배경을 인도로 옮기고 시민사회를 군대사회로, 희생양인 갈가이를 시민이 아니라 부두 하역부로 바꾼다. 일명 키플링화(Kipplingsierung)로 불리는 이 개작은 1925년 말 완성되고, 1927년 베를린의 Propylaen 출판사에서 처음으로 출간된다. (1926년 Berliner Arcadia 출판사가 타자로 친 것을 여러 부 인쇄한 바 있다.)

1927년 3월 18일에 이 작품의 방송극본이 서문과 함께 방송되었는데, 이 서문에는 부두 하역부 갈리 가이의 변조(Ummontierung)가 분명하게 긍정적 행위로 쓰여 있다: "이 갈리 가이는 결코 약한 사람이 아니다. 그 반대로 개인적인 인간으로 머물기를 중단한 이후 그는 가장 강한 사람이 된다. 그는 집단 속에서 비로소 강해지는 것이다."(GW 17, 978쪽)

1929년 개정판에서는 과부 벡빅의 중간대사가 프롤로그 내지 서문이 되어 작품 전체는 이 서문의 例示가 된다.

한편 독일이 점차 나치에 의해 파시즘으로 변해가자 브레히트는 긍정적으로 간주한 갈리 가이의 변조를 부정적으로 바꾼다. 일전에는 한 시민이 집단의 일원으로 변신하는 것을 긍정적으로 보았지만 히틀러 치하의 광신적인 군중들을 보자 이 변조를 인간을 물질화시키는 야만적 행위로 판단한 것이다. 그리하여 1931년 베를린 공연을 위해 다시 쓴 축소 개정판(브레히트는 이것을 제2판이라고 하였다)에서는 긴 몽타쥬 장면이 갈리 가이의 변신에 충분한 근거를 마련해 주고 있다고 생각하여 마지막 두 장면을 생략한다.

1936년 다시 개정하여 펴낸 말릭 판본(Malik-Ausgabe, 1938년)에서는 부정적 경향을 더욱 강화하여 노래를 많이 생략하고 반파시즘적, 반군대적 입장을 분명히 강조한다. 그러나 비록 나치 독일을 풍자하고자 하였음에도 배경을 독일로 옮기지는 않았다.

1954년 브레히트는 전집을 내기 위해 다시 손을 댄다. 1938년 판본을 기본 토대로 하였지만 가능한대로 9장을 개작하여 본래대로 11장으로 돌아갔다. 이 때 브레히트는 다음과 같이 회고하였다: "이 작품의 문제는 그릇된 나쁜 (군인) 집단과 그 집단이 가지고 있는 매수의 힘, 다시 말해 당시 히틀러와 그의 재정적 후원자들이 이미 역사적으로 성숙한 사회주의 노동자 집단을 향한 소시민들의 강한 욕구를 착취하고 만든 그러한 집단이다."(GW 17, 951쪽)

■ 작품해설

1920년대 젊은 브레히트의 작품에 나타나는 주된 테마는 사회현실 속에서 개인의 정체성과 집단에 대한 문제다. 표현주의 운동이 집단과 개인의 관계를 단순히 주관적으로 파악하여 집단으로부터 개인의 무조건적인 해방을 외친 반면, 브레히트는 집단을 떠난 개인의 실현은 불가능하다고 판단하고 있었다. 브레히트 입장에서 개인이 스스로 자기의 삶을 결정하고 동시에 인간사회에서도 소외되지 않는다는 것은 생각할 수 없는 일이었다.

"1926년 킬코아 병영에서 하역부 갈리 가이의 변신"이라는 부제가 말해 주듯이 이 작품에서는 "한 인간이 마치 자동차처럼 조립, 개조된다." 한 인간이 다른 모습으로 변한다는 사실은 벌써 인간 개체의 불변성을 외치던 표현주의 이념과 상치된다. 이제 인간은 고정된 존재가 아니라 언제라도 변할 수 있다. 인간 개개인은 고유한 불변적 속성을 갖고 있지 않다. 브레히트는 인간이 변하는 모습을 보여줌으로써 표현주의와 당시 널리 유행하던 개인주의 사상을 반박하고 있다.

"남자는 남자다"의 의미는 남자는 모두 같다는 것이다. 이 작품에는 이밖에도 "절은 절이다", "코끼리는 코끼리다" 같은 단순한 동어반복이 나온다. 이러한 문장들은 겉으로 보기에는 분명 서로 다른 특수한 것들을 모두 같은 것으로 변조시키는 행위이다. 이 시대에 부합되는 인간 개개인의 새로운 정체성은 사회가 그에게 부여하는 기능에서 생겨나며, 이

〈남자는 남자다〉

점에서 주어와 술어가 같은 정교한 진술문이 만들어진다. 특히 군대에서는 가장 작은 단위가 개개인이 아니라 4인조 집단이다. 이 집단은 최소 개체는 넷이라는 숫자가 채워졌을 때 비로소 정체성을 인정받고 기능을 다할 수 있다. 그리하여 수시로 인원점검을 하여 군대의 완전무결성과 가동성을 확인하며 위기가 닥칠 때마다 "성스러운" 신분증을 회수하여 보관한다. 갈리 가이가 어느 군인을 대신해 점호를 받을 수 있는 것은 그 집단이 사람의 생김새나 성격을 무시하고 단지 머리 수를 따지는 사회이기 때문이다. 이러한 사회에선 신분증이 중요한 역할을 한다. 신분증만 있으면 누구든지 어느 누구라도 대신할 수 있다. 인간을 창조하는 것은 이제 신(神)도, 정신도 아니라 신분증이다. 인간의 정체성은 신분증에 의해 규정되고 확인된다.

한 선량한 인간이 무서운 전쟁기계로 변신한다는 이야기에 대해 브레히트의 입장은 처음부터 긍정과 부정이라는 서로 반대되는 입장이 양립한 상태였다. 개인주의가 파괴되는 것과 개개인이 집단 속에서 임무를 부여받는 것은 긍정적으로 이해되었으나 군대라는 집단은 분명히 부정적으로 제시되고 있다. 과거의 인간유형이 사라지고 "새로운 유형의 인간"이 탄생하는 과정을 사회학적으로는 인정할 수 있겠으나 부정적인 사회집단이 제시됨으로써 집단의 긍정적인 가능성은 제시되지 않고 있는 것이다. 이 점은 브레히트가 나중에 유물론적인 변증법에 몰두하여 사회주의 집단을 염주에 둘 때, 특히 학습극들에서 문제가 되어 역사적, 필연적인 사회주의 집단과 파씨즘의 그릇된 소시민적 집단이 구별되기에 이른다.

■공동작업자 : 슬라탄 두도프, H. 에멜, 엘리자베트 하우프트만, R. 카스, 베른하르트 라이히[1])

등장인물

우리아 쉘리·제세 마호니·폴리 베이커·제라이아 집 − 인도 주둔 영국군 4인조 자동화기분대·찰스 페어차일드(일명 '피범벅 다섯', 선임하사)·갈리 가이(아일랜드 출신의 하역부)·갈리 가이의 아내·왕(티벳 어느 절의 승려)·마싱(그의 동자승)·레오카댜 벡빅(술집 주인)·군인들

1

킬코아(Kilkoa)[2]

갈리 가이와 그의 아내

갈리 가이 *어느 날 아침 의자에 앉아 아내에게 말한다.* 여보 마누라, 난 오늘 우리 벌이에 맞게 생선 한 마리를 사기로 결심했어. 술도 안 마시지 담배도 조금밖에 안 피우지 또 여자라곤 거의 쳐다보지도 않는데, 그런 하역부가 분수 넘는 짓을 한다고는 할 수 없겠지. 큰 놈으로 살까 아니면 작은 놈으로 할까?

아내 작은 걸로 사오세요.

갈리 가이 생선은 어떤 게 좋겠어?

아내 물 좋은 넙치가 좋겠어요. 그런데 생선 파는 아줌마들 조심하세요. 보통 음탕한 게 아녜요. 남자만 보면 얼마나 물고 늘어지는지. 여보, 게다가 당신은 마음이 약하잖아요.

갈리 가이 그래, 사실이야. 나도 그 여자들이 가난한 부두 하역부는 가만히 내버려두었으면 좋겠어.

아내 당신은 코끼리[3] 같은 사람이에요. 동물 중에 가장 무거운 동물이요. 하지만 코끼리도 한번 달리기 시작하면 화물기차처럼 빨라요. 그리고 군인들도 있어요. 세상에서 가장 못된 놈들이에요. 정거장에 엄청나게 많이 도착한대요. 분명히 시장바닥을 돌아다닐 거예요. 아무 데나 닥치고 들어와 죽이지만 않아도 다행이에요. 특히 남자가 혼자 다니면 아주 위험해요. 걔들은 항상 넷이 다니거든요.

갈리 가이 별 볼일 없는 부두 하역부한테 어쩌겠어.

아내 누가 알아요.

갈리 가이	알았으니까 생선 끓이게 물이나 올려놔. 벌써 침이 도는 걸. 십 분이면 돌아올 거야.

2
황인사(黃人寺)[4] 옆 거리

군인 네 명이 절 앞에 멈춰 선다. 군부대가 행진해서 들어오는 소리가 들린다.

제세	분대 정지! 킬코아다! 이곳이 황제 폐하의 도시 킬코아로, 이미 오래 전부터 예상되고 있는 전쟁에 대비해 군대가 집결할 예정이다. 우리는 수십만 병력과 함께 북방 변경의 치안질서를 담당하기 위해 이곳에 왔다.
집	그러기 위해선 맥주가 필요하지. *그는 주저앉는다.*
폴리	여왕폐하의 막강한 탱크들이 이 황금대륙에서[5] 더럽게 길고 지랄같은 길을 굴러가기 위해선 석유로 배를 가득 채워야하듯이 군인들도 맥주 마시는 걸 피할 수야 없지.
집	맥주 얼마나 남았지?
폴리	우리가 모두 넷이고, 아직 열다섯 병 있어. 그러니까 스물다섯 병 더 장만해야 돼.
제세	그럼 돈이 필요하겠는 걸.
우리아	민간인들 중엔 군인을 안 좋게 생각하는 놈들이 있거든. 그런데 이런 절 하나엔 강력한 연대병력이 킬코아에서 런던까지 이동하는 데 필요한 것보다 더 많은 동전이 있단 말씀이야.
폴리	귀여운 우리아가 언급한대로 쓰러지기 일보 직전인데다

〈남자는 남자다〉

사방에 구멍이 숭숭 뚫린 절이긴 하지만 그래도 동전이 잔뜩 쌓여 있을지 모른다면야 인간적으로 접근해 볼 만한 가치가 있겠는 걸.

집   폴리, 난 더 마셔야겠어.

우리아   진정해, 꼬맹아. 이 아시아에는 어디고 개구멍이란 게 있단 말이야.

집   우리아, 우리아, 우리 엄마가 나한테 자주 한 말이 뭔지 알아? 내 새끼 제라이아야, 넌 뭐든지 해도 좋다. 하지만 재수 옴 붙는 일은 조심해라! 그런데 여긴 재수 옴 붙는 냄새가 나.

제세   문이 좀 열려있는데. 조심해, 우리아! 분명히 그 뒤에 도깨비가 숨어있을 거야.

우리아   이렇게 열린 문으로는 들어가지 않아.

제세   맞아. 여기 창문이 왜 있겠어?

우리아   허리띠로 길게 낚싯줄을 만들어 헌금상자를 낚아 올리는 거야.

         그들은 창문으로 돌진한다. 우리아가 창문 하나를 깨고 안을 들여다 본 다음 낚아 올리기 시작한다.

폴리   걸려?

우리아   아니. 그런데 철모가 아래로 떨어져버렸어.

제세   제기랄, 철모 없이 어떻게 부대에 들어갈 거야.

우리아   뭐가 낚인 것 같애. 기막힌 장치인데. 여기 좀 봐. 쥐덫이야. 발목 쥐덫.

제세   그만두자! 보통 절이 아니야. 함정 같애.

우리아   절은 절이야. 철모를 집어 올려야 할 텐데.

제세   손이 아래까지 닿겠어?

우리아   아니.

제세	여기 헛간 빗장은 열 수 있을 것 같애.
폴리	절은 부수지 마!
제세	아야! 아야! 아야!
우리아	무슨 일이야?
제세	손이 끼었어!
폴리	그만두자!
제세	*화를 내며* 그만둬! 그런데 내 손은 빼야지!
우리아	내 철모도 저 안에 있어.
폴리	그럼 벽을 부수고 들어갈 수밖에 없겠는 걸.
제세	아! 아! 아! *그는 손을 억지로 빼낸다. 손에 피가 낭자하다.* 이 손 보상받아야겠어. 이제 그만두지 않을 거야. 사다리 가져와, 얼른!
우리아	잠깐! 먼저 신분증 다 이리 내! 군인신분증은 손상되면 안 되거든. 세상에 성스러운 것이 있다면 그건 오로지 신분증뿐이야. *그들은 우리아에게 신분증을 준다.*
폴리	폴리 베이커.
제세	제세 마호니.
집	*기어와서는* 제라이아 집.
우리아	우리아 셸리. 모두 8연대. 캉커르단 부대 자동화기분대. 사격은 금지야. 절이 눈에 띄게 손상 입으면 안 되니까. 앞으로! *우리아, 제세, 폴리가 절 안으로 침입해 들어간다.*
집	*뒤에서 그들을 향해 소리친다.* 나는 망볼게. 아직 들어가지 않았으니까. *위에 있는 작은 밀창에서 노란 얼굴의 승려 왕이 나타난다.* 안녕하세요! 주인어른이신가요? 아름다운 곳이네요!

〈남자는 남자다〉

105

우리아	*안에서* 제세, 대검 이리 줘! 헌금상자를 뜯어야겠어.
	승려 왕이 미소를 짓고 집도 미소 짓는다.
집	승려에게 저런 하마같은 놈들하고 한패라니 끔찍하죠. *왕의 모습이 사라진다.* 이리 나와! 이층에서 누가 돌아다니고 있어.
	안에서 일정한 간격을 두고 전기 종소리가 울린다.
우리아	그쪽 조심해! 무슨 일이야, 집?
집	이층에 웬 남자가 있다고!
우리아	남자? 빨리 나가자! 야! *소리치고 욕하는 소리가 뒤섞인다.* 네 발 좀 치워! 놓으라구! 다리를 움직일 수가 없는데! 군화도 어디 가버렸어! 주저앉으면 안돼, 폴리! 어서! 우리아, 이젠 윗도리야! 무슨 윗도리? 염병할 놈의 절! 무슨 일이야? 젠장, 바지가 걸렸어! 서두르니까 그러지! 야, 집, 이 새끼야!
집	뭐 좀 찾았어? 위스키? 럼? 진? 브랜디? 맥주?
제세	우리아 바지가 대나무 고리에 걸려 찢어졌고, 멀쩡한 발에 있던 폴리 신발이 문짝 쇠고리에 걸렸어.
폴리	그리고 제세는 지금 전깃줄에 매달려 있고.
집	그럴 줄 알았어. 너희들 왜 문으로 들어가지 않는 거야? *집이 문을 열고 안으로 들어간다. 세 명은 창백한 얼굴로 여기저기 찢긴 채 피를 흘리며 위에서 밖으로 나온다.*
폴리	이 대가는 반드시 치르게 될 거야.
우리아	이 절이 하는 방식은 정당한 전투가 아니야! 짐승만도 못한 것 같으니.
폴리	피를 봐야겠어.
집	*안에서* 이봐!
폴리	*화가 잔뜩 나 지붕 위로 올라와 장화를 들고 매달려 있다.*

	내 장화 한 짝도 날아갔어.
우리아	싹 날려버리겠어!
	셋은 아래로 내려와 절에다 자동소총을 겨눈다.
폴리	발사!
	그들은 사격한다.
집	*안에서* 아야! 너희들 무슨 짓이야?
	셋은 놀라서 바라본다.
폴리	너 어디 있는 거야?
집	*안에서* 여기! 너희들 총에 내 손가락이 맞았잖아.
제세	이 곰탱이야, 쥐덫 구덩이에서, 씨팔, 뭐 하는 거야?
집	*문에 나타난다.* 돈 가지러 갔지. 여기 있어.
우리아	*기뻐하며* 제일 취한 놈이 제일 먼저 거둬들인다니까. 큰 소리로 얼른 문에서 나와.
집	*머리를 문으로 내민다.* 어디로?
우리아	이 문으로 나오라구!
집	어, 이게 뭐지?
폴리	왜 저래?
집	한번 봐봐!
우리아	또 뭐야?
집	내 머리카락! 아우, 내 머리카락! 오도가도 못 하겠어. 아우, 내 머리카락! 뭐에 꽉 걸렸어! 우리아, 머리카락에 뭐가 붙었는지 봐봐! 아우, 우리아, 나 좀 풀어줘! 머리카락이 걸린 것 같애! *폴리가 발꿈치를 들고 살금살금 집에게 걸어가서 그의 머리카락 위를 관찰한다.*
폴리	머리카락이 문짝에 걸렸는데.
우리아	*으르렁거리며* 제세, 칼 좀 이리 줘. 머리를 잘라내자! *우리아가 잘라내자 집이 앞으로 비틀거리며 앞으로 넘어*

진다.

폴리   *재미있다는 듯 대머리가 따로 없구만.*

       그들은 집의 머리를 관찰한다.

제세   살점도 좀 떨어져나갔어.

우리아   *그들 둘을 바라보다가 차갑게* 이 머리 때문에 들키겠는데!

제세   눈을 고정시키고는 꼼짝없는 증거야!

       우리아, 제세, 폴리가 서로 상의한다.

우리아   부대로 들어가 가위를 가지고 저녁에 다시 와서 머리를 전부 잘라내 완전 대머리로 만들자. *그는 신분증을 돌려준다.* 제세 마호니!

제세   *신분증을 받으며* 제세 마호니!

우리아   폴리 베이커!

폴리   *신분증을 받으며* 폴리 베이커!

우리아   제라이아 집! *집이 몸을 일으키려고 한다.* 네 껀 내가 가지고 있을 게. *그는 뜰에 있는 가마6) 하나를 가리킨다.* 이 가죽 상자 속에 들어가서 어두워질 때까지 기다려!

       집이 가마 속에 기어들어간다. 나머지 셋은 고개를 떨군 채 터벅터벅 걸어 나간다. 그들이 사라지자 승려 왕이 문에 나타나 거기에 걸려있는 머리카락을 떼어내 바라본다.

3

킬코아와 병영 사이의 거리

선임하사 페어차일드가 헛간 뒤에서 걸어 나와 헛간에 공고문을 못질해 건다.

페어차일드	이 피범벅, 킬코아의 호랑이, 인간태풍, 대영국군 선임하사한테 이런 이상한 일은 정말 오랜만이야! *공고문을 손가락으로 가리킨다.* 황인사에 강도가 들다니. 총으로 지붕을 구멍내고. 증거라곤 피지(皮脂)에 붙어있는 머리카락 한줌이 전부라! 지붕이 그 정도로 구멍났다면 자동화기분대 소행이 분명하고, 범행 장소에 머리카락 한줌이 있었다면 분명히 머리카락이 요만큼 없는 놈이 있을 거야. 자동화기분대에 머리가 좀 까진 놈이 있으면 그놈들이 범인인 거지. 아주 간단하군. 그런데 저기 오는 놈들은 뭐지? *그는 헛간 뒤로 돌아간다. 셋이 들어와서 공고문을 보고는 깜짝 놀란다. 그런 다음 그들은 풀이 잔뜩 죽어 계속 걸어간다. 그러나 페어차일드가 헛간 뒤에서 나와 호루라기를 분다. 그들은 멈춰 선다.*
페어차일드	머리카락 요만큼 까진 놈 못 봤나?
폴리	아니요.
페어차일드	너희들 좀 봐야겠어! 철모 벗어봐. 다른 한 놈은 어디 갔지?
우리아	아, 선임하사님, 싸러 갔는데요.
페어차일드	그럼 기다렸다가 머리 까진 놈 못 봤나 물어보자구. *그들은 기다린다.* 오래도 싸는구만.
제세	그렇네요.
	그들은 계속 기다린다.
폴리	다른 길로 간 것 같은데요.
페어차일드	잘 들어. 오늘 점호 때 나머지 한 놈하고 같이 오지 않을 바엔 차라리 군법대로 서로 똥배에다 총을 쏴 뒈지는 게 나을 거야. *나간다.*
폴리	저 자식이 우리 새 선임하사가 아니었으면 좋겠는데. 오

〈남자는 남자다〉

	늘 저녁 저 방울뱀이 점호를 보면 우린 그냥 모가지야.
우리아	점호 나팔을 불기 전에 한 놈을 구해야 돼.
폴리	저기 한 놈이 오고 있어. 지켜보자구.
	그들은 헛간 뒤로 몸을 숨긴다. 과부 벡빅[7]이 길을 내려 온다. 갈리 가이가 벡빅의 오이 광주리를 들고 따라온다.
벡빅	도대체 뭘 바라는 거예요? 시간당으로 돈을 드린다잖아요.
갈리 가이	그럼 지금 세 시간쯤 되었겠네요.
벡빅	벌써 돈 얘기예요? 여긴 사람들이 잘 안다니는 길이에요. 이런 데서 남자가 덮치기라도 하면 여자는 얼마나 애먹는 줄 알아요?
갈리 가이	댁이야 세상에서 제일 못된 군인들한테 술 파는 게 직업 인데 그럴 때 어떻게 하는지 잘 알 거 아니요.
벡빅	아니, 아저씨, 여자한테 어떻게 그런 소리를 할 수 있어요. 여자들도 함부로 말을 하면 가만 안 있는다구요.
갈리 가이	난 그저 부두 짐꾼일 뿐이에요.
벡빅	몇 분 있으면 신병들 점호가 있다구요. 벌써 북소리가 들 리잖아요. 이제 아무도 돌아다니면 안 돼요.
갈리 가이	그렇게 늦었다면 빨리 길을 돌려 킬코아로 돌아가야겠는 데요. 아직 생선 한 마리를 사야거든요.
벡빅	실례지만, 갈리 가이 씨라고 했던가요? 한번 물어봅시다. 직업이 짐꾼이면 힘이 아주 세야겠지요?
갈리 가이	정말이지 오늘 얼른 생선이나 한 마리 사서 집에 가려고 했는데 이렇게 난데없는 일이 생겨 거의 네 시간이나 지 체하게 될 줄 몰랐어요. 하지만 내가 한번 달리기 시작하 면 기차 저리 가죠.
벡빅	그래요, 지금 아저씨한텐 두 가지 일이 있는 거예요. 먹을 생선을 사느냐 아니면 한 여자를 도와 광주리를 날라줄

것이냐. 하지만 그 여자가 생선을 먹는 것보다 더 재미있는 뭔가를 확실하게 보여줄 수 있지 않겠어요?

갈리 가이 솔직히 말씀드려 저는 생선을 사러 가고 싶은데요.

벡빅 왜 그렇게 물질적으로 생각하세요?

갈리 가이 전 말이죠, 웃기는 놈이에요. 가끔 저는 아침에 침대에서 오늘 생선 한 마리를 사야지 하고 생각합니다. 아니면 고기만두도 좋구요. 그러면 반드시 생선이 있어야 돼요. 고기만두 마찬가지구요. 세상이 두 쪽 나더라도 말이에요.

벡빅 잘 알겠어요, 아저씨. 그런데 지금은 너무 늦은 거 아녜요? 가게들은 문을 닫았고, 생선은 다 팔렸을 텐데요.

갈리 가이 전 말이에요, 상상력이 아주 좋아요. 예를 들어, 보기도 전에 생선에 질려버리는 거예요! 사람들은 생선을 사러갑니다. 그리고는 먼저 생선을 사지요. 그 다음엔 집으로 가지고 오죠. 그 다음엔 끓여요, 생선을. 그 다음엔 허겁지겁 먹어치웁니다. 그리고 밤에 소화를 다 시키고 나면 또다시 불쌍한 생선만 생각하는 거예요. 상상력이 없기 때문이죠.

벡빅 제가 보기에 아저씬 그저 자기 생각만 하시는 것 같애요. *사이* 흠. 그렇게 자기 자신만 생각하신다면 제가 제안을 하나 하죠. 생선한테 바치려고 했던 돈으로 이 오이를 사세요. 제가 선심 쓸게요. 날라다 준 대가만큼요.

갈리 가이 하지만 저는 오이가 필요없는 걸요.

벡빅 날 이렇게 창피하게 만드실 거예요?

갈리 가이 생선 끓이게 물을 이미 올려놔서요.

벡빅 알았어요. 마음대로 하세요. 마음대로.

갈리 가이 아녜요. 저를 믿어주세요. 전 댁을 마음 상하게 만들고 싶지 않아요.

〈남자는 남자다〉

벡빅	얘기 그만하세요. 말할수록 꼬이기만 해요.
갈리 가이	절대 실망시켜드리지 않을 게요. 지금이라도 오이를 내놓겠다면 여기 돈 있어요.
우리아	*제세와 폴리에게* 아니라고는 말 못할 놈이야.
갈리 가이	조심하세요, 여기 군인들이 있어요.
벡빅	그 사람들이 여기서 뭘 찾는지 누가 알겠어요. 이제 곧 점호가 시작돼요. 어서 내 광주리 주세요. 아저씨하고 수다를 떨면서 시간을 보내봐야 아무 소용도 없을 것 같네요. 부대 안에 있는 우리 포장마차에 한번 들러주세요. 저는 과부 벡빅이고요, 우리 포장마차는 하이다라바드(Haidarabad)에서 랑군(Rangoon)까지 모르는 사람이 없어요. *광주리를 들고 나간다.*

셋이 앞으로 나온다.

우리아	바로 우리가 찾던 놈이야.
제세	아니라고는 말 못할 놈이지.
폴리	게다가 집처럼 머리카락도 빨갛잖아.
제세	오늘 저녁 참 좋군요!
갈리 가이	그렇네요.
제세	그런데 말이에요, 참 이상하게도 댁이 꼭 킬코아에서 온 분이라는 생각을 떨칠 수가 없단 말예요.
갈리 가이	킬코아요? 그래요. 거기에 뭐 오두막집 한 채 갖고 있습죠.
제세	정말 반갑습니다. 성함이…
갈리 가이	갈리 가이입니다.
제세	그래요, 킬코아에 집이 있죠? 안 그런가요?
갈리 가이	그러고 보니 저를 아시는 모양이네요. 아니면 혹시 제 집 사람이라도?

제세	성함이, 그러니까 성함이… 잠시만요… 갈리 가이.
갈리 가이	맞아요. 갈리 가이에요.
제세	그래요, 금방 알아봤죠. 전 말이에요, 그런 사람이에요. 결혼하셨죠? 내기해도 좋아요. 그런데 우리 여기 왜 이러고 있죠, 갈리 가이 씨? 여긴 제 친구 폴리하고 우리아입니다. 우리랑 같이 부대 술집에 가서 파이프 피우지 않을래요?

사이. 갈리 가이는 그들을 의심스러운 듯 바라본다.

갈리 가이	정말 감사합니다. 죄송합니다만 집사람이 킬코아에서 저를 기다리고 있거든요. 게다가 우습게 보일지 모르겠지만 저는 파이프도 없고요.
제세	그럼 씨가로 합시다. 이건 거절 못하시겠지요? 정말 기분 좋은 저녁입니다!
갈리 가이	그렇다면 아니라고는 말할 수 없겠네요.
폴리	당신 씨가는 내가 드릴게요.

넷이 모두 나간다.

4

과부 레오카댜 벡빅의 술집

군인들이 <과부 벡빅의 술잡> 노래를 부른다.

1

벡빅 과부댁 술집은
이십년은 피우고 잠자고 마실 수 있어
싱가포르에서 코오치 베하르(Cooch Behar)까지

〈남자는 남자다〉

이 맥주마차에서 뭐든 할 수 있어
(후렴)
델리에서 카마수트라까지
누가 오랫동안 보이지 않으면
그 놈은 벡빅 과부댁 술통 속에 있었어
토디[8]와 껌 그리고 하이, 하이, 하이
천국을 지나 지옥을 따라서
주둥이 닥쳐, 토미,[9] 모자를 꽉 잡아, 토미
소다 산(山)에서 위스키 절벽까지 가는 길에선

2

벡빅 과부댁 술집은
원하는 건 뭐든지 얻을 수 있어
우리가 맥주 대신에 엄마 젖을 마실 때에도
이 술집은 인도 땅을 돌아다니고 있었다네

(후렴)
델리에서 카마수트라까지
누가 오랫동안 보이지 않으면
그 놈은 벡빅 과부댁 술통 속에 있었어
토디와 껌 그리고 하이, 하이, 하이
천국을 지나 지옥을 따라서
주둥이 닥쳐, 토미, 모자를 꽉 잡아, 토미
소다 산(山)에서 위스키 절벽까지 가는 길에선

3
그리고 편잡 계곡에 전투가 벌어져도

우린 벡빅 과부댁 술통을 타고
담배를 피우고 맥주를 마시며
흑인 전선을[10] 따라갔다네.

(후렴)
델리에서 카마수트라까지
누가 오랫동안 보이지 않으면
그 놈은 벡빅 과부댁 술통 속에 있었어
토디와 껌 그리고 하이, 하이, 하이
천국을 지나 지옥을 따라서
주둥이 닥쳐, 토미, 모자를 꽉 잡아, 토미
소다 산(山)에서 위스키 절벽까지 가는 길에선

벡빅 *등장한다.* 안녕하세요, 군인아저씨들! 제가 과부 벡빅이고
요, 이것이 큰 군용차에 매달려 온 인도를 돌아다니는 제
술집이에요. 맥주를 마시면서 동시에 이동도 할 수 있는
데다 잠도 잘 수 있어 <벡빅 과부댁 포장마차>라고들 하
지요. 때때로 속상한 군인들의 피난처였다는 사실을 하이
드라바드에서 랑군까지 모르는 사람이 없답니다.
문에 군인 셋이 갈라 가이와 함께 서있다. 그들은 갈리 가
이를 뒤로 숨긴다.

우리아 여기가 제8연대 술집이요?

폴리 댁이 그 유명한 영내 술집 주인 과부댁 벡빅인가요? 우린
제8연대 자동화기분대예요.

벡빅 그러시군요. 그런데 세 명 뿐이에요? 나머지 한 사람은 어
디 있어요?
그들은 대답을 하지 않고 들어와 식탁 두 개를 집어 왼쪽
으로 옮겨 칸막이 비슷한 것을 만든다. 다른 손님들이 이

〈남자는 남자다〉

115

	상하다는 듯 그들을 바라본다.
제세	선임하사는 어때요?
벡빅	순하진 않은 것 같아요.
폴리	선임하사가 순하지 않다니 영 신경 쓰이는데.
벡빅	별명이 '피범벅 다섯'인데, '킬코아 호랑이'나 '인간 태풍'[11]
	이라고도 하죠. 특히 코가 개코라 냄새를 아주 잘 맡는데
	요.
	제세와 우리아, 폴리가 서로 바라본다.
우리아	그래요.
벡빅	*다른 손님들에게* 여기 이 분들이 하이드라바드 전투에서
	결정적인 수훈을 세운 그 유명한 자동화기분대래요. 별명
	이 '인간말종'이라지요.
군인들	지금부턴 우리 부대 소속이네. 쟤들 범죄가 그림자처럼
	따라다닐 걸. *군인 하나가 범인 수배 공고문을 가지고 들*
	어와 벽에다 못질을 해서 건다. 그리고 바로 저 녀석들 뒤
	엔 다시 저런 공고문이 걸려있고 말이야.
	손님들이 일어서 천천히 술집을 치운다. 우리아가 파이프
	를 피운다.
갈리 가이	*들어와서* 이런 멋진 가게는 저도 알아요. 음악을 들으면
	서 식사를 하는 거죠. 메뉴판도 있고. 시암(Siam) 호텔엔
	기막힌 게 있어요. 하얀 바탕에 금박으로 된. 그래서 옛날
	에 하나 샀죠. 이리저리 통하면 구하지 못할 게 없죠. 거
	기엔 무엇보다 시카우카(Chikauka) 소스란 게 있거든요. 꽤
	비싼 식사 중 하나죠. 아, 시카우카 소스!
제세	*갈리 가이를 칸막이 쪽으로 밀며* 나 좀 봅시다. 사실 우린
	아주 곤란한 처지에 있는데 이 불쌍한 군인들 좀 도와주
	시지 않겠소? 당신한텐 아무 일도 생기지 않고요.

폴리	우리 분대원 네 명 중 한 명이 지금 자기 마누라와 작별을 하느라 늦어지고 있거든요. 그런데 점호 때 네 명이 다 있지 않으면 우린 모두 여기 킬코아에서 깜깜한 감방에 가게 돼요.
우리아	그러니까 당신이 군복을 입고 전입 점호 때 우리 옆에 서서 우리 동료 이름만 큰 소리로 말하면 되는 거예요. 오로지 규정 때문이죠.
제세	그게 전부예요.
폴리	물론 우리가 드린다고 한 씨가 몇 개는 이 일과 아무 상관없습니다.
갈리 가이	도와드리고 싶지 않은 건 아니지만 전 지금 빨리 집에 가야해서요. 저녁에 먹으려고 오이를 샀거든요. 그래서 전 지금 제가 하고 싶은 대로 할 수 없는 처지입니다.
제세	감사합니다. 솔직히 말씀드려 제가 바라던 바예요. 그러니까 당신은, 당신이 하고 싶은 대로 할 수 없다, 이거지요. 집에 돌아가고 싶으나 갈 수 없다. 감사합니다. 당신을 맨 처음 보고 강한 신뢰감을 가졌는데 이렇게 실망시키지 않으시니 정말 감사합니다. 악수합시다, 선생! *그는 갈리 가이의 손을 잡는다. 우리아가 그에게 정중하게 식탁 한 구석으로 가라고 손짓한다. 그가 구석에 가자 그들 셋은 그에게 달려들어 내의만 남겨놓고 옷을 다 벗긴다.*
우리아	이미 말씀드린 목적을 위해 대영제국의 명예로운 제복을 입으셔야겠습니다. *벨을 울린다. 벡빅이 등장한다.* 과부댁, 솔직히 말해도 될까요? 군복 한 벌 주시오. *벡빅이 상자 하나를 찾아내 우리아에게 던진다. 우리아는 폴리에게 그 상자를 던진다.*
폴리	*갈리 가이에게* 우리가 당신 주려고 산 명예로운 제복이오.

〈남자는 남자다〉

117

제세	*바지를 가리키며* 이 옷을 입으세요, 갈리 가이 동지.
폴리	*벡빅에게* 저 친구가 군복을 몽땅 잃어버렸거든요.
	세 명 모두가 갈리 가이에게 옷을 입혀준다.
벡빅	그래요. 군복 전부를 잃어버렸다구요.
폴리	그래요. 목욕탕에서 우리 친구 집이 군복을 입으려고 하는데 어떤 중국 놈 하나가 슬쩍한 거예요.
벡빅	목욕탕에서요?
제세	과부댁, 솔직히 말해, 이건 장난이에요.
벡빅	장난이라구요.
폴리	그렇지 않습니까, 선생? 그냥 장난이잖아요?
갈리 가이	그래요, 그러니까 씨가 하나 때문이죠. *그는 미소를 짓는다. 셋 모두 웃는다.*
벡빅	저렇게 억센 사내들 네 명 앞에서 약한 여자가 뭘 할 수 있겠어! 훗날 누구도 남자 하나가 바지를 갈아입는 데 과부 벡빅이 도와주었다고 말할 순 없겠지. *그녀는 뒤로 가서 칠판 위에 바지 1, 윗도리 1, 양말 2 등을 쓴다.*
갈리 가이	도대체 무슨 일이예요?
제세	아무 일도 아니에요.
갈리 가이	들키면 위험한 일 아니에요?
폴리	전혀 그렇지 않아요. 그리고 당신한테야 한 번은 안 번이잖습니까.[12]
갈리 가이	한 번은 안 번이죠. 그렇게들 말하더라구요.
벡빅	군복 한 시간에 오 실링이에요.
폴리	이거 정말 잔인하구만. 끽해야 삼 실링이면 될 거 가지고.
제세	*창가에서* 갑자기 먹구름이 몰려오는데. 지금 비가 오면 공고문이 젖을테고, 공고문이 젖게 되면 가마를 절 안으

로 옮길테고, 가마가 절 안으로 옮겨지면 집이 들통 날 거고, 집이 들통 나면 우리는 끝장이야.

갈리 가이   너무 작은데요. 들어가지가 않아요.

폴리   거봐요, 들어가지 않는다잖아요.

갈리 가이   신발도 무지하게 꽉 죄고.

폴리   전부 다 작아. 하나도 소용없겠어. 이 실링만 합시다!

우리아   조용히 해, 폴리! 하나같이 너무 작은데다, 특히 신발이 꽉 낀다니까 사 실링만 합시다. 그렇지 않아요?

갈리 가이   이상하네. 무지하게 꽉 끼네.

우리아   폴리, 게다가 이 양반은 너처럼 엄살이 그렇게 심하지 않아.

벡빅   *우리아를 뒤로 데리고 가 공고문을 가리킨다.* 시내에 군인 범죄가 발생했다는 공고가 한 시간 전부터 온 부대에 쫙 갈렸어요. 누가 범인인지 아직 모르고, 그래서 군복에 오 실링만 받는 거예요. 안 그러면 이 부대도 범죄에 휩쓸릴지 모르니까요.

폴리   사 실링은 너무 비싸.

우리아   *다시 앞으로 나오며* 조용히 해, 폴리. 십 실링으로 합시다.

벡빅   사실 말이지, 과부집에선 군대의 명예를 더럽히는 것이 모두 저절로 깨끗해지거든요.

제세   그런데 과부댁, 비올 것 같지 않아요?

벡빅   그래요. 그럼 난 피범벅 다섯 선임하사를 잘 관찰해야겠네요. 전 부대가 다 아는 일인데, 그 양반 비만 오면 끔찍하게 성욕에 빠져 안팎으로 싹 변하거든요.

쩨세   그럼 우리가 재미있게 노는 데 절대로 비가 오면 안 된다는 거 아녜요.

벡빅   정 반대죠! 영국군대에서 가장 위험한 피범벅 다섯은 비만 오면 어린애 이빨처럼 전혀 위험하지 않게 되죠. 성욕

	중 하나가 발작하면 자기한테 일어나는 일을 하나도 알지 못하거든요.
군인 하나	*안에다 대고 소리친다.* 황인사 사건 때문에 점호야! 한 사람이 없을 거래. 그래서 인원도 점검하고 신분증도 검사한대.
우리아	신분증!
갈리 가이	*무릎을 꿇고 자기 물건들을 챙긴다.* 그럼 난 내 짐이나 챙겨야겠죠.
우리아	*갈리 가이에게* 여기 당신 신분증 있어요. 당신은 그저 우리 친구 이름만 외치면 됩니다. 가능한 한 크고 아주 또박또박. 별 거 아니에요.
폴리	지금 이 자리에 없는 우리 친구 이름이 그러니까 제라이아 집이에요! 제라이아 집!
갈리 가리	제라이아 집!
우리아	*나가면서 갈리 가이에게* 어떤 상황에서도 잘 처신하는 지성인을 만나 얼마나 다행인지 모릅니다.
갈리 가이	*문 앞에 잠깐 멈춰 서서* 그런데 수고비는 어떻게 되는 겁니까?
우리아	맥주 한 병이요. 갑시다.
갈리 가이	여보쇼, 난 직업이 짐꾼이라 어떤 상황에서도 항상 빠져나갈 구멍을 찾지요. 씨가 두 보루하고 맥주 너 댓 병은 생각했는데.
제세	우린 점호 때 당신이 필요해요.
갈리 가이	그러니까요.
폴리	좋아요. 씨가 두 보루하고 맥주 서너 병.
갈리 가이	세 보루하고 다섯 병.
제세	아니 왜요? 방금 두 보루라고 하지 않았소.

갈리 가이	그렇게 나오시면 다섯 보루하고 여덟 병이요.
	나팔 신호 소리
우리아	우리 이제 나가야 돼.
제세	좋아요. 그렇게 합시다. 우리랑 같이 나갑시다.
갈리 가이	좋아요.
우리아	그런데 이름이?
갈리 가이	집!
제세	비가 오지 말아야 할 텐데.
	네 명 모두 나간다. 벡빅이 포장마차에 천막을 치기 시작한다.
폴리	*돌아와서* 벡빅 과부댁. 비가 오면 선임하사가 아주 색을 밝힌다고 그랬지요? 그런데 지금 비가 올 것 같아요. 그 양반이 몇 시간 동안 자기한테 무슨 일이 일어나는지 모르게 해주쇼. 안 그러면 우리는 발각될 가능성이 많아요. *나간다.*
벡빅	*그들 뒤를 바라보며* 저 사람은 집이 아니야. 킬코아에 사는 하역부 갈라 가이지. 이제 군인하곤 전혀 관계가 없는 사람이 차렷 하고 서서 피범벅 다섯이 보는 앞에서 점호를 받겠구만. *거울을 들고 뒤로 간다.* 나도 차렷 자세로 서서 피범벅 다섯한테 시선을 끌어 유혹해봐야지.
	두 번째 나팔 신호 소리. 페어차일드가 등장한다. 벡빅이 거울을 통해 유혹하듯 쳐다본 다음 의자에 앉는다.
페어차일드	그렇게 정신 사납게 보지 마시오, 썩어문드러진 송장같은 얼굴로. 영 심기가 편치 않아요. 삼 일 전부터 침대시트를 새로 깔고 찬물로 목욕하기 시작했다구요. 목요일엔 이 욕정이 마구 날뛰는 바람에 내 자신한테 계엄령을 선포했어요. 특히 요즘은 우리 군대사상 유래없는 범죄를 쫓는

〈남자는 남자다〉

데 이런 상태가 영 불편하단 말이오.

벡빅 그대의 위대한 본능을 따르세요, 피범벅 다섯 나리

아무도 보지 않아요! 누가 알겠어요?

그리고 제 겨드랑이의 동굴 속에서, 제 머릿결 속에서

그대가 누군지 알아보세요. 그리고 제 무릎을 베고

우연에 불과한 당신의 이름을 잊으세요.

따분한 훈련! 지겨운 규율!

그러니 제발, 피범벅 다섯 나리, 촉촉이 비 내리는

이 밤, 제게로 오세요

당신이 두려워하듯 바로 인간이 되어!

반항아가 되어. 의무를 기꺼이 팽개치고

인간이 되어! 자연이 그대를 창조한대로!

철몰랑 벗어버리고! 미친 채로 거칠게 그리고 그대 가슴

속에 푹 빠져

그대의 충동에 두 손 번쩍 들고

그저 그대만의 강한 힘에 귀 기울이세요.

그리고 오세요, 인간이 되어!

페어차일드 절대 안돼! 인간의 몰락은 맨 처음 어느 바보 같은 놈이

제 바지 앞단추를 채우지 않으면서 시작된 거야. 물론 훈

련교범이 아직 허점투성이이기는 하지만 그래도 뼈대가

튼튼하고 신(神)에게서 모든 책임을 물려받은지라 우리가

인간으로서 지킬 수 있는 유일한 거야. 정말이지 구덩이

를 파서 다이너마이트를 묻고 온 땅덩어리를 공중에 날려

버려야 할지 몰라. 그래야 사람들이 진지해지는 꼴을 보

게 될 거야. 그거야 아주 간단하지. 하지만 오, 너, 피범벅

다섯, 저 과부의 육체를 놔두고 비 오는 오늘 밤을 지낼

수 있겠니?

벡빅	오늘 밤 저한테 오시려거든 검은 색 정장을 입고 중절모 자를 쓰셔야 해요.
명령소리	자동화기분대 점호!
페어차일드	이 기둥에 앉아 저 인간말종들 인원점검 하는 거나 좀 볼 까. *앉는다.*
군인들	*밖에서* 폴리 베이커. 우리아 셀리. 제세 마호니.
페어차일드	그래, 이제 약간 사이가 뜨는군.
갈리 가이의 목소리	
	제라이아 집.
벡빅	잘 했어.
페어차일드	다시 뭔가 새 것을 구해놨군. 밖에서도 명령불복종, 안에 서도 명령불복종. *그는 일어서서 나가려고 한다.*
벡빅	*그의 등 뒤에 대고 소리친다.* 그렇지만 선임하사님, 네팔 의 검은 비가 삼 일 밤도 채 내리기 전에 선임하사님은 인간의 죄악에 대해 관대해지실 걸요. 선임하사님이야말 로 이 태양 아래에서 가장 못된 사람일지 모르니까요. 그 런데도 당신은 책상에 앉아 명령불복종을 따질 거고, 절 을 부쉈다는 그 사람들은 당신 눈을 빤히 들여다 볼 거예 요. 자기가 지은 범죄도 바닷가 모래알만큼 많잖아요.
페어차일드	아, 하지만 이 일은 단호하게 처리할 거요. 걱정하지 말아 요, 내 사랑, 겁 없는 이 피범벅 다섯 새끼들을 확실한 방 법으로 단호하게 처리할테니까. 아주 간단하다구. *나간다.*
페어차일드의 목소리	
	밖에서 규정에 어긋난 머리는 뜨거운 모래 속에 배꼽까지 묻어주겠다!
	우리아, 제세, 폴리가 갈리 가이와 함께 들어온다. 갈리 가이가 앞으로 나온다.

우리아	가위 좀 주쇼, 과부댁!
갈리 가이	*관객에게* 남자들 사이에서 이런 사소한 호의야 아무것도 아니죠. 아시다시피 서로 살고 또 살려주는 거지요. 이제 물마시듯이 맥주 한 잔을 마시고 전 제 자신에게 말합니다. 저 양반들한테 쓸모가 있었어. 그리고 세상에 그게 뭔고 하니 조그마한 풍선 하나 띄워놓고 그냥 "제라이아 집" 하고 말하면 되는 거였어요. 사람들이 "안녕하세요!" 하고 인사하듯이 말이에요. 한 사람이 필요하다는 게 바로 그거였습니다. 아주 쉽더라구요.
	벡빅이 가위를 가져온다
우리아	이제 집한테 가자!
제세	바람 부는 게 꼭 비 올 것 같은데.
	셋은 갈리 가이에게 몸을 돌린다.
우리아	죄송합니다만 우린 지금 엄청나게 바쁘거든요, 선생.
제세	아직 한 사람 머리를 빡빡 깎아야 하거든요.
	그들은 문 쪽으로 몸을 돌린다. 갈리 가이가 그들 뒤를 쫓아간다.
갈리 가이	제가 그 때도 도움이 될 수 있지 않을까요?
우리아	아니오. 더 이상 필요없소, 선생. *벡빅에게* 이 양반한테 씨가 다섯 갑하고 흑맥주 여덟 병 주쇼. *나가면서* 약방의 감초처럼 어디든지 꼭 끼려고 하는 놈이 있단 말이야. 그런 놈들은 엽차 한잔을 주면 쌀밥까지 달랜다구.
	세 명 모두 서둘러 나간다.
갈리 가이	이제 갈 수 있겠지, 그런데
	보낸다고 가야 하나?
	혹시 가버리고난 다음
	다시 찾을지 모르잖아? 그리고 찾을지 모르는데

가서 되겠어? 꼭 가야할 필요가 없는데

당연히 가서는 안 되겠지.

갈리 가이는 뒤로 가 문 옆에 있는 의자에 앉는다. 벡빅이 맥주병하고 씨가를 들고 와 갈리 가이 앞 땅바닥에 둥그렇게 쌓아놓는다.

벡빅 우리 서로 본 적 있지 않나요? *갈리 가이가 고개를 가로 젓는다.* 오이 광주리를 날라다 주지 않았어요? *갈리 가이 가 고개를 가로젓는다.* 이름이 갈리 가이 아니에요?

갈리 가이 아닌데요.

벡빅이 고개를 가로저으며 나간다. 어두워진다. 갈리 가이 가 나무 의자 위에서 잠든다. 비가 온다. 벡빅이 부르는 소야곡 소리가 들린다.

벡빅 흐르는 강물을 아무리 자주 보아도

절대로 같은 물은 볼 수 없어요

한 번 흘러간 물은 단 한 방울도

제자리로 돌아오지 않으니까요

5
황인사 내부

승려 왕과 중국인 동자승

동자승 비가 오는데요.

왕 가죽 가마를 비 맞지 않는 곳으로 옮겨라! *동자승이 나간다.* 이제 헌금이 하나도 남김없이 도난당했고, 저 천정 총구멍에선 내 머리 위로 비가 내리는구나. *동자승이 가마를 끌고 들어온다. 안에서 낑낑거리는 소리가 들린다.* 무슨 소리지? *안을 들여다본다.* 가마가 온통 더럽혀져 있기에 백인 한 놈일 거라고 생각했지. 아니, 군복을 입고 있잖아! 머리도 좀 벗겨졌고. 이놈이 도둑이구나. 그 놈들이 이 놈 머리를 그냥 잘라냈어. 이놈을 어쩌지? 군인이니 이성이 없을 거야. 여왕의 군인이 지 어미도 못 알아볼 정도로 취해 자기가 토한 오물을 뒤집어쓰고 병아리 새끼처럼 어쩔 줄 모르고 있구만. 경찰한테 넘겨줄 수 있겠지. 그래 봐야 무슨 소용 있겠어? 돈이 날아갔는데 정의가 무슨 소용 있겠냐구? 그리고 저 놈은 말도 안 되는 소리나 지껄일 텐데. *화를 내며* 야, 이 호랑이가 물어갈 놈아, 저 놈을 끌어내 기도함에다 쳐 넣어! 하지만 머리가 위로 오도록 해! 잘 하면 저 놈을 가지고 부처를 하나 만들 수 있을지 모르겠다. *동자승이 짐을 기도함에 넣는다.* 종이를 가져와라! 즉시 절 앞에 종이깃발을 내걸어야겠다. 서둘러 얼른 광고문을 만들자. 잘못해서 조금 아끼다가 사람들이 못 보는 일이 없게 아주 크게 만들자. 사람들을 끌어오지 못한다면 부처가 무슨 소용 있겠냐? *문 두드리는 소리* 늦은 시각에 문에 누구요?

폴리   군인 세 명입니다.

왕   이 놈 동료들이구만. *그는 안으로 들어오게 한다.*

폴리   우린 남자 한 사람을, 그러니까 정확하게 말해 가죽상자 안에서 잠을 자고 있는 군인 하나를 찾고 있습니다. 훌륭하고 우아한 이 절 맞은 편 가죽상자에 있었거든요.

왕   잠에서 깰 때 아주 아늑하겠군요.

폴리   그런데 그 상자가 없어진 거예요.

왕	알지 못하는 데에서 오는 조급함을 이해합니다. 소승도 몇 사람을, 그러니까 전부해서 세 명 더 찾고 있거든요. 정확하게 말해 군인들입니다. 그런데 찾을 수가 없어요.
우리아	아주 어려울 겁니다. 포기하시는 게 좋을 거예요. 그래도 그 가죽상자에 대해선 좀 아실 것 같은데.
왕	죄송합니다. 문제는 군인들이 모두 같은 옷을 입고 있다는 겁니다.
제세	그건 전혀 문제가 아녜요. 말씀드린 상자 안에 있는 친구는 지금 아주 아프거든요.
폴리	병이 나 머리카락이 한웅큼 빠져 얼른 도와줘야 해요.
우리아	남자 한 사람을 보시지 못 했나요?
왕	죄송합니다. 그 대신 머리카락 한웅큼은 봤습니다. 물론 당신네 선임하사가 가져갔지요. 주인한테 돌려주려는 것 같던데요.
	집이 상자 안에서 끙끙거린다.
폴리	이 소리는 뭐죠, 스님?
왕	제 염소입니다. 지금 자고 있지요.
우리아	잠자리가 불편한 모양인데요.
폴리	이게 우리가 집을 넣어두었던 가마요. 검사 좀 하게 해주시오.
왕	사실을 말씀드리는 게 낫겠군요. 그러니까 이건 다른 가마입니다.
폴리	성탄절 삼 일 후 토사물 용기처럼 오물이 잔뜩 묻어있는데. 제세, 틀림없어. 집이 이 안에 있었어.
왕	그렇지 않습니다. 그 안에 있었을 리가 없습니다. 이렇게 더러운 가마에는 아무도 들어가지 않을 테니까요.
	상자 안에 있는 집이 크게 끙끙거린다.

〈남자는 남자다〉

우리아	우린 반드시 네 명이 같이 있어야 해요. 삼수갑산을 가더라도.
왕	하지만 당신들이 찾고 있는 남자는 여기에 없습니다. 나는 그 남자가 여기 있는지 아는 바가 없는데 당신들은 그 남자가 여기 있다고 하니, 여기 이 남자가 당신들 동료가 아니라는 사실을 보여드리기 위해 그림을 하나 그려 모두 설명 드리지요. 죄송하지만 미천한 소승이 분필로 범인 네 명을 그리겠습니다. *그는 기도함 문에 그림을 그린다.*

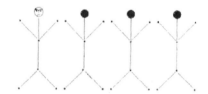

	이들 중 하나는 얼굴이 있어 누군지 알 수 있지만 나머지 셋은 얼굴이 없습니다. 아무도 알아보지 못하지요. 얼굴이 있는 이 사람은 돈이 없습니다. 따라서 도둑이 아니지요. 하지만 돈을 가지고 있는 이 사람들은 얼굴이 없어서 누군지 알 수 없습니다. 적어도 나란히 서지 않는 한 말입니다. 하지만 나란히 서게 되면 이 세 사람에게서 얼굴이 생겨나고, 우리는 그들에게서 남의 돈을 발견하게 되지요. 이 상자에 누군가 있을지 모르겠지만 이 남자가 당신들 동료라는 주장은 도저히 믿을 수 없을 것 같소이다. *셋은 총으로 그를 위협한다. 하지만 왕의 손짓에 동자승이 중국인 신도들과 함께 나타난다.*
제세	늦은 밤중에 더 이상 방해하지 않겠소, 선생. 당신 차 냄새도 견디기 힘들고 물론 그림은 아주 훌륭했소. 가자!
왕	갑자기 돌아가신다니 섭섭합니다.

우리아	우리 동료가 깨어나면 우리한테 오는 걸 말 열 마리 가지고도 막을 수 없을 거요.
왕	그 분을 붙잡는 데 말 열 마리야 아무것도 아닐지 모르지만 말 한 마리의 작은 일부분 가지고는 가능할지 누가 알겠습니까?
우리아	술기운이 빠져나가면 그 친구는 옵니다.
	셋은 크게 허리를 숙여 인사하고는 나간다.
집	*상자 안에서* 여보세요!
	왕이 신도들에게 부처에게 주의하라고 환기시킨다.

6

영내 술집

늦은 밤 갈리 가이가 나무의자에 앉아 잠을 자고 있다. 일전의 군인 셋이 창가에 나타난다.

폴리	저 놈 아직도 저기 앉아 있네. 아일랜드의 맘모스 같지 않어?
우리아	비가 와서 안 갔을지 몰라.
제세	누가 알겠어. 하지만 우린 이제 다시 저 놈이 필요하잖아.
폴리	집이 돌아오지 않을 거라고 생각하는 거야?
폴리	저 짐꾼한테 다시 말하는 건 거의 불가능해.
제세	우리아, 넌 어떻게 생각해?
우리아	난 이제 침낭 속에 이 몸을 집어넣고 싶다는 생각뿐이야.
폴리	하지만 저 짐꾼이 이제 일어나서 문으로 나가기만 하면 우리 모가지는 날아간 거나 다름없어.

〈남자는 남자다〉

제세	맞아. 하지만 나도 눕고 싶어. 한 사람한테 너무 많은 걸 요구하면 안 돼.
폴리	우리 모두 침낭 속으로 들어가는 게 정말로 최선일지 몰라. 너무 힘들어. 모든 게 정말 비 때문이야.

셋은 나간다.

7
황인사 내부

아침 무렵. 여기저기에 커다란 광고문이 걸려있다. 낡은 확성기와 북소리. 뒤편에서 커다란 종교행사가 열리고 있는 것처럼 보인다.

왕	*기도함에 다가가 마싱에게 낙타똥 구슬을 더 빨리 돌려라 – 이놈아!* 상자에 대고 아직 주무시고 계신가요, 군인 나리?
집	*안에서* 우리 곧 내리는 거야, 제세? 이 차 정말 더럽게 흔들리네. 좁기는 수세식 화장실만 하고.
왕	군인 나리, 기차를 타고 있다고 생각하지 마세요.[13] 흔들리는 건 오로지 영명하신 나리 머리 속 맥주라구요.
집	*안에서* 말도 안돼! 저 확성기에서 나오는 소리는 뭐야? 그만 둘 수 없나?
왕	군인 나리, 이제 나오셔서 쇠고기 한 점 드시지요!
집	*안에서* 그래, 내 고기 있어, 폴리? *그는 상자 벽을 친다.*
왕	*뒤로 달려가서 조용히 해, 이 상놈들아! 부처님께서 오 타엘[14]을 요구하신다! 성스런 기도함에서 판자 두드리는 소*

리 안 들려? 나무관세음보살! 마싱, 거둬라!

집   *안에서* 우리아, 여기가 어디야?

왕   한 번 더 두드리시지요, 군인 나리! 다른 쪽을요, 장군님! 두 발로 아주 세게.

집   *안에서* 야, 무슨 소리야? 여기가 어디지? 너희들 어디 있는 거야? 우리아, 제세, 폴리!

왕   미천한 소승이 식사와 독한 술은 어떤 걸로 하실지 여쭙사옵니다, 군인 나리.

집   *안에서* 야, 너 누구야? 무슨 살찐 쥐새끼 같은 목소리야?

왕   적당하게 살찐 쥐는 다름 아니오라 텐진 출신의 나으리 친구 왕이올시다.

집   *안에서* 지금 우리가 있는 도시 이름이 뭐지?

왕   영명하신 나리, 보잘 것 없는 도시로, 킬코아라는 작은 촌구석입죠.

집   *안에서* 나 좀 내 보내줘!

왕   *뒤에다 대고* 낙타똥이 구슬같이 되면 접시 위에 가지런히 올려놓고 북을 울린 다음 거기에 불을 붙여! *집에게* 달아나지 않으시겠다고 약속하시면요, 군인 나리.

집   *안에서* 열지 못해, 이 생쥐 같은 새끼야? 열라구! 안 들려?

왕   잠깐! 잠깐, 신도 여러분! 그 자리에 서 계시오, 일 분만요. 부처님께서 천둥소리를 세 번 울려서 여러분에게 말을 하실 거요. 천둥소리를 잘 세시오. 사, 아니 오네. 여러분이 시주해야 할 돈은 유감스럽게도 오 타엘 밖에 안 되겠네요. *기도함을 두드리고는 다정하게* 군인 나리, 여기 나리 주둥이에 처 넣을 비프스테이크입니다.

집   *안에서* 아우, 속이 막 쓰리네. 너무 독한 걸 부어댔나 봐. 아우, 너무 많이 마셨는지도 모르지. 이제 그만큼 씹어야

〈남자는 남자다〉

131

겠어.

왕 소 한 마리를 다 드셔도 됩니다, 군인 나리. 그리고 비프
스테이크도 이미 준비됐구요. 하지만 달아나실까봐 걱정
되는데요, 군인 나리. 나한테 달아나지 않겠다고 약속하지
않으시겠습니까?

집 *안에서* 하지만 먼저 봐야겠어. *왕이 그를 나오게 해준다.*
대체 내가 여기 어떻게 오게 됐지?

왕 바람에 실려서요, 장군님. 바람에 실려서 오셨습죠.

집 나를 처음 발견했을 때 내가 어디 있었소?

왕 낡은 가마 안에서 편히 쉬고 계셨습니다, 전하.

집 그리고 내 동료들은 어디 있지? 제8연대는 어디 있어? 자
동화기분대는 어디 있냐구? 기차 열두 량하고 코끼리 수
송대 네 부대는 어디 있나? 영군군대는 다 어디 있어? 모
두 어디로 간 거야, 쓰레기통 같은 게 웃기만 하는 이 얼
굴 노란 놈아?

왕 지난 달 편잡 산맥을 넘어 갔습지요. 하지만 여기 비프스
테이크가 있습니다요.

집 뭐라고? 그럼 나는? 난 어디 있었던 거야? 다들 이동하는
동안 나는 뭘 했지?

왕 맥주를 버셨죠, 엄청나게 많이. 수천 병하고, 돈도 버셨구요.

집 나에 대해 물어본 사람들 없었어?

왕 황송하오나, 없었습니다.

집 골치 아픈데.

왕 하지만 누가 와서 백인 군복 입은 남자를 찾으면 이리로
모실까요, 전쟁장관 나리?

집 그럴 필요 없어.

왕 누구한테 방해받기 싫으면 이 상자 안으로 들어가시지요,

	죠니. 꼴 보기 싫은 놈들이 오거든 말입니다, 죠니.
집	비프스테이크 어디 있지? *앉아서 먹는다.* 너무 적잖아! 뭐가 이리 시끄러운 거야?
	북소리와 함께 낙타똥 구슬이 타는 연기가 천정으로 올라간다.
왕	저기 뒤에서 신도들이 무릎을 꿇고 기도를 드리는 소리지요.
집	소고기 되게 질기네. 누구한테 기도를 하지?
왕	그건 그들만의 비밀입지요.
집	*더 빨리 먹는다.* 비프스테이크는 좋은데 내가 여기 앉아 있는 건 잘못된 거야. 폴리하고 제세가 분명히 나를 기다렸을 텐데. 아직도 기다리고 있는지 몰라. 버터 맛인데. 난 이렇게 먹고 있다니 잘못된 거지. 잘 들어. 지금쯤 폴리가 제세한테 이렇게 말할 거야. 집은 분명히 와. 술에서 깨기만 하면 집은 올 거야. 우리아는 나쁜 자식이라 그렇게 기다리지 않을 거야. 하지만 제세하고 폴리는 집이 온다고 말할 거야. 별별 술을 먹었어도 해장하는 데에는 더할 나위 없이 딱 맞는 음식인데. 제세가 집을 굳게 믿지 않는다 해도 말은 이렇게 할 거야. 집은 우리를 배반하지 않아. 그건 나도 당연히 견디기 힘들어. 내가 여기 앉아있는 건 완전히 잘못된 거야. 하지만 고기 맛은 좋은데.

8
영내 술집

이른 아침. 갈리 가이가 나무 의자에서 잠자고 있다. 세 군인은 아침식사를 하는 중이다.

〈남자는 남자다〉

폴리	집은 와.
제세	집은 우리를 배반하지 않아.
폴리	술에서 깨기만 하면 집은 올 거야.
우리아	그거야 알 수 없지. 아무튼 집이 나타나지 않는 한 저 짐 꾼을 놓치지 말라구.
제세	저 녀석도 가지 않았어.
폴리	몸이 꽁꽁 얼었을 텐데. 나무 의자에서 밤을 샜으니 말이 야.
우리아	지난 밤 푹 자고났더니 몸이 다시 거뜬한데.
폴리	집은 올 거야. 푹 자고나서 맑아진 내 군인의 이성으로 봤 을 때 확실해. 잠에서 깨면 집은 맥주를 찾을 거고, 그러 면 집은 와. *왕 씨가 들어와 식탁으로 가 벨을 울린다. 과부 벡빅이 온 다.*
벡빅	우린 냄새나는 원주민한테는 술 안 팔아요. 황인종한테도 요.
왕	백인 줄 거요. 좋은 걸로 맥주 열 병만 주시오.
벡빅	백인한테 줄 맥주 열 병이라고요? *그에게 맥주 열 병을 준다.*
왕	그래요, 백인한테 줄 거요. *왕이 네 사람한테 고개를 숙여 인사하고 나간다.* *제세, 폴리, 우리아가 서로 바라본다.*
우리아	이제 집은 다시 안 와. 우리도 목구멍에 맥주를 부어야겠 어. 과부댁, 지금부터 맥주 스무 병하고 위스키 열 병을 항상 올려놔 주시오. *벡빅이 맥주를 부어주고 나간다. 셋은 마시기 시작한다. 그러면서 그들은 잠자고 있는 갈리 가이를 관찰한다.*

폴리	그런데 어떻게 하지, 우리아? 우리는 집 신분증 말고는 없잖아.
우리아	그거면 돼. 새로운 집이 생겨나야 되는 거지. 사람을 가지고 너무들 소란을 피운단 말이야. 한 사람은 안 사람이야.15) 이백 명도 안 되면 떠들 필요가 없어. 물론 누구나 의견이 다를 순 있지. 조용한 사람은 두세 가지 다른 의견을 조용히 받아들일 줄 알아.
제세	지가 뭐 남다르다고 하는 놈은 엿이나 먹으라고 해.
폴리	우리가 군인 제라이아 집으로 변신시키면 저 놈은 뭐라고 할까?
우리아	저런 놈은 본래 스스로 알아서 변신하게 돼 있어. 저 놈을 물속에 빠뜨려 봐. 그러면 이틀도 안 돼 손가락 사이에 물갈퀴가16) 생겨날 걸. 자기는 하나도 잃을 게 없거든.
제세	저 놈이야 어찌 되든지 우린 한 명을 채워야 돼. 저 놈을 깨우자!
폴리	*갈리 가이를 깨운다.* 선생, 가시지 않아서 얼마나 다행인지 모릅니다. 우리 동료 집이 일이 있어 제 시간에 나타나지 못하고 있거든요.
우리아	아일랜드 출신 맞지요?
갈리 가이	그런데요.
우리아	그거 정말 잘 됐습니다. 갈리 가이 씨, 아직 마흔은 안 됐지요?
갈리 가이	그 정도는 아닙니다만.
우리아	그거 정말 잘 됐습니다. 혹시 평발이신가요?
갈리 가이	약간 그런데요.
우리아	끝났습니다. 당신은 이제 행복을 보장받는 거나 다름없습니다. 잠시 여기에 계셔도 좋습니다.

〈남자는 남자다〉

갈리 가이 죄송합니다만 마누라가 생선 때문에 저를 기다리고 있는데요.

폴리 당신 생각을 이해합니다. 존경할 만합니다. 아일랜드 남자답구요. 하지만 여기 이렇게 계시니 우리는 아주 다행입니다.

제세 게다가 아주 시기적절하구요. 당신은 군인이 될 수 있을지 몰라요.

갈리 가이가 침묵한다.

우리아 군대 생활 정말 끝내줍니다. 오로지 인도 전체를 돌아다니면서 거리들이랑 절들을 구경하는 데 일주일마다 돈을 한 주먹 가득 받는다구요. 군인은 물론 공짜로 받는 거지만, 푹신한 가죽 침낭을 갖고 싶으면 에베렛(Everett) 회사[17] 상표가 붙어있는 이 총에 눈길만 한번 주면 돼요. 주로 우린 낚시를 하면서 시간을 보내는데 정말 재미있어요. 우리 엄마가, 우린 장남삼아 군대를 그렇게 부르지요,[18] 그러니까 우리 엄마가 우리한테 낚시도구를 사주고 군악대들이 번갈아가며 음악을 연주해 준다구요. 나머지 시간은 방갈로에서 담배를 피우거나 랏쌰[19] 왕들 중 하나가 살던 황금궁전을 빈둥거리면서 바라보는 거예요. 원하면 총으로 쏴버릴 수도 있고요. 여자들은 우리 군인들한테 아주 많은 것을 기대하죠. 하지만 절대로 돈만은 기대하지 않아요. 그리고 그 외에 끝내주는 일이 아주 많다는 걸 아시게 될 거요.

갈리 가이가 침묵한다.

폴리 특히 전쟁 때 군인들은 살기 편해요. 전투를 해야 비로소 남자는 최고로 위대해지잖아요. 지금이 얼마나 위대한 시대인지 아시죠? 진격을 하기 전에는 언제나 공짜로 아주

큰 잔에 술을 마시는데, 그러면 세상에 무서운 게 없어진
다구요. 정말 무서운 게 없어져요.

갈리 가이 제가 보기에 군대생활이 편한 것 같네요.

우리아 그럼요. 거기에다 예쁜 구리단추가 달린 군복은 말할 것
도 없고, 어딜 가나 사람들한테 당신을 부를 때 '집 씨'로
부르라고 할 권리도 갖게 되요.

갈리 가이 불쌍한 짐꾼을 불행하게 만들지는 않겠지요.

제세 왜 그러겠어요?

우리아 그럼 가시겠습니까?

갈리 가이 그래요. 그럼 지금 가죠.

제세 폴리, 옷 가지고 와!

폴리 *옷을 가지고 오며* 그런데 왜 집이 되지 않으려고 하시는
거죠?

페어차일드가 창가에 나타난다.

갈리 가이 난 갈리 가이니까요. *문으로 간다.*

셋은 서로 바라본다.

우리아 잠깐만 계세요.

폴리 이런 말 아세요? 급할수록 천천히 하라.

우리아 우린 모르는 사람들한테 공짜로 선물을 받는 그런 사람이
아니에요.

제세 이름이 뭐든 간에 당신은 우리한테 신세를 졌잖소.

우리아 그러니까, 가만히 문고리를 잡고 계세요, 간단히 말해 장
사입니다.

갈리 가이가 서 있는다.

제세 이거야말로 킬코아에서 벌일 수 있는 최고의 장사 아니겠
어, 폴리? 너도 알지, 우리가 저기 밖에서 해치우면…

우리아 당신께 이 엄청난 장사에 참여하실 기회를 드리는 건 저

<남자는 남자다>

137

희 의무입니다.

갈리 가이   장사요? 방금 장사라고 하셨나요?

우리아   그럼요. 그런데 시간이 없으시잖아요.

갈리 가이   시간이 있고 없고는 경우에 따라 다르죠.

폴리   아, 시간을 낼 수 있다고요. 이 장사를 아시게 되면 분명히 시간을 내실 겁니다. 키치너[20] 경(卿)도 시간이 있으니까 이집트를 정복한 거 아닙니까.

갈리 가이   저도 그렇게 생각해요. 그러니까 좀 큰 장사인 모양이죠.

폴리   펫차바의 왕[21]한테야 좀 클 수 있겠죠. 당신처럼 위대한 남자한테는 별거 아닐 겁니다.

갈리 가이   그 장사를 하려면 내 쪽에서 뭐가 필요하지요?

제세   아무것도 필요없습니다.

폴리   끽해야 턱수염만 좀 희생시키면 됩니다. 안 좋은 인상을 심어줄 수 있거든요.

갈리 가이   그래요. *자기 짐을 들고 문 쪽으로 간다.*

폴리   진짜 순종 코끼리네.

갈리 가이   코끼리라구요? 코끼리야 당연히 노다지죠. 코끼리 한 마리만 있으면 오두막집에서 비참하게 죽어갈 일도 없죠. *그는 흥분해서 의자 하나를 들고 와 세 군인들 사이에 앉는다.*

우리아   코끼리! 우리 코끼리 있나?

갈리 가이   코끼리가 지금 수중에 있다 이겁니까?

폴리   코끼리라! 거기에 아주 예민해지는 것 같은데.

갈리 가이   그러니까 지금 코끼리가 있다 이 말씀이죠?

폴리   없는 코끼리를 가지고 장사를 했다는 소리 들어본 적 있소?

갈리 가이   그런 일이 있다면, 폴리 씨, 그럼 내 손에 장이라도 지지겠어요.

우리아	*망설이며* 이게 오로지 킬코아의 악마 때문이야!
갈리 가이	무슨 말이죠, 킬코아의 악마라니?
폴리	소리 낮추세요! 인간 태풍, 피범벅 다섯을 얘기하는 거예요. 우리 선임하사예요.
갈리 가이	어떤 사람이기에 이름이 그 모양이에요?
폴리	아, 아무것도 아니에요. 가끔 그 자식 점호 때 이름만 잘못 대도 사방 2미터 포대기에 둘둘 말아가지고는 코끼리 밑에 밀어 넣는다구요.
갈리 가이	머리가 있는 남자가 필요하겠군요.
우리아	그 머리를 당신이 가지고 계실 것 같다 이 말씀입니다, 갈리 가이 씨!
폴리	그런 머릿속에는 분명 뭔가가 있거든요!
갈리 가이	두말할 필요 없죠. 제가 수수께끼를 하나 알고 있는데 아마 당신들처럼 교양있는 사람이라면 재미있어 할 겁니다.
제세	우리야말로 수수께끼엔 둘째가라면 서러워할 사람입니다.
갈리 가이	그러니까, 색은 하얗고, 포유동물로, 앞을 보는 것만큼 뒤도 똑같이 보는 건 뭐죠?
제세	되게 어려운데.
갈리 가이	이 수수께끼는 풀지 못할 걸요. 나도 못 풀었으니까요. 포유동물이고, 하얀데다 앞이나 뒤나 보는 건 똑같다. 눈먼 백마죠!
우리아	기가 막힌데.
폴리	그 모든 걸 그냥 머릿속에 지니고 계십니까?
갈리 가이	거의 그렇죠. 글을 못 쓰거든요. 그렇지만 저는 제 자신이 어떤 장사건 최고의 적임자라고 생각해요. *셋이 탁자로 간다. 갈리 가이가 씨가 한 갑을 가지고 와*

〈남자는 남자다〉

셋 모두에게 권한다.

우리아 불!

갈리 가이 *불을 붙여주고는 말한다.* 나리들, 나리들이 장사를 하는 데 결코 부적합한 동업자를 발견한 건 아니라는 사실을 증명해드릴까요?

제세 *문 근처 벽 앞에 있는 역기(力器)를 가리킨다.* 저기요!

갈리 가이 *가장 무거운 역기를 골라 위로 들어올린다.* 전 킬코아 씨름협회 회원이에요.

우리아 *그에게 맥주 한 잔을 권한다.* 몸 움직임만 봐도 알겠소.

갈리 가이 *마신다.* 아, 우리 씨름꾼들은 나름대로 몸 움직이는 게 있어요. 거기엔 아주 특별한 규정이 있거든. 예를 들어 많은 사람들이 모여 있는 방에 들어설 땐 씨름꾼은 문에서 어깨를 높이 쳐들고 팔을 어깨 높이로 들어올린 다음 아래로 떨어뜨린 후 이리저리 흔들면서 느릿느릿 방을 걸어 들어가는 거예요. *그는 마신다.* 나랑 하면 말 한 마리 훔치는 것쯤은 아무것도 아니죠!

페어차일드 *들어선다.* 밖에서 아줌마 한 사람이 갈리 가이라는 남자를 찾는데.

갈리 가이 갈리 가이! 아줌마가 찾는 남자 이름이 갈리 가이라구요! *페어차일드가 갈리 가이를 잠깐 보고는 갈리 가이의 아내를 데리러 나간다.*

갈리 가이 *셋에게* 나한테 맡기세요. 이제 갈리 가이가 피맛을 봤거든요.

페어차일드 들어오세요, 그레이 부인! 여기에 남편을 아는 사람이 있네요. *그는 갈리 가이의 아내와 함께 다시 들어온다.*

갈리 가이의 아내

미천한 사람이 나타나서 죄송합니다, 나리들. 제 옷차림도

요. 아주 급했거든요. 아니, 여보, 당신 거기 있었군요. 군
복을 입고 있는 게 당신 아니에요?

갈리 가이   아닌데요.

갈리 가이의 아내

무슨 소린지 모르겠네요. 어쩌다 군복을 입게 되었어요?
보기에도 어울리지 않는데. 다들 그렇게 말할 거예요. 당
신은 다른 남자들과 달라요, 여보.

우리아   저 여자 머리가 어떻게 된 거 아냐?

갈리 가이의 아내

도대체 안 된다고는 말할 줄 모르는 이런 남자는 드물 거
예요.

갈리 가이   누구를 말씀하시는지 모르겠네요.

우리아   이건 분명히 모욕이야.

페어차일드   내 생각에 그레이 부인은 아주 정상인 것 같은데. 계속하
시죠, 그레이 부인! 아주머니 목소리가 가수보다 듣기 좋
습니다.

갈리 가이의 아내

주제넘게 당신 또 무슨 짓 하는 거예요? 하지만 결과는
뻔해요. 같이 가요! 뭐라고 말 좀 해보세요! 목 쉬었어요?

갈리 가이   모두 저를 두고 하시는 말씀 같은데. 다른 사람하고 혼동
하신 거 아닙니까? 누구한테 하시는 말씀인지 몰라도 저
는 도통 바보 같고 이해할 수 없네요.

갈리 가이의 아내

무슨 소리 하는 거예요? 당신을 혼동하고 있다고요? 술
마셨어요? 술을 견디지 못 하는 것 같네요.

갈리 가이   제가 장군이 아니듯이 저는 아주머니 남편 갈리 가이가
아닙니다.

〈남자는 남자다〉

갈리 가이의 아내

어제 이맘쯤 냄비에 물을 담아 불에 올려놨는데 당신은 아직 생선을 안 갖고 왔잖아요.

갈리 가이 이제 또 무슨 생선이요? 정신 나간 사람처럼 이게 뭡니까? 군인 나리들 앞에서!

페어차일드 정말 이상한 일이구만. 몸이 얼어붙을 것 같은 끔찍한 생각이 드는데… 이 아줌마 아냐? *셋은 고개를 흔든다.* 그럼 넌?

갈리 가이 아일랜드에서 킬코아까지 생전에 수없이 많은 사람들을 봤습니다만 이 여자는 얼굴 한번 본 적도 없는데요.

페어차일드 이 분한테 네 이름을 말해 봐.

갈리 가이 제라이아 집.

갈리 가이의 아내

정말 끔찍하네요! 물론 뭐라고는 꼭 집어 말할 순 없지만, 선임하사님, 가만히 살펴보니까 하역부였던 제 남편 갈리 가이와 좀 다른 것 같아요.

페어차일드 곧 알게 될 겁니다. *갈리 가이의 아내를 데리고 나간다.*

갈리 가이 *무대 중앙에서 춤을 추며 노래한다*

오, 알라바마의 달아

넌 이제 져야 하느니!

늙으신 좋은 엄마가

새 달을 보려고 하거든.[22]

환한 얼굴로 제세에게 다가간다. 갈리 가이라는 이름을 가진 아일랜드 남자는 어디서건 일을 잘 해결한다고들 하죠.

우리아 *폴리에게* 해가 일곱 번 지기 전에 저 놈 완전히 딴 남자가 되겠는걸.

폴리	정말 가능할까, 우리아? 한 남자를 다른 남자로 변신시키는 게?
우리아	그럼, 남자는 다 같아. 남자는 남자야.
폴리	그렇지만, 우리아, 지금이라도 부대가 출동할지 모르잖아.
우리아	물론 언제든 출동할 수 있지. 하지만 이 술집이 여전히 여기 있는 거 안 보여? 포병대가 말 경주를 벌이고 있잖아. 내 분명히 말하는데, 하나님은 당장 오늘 부대를 소집해서 우리 같은 사람을 조지지 않을 거야. 그런 일은 세 번 정도 곰곰이 생각한다구.
폴리	들어봐!
	진군나팔소리와 북소리. 셋은 차렷 자세를 하고 나란히 선다
페어차일드	*무대 뒤에서 매우 큰 소리로* 우리 부대는 북방 국경지대로 이동한다. 출발은 오늘 밤 두시 십분!

중간해설

과부 레오카댜 벡빅이 말한다.

베르톨트 브레히트 씨는 주장합니다. 남자는 남자다.
그리고 그건 누구나 주장할 수 있는 것이죠.
하지만 베르톨트 브레히트 씨는 사람이 한 인간을 가지고 무엇이든 아주 많은 것을 할 수 있다는 것 또한 증명해 보이고자 합니다.
오늘 저녁 이곳에선 한 인간이 마치 자동차처럼 조립, 개조됩니다.

〈남자는 남자다〉

그가 아무것도 잃어버리는 게 없이 말입니다.

그 남자에게 인간적으로 접근하여

강력히, 결코 불쾌하지 않게 부탁합니다,

세상의 흐름에 적응하라고,

자기의 물고기가 헤엄치도록 해주라고.

그리고 그가 어떻게 개조되든지 간에

그를 보는 사람들의 눈은 흔들리지 않았습니다.

만일 우리가 그를 잘 감시하지 않으면

사람들은 그를 하룻밤 새에 도살자로도 만들 수 있습니다.

베르톨트 브레히트 씨는 여러분께 바랍니다,

여러분이 서있는 바닥이 여러분 발아래 눈처럼 꺼져가는 모습을 보시기를,

그리고 하역부 갈리 가이의 모습을 보고 세상에서 산다는 게 아주 위험할 수 있다는 걸 알아차리시게 되길 말입니다.

9

영내술집

군대가 출발하는 소음. 뒤에서 큰 목소리 하나가 외친다.

목소리   예상되던 전쟁이 발발했다. 부대는 북방 국경지대로 이동한다. 여왕 폐하께서 폐하의 군대에게 코끼리와 대포를 열차에 싣고 북방 국경지대로 이동하라고 명령하셨다. 이에 장군님께선 달이 높이 떠오르기 전에 모두 기차에 타라고 명령하셨다.

벡빅

벡빅이 영내 술집 탁자에 앉아 담배를 피운다.

항상 바글대지만 또한 아무도 머무르지 않는

도시 제호(Jehoo)에는 누구나 알고 있는

사물의 흐름에 관한 노래가 있는데

다음과 같이 시작하죠:

노래한다.

네 발에 부서지는

파도를 고집하지 마라

물속에 서 있는 한

새로운 파도가 네 발에 부서지리니

일어서서 막대기 하나를 집어 들고는 다음 시귀(詩句)를

낭송하면서 천막을 걷는다.

어느 한 곳에 7 년간 있었지

하늘을 가릴 지붕도 있었고

그리고 혼자가 아니었어

그런데 나를 먹여주고 누구하고도 비교할 수 없었던

그 남자가 어느 날

수의(壽衣)를 덮고 누웠네.

그럼에도 난 그날 저녁 밤참을 먹었지

그리곤 우리가 함께 껴안았던 방을 얼른 세놓았고

그 방이 나를 먹여 살렸지.

그리고 이제 그 방이 더 이상 나를 먹여 살리지 않아도

나는 아직도 먹고 살고 있네.

난 말했네:

노래한다.

네 발에 부서지는

파도를 고집하지 마라

〈남자는 남자다〉

145

물속에 서있는 한
새로운 파도가 네 발에 부서지리니
*다시 영내술집 탁자에 앉는다. 셋이 군인들 몇 명을 데리
고 들어선다.*

우리아   *가운데에서* 전우들, 전쟁이 시작됐다. 무질서의 시간은 지
나갔어. 따라서 개인적인 희망사항은 더 이상 고려되지
않는다. 따라서 킬코아의 하역부 갈리 가이는 이제 서둘
러서 제라이아 집으로 변신해야 해. 이 목적을 달성하기
위해 우리는 요즈음 유행하듯 그 녀석을 어떤 장사에 끌
어들여야 해. 그리고 이를 위해 가짜 코끼리를 만들어야
겠어.23) 폴리, 넌 이 막대기하고 벽에 걸려있는 코끼리 머
리를 들어. 그리고 제세, 너는 물병을 들고 코끼리가 물도
내뿜을 줄 아는지 갈리 가이가 쳐다볼 때마다 물을 쏟아
내는 거야. 그리고 난 너희들 위에다 이 지도를 펴서 덮을
게. *그들은 가짜 코끼리를 만든다.* 이 코끼리를 그 녀석한
테 선물로 주고 살 사람도 데려다주는 거야. 그리고 그 녀
석이 코끼리를 팔 때 우리는 체포해서 말하는 거야. 왜 군
대 코끼리를 파는 거지? 그럼 그 녀석 어떤 상황에서건
총살감이 뻔한 범죄자 갈리 가이로 남기보다는 차라리 제
라이아 집, 그러니까 군인이 되어 북방 국경지대로 가려
고 할 거야.

군인 하나   그렇지만 이걸 코끼리로 믿겠어?

제세   이게 그렇게 엉망이야?

우리아   내 분명히 말하는데, 코끼리라고 생각할 거야. 그 놈은 맥
주병을 손가락으로 가리키면서 "내가 이 코끼리 살 사람
이오"라고 말하면 진짜 코끼리라고 생각할 놈이야.

군인 하나   그럼 살 사람이 있어야겠는데.

우리아	*소리친다.* 과부댁!
	벡빅이 앞으로 나온다.
우리아	살 사람 좀 해주겠소?
벡빅	그러죠. 짐을 싸는 데 아무도 안 도와주면 내 포장마차는 여기에 서있어야 하니까요.
우리아	이제 남자 하나가 들어올 텐데 그 사람한테 과부댁이 코끼리를 살 사람이라고 말하시오. 그리고 우리는 술집을 포장하는 걸 도와주겠소.
벡빅	좋아요. *다시 자기 자리로 돌아간다.*
갈리 가이	*들어온다.* 코끼리가 벌써 와 있군요.
우리아	가이 씨, 이미 장사가 한창 진행 중이에요. 빌리 홈프라고, 남는 코끼리인데다 등록도 안 된 거요. 그래 이 놈을 쥐도 새도 모르게, 물론 개인적으로 경매하는 겁니다.
갈리 가이	잘 알아들었어요. 누가 경매에 붙이죠?
우리아	주인이라는 사람이 해야죠.
갈리 가이	그런데 누가 주인을 하죠?
우리아	가이 씨, 당신이 주인을 하지 않겠소?
갈리 가이	살 사람은 있나요?
우리아	그럼요.
갈리 가이	당연히 내 이름을 말하면 안 되겠죠?
우리아	그럼요. 씨가 한 대 피우실래요?
갈리 가이	*의심스럽다는 듯* 왜요?
우리아	코끼리가 약간 감기에 걸렸거든요. 그래서 침착해지라고요.
갈리 가이	살 사람은 어디 있나요?
벡빅	*앞으로 나오며* 아, 갈리 가이 씨, 코끼리 한 마리 찾고 있는데 혹시 있나요?

〈남자는 남자다〉

갈리 가이	있기야 하지요, 과부댁.
벡빅	먼저 벽부터 치워주세요. 곧 대포가 지나갈 거예요.
군인들	물론이죠, 과부댁.

군인들이 술집 벽 하나를 철거한다. 코끼리가 어정쩡하게 서있다.

제세   *벡빅에게* 과부댁, 내 말해주겠는데, 지금 여기서 일어나고 있는 일은 넓은 관점에서 봤을 때 역사적인 사건이요. 대체 무슨 일이 벌어지고 있느냐? 인간개성을 자세하게 들여다보는 거예요. 이상하게 생긴 머리에 가까이 다가가는 겁니다. 샅샅이 훑는 거지요. 기술을 도입하는 겁니다. 공구를 들게 하거나 컨베이어벨트24) 앞에 세우면 큰 사람이나 작은 사람이나 겉모습을 봤을 때 똑같아요. 인간개성이 말이에요! 과부댁, 이미 고대 아시리아 사람들은 인간성을 성장해가는 나무에 비유한 적이 있지요. 그래요 성장하죠! 그리고 난 다음엔 곧 시들어요. 코페르니쿠스가 뭐라고 말했죠? 뭐가 돈다고 했지요? 지구가 돈다고 했죠. 지구가, 그러니까 인간도 도는 겁니다. 코페르니쿠스에 따르면 말이에요. 그러니까 인간은 한가운데 서있는 게 아니죠. 이제 저걸 한번 보세요. 저게 한가운데 서 있다고 할 수 있습니까? 이건 역사적인 일이에요. 인간은 아무것도 아니에요. 현대 과학은 모든 게 상대적이라는 걸 증명했어요. 그게 무슨 뜻일까요? 책상, 벤치, 물, 구두주걱, 모든 게 상대적이에요.25) 과부댁도, 나도… 상대적이죠. 제 눈을 들여다보세요, 과부댁. 역사적인 순간이에요. 인간은 한가운데 서 있지 않아요, 단지 상대적일뿐이죠.

둘은 나간다.

제1번

우리아	*소리친다.* 제1번! 코끼리 장사. 자동화기분대는 이름을 밝히지 않는 남자에게 코끼리 한 마리를 건넨다.
갈리 가이	먼저 체리브랜디 한 잔 마시고 펠릭스 브라질 한 모금 빤 다음 붙여 보자구요.
우리아	*갈리 가이 앞에 코끼리를 세워놓는다.* 빌리 홈프라고, 벵갈의 챔피언으로, 대영제국군 코끼리요.
갈리 가이	*코끼리를 보고는 깜짝 놀란다.* 군대 코끼리에요?
군인 하나	코를 보면 알겠지만 감기가 아주 심하게 들었어.
갈리 가이	*근심스러운 듯 코끼리 주위를 돌면서* 코는 그리 최악이 아닌 것 같은데요.
벡빅	내가 사겠어요. *코끼리를 가리키며* 그 코끼리 나한테 파세요.
갈리 가이	정말 이 코끼리 사실 생각이에요?
벡빅	크건 작건 상관없어요. 어렸을 적부터 난 코끼리를 사고 싶었거든요.
갈리 가이	이놈이 과부댁이 생각하던 바로 그 코끼리이구요?
벡빅	어렸을 땐 힌두쿠시만큼 큰 코끼리를 갖고 싶었죠. 하지만 지금은 그 정도도 괜찮아요.
갈리 가이	그래요, 과부댁, 정말로 이 코끼리를 사시겠다면 제가 주인입니다.
군인 하나	*뒤에 뛰어온다.* 쉿! 쉿! 피범벅 다섯이 영내를 돌아다니면서 차량을 점검하고 있어.
군인들	인간태풍이야!
벡빅	여기들 계세요! 내 코끼리는 뺏기지 않을 거예요. *벡빅과 군인들이 서둘러 나간다.*

〈남자는 남자다〉

우리아	*갈라 가이에게 잠시 코끼리 좀 맡고 계시오. 그의 손에 노끈을 쥐어준다.*
갈리 가이	하지만, 우리아 씨, 나는 어디로 가죠?
우리아	그냥 여기 계세요.
	그는 다른 군인들 뒤를 좇아 나간다.
	갈리 가이가 노끈 맨 끝을 잡고 코끼리를 붙들고 있다.
갈리 가이	혼자서 어머니가 종종 말씀하셨지. 확실한 건 아무도 모른다고. 넌 정말 아무것도 몰라. 오늘 아침, 갈리 가이, 넌 작은 생선 한 마리 사러 밖에 나갔지. 그런데 지금은 커다란 코끼리를 갖고 있어. 내일 일은 아무도 몰라. 수표만 쥐면 돼.
우리아	*안을 들여다보며* 정말이네. 코끼리를 전혀 들여다보지 않아. 가능한 한 멀리 떨어져 있으면서. *뒤에서 페어차일드가 지나간다.* 킬코아 호랑이가 그냥 지나갔어.
	우리아와 벡빅 그리고 다른 군인들이 다시 들어온다.

제2번

우리아	*크게 소리친다.* 이제 제2번! 코끼리 경매. 이름을 밝히지 않는 남자가 코끼리를 판다.
	갈리 가이가 종을 하나 가져오고 벡빅은 나무로 된 물통을 뒤집어 중앙에 세운다.
군인 하나	코끼리한테 아직도 미심쩍은 게 있나?
갈리 가이	팔리는데 미심쩍을 게 뭐 있겠소?
우리아	팔린다면 제대로 된 거 아닌가.
갈리 가이	나도 그렇게 생각해요. 코끼리는 코끼리에요. 특히 팔리잖

아요.

그는 물통 위에 올라서서 자기 옆 무리들 가운데에 있는 코끼리를 판다.

갈리 가이 경매요! 뱅갈지방의 챔피언 빌리 훔프를 팝니다. 보시다시피 펀잡 남부 태생입니다. 일찍이 랏샤[26] 일곱 분을 요람에 태운 바 있습니다. 어미는 흰색이었죠. 예순다섯 살입니다. 그거야 나이도 아니죠. 무게가 천삼백 파운드로, 숲에서 나무하기를 바람에 풀잎 날리듯 합니다. 빌리 훔프는 보시다시피 누구한테나 적지 않은 재산이 될 겁니다.

우리아 과부댁이 수표를 들고 있는데.

벡빅 그 코끼리 당신 거예요?

갈리 가이 내 발이 내 것인 거나 다름없죠.

군인 하나 빌리가 너무 늙은 것 같은데. 이상하게 몸이 굳어 보이잖아.

벡빅 그럼 좀 깎아주세요.

갈리 가이 원가만 해도 200루피에요. 고기 값만 해도 그 정돈 됩니다.

벡빅 *코끼리를 검사하며* 배가 이렇게 쳐졌는데 200루피라고요?

갈리 가이 과부한테는 잘 어울릴 것 같은데요.

벡빅 좋아요. 건강하겠죠? *빌리 훔프가 물을 내뿜는다.* 됐어요. 건강한 코끼리인 건 분명한 것 같네요. 500루피 내겠어요.

갈리 가이 일차로 500루피입니다. 이차, 삼차. 과부댁 코끼리를 받으세요. 그리고 수표로 지불해주세요.

벡빅 이름이 어떻게 되죠?

갈리 가이 그건 말할 수 없습니다.

〈남자는 남자다〉

151

벡빅	우리아 씨, 수표 끊게 연필 좀 주세요. 이름을 밝히지 않는 남자 앞으로 써야겠네요.
우리아	*옆에서 군인들에게 수표를 받거든 즉시 공격해.*
벡빅	여기 수표 있어요, 이름을 밝히지 않는 양반.
갈리 가이	그리고 코끼리 여기 있습니다, 과부댁.
군인 하나	*갈리 가이의 어깨에 손을 올리며* 영국군의 이름으로 묻겠는데, 여기서 뭐 하는 거지?
갈리 가이	나요? 아, 아무것도 아녜요. *순진하게 웃는다.*
그 군인	그거 무슨 코끼리지?
갈리 가이	뭐 말이에요?
그 군인	그러니까 네 뒤에 있는 거 말이야. 변명할 생각 마!
갈리 가이	모르는 코끼리인데요.[27]
군인들	와!
군인 하나	우리가 증언하지. 코끼리가 자기 것이라고 했어.
벡빅	자기 발처럼 자기 것이라고 했어요.
갈리 가이	*가려고 한다.* 죄송합니다만 집에 가야겠습니다. 마누라가 급하게 기다리고 있거든요. *군인들 사이를 뚫고 지나간다.* 다음에 다시 와 이 문제를 얘기하죠. 저녁 잘 보내세요! *자기를 따라오는 빌리에게* 거기 있어, 빌리. 그렇게 멋대로 굴지 마. 저기 사탕수수밭 있다.
우리아	거기 서! 권총 안 보여? 넌 범죄자야.
	빌리 흄프 안에 있는 폴리가 크게 웃는다. 우리아가 그를 때린다.
우리아	주둥이 닥쳐, 폴리!
	위를 덮고 있던 천막이 미끄러지면서 폴리가 보인다.
폴리	제기랄!
	갈리 가이가 눈을 동그랗게 뜨고 폴리를 들여다보고, 그

다음 한 사람씩 본다. 코끼리가 도망간다.

벡빅   저게 뭐예요? 저건 코끼리가 아니라 글쎄 천막하고 남자
들이잖아요. 모두 가짜군요. 진짜 돈을 받고 가짜 코끼리
를 팔다니!

우리아   과부댁, 범인을 끈으로 묶어 똥구덩이에 처넣겠습니다.

*군인들이 갈리 가이를 포박하여 머리만 보일 정도로 웅덩
이에 밀어 넣는다. 포병대가 지나가는 소리가 들린다.*

벡빅   포병대가 벌써 기차에 타고 있는데 내 술집 짐을 언제 꾸
려줄 거예요? 당신들 남자뿐만 아니라 내 술집도 뜯었다
새로 조립해야 한다구요.

*군인들이 모두 영내 술집 짐을 꾸리기 시작한다. 그 일이
끝나기 전에 우리아가 벡빅을 멀리 보낸다. 벡빅이 광주
리에 더러운 천막을 담고 들어와 조그마한 웅덩이에서 무
릎을 꿇고 씻는다. 갈리 가이는 벡빅이 부르는 노래를 귀
기울여 듣는다.*

벡빅   나도 이름이 하나 있었지
시내에서 그 이름을 들으면
누구나 좋은 이름이라고들 말했어.
그런데 어느 날 밤 소주 넉 잔을 마셨더니
다음 날 아침 문에 분필로 나쁜 말들이 쓰여 있었고
그러자 우유 배달부는 다시 우유를 거둬갔지
그리고 내 이름은 사라졌어
천막을 가리킨다.
더러워진 이 하얀 천
빨면 다시 하얗게 되지
하지만 불빛에 대고 들여다 봐
같은 천이 아니야.

〈남자는 남자다〉

네 이름을 그렇게 정확하게 대지 마. 왜냐고?

그 이름은 항상 다른 사람을 가리킬 뿐이니까.

그리고 뭐 하러 네 생각을 크게 말해? 잊어

대체 방금 그게 뭐였지? 사물 자체에 걸린 시간보다

더 오래 기억하지 마

노래한다.

네 발에 부서지는

파도를 고집하지 마라

물속에 서있는 한

새로운 파도가 네 발에 부서지리니

나간다. 우리아와 군인들이 뒤에서 들어온다.

제3번

우리아   *소리친다.* 제3번. 이름을 밝히지 않는 남자에 대한 소송. 범인을 빙 둘러싸고 심문한다. 사실을 남김없이 밝힐 때까지 중단하지 말 것.

갈리 가이   먼저 할 일이 있소.

우리아   넌 오늘 밤 말 많이 했어, 임마. 코끼리를 공개적으로 팔아먹으려고 했던 이 남자 이름 아는 사람 있나?

군인 하나   갈라 가이였대.

우리아   누가 증언을 하지?

군인들   우리가 하겠어.

우리아   피고는 이에 대해 어떻게 생각하는가?

갈리 가이   한사코 자기 이름을 밝히지 않으려고 했던 남자가 하나 있었죠.

군인들이 웅성거린다.

군인 하나　저 자가 자기 이름이 갈리 가이라고 하는 걸 들은 적 있어.

우리아　갈리 가이 아닌가?

갈리 가이　*교활하게* 그래요, 내 이름이 갈리 가이라면 내가 바로 당신들이 찾는 사람일 겁니다.

우리아　그러니까 갈리 가이가 아니란 말이지?

갈리 가이　*불평하듯이* 아녜요, 아니라구요.

우리아　빌리 홈프가 경매될 때 혹시 그 자리에 있지 않았어?

갈리 가이　아니요, 난 그 자리에 없었어요.

우리아　하지만 갈리 가이란 놈이 코끼리를 팔려고 하는 건 봤겠지.

갈리 가이　예, 증언할 수 있어요.

우리아　그러니까 그 자리에 있었다는 얘기잖아.

갈리 가이　증언할 수 있어요.

우리아　너희들 들었어? 달 보이지? 이제 달이 중천에 떠올랐는데 저 불한당은 코끼리 장사에 빠져있었어. 그리고 빌리 홈프는 정상이 아니었지?

제세　그래, 확실해.

군인 하나　저 남자는 코끼리라고 했는데 코끼리는커녕 종이로 된 거더라구.

우리아　그러니까 가짜 코끼리를 판 거구만. 이건 당연히 사형감인데. 넌 어떻게 생각해?

갈리 가이　코끼리가 봤다면야 코끼리라고 하지 않을지 모르죠. 존경하는 재판장님, 모든 것을 다 구별한다는 것은 아주 어려운 일입니다.

우리아　물론 아주 복잡하긴 하지. 하지만 내 생각에 너는 총살형

〈남자는 남자다〉

155

을 받을 만큼 혐의가 아주 많이 드러났어. *갈리 가이가 침묵한다.* 일전에 자기 이름이 집이라고 하면서 점호에 몇 번 그 이름을 댄 군인이 있었는데 이제는 자기 이름이 갈리 가이라고 주장한다는 거야. 혹시 너 바로 그 집 아냐?

갈리 가이 아녜요, 절대 아니에요.

우리아 그러니까 집이 아니란 말이지? 그럼 네 이름이 뭐야? 그러니까 대답을 안 하겠다? 그렇다면 너 자기 이름을 대지 않으려고 하던 그 놈이구만? 너 혹시 코끼리를 팔 때 자기 이름을 대지 않으려고 하던 그 놈 아냐? 이 질문에도 다시 침묵하는 거야? 보통 수상한 놈이 아냐. 거의 확신이 서는구만. 불법적으로 코끼리를 팔아먹으려고 했던 놈은 턱수염이 있다고 했다. 그리고 넌 턱수염이 있고. 이리들 와봐. 회의를 해야겠어. *그는 군인들과 함께 뒤로 간다. 두 명은 갈리 가이 옆에 남아있다.*

우리아 *가면서* 이제 저 놈은 더 이상 자기가 갈리 가이라고 주장하지 않아.

갈리 가이 *잠시 후에* 저 사람들 말하는 소리 들리나?

군인 하나 아니.

갈리 가이 내가 그 갈리 가이라고들 하나?

다른 군인 이젠 잘 모르겠다고 하는데.

갈리 가이 이봐, 잘 들어둬. 한 사람은 안 사람이야.[28]

두 번째 군인 어디하고 전쟁을 하는 것인 줄 아나?

첫 번째 군인 명주가 필요하면 티벳이고 양털이 필요하면 파미르지.

두 번째 군인 순전히 방어를 위한 전쟁이라고 하던데.

첫 번째 군인 갈수록 진흙탕일 거야.

제세 *온다.* 여기 묶인 채 앉아 있는 사람이 갈리 가이 아니요?

첫 번째 군인 이봐, 대답하시지!

갈리 가이	내 생각에, 제세, 넌 날 혼동하고 있어. 나를 다시 쳐다봐.
제세	그래. 갈리 가이가 아니란 말이지? *갈리 가이가 고개를 흔* *든다.* 잠시 자리 좀 비켜줘. 이 친구하고 얘기 좀 해야겠 어. 방금 사형선고가 내려졌거든. *군인 둘은 뒤로 간다.*
갈리 가이	그 정도까지 됐나? 오, 제세, 날 도와줘. 넌 훌륭한 군인이 잖아.
제세	어떻게 된 거야?
갈리 가이	그래, 네가 지금 보고 있듯이, 제세, 나도 모르겠어. 우리 담배도 같이 피우고 술도 마셨잖아. 난 정신없이 떠들어댔 고.
제세	저쪽에서 들었는데 사형수 이름이 갈리 가이래.
갈리 가이	난 아니야.
제세	그래, 넌 갈리 가이가 아니란 말이지?
갈리 가이	땀 좀 닦아줘, 제세.
제세	*땀을 닦아준다.* 내 눈을 봐, 나 제세야. 네 친구. 너 킬코 아 출신 갈리 가이가 아니란 말이지?
갈리 가이	아니야. 너 혼동하고 있는 거야.
제세	우리가 캉커르단에서 올 때 넷이었거든. 너 그때 있었어?
갈리 가이	그래, 캉커르단에 있었지. 나 그때 있었어.
제세	*뒤에 있는 군인들에게 간다.* 아직 달이 뜨지 않았는데 이 제 저 놈 집이라고 주장하고 있어.
우리아	하지만 내 생각에 사형을 가지고 더 협박해야 할 것 같아. *대포들이 지나가는 소리가 들린다.*
벡빅	*등장한다.* 대포에요, 우리아! 천막 접는 거 도와줘요. 그리 고 당신들은 계속 철거하고! *군인들이 포장마차 나머지 부분들을 차량에 싣는다.* 이제

〈남자는 남자다〉

157

	판자 하나만 남아있다. 우리아와 벡빅이 천막을 접는다.
벡빅	나는 많은 사람들하고 얘기를 나눴죠
	말을 잘 들어줬고 많은 의견들을 들었어요.
	그리고 많은 사람들이 많은 일에 대해 이렇게 얘기하더군
	요: 이건 거의 확실해!
	하지만 돌아가는 길에서 그들은 아까 말한 것과 다르게
	말했어요.
	그리고 다른 것에 대해 그들은 말했어요: 이건 확실해.
	그래 난 속으로 말했어요: 확실한 것 중에
	가장 확실한 것은 의심이라고.
	우리아가 뒤로 간다. 벡빅도 빨래광주리를 들고 뒤로 가
	면서 갈리 가이를 지나간다.
	네 발에 부서지는
	파도를 고집하지 마라
	물속에 서있는 한
	새로운 파도가 네 발에 부서지리니
갈리 가이	과부댁, 부탁이오. 가위를 가져와서 내 턱수염 좀 잘라주
	시오.
벡빅	왜요?
갈리 가이	다 이유가 있어요.
	벡빅이 턱수염을 잘라내서 수건에 싼 다음 모두 차량으로
	가지고 간다. 군인들이 다시 등장한다.

제4번

우리아	*소리친다.* 제4번. 킬코아 병영에서 갈리 가이의 총살.

벡빅	*그에게 다가가 우리아 씨, 당신한테 줄 게 있어요. 벡빅은 그에게 귓속말로 뭔가를 속삭이고는 턱수염이 담긴 수건을 준다.*
우리아	*변소구덩이에 있는 갈리 가이에게 간다.* 피고는 할 말 있나?
갈리 가이	존경하는 재판장님, 제가 듣기로, 코끼리를 팔아먹은 범인은 턱수염이 있는 남자라고 하던데 저는 턱수염이 없습니다.
우리아	*말없이 수건을 펴서 그에게 수염을 보여준다.* 그럼 이건 뭐지? 이놈, 이제 네 범죄는 확실해졌어. 턱수염을 잘라내다니 그게 바로 양심이 나쁘다는 증거지. 이봐, 이름 없는 남자, 잘 들어. 킬코아 법정은 너에게 사형선고를 내린다. 총 다섯 발로. *군인들이 변소구덩이에서 갈리 가이를 끌어낸다.*
갈리 가이	*소리친다.* 이건 안 돼!
우리아	너한텐 당연한 거야. 잘 들어, 이놈아. 첫째, 군대 코끼리를 훔쳐 팔아먹었으니 절도죄에 해당하고, 둘째, 코끼리가 아닌 걸 코끼리로 팔아먹은 사기죄에다, 셋째, 이름도 신분증도 없어 어쩌면 간첩일지 모르니 국가반역죄에 해당해.
갈리 가이	아, 우리아, 나한테 왜 이러는 거야?
우리아	정신 차려. 군대에서 배운 대로 군인답게 행동해. 앞으로 가! 이제 총살당하러 가는 거야.
갈리 가이	아, 그렇게 서두르지 마. 난 너희들이 찾는 그 사람이 아니야. 난 그 사람 전혀 몰라. 내 이름은 집이야. 맹세할 수 있어. 무슨 놈의 코끼리가 사람 목숨을 잡아먹는 거야? 난 코끼리 보지도 못했어. 내가 붙잡고 있던 것은 끈이었

〈남자는 남자다〉

	어. 제발 가지 마! 난 전혀 다른 사람이야. 난 갈리 가이가 아니야. 아니라구.
제세	아니야. 넌 갈리 가이야. 다른 사람이 아니야. 킬코아 세 그루 고무나무 아래에서 갈리 가이는 자기 피가 흐르는 것을 보게 될 거야. 가지, 갈리 가이.
갈리 가이	아, 하나님! 잠깐만. 보고서를 작성하자구. 이유를 분명하게 밝혀야겠지. 그리고 내가 그 사람이 아니라고, 내 이름이 절대로 갈리 가이가 아니라고 말이야. 모든 걸 꼼꼼하게 생각해서. 사람 하나가 도살당하는데 번갯불에 콩 볶아 먹듯이 해치우는 법이 어디 있어.
제세	앞으로!
갈리 가이	앞으로라니 무슨 뜻입니까! 난 여러분들이 찾는 사람이 아녜요. 난 그냥 생선이나 한 마리 사려고 했어요. 그런데 여기 생선이 어디 있죠? 저기 굴러가는 게 무슨 대표에요? 저기서 쾅쾅 울리는 건 무슨 군가죠? 아냐, 난 여기서 한 발짝도 떼지 않을 거야. 풀잎을 붙잡고 있을 거라구. 내 요구하는데, 전부 그만 둬! 사람이 도살당하는데 왜 여긴 아무도 없는 거야?
벡빅	코끼리를 싣고 있는데 아직 안 끝내고 있으면 모두 끝이에요. *나간다.* *갈리 가이가 앞뒤로 끌리고 그는 비극의 주인공처럼 소리 친다.*
제세	저기에다 법정에서 사형선고를 받은 사형수 자리를 마련하자.
군인들	저기 봐, 총살당할 놈이야. 안됐어. 아직 젊은데. 어쩌다 저렇게 됐는지도 모른데.
우리아	잠깐! 화장실 가겠나?

갈리 가이	예.
우리아	잘 감시해.
갈리 가이	코끼리들이 오면 모두 떠나야 한다고 했지. 코끼리들이 올 때까지 천천히 해야지.
군인들	얼른 해!
갈리 가이	어떻게 빨리 해요? 저게 달인가요?
군인들	그래. 벌써 늦었는데.
갈리 가이	여가가 우리가 항상 술 마시던 벡빅 과부대 술집 아닌가요?
우리아	아니야, 피라미. 그건 총살장이야. 그리고 이것은 <죠니-넌-메말랐어> 담이고 이봐! 이제 저기에 일렬로 서! 그리고 총알 장전해! 다섯 발이야.
군인들	어두워서 잘 안 보이는데.
우리아	그래, 아주 안 좋은데.
갈리 가이	이봐, 안 돼. 보여야 총을 쏠 거 아냐.
우리아	*제세에게 저기 종이등을 가지고 가서 저 녀석 옆에 세워. 갈리 가이의 눈을 가린다.* 큰소리로 장전! *나지막하게* 폴리, 너 뭐 하는 거야? 진짜로 총알을 집어넣었잖아. 총알 빼.
폴리	아, 미안해! 진짜로 장전할 뻔 했잖아. 큰일 날 뻔했네. *뒤에서 코끼리들이 지나가는 소리가 들린다. 군인들이 당황한 채 잠시 서있다.*
벡빅	*무대 뒤에서 소리친다.* 코끼리에요!
우리아	다 소용없어. 총살해야 돼. 셋까지 센다. 하나!
갈리 가이	그래, 우리아, 이제 됐어. 코끼리들이 벌써 도착했다고 하잖아. 우리아, 내가 아직도 여기 서있어야 하나? 그런데 왜 이렇게 무섭게 조용히 있지?

<남자는 남자다>

우리아	둘!
갈리 가이	*웃는다.* 우리아, 너 정말 웃기는 놈이야. 붕대를 감아놓아서 널 볼 수는 없어. 하지만 목소리가 아주 진지한데.
우리아	그리고 하나는…
갈리 가이	잠깐! 셋은 세지 마! 안 그러면 후회하게 될 거야. 너희들이 지금 총을 쏘면 나야 맞히겠지. 잠깐! 아냐, 아직 아냐. 내 말 들어! 고백할게! 난 나한테 무슨 일이 일어났는지 몰라. 내 말 믿어줘. 웃지 말고. 나는 내가 누군지 모르는 놈이야. 하지만 갈라 가이가 아니란 거, 그건 알아. 총살당할 사람은 내가 아닌 거지. 내가 대체 누구냐? 그걸 잊어먹었어. 비가 왔을 때만 해도 알았는데. 어제 저녁 비 왔지? 제발 부탁이야. 여기저기 둘러보고 이 목소리가 들리는 곳 있지? 그게 나야. 부탁이야. 거기에다 대고 갈리 가이하고 불러봐.[29] 아니면 다른 말이라도. 내가 불쌍하지 않아? 나한테 고기 한 덩어리 줘봐. 그 속으로 사라지는 놈, 그 놈이 갈리 가이야. 거기에서 나오는 놈도 마찬가지고 적어도 자기가 누구인지 잊어먹은 놈을 발견했다면 그게 나야. 그리고 제발 그 놈을 한번만 살려줘! *우리아가 폴리에게 뭐라고 귓속말을 한다. 폴리가 갈리 가이 뒤로 달려가서 갈리 가이 뒤에다 커다란 통나무 하나를 세운다.*
우리아	한번은 안번이야! 셋! *갈리 가이가 비명을 지른다.*
우리아	발사! *갈리 가이가 기절한다.*
폴리	잠깐! 저 혼자 넘어졌어.
우리아	*소리친다.* 총을 쏴! 자기가 죽는 소리를 들을 수 있게.

군인들이 허공에 대고 총을 쏜다.

우리아 저대로 내버려두고 이제 출동준비 하자.

갈리 가이는 누워있고 나머지 모두는 나간다.

제4-a번

짐을 적재한 차량 앞 의자 다섯 개가 있는 탁자에 벡빅과 세 명이 앉아있다. 조금 떨어져 갈리 가이가 포대로 덮인 채 누워있다.

제세 저기 선임하사가 오는데. 과부댁, 저자가 우리 일에 코를 킁킁거리지 않게 좀 붙잡아둘 수 있겠소?
페어차일드가 민간인 옷을 입고 오는 게 보인다.

벡빅 그러지요. 저기 오는 게 민간인이니까요. *문에 서있는 페어차일드에게* 이리 와 우리 옆에 앉으세요, 찰스

페어차일드 거기 앉아있구만, 이 고모라![30] 당신이 날 어떻게 만들었는지 알아? 내가 무슨 옷 입고 있지? 나한테 어울려? *벡빅이 웃는다.* 그리고 내 머리는 어때? 멋있어? 오로지 당신 곁에 눕기 위해서야, 이 소돔아![31]

벡빅 원하면 그렇게 하세요.

페어차일드 싫어. 저리 가! 이 나라의 눈이 나를 바라보고 있어. 나는 위대한 대포야. 역사책에 내 이름이 세 번이나 가득 쓰여있어. *갈리 가이 앞에서* 이건 무슨 맥주 시체지? *침묵. 주먹으로 책상을 친다.* 꼼짝 마!

우리아 *뒤에서 머리에 쓰고 있는 그의 모자를 후려친다.* 주둥이 닥쳐, 민간인! *웃는다.*

페어차일드	나한테 이게 무슨 치욕이야? 캘커타에서 코우치 비하르까지 그 위대한 내 이름이 어떻게 된 거지? 지나간 어제는 어디 있지? 내 군복도 입고 있었는데 없어졌어. 머리에는 민간인 모자가 씌워있고 전 부대가 내가 더 이상 피범벅 다섯이 아니라고들 말하겠어. 마실 것 좀 줘! *그는 마신다.* 너희 놈들을 모두 벌레처럼 짓이겨주겠어. 나는 피범벅 다섯이라구.
우리아	귀여운 페어차일드, 총을 어떻게 쏘는지 시범을 보여주시겠소?
페어차일드	싫어.
벡빅	총을 예술처럼 쏘는 사람한텐 여자 열이면 열 모두 꼼짝 못 할 거예요.
폴리	쏴보라고, 페어차일드!
벡빅	절 봐서라도 좀 해보세요.
페어차일드	여기다 달걀 하나를 놓겠어. 몇 걸음이면 되겠어?
폴리	네 걸음.
페어차일드	*열 걸음을 간다. 벡빅이 숫자를 크게 센다.* 이건 아주 평범한 권총이야. *그는 쏜다.*
제세	*달걀 있는 곳으로 간다.* 달걀이 쌩쌩한데.
폴리	그대로야.
우리아	오히려 더 커진 것 같은데.
페어차일드	거 이상하네! 맞힐 줄 알았는데. *박장대소* 마실 거 줘!
벡빅	*씨가를 피우면서* 옛날에 온 부대를 공포 속으로 몰아넣던 위대한 군인들도 많았는데 오늘은 어디 있죠? 그 사람들 중 다섯은 한 여자한테 거의 죽음이었어요. 증거가 있는데, 차드 강에서 전투할 땐 부대에서 가장 악질들도 내 키스를 생각하지 않았어요. 레오카댜 벡빅하고 하룻밤을 보

내기 위해 사람들은 위스키를 포기하고 군대 월급 두 달 치를 절약했지요. 그들은 징기스칸 같은 이름을 가졌고 캘커타에서 코우치 비하르까지 모르는 사람이 없었어요. 사랑하는 아일랜드 여자가 안아주면 그들은 피가 제대로 돌았죠. 타임지를 읽어보세요, 그들이 부라베이와 카마투라 그리고 다구트 전투에서 얼마나 편안한 마음으로 싸웠는지.

우리아	대체 어떻게 해서 피범벅 다섯이라는 별명을 갖게 됐지?
제세	*다시 자기 자리에서 거짓말 한번 늘어놔 보라구!*
페어차일드	내가 얘기해야겠소, 벡빅 씨?
벡빅	여자 일곱 중에 어떤 여자가 거칠고 잔인한 남자를 사랑하지 않겠어요?
페어차일드	그러니까 차드 강가에서지. 거기에 인도 놈 다섯 명이 서 있는 거야. 손을 뒤로 묶인 채. 그때 내가 평범한 권총을 가지고 와 이리저리 얼굴 앞에 대고 말해. "이 권총이 벌써 몇 번 말을 안 들었단 말이야. 한번 시험해봐야겠어. 이렇게." 그런 다음 방아쇠를 당기는 거야. 너 이놈, 쓰러져라! 꽝! 그 다음 계속해서 네 번 더 쐈어. 이게 전부요, 나리들. *그는 앉는다.*
제세	그래서 이 과부댁을 꼼짝 못하게 만드는 그 위대한 이름을 얻으셨구만? 인간적인 관점에서 봤을 때 당연히 사람들은 당신 행동을 서툰 짓으로 느낄 거고 당신을 그저 돼지새끼라고 부를 거요!
벡빅	당신 정말 짐승이군요?
페어차일드	그렇게 받아들이니 정말 유감인데. 당신 생각이 나한텐 아주 중요하거든.
벡빅	내 생각이 그렇게 결정적이에요?

<남자는 남자다>

페어차일드	*그녀의 눈을 깊게 들여다보면서* 절대적이지.
벡빅	그럼 내 생각은 말이죠, 내 사랑, 내가 이제 포장마차 짐을 싸야 하고 따라서 사적인 시간은 더 이상 없다는 거예요. 창기병들이 말을 기차에 싣기 위해 서둘러 지나가는 소리가 들리거든요.
	창기병들이 서둘러 지나가는 소리가 들린다.
폴리	창기병들이 벌써 말을 싣고 있고, 전략적 이유에서 이 포장마차도 짐을 싸야한다는 소리를 듣고도 아직 당신 이기적인 욕망을 포기하지 않는 건가, 나리?
페어차일드	*화를 내며* 물론이지. 포기하지 않겠어. 마실 거 줘!
폴리	그럼, 이봐 꼬맹이, 너를 약식 법정에 세워야겠는데.
제세	이봐, 나리, 우리한테서 멀지 않은 곳에 남자 하나가 영국군 야전복을 입고 거친 천막 밑에 누워있어. 고된 하루 일과를 보내고 푹 쉬고 있는 거지. 스물네 시간 전만 해도 그 자는 군대의 관점에서 보았을 때 네 발로 기는 애나 진배없었어. 마누라 목소리만 들어도 깜짝 놀랐지. 누가 데리고 가지 않으면 생선 한 마리도 살 줄 몰랐고. 씨가 하나에 아버지의 이름을 잊을 준비가 돼 있었어. 몇 사람이 그를 돌봐줬어. 마침 빈자리가 하나 있었거든. 이제 그 사람은 고통스러운 과정이었을지언정 이를 이겨내고 다음 전투에서 자기 몫을 해낼 남자가 되었어. 이와 반대로 너는 다시 민간인으로 타락했잖아. 부대가 북방 국경지대의 질서를 회복하기 위해 출동하는 순간에, 이 썩을 놈아, 부대술집 여주인이 맥주 마차를 기차에 싣겠다는데 그걸 방해해? 전투에는 맥주가 필요하다는 거 몰라?
폴리	최종 점호 때 우리 이름을 듣고 어떻게 이름 네 개를 하사수첩에 써넣겠다는 거야? 거기에 반드시 적혀 있어야

하는데.

우리아   우리 중대가 수많은 적을 향해 목숨을 내걸 각오를 하고
           있는데 넌 이런 상태에서 어떻게 선봉에 설 거야? 일어나!
           페어차일드가 비틀거리면서 몸을 일으킨다.

폴리   이게 일어나는 거야? *엉덩이를 차서 페어차일드를 넘어뜨
           린다.*

우리아   그리고 이게 인간태풍이었어! 이 쓰레기를 덤불 속에 던
           져버려. 중대 전체가 타락하겠어.
           셋은 페어차일드를 뒤로 끌고 가기 시작한다.

군인 하나   *뛰어 들어와 뒤에 멈춰 선다.* 여기 찰스 페어차일드 선임
           하사님 계시나? 사령관님 명령이야. 빨리 와서 중대를 화
           물정거장에 집합시키래.

페어차일드   나라고 말하지 마.

제세   그런 선임하사 여기 없어.

제5번

*벡빅과 셋이 아직도 포대자루 밑에 누워있는 갈라 가이를
바라본다.*

우리아   과부댁, 우리 조립작업의 막바지에 왔소. 우린 생각엔 이
           제 우리 남자가 완전히 개조된 것 같아요.

폴리   이제 그 녀석한테 뭔가 필요하다면 사람 목소리 정도일
           거야.

제세   이런 경우에 써먹을 사람 목소리 하나 있나요, 과부댁?

벡빅   그럼요. 그리고 먹을 것도 있어요. 이 상자를 가지고 가 그

〈남자는 남자다〉

위에다 석탄으로 <갈리 가이>라고 쓰고, 그 뒤에 십자가를 하나 그리세요. *셋은 그렇게 한다.* 그런 다음 장례행렬을 치루고 묻어요. 모두 9분 이상 걸려선 안돼요. 벌써 두 시 일분이에요.

우리아 *소리친다.* 제5번: 천구백이십오 년 마지막 희귀동물 갈리 가이의 장례식과 조사(弔辭).

군인들이 배낭을 꾸리면서 온다.

우리아 너희들은 이 상자를 포장해서 예쁜 장례행렬을 만들어.

군인들이 상자를 들고 뒤에 선다.

우리아 그리고 난 그에게 다가가서 말할게. 갈리 가이를 위해 조사를 해주라고. *벡빅에게* 저 놈은 아무것도 안 먹을 거요.

벡빅 아무리 별볼일 없는 사람도 먹을 건 먹어요.

광주리를 들고 갈리 가이에게 건너가 포대자루를 걷어내고는 먹을 것을 준다.

갈리 가이 더!

벡빅이 더 준다. 그런 다음 우리아에게 신호를 하자 장례 행렬이 앞으로 나온다.

갈리 가이 저기 저 사람들이 운반하는 게 누구죠?

벡빅 방금 총살당한 사람이에요.

갈리 가이 이름이 뭔데요?

벡빅 잠깐만요. 아마 갈리 가이일 거예요.

갈리 가이 그럼 지금 그 사람 가지고 뭐하는 거예요?

벡빅 누구 말이에요?

갈리 가이 저 갈리 가이요.

벡빅 장례식을 치루는 거예요.

갈리 가이 좋은 사람이었어요, 아니면 나쁜 사람이었어요?

벡빅 오, 아주 위험한 사람이었어요.

갈리 가이	그래요. 끝내 총살당했죠. 저도 그 자리에 있었어요.
	장례행렬이 계속된다. 제세가 멈춰서서 갈리 가이에게 말을 건다.
제세	이거 집 아냐? 집, 얼른 일어나서 갈리 가이 장례식에 조사를 해줘. 이 친구 잘 알았잖아, 아마 우리보다 더 잘.
갈리 가이	안녕! 그런데 내가 지금 어디 있는지 보이나? *제세가 그를 가리킨다.* 그래, 맞아. 대체 내가 지금 여기서 뭘 하고 있는 거지? *팔을 구부린다.*
제세	팔을 구부리고 있잖아.
갈리 가이	이제 내가 팔을 두 번 구부렸어. 그럼 지금은?
제세	지금은 군인처럼 걷는 거고.
갈리 가이	너희들도 이렇게 걸어?
제세	아주 똑같이.
갈리 가이	너희들이 뭘 원할 때 나한테 뭐라고 하지?
제세	집.
갈리 가이	한번 말해봐, 집, 돌아서.
제세	집, 돌아서! 고무나무들 사이로 돌아가서 갈리 가이를 위한 조사를 끝내.
갈리 가이	*천천히 상자 쪽으로 건너간다.* 이게 그 친구가 누워있는 상자야?
	그는 상자를 높이 들고 있는 행렬을 돈다. 그는 점점 빨라지더니 그 자리에서 달아난다. 벡빅이 그를 붙잡는다.
벡빅	뭐 필요한 게 있어요? 어떤 병에 걸려도 군대엔 피마자 기름밖에 없어요. 콜레라에 걸려도요. 군인은 피마자 기름으로 낫지 않는 병엔 걸리지 않거든요. 피마자 기름 필요해요?
갈리 가이	*고개를 가로젓는다.*

〈남자는 남자다〉

169

어머니는 내가 세상에 나온 날짜를 달력에다 표시했고,

그 날 울음을 운 게 바로 나였지.

살과 손톱 그리고 머리카락, 이 모두가 합친 것,

그게 나야, 그게 나야.

제세　　　그래, 제라이아 집, 티퍼러리 출신 제라이아 집.

갈리 가이　　푼돈 좀 벌려고 오리를 날라주던 남자가 있었지. 그자는 잠 잘 시간이 부족해 나무의자 위에서 자야했어. 오두막 집에 생선 끓일 물을 올려놨거든. 그런데 코끼리 한 마리가 그 자를 속였어. 자동화기 소제도 아직 안 했는데 씨가 한 개와 그 다음엔 총알 다섯 발을 선물 받았어. 그중 한 발은 없었지. 그 친구 이름이 뭐라고 했지?

우리아　　　제라이아 집.

기적 소리

군인들　　　기적이 울리고 있어. 이제 너희들이 알아서 해. *상자를 던져놓고 뛰어나간다.*

제세　　　육 분 후면 이동이야. 저 놈 이제 지금 상태로라도 가야 돼.

우리아　　　잘 들어, 폴리. 그리고 제세 너도. 동지들! 이제 남은 사람은 우리 셋이야. 우리 셋은 깊은 절벽에 매달려있는데 우리를 붙들고 있는 머리카락은 서서히 잘려나가고 있어. 대략 밤 두 시 킬코아 맨 끝 장벽 앞에서 내가 하는 말 잘 들어. 우린 저 남자가 필요해. 그리고 저 자는 잠시 시간이 필요해. 변신한다는 건 평생이 걸린 문제거든. 그리고 이를 위해 나 우리아 쉘리는 권총을 뽑아들고 우리 중에 동요하는 놈이 있거든 즉시 쏴 죽일 거야.

폴리　　　하지만 저자가 상자 속을 들여다보면 모두 끝장이야.

갈리 가이가 상자 옆에 앉는다.

갈리 가이　　상자 속에 있는 빈 얼굴

들여다봤다간 바로 죽겠지.

옛날에 어떤 사람은 물속을

들여다보다 아마 죽었지.[32]

그래서 난 이 상자를 열 수 없어.

두려움이 나 두 사람을 감싸고 있기 때문에

어쩌면 난 껍질이 잘 변하는 지구에

막 생겨난 두 사람일지 몰라.

갓 태어난 박쥐같은 물건

고무나무와 오두막집 사이에 매달려 있다가

밤이면 활개를 치는 물건

한 사람은 안 사람이야. 누군가 불러줘야 하지.

그래서

나를 낳아준 부모님을 생각하면

이 통을 정말 들여다보고 싶어.

숲이 있다고 해.

아무도 들어가지 않는. 그리고 한 사람이

한번 들어간 적이 있다 해도

그들이 어떻게 서로 알아보겠어?

그가 갈대밭에서 자기 발자국을 본다 해도

거기에 물이 흘러드는데 그 웅덩이가 뭘 말해주겠어?

너희들은 어떻게 생각해?

뭘 보고 갈리 가이는

자기가 갈라 가이라는 걸 알아보지?

팔뚝이 잘리고

〈남자는 남자다〉

담구멍에서 그것을 발견하면

갈리 가이의 눈은 갈리 가이의 팔뚝을 알아볼까?

갈리 가이의 발은 "이거야"라고 소리칠까?

그래서 나는 이 통을 들여다보지 않아.

또 내 생각에 '예'와 '아니오' 사이의 차이는

그렇게 크지 않아.

그리고 갈리 가이가 갈리 가이가 아니라면

적어도 그는 한 어머니의 젖을 빠는 아들일 거고

그 어머니가 다른 사람의 어머니라 해도

자기 어머니가 아니라 해도 그는 젖을 빨 거야.

그리고 삼월에 태어났다면, 구월이 아니라

그리고 오로지 가정해서, 삼월이 아니라 금년 구월에야

태어나거나

아니면 이미 지난 해 구월에 태어났다고 하면

한 남자를 다른 남자로 만드는

이 미미한 출생시기의 차이를 결정짓는 게 뭐야.

나, 한 나와 다른 나

이 둘은 이용되고 있고 따라서 이용가치가 있어

그리고 나는 그 코끼리 본 적이 없어.

나하고 관계되는 일은 눈 하나 찔끔 감고 그리고

나에게서 맘에 안 드는 게 있으면 벗어놓는 거야. 그럼

편하지.

기차가 굴러가는 소리가 들린다.

갈리 가이   그런데 무슨 기차죠? 어디로들 가는 거예요?

벡빅   부대가 북방에 마련된 전투의 대포 불구덩이 속으로 이동
하고 있어요. 오늘 밤 수십만 병력이 한 방향으로 행진해
요. 남쪽에서 북쪽으로. 남자 하나가 그런 행렬에 빨려들

면 자기 옆에서 행진하고 있는 두 사람을 보게 될 거예요. 오른쪽에 하나, 왼쪽에 하나. 그 남자는 항상 총하고 빵 주머니를 찾고 또 목에 함석으로 된 인식표하고 그 인식표에 있는 숫자를 찾는데 그래야 자기가 어디에 속하는지 알 수 있고 또 공동묘지에 자리를 잡을 때 누군지 알 수 있거든요. 인식표 있어요?

갈리 가이   예.

벡빅   뭐라고 써 있어요?

갈리 가이   제라이아 집.

벡빅   그럼, 제라이아 집, 좀 씻어요. 꼭 똥통에 빠진 사람 같아요.

갈리 가이   *씻는다.* 여기에 북쪽으로 가는 사람들이 몇 명이나 되죠?

벡빅   수십만이에요. 한 사람은 안 사람이죠.

갈리 가이   정말요? 수십만이라. 그 사람들은 뭘 먹죠?

벡빅   썩은 생선하고 쌀이요.

갈리 가이   모두 똑같이?

벡빅   모두 똑같이.

갈리 가이   정말요? 모두 똑같이.

벡빅   잠은 또 모두 그물침대에서 자요. 각자 자기 것이 있죠. 그리고 여름에는 삼베옷을 입고요.

갈리 가이   겨울에는요?

벡빅   겨울에는 카키색 군복을 입죠.

갈리 가이   여자들은?

벡비   모두 똑같아요.

갈리 가이   여자들도 똑같군요. 과부댁, 이거 아세요? 한 사람은 안 사람이다. 누군가 불러줘야 하죠.[33]

     군인들이 배낭과 둘둘 말은 가마니를 가지고 온다.

〈남자는 남자다〉

군인들	승차! 모두 차에 실어! 여기 인간 태풍도 가지고 왔어. 너희들 정원 다 있는 거야?
우리아	어서! 조사를 해, 집 동지! 조사!
갈리 가이	*관으로 간다.* 그럼 수수께끼 같은 시신이 누워있는 과부댁 상자를 2인치 높이 들어올리고 다시 킬코아 대지 6인치 깊이 내려놓은 다음 티퍼러리 출신의 제라이아 집이 추도사를 할테니 들도록 해. 준비가 되지 않아 아주 어렵겠지만 그래도 해보겠어. 여기 갈리 가이라는 이름의 한 남자가 총살을 당해 누워있습니다. 그는 아침에 조그마한 생선 한 마리를 사려고 나갔는데 저녁엔 커다란 코끼리 한 마리를 갖게 되었으며 같은 날 밤 곧바로 총살되었습니다. 사랑하는 친구 여러분, 살아있는 동안 이 사람은 누구보다 착했습니다. 시 변두리에 오두막집 한 채 외에 몇 가지를 가지고 있었지만 이에 대해서는 언급하지 않는 게 더 좋을 것 같습니다. 착한 남자였던 그는 결코 큰 범죄를 저지르지 않았습니다. 그리고 사람은 하고 싶은 말은 할 수 있습니다. 원래 그것은 조그마한 실수였으며, 저는 너무 취해 있었습니다. 신사 여러분, 하지만 남자는 남자입니다. 그리고 그 때문에 그는 총살당해야 했습니다. 그리고 이제 아침 무렵이면 늘 그렇듯이 바람이 벌써 아주 차가워졌습니다. 그리고 제 생각에 이제 우리는 여기를 떠나야 할 것 같습니다. 마음이 불편하기도 하고요. *그는 관을 떠나온다.* 그런데 너희들 왜 모두 군장을 꾸렸지?
폴리	오늘 아침이라도 북방 국경으로 가는 열차를 타야거든.
갈리 가이	그래. 그런데 난 왜 군장을 아직 안 꾸렸지?
폴리	우리 네 번째 남자한테 완벽한 야전복을 입혀줘! *군인들이 물건들을 가지고 와서 갈리 가이 주변에 둥근*

브레히트 선집 1

174

원을 그리며 서자 갈리 가이가 관객에게 보이지 않게 된다. 그 동안 음악이 출정행진곡을 연주하고 벡빅은 무대 가운데 서서 말한다.

벡빅   군대는 북방 국경으로 돌진하고 있습니다. 북방 전투의 대포 불구덩이가 그들을 기다리고 있죠. 군대는 많은 사람들이 사는 북방의 도시들에서 질서를 되찾으려는 열망에 가득 차 있습니다.

군인들이 원을 열어 보인다. 갈리 가이와 우리아, 제세 그리고 폴리가 나란히 서 있다. 갈리 가이가 가운데 서서 무기로 무장한 채 칼을 이빨 사이에 물고 있다. 그들 뒤에 다른 군인들이 선다. 그 자리에서 음악에 맞춰 행진한다.

갈리 가이   *큰소리로* 적이 누구지?

우리아   *큰소리로* 어느 나라하고 전쟁을 벌이는지는 아직 얘기 못 들었어.

폴리   *큰소리로* 그래도 점점 티벳에 가까워지는 것 같은데.

제세   *큰소리로* 그래도 이게 순수한 방어전쟁이라는 얘기는 들었어.

갈리 가이   그리고 벌써 난
적의 목덜미에
내 이빨을 심어
가족들에게서 부양자들을 요절내고
피비린내 나는 명령을 완벽하게
수행하고 싶어 미치겠다.
야수 같은 투사여!

제세   남자는 남자야!

벡빅   *무대 맨 앞으로 나와서* 그리고 이 사실은 여러분이 보시는 앞에서 증명이 되었습니다.

〈남자는 남자다〉

■주

1) 브레히트가 공동작업자로 올려놓은 H. Emmel과 R. Cass라는 이름은 독일에 머물고 있던 Emil Burri와 Caspar Neher를 보호하기 위해 사용한 익명이다.

2) 킬코아는 이 작품에 등장하는 다른 지명과 마찬가지로 실제로 존재하는 지명이다. 브레히트는 대부분의 지명을 『정글북』으로 유명한 영국작가 키플링(Kipling)의 책에 명기된 대로 사용했다.

3) 브레히트는 코끼리를 자주 은유적으로 사용하고 있다. 참조: 코이너(Keuner) 이야기 중 코이너 씨가 좋아하는 동물.

4) 원어 "Gelbherrnpagode"를 gelb(노란) + Herr(신사) + Pagode(절)의 합성어로 보고 이 뜻의 한자말을 우리식 발음으로 옮긴 것이다. 인도의 어느 절을 가리키는 단어이기 때문에 동양의 분위기를 위해 뜻풀이를 했다.

5) 원어는 'Goldland'로, 인도를 바라보는 서양인들의 관점을 살리기 위해 뜻풀이를 했다.

6) 인도에서는 가마를 가죽으로 만들었다.

7) 과부 벡빅이라는 이름은 나중에 『마하고니 시(市)의 흥망성쇠』에서 다시 나온다.

8) 위스키에 뜨거운 물과 설탕, 레몬을 탄 음료.

9) 토미(Tommy)는 일반적으로 영국군인을 지칭하며, 1837년 영국군 신병을 위한 기본서에서 병사들을 잘 이해시키기 위해 만들어낸 가공의 군인 토마스 아트킨스(Thomas Atkins)에서 기원한 이름이다. 키플링은 『병영의 발라드』를 병사 토미에게 헌정하였다.

10) 이 역시 키플링의 책에 있는 영국군의 은어로, 피부가 하얗지 않은 모든 사람을 지칭한다.

11) 어떤 자연재해보다 더 나쁜 인간을 뜻하며, 『마하고니 시(市)의 흥망성쇠』에서 다시 사용되고 있다.

12) 원어는 'Einmal ist keinmal'이다. 이 문장은 우리말로 옮길 때 다소 어려운 부분이다. 내용을 봤을 때 '한 번 정도는 없는 거나 같다'는 뜻이지만 나중에 나오는 "한 사람은 안 사람이야"(Einer ist keiner) 외에 작품 제목인 <남자는 남자다>, <절은 절이다>, <코끼리는 코끼리다> 등 작품에서 자주 반복되는 등가식 문장구조를 살리기 위해 우리말 어법에 맞지 않는 것을 감수했다.

13) 키플링의 이야기 「크리슈나 신(神)의 화신(化神)」에서 술에 취한 군인은 화물처럼 가마에 실어 기차로 베나레스(Benares)로 보낸다.

14) 중국 화폐 단위.

15) 미주 12번 참조.

16) 이미 『한밤의 북소리』에서 사용한 바 있는 은유적 표현이다.

17) 식민지 시대에 무기를 생산하던 영국의 중요한 회사이다.

18) 키플링한테서 영감 받은 표현으로 브레히트의 시(詩) <엄마 군대에 대한 래리의 담시>(Larrys Ballade von der Mama Armee)에서도 발견된다.

19) 랏샤(Radscha)는 인도의 영주들에게 부여된 칭호이다.

20) 허버트 키치너(Herbert Kitchener) 경(卿)은 이슬람교도와의 전투(1898)와 보아전쟁

(1899~1902)에서 영국군 총사령관이었으며, 나중에 국방부장관이 되었다.

21) 원어는 'Maharadscha'로, 인도 대제후의 칭호이다.

22) 알라바마 노래 후렴구의 독일어본을 그대로 번역한 것으로, 브레히트는 『남자는 남자다』 제2판(1929년)에 삽입하였다. 이 노래는 이미 1925년 의식적으로 단순화된 인위적인 영어로 쓰인 바 있으며 『가정기도서』(Hauspostille)와 『마하고니』 작품에도 나타난다.

23) 이 장면의 코끼리 장사는 '구매의사가 상품을 만들어낸다'는 가정 하에서 이루어진다. 여기서 브레히트는 1926년 독일에서 활발한 논쟁을 불러일으킨 소위 "포드주의"(Fordism)를 끌어들이고 있다. 포드는 미국의 자동차 산업에서 극단적인 합리화를 특징으로 하는 새로운 생산과 판매 방식을 마련하였으며, 이 방식은 훗날 다른 산업에도 도입되었다.

24) 컨베이어벨트 작업방식은 1920년대 미국으로부터 독일에도 도입되었다.

25) 새로운 세계는 물리학적인 사고 속에서만 시작하는 것이 아니라는 아인슈타인의 상대성이론에 대한 풍자이다.

26) 미주 19번 참조.

27) 예수를 부정하는 베드로를 풍자한다. 참조: 마태복음 26장 72절.

28) 미주 12번 참조.

29) <동의에 관한 바덴의 학습극>(Das Badener Lehrstück vom Einverständnis)의 9장 마지막 부분에 다음과 같은 말이 나온다. "사람들이 그를 불러줌으로써 그는 생겨난다."

30) 도덕적 타락이 극도로 심해 하나님에 의해 유황불로 멸망했다는 도시. 참조: 창세기 18:20, 19:24~28). 물론 '고모라'라는 호칭은 벡빅을 두고 하는 말이다.

31) 고모라와 같은 운명을 맞이한 도시.

32) 물속을 들여다보다 제 모습에 반해 빠져 죽었다는 나르시스 얘기를 끌어들인 것으로 해석된다.

33) 미주 12번과 29번 참조.

서푼짜리 오페라
Die Dreigroschenoper

(존 게이의 <거지 오페라>에 의한)

■ 집필기간 : 1928년 3월 초~8월

■ 초연 : 1928년 8월 31일, 베를린 쉬프바우어담 극장(연출 : 에리히 엥엘 Erich Engel, 음악 : 쿠르트 바일 Kurt Weill, 무대장치 : 카스파 네어 Capar Neher)

■ 생성사

브레히트의 비서 엘리자베트 하우프트만은 1920년대에 재발견되어 런던 및 다른 도시에서 인기리에 공연되었던 존 게이의 <거지 오페라> (1728)를 독일어로 번역하였다. 그런데 배우인 에른스트 요제프 아우프리히트는 그가 새로 맡은 쉬프바우어담 극장의 개관 기념 공연작품을 찾고 있었다. 브레히트는 아직 완성되지도 않은 자신의 <거지 오페라> 번안본을 채택하도록 설득했고 작곡가로는 쿠르트 바일을 추천했다. 시연회는 아푸프리히트의 30회 생일인 1928년 8월 31일로 정했다. 브레히트는 1928년 3월부터 5월 초까지 하우프트만의 초벌 번역본을 토대로 일차적인 대본을 완성했고 우선은 <뚜쟁이의 오페라>라는 제목을 붙였다.

연습 시작은 8월 10일로 정해졌고 시간이 촉박했기 때문에 브레히트와 바일은 5월 10일부터 6월 13일까지 남부 프랑스의 해변에 있는 생시르에 머물면서 집중적으로 작업에 임했다. 그러나 연습이 시작된 후에도 공연 텍스트는 끊임없이 삭제 및 보완되지 않을 수 없었다. 배우들의 개인적인 사정으로 인한 배역 변경 등으로 인하여 시연회가 예정대로 이루어질 수 있을지도 모르는 상황이었다. 그리고 아마도 리온 포이히트 방어의 제안에 따른 것으로 생각되는데 제목도 급작스럽게 『서푼짜리 오페라』로 바뀌었다. 이런 우여곡절을 겪고 이루어진 시연회가 성공을 거두어서 브레히트와 바일은 일약 세계적인 작가로 알려지게 됐다. 이 작품은 그 후 2년 동안 350회 이상 공연되어서 바이마르 공화국 최대의 성공작 중의 하나가 되었다.

이 극작품의 복잡한 생성사와 집단적인 창작 과정은 초연시의 프로그램에 사용된 상세한 제목에서도 잘 나타나고 있다. 「<서푼짜리 오페라>/ (거지 오페라) / 존 게이의 영어본에 따름 / 음악과 서막과 8개의 장면이 있는 연극 / 엘리자베트 하우프트만 번역 / 베르트 브레히트의 독일어 번안 / 쿠르트 바일의 음악」. 이 극작품이 제목에 분명히 오페라라는 장르 표시를 하고 있지만 음악적이며 주로 노래로 부르는 부분은 삽입부에 국한된다.

■ 작품해설

<서푼짜리 오페라>는 제목에 이미 '오페라'라는 장르 표시가 되어 있지만 극적인 사건진행은 비교적 단순해서 '오페레테'에 가깝다는 인상을 준다. 노상강도단의 두목인 매키 메서는 런던의 구걸 사업을 독점하고 있는 '거지들의 친구'라는 회사의 사장인 제레미아 피첨의 외동딸을 꾀어내서 몰래 결혼한다. 뒤늦게 이를 안 피첨은 경악한다. 매키 메서는 사업상의 적수일 뿐 아니라 딸은 자신의 노후대책이라고 생각하기 때문이다. 그는 매키를 고발해서 교수대로 보내려고 동분서주한다. 포주이기도 한 매키는 경찰의 추적을 피해 도망가는 대신 사창가에 가

있다가 창녀 제니의 배신으로 체포된다. 런던의 경찰청장 호랑이 브라운은 매키의 옛 전우로서 사업상 공생관계를 맺고 있다. 브라운의 딸 루시는 매키의 애인으로 그의 탈옥을 돕는다. 그는 창녀의 배신으로 재차 체포되어 교수형에 처해지게 된다. 그러나 마지막 순간에 여왕의 말 탄 사자가 달려와 사면령을 전하여 매키스는 구원되고 극은 해피엔드로 끝난다.

브레히트는 존 게이의 <거지 오페라>(1728)를 번안하고 쿠르트 바일이 노래(Song)를 작곡해서 새로운 형식의 '음악이 있는 극작품'이라는 장르를 만들어냈다. 이 극작품의 성공은 연극에서 독특한 '노래 문화'를 정립하는 계기가 되었다. <거지 오페라>는 당시 영국의 정계와 사회의 부패상을 풍자하는 새로운 형식의 발라드 오페라로 대단한 성공을 거두었던 작품이었는데 1920년대에 런던에서 재발굴되었다. 페푸쉬가 작곡한 원작은 당시 유행하던 이탈리아 오페라나 헨델 오페라에 대한 패러디이기도 하다. 브레히트는 사건진행을 빅토리아 여왕 시대로 옮겼으며 자본주의가 발달한 20세기 초의 독일 시민사회에 대한 비판을 강화했다. 그래서 시민사회의 질서는 착취의 질서로 폭로된다. 바일은 재즈, 민요, 유행가, 오페라 파로디 등의 요소를 사용해서 작곡함으로써 듣는 사람이 친숙한 멜로디를 토대로 무엇인가 새로운 것을 발견할 수 있게 했다. 초연 후 이 노래들이 베를린에서 유행가처럼 급속히 번져 나갔으며 음반은 불타나게 팔렸다. 오늘날까지도 바일의 음악은 듣는 사람을 매료시키며 불사조와도 같은 이 작품의 생명력을 유지하는 데 기여하고 있다. 시대가 바뀌고 나라가 달라도 부패한 정치와 사회는 변하지 않기 때문에 이 극작품은 시의성을 잃지 않고 있다. 브레히트의 신랄하고 공격적인 문체와 바일의 빠른 음악이 조화를 이뤄서 이 극작품의 생명력을 보장해주고 있다. 문학적 텍스트와 음악의 절묘한 조화가 이루어져 이 작품이 영원히 살아있게 하는 원동력이 되고 있다.

<서푼짜리 오페라>

<서푼짜리 오페라>에는 여러 가지 서사적 기법들이 사용되고 있는데 그중에서도 많이 나오는 노래(Song)는 대표적인 것이다. 연기자가 노래를 부를 때는 자기의 역할에서 벗어나 다른 자세를 취하며 극적인 사건 진행은 중단되고 보다 높은 층위에서 성찰이 진행된다. 따라서 노래들은 극적인 사건진행과 직접적인 관련이 없기도 하다. 결혼식 장면에서 폴리가 부르는 노래인 '해적의 제니'가 대표적인 경우다. 이것은 3중적인 극중극의 장면으로 설정되어서 노래가 끝난 다음에는 이에 대한 평가가 무대 위에서 이루어진다. 따라서 연극을 연극으로 드러내며 극적인 환상을 파괴한다. 브레히트는 노래가 삽입물로써 극적인 사건진행과 분리되어 제시되고 노래의 텍스트가 음악에 파묻히지 않고 잘 알아들을 수 있게 하기 위한 여러 가지 장치를 마련했다.

브레히트는 감정이입과 동일시에 근거를 둔 종래의 연극에 반기를 들고 '생소화 효과'에 기초한 서사극을 정립하여 현대 연극 발전의 기초를 마련했다. 그는 감정이입 대신에 거리 두기를 내세워서 현대적인 연극 미학의 지평을 확대했으며 그의 연극(론)은 이제 동시대의 여러 가지 연극 형태 속에 알게 모르게 녹아들었다. 오늘날 그의 연극론은 대부분 일반화되었고 일부는 이미 낡은 것이 되었지만 그가 남긴 극작품들은 여전히 전세계의 무대에서 생명력을 자랑하고 있다. <서푼짜리 오페라>는 브레히트와 바일의 최대 인기작으로 세계 각국의 무대에서 끊임없이 공연될 뿐만 아니라 문학 작품으로도 가장 많이 읽히는 희곡 중의 하나이며 장기적인 베스트셀러에 속한다.

■ 공동작업자 : 엘리자베트 하우프트만・쿠르트 바일

■ <서푼짜리 오페라>는 서사극의 실험이다.

등장인물

조나단 제레미아 피첨(거지 떼의 두목)・피첨 부인・폴리(피첨의 딸)・
매키스(=매키 메서, 매키, 맥, 노상 강도단의 두목)・브라운(런던 경찰청
장)・루시(그의 딸)・제니・수양버들 월터・엽전 매시어스・갈고리 손가
락 제이콥・톱날 로버트・지미・이드・필치(피첨의 거지들 중 한 사
람)・스미스(경찰관)・창녀들・거지들・경찰관들・군중・살인극을 노래
하는 장타령꾼

서막

매키 메서의 살인극을 노래하는 장타령1)
소호2)의 대목장
거지는 구걸하고 도둑은 도둑질하며 창녀는 갈보 짓을
한다. 장타령꾼이 살인극을 노래한다.

상어3)란 놈은 이빨이 있는데
이빨은 얼굴에 보이네
매키스는 비수가 있지만
비수는 보이질 않아요.

이것은 상어의 지느러미
이놈이 피를 흘리면 빨갛게 돼요
매키 메서는 손에 장갑을 껴서
범행을 볼 수 없네.

템스 강 초록빛 물가에선
갑자기 사람들이 죽어가네
흑사병도 콜레라도 아니고
매키 메서가 나다닌다 하지요.

화창하고 맑은 어느 일요일
스트랜드가(街)4)엔 죽은 사람
어떤 사람이 모퉁일 지나가는데
사람들은 그를 매키 메서라 부르네.

슈물 마이어가 실종되고
다른 부자도 꺼져버렸네
돈은 매키 메서가 가졌다오
증명 할 수는 없는 일이오.

피첨이 부인과 딸을 데리고 무대 왼쪽에서 오른쪽으로 산
보를 하며 지나간다.

제니 타울러가 발견됐는데
가슴에는 칼이 꽂혀있네
부둣가엔 매키 메서가 서성거리지만
아무 것도 몰랐다오.

운송업자 알폰스 글라이트는 어디 갔나?
언젠가 밝혀질 날 있을까?
누가 아는지 몰라도
매키 메서는 모른다오

소호의 대화재 땐
어린이 일곱과 노인 한 명 희생되었네
사람들 가운데 매키 메서가 있었지만
아무도 그에게 묻질 않고, 그자는 아무 것도 모른다오.

미성년 어린 과부
이름은 누구나 알고 있지만
깨어보니 능욕을 당했다오
매키 메서, 너의 죄 값은 무엇이냐?

〈서푼짜리 오페라〉

*창녀들 가운데서 폭소가 터진다. 그리고 그들 가운데서
한 사람이 빠져나와서 광장을 황급히 지나간다.*

선술집의 제니 저자가 매키 메서다!

제1막

제1장

*사람들이 점점 무정해지는 데 대처하려고 사업가인 피첨
은 상점을 냈다. 여기서는 비참한 사람들 중에서도 가장
비참한 자들이 날로 완고해지는 사람들의 마음에 호소하
는 외관을 갖출 수 있었다.*

조나단 제레미아 피첨의 거지 의상실

피첨의 아침 찬가
깨어나라, 타락한 크리스천이여!
너의 죄 많은 인생을 시작해라
네가 어떤 악당인지 보여주렴
주님께선 응분의 대가를 주시리라.

네 형제를 팔아먹어라, 불한당아!
네 처의 몸값을 흥정하렴, 악한아!
주님이 두렵지 않느냐?
최후의 심판에서 벌을 받으리라!

피첨 *관객에게 무엇인가 새로운 일이 일어나야 되겠습니다. 제*

사업은 너무나도 어렵습니다. 인간의 동정심을 일깨우는 것이 제 사업이기 때문이죠, 인간의 마음을 뒤흔들어 놓을 수 있는 것은 몇 가지밖에 되지 않습니다. 몇 가지밖에 되지 않지요, 하지만 이것도 몇 번 써먹으면 효과가 없으니 문제죠. 인간은 제멋대로 무감각해지는 고약한 능력을 가지고 있기 때문입니다. 예컨대 어떤 사람이 길 모퉁이에서 팔뚝이 잘린 사람을 보면 처음에는 놀란 나머지 십 전을 줄 용의가 있습니다. 그러나 두 번째 보면 오 전 밖에는 안 주고 세 번째는 냉혹하게 경찰에 신고해 버리지요, 정신적인 보조 수단을 써도 역시 마찬가집니다. *"주는 것이 받는 것보다 더 행복하다"5) 라고 쓴 커다란 널빤지가 천장에서 내려온다.* 미사여구나 절박한 문구가 이렇게 매혹적인 판자 위에 그려진들 무슨 소용이 있겠습니까, 이렇게 빨리 쓸모가 없어지니. 성경에는 인간의 마음을 감동시킬 만한 문구가 네다섯 개 있는데, 이것을 다 써먹고 나면 밥벌이가 막막하죠. 예컨대, 여기 "남에게 주어라, 그러면 너희도 받을 것이다"6)라는 구절은 삼 주도 채 못되어서 빛을 잃었죠. 그러니 언제나 새로운 것을 내놓아야 된단 말입니다. 성경을 또다시 써먹어야 되겠습니다만 몇 번이나 더 가능하겠습니까?

문을 두드리는 소리가 나서 피첨이 문을 여니 필치라고 하는 청년이 들어온다.

필치   피첨 회사인가요?

피첨   피첨이오.

필치   "거지들의 친구"라는 회사 사장님이신가요? 사람들이 이리로 가보라고 해서요. 그렇군요, 저런 구절도 있고! 저건 밑천이죠! 저런 것을 모아놓은 도서실도 있겠죠? 사정이

〈서푼짜리 오페라〉

187

전혀 다르군요, 우리 같은 놈들은 - 어떻게 저런 생각을 하며, 그리고 배운 것도 없이 어떻게 사업을 하겠습니까?

피첨   이름은?

필치   제 말씀을 들어 보세요. 피첨 씨, 저는 어려서부터 불행했습니다. 어머니는 주정뱅이였고 아버지는 노름꾼이었습니다. 어머니의 사랑스런 보살핌을 받지 못하고 일찌감치 외톨이 되어 점점 더 깊이 대도시의 늪으로 빠져들었습니다. 아버지의 돌보심이나 아늑한 가정의 행복도 느껴본 적이 없습니다. 그리하여 사장님께서 보시다시피…

피첨   보아하니…

필치   *당황하여…* 가진 것은 한 푼도 없고 본능의 희생물이 되어서.

피첨   망망대해에 표류하는 난파선과도 같다느니 하면서. 엄살을 떨겠지. 그렇다면, 이 난파선 같은 놈아, 어느 구역에서 이 따위 동요를 읊어대는지 말해 봐!

필치   무슨 말씀이신가요, 피첨 씨?

피첨   그런 사설은 거리에서 하는 것이 아니냔 말이야?

필치   그렇습니다. 이것 보세요. 피첨 씨, 어제 하일랜드가에서 사소하지만 난처한 돌발 사건이 있었습니다. 저는 모퉁이에서 가련한 모습으로 모자를 손에 들고 조용히 서 있었습죠, 아무런 불길한 예감도 없이…

피첨   *수첩을 넘겨본다.* 하일랜드가라. 그래, 그래, 맞아. 네 놈이 바로 어제 허니와 샘이 붙잡은 잡놈이구나. 감히 10번 구역에서 행인을 성가시게 굴어. 네놈이 철이 안 들어 그런 짓을 했다고 생각해서 호되게 두들겨 주는 것만으로 끝냈다. 그러나 또 한 번만 나타나면 톱을 사용하겠다. 알겠나?

필치	아이고머니, 피첨 씨, 봐주세요. 어찌하란 말씀인가요, 피첨 씨? 그분들이 저를 시퍼렇게 멍이 들도록 두들겨 팼습니다. 그리곤 저에게 사장님의 명함을 주었습니다. 웃옷을 벗으면 먹물을 뿌린 것 같습니다.
피첨	이 친구야, 두들겨 패서 납작한 넙치를 만들지 않았다면 내 부하들이 아주 근무 태만인 거야. 이 애송이가 앞발만 내밀면 스테이크를 얻어먹을 수 있다고 생각하는군. 누가 네놈의 연못에서 제일 큰 송어를 잡아간다면 어떻게 하겠나?
필치	예. 피첨 씨, 보세요 – 저는 연못이 없는 데요.
피첨	그러니, 영업 허가는 프로에게만 준다. *사무적으로 시가 지도를 보여 준다.* 런던은 열네 개 구역으로 나뉘어있다. 어느 구역에서나 구걸 사업을 하고자 하면 조나단 제레미아 피첨 주식회사의 영업 허가가 있어야 된다. 그렇지 않으면, 누구나 와서 – 본능의 희생 어쩌고 할 수 있지.
필치	피첨 씨, 제가 가진 이 돈 몇 푼마저 없다면 저는 완전한 파멸입니다. 무슨 일이든 일어나야 되겠습니다. 손에는 단 돈 2실링 뿐…
피첨	20실링.
필치	피첨 씨! 애원조로 *"가난을 호소하는 소리에 귀를 막지 마시오!"*[8] 라고 쓴 현수막을 가리킨다. 피첨은 진열 상자 앞에 걸려 있는 커튼 위에 *"남에게 주어라, 그러면 너희도 받을 것이다!"* 라고 씌어 있는 것을 가리킨다.
필치	10실링만 해요.
피첨	그럼 매 주 정산할 때 50%야. 장비까지 하면 70%고.
필치	도대체 장비란 어떤 것인가요?
피첨	그것은 회사가 결정한다.
필치	그럼 저는 어떤 구역에서 근무할 수 있을까요?

〈서푼짜리 오페라〉

피첨	베이커가[9] 2번지에서 103번지까지. 거긴 더 싸기도 하다. 거기선 장비까지 주고 50%뿐이다.
필치	여기 있습니다. *그는 지불한다.*
피첨	이름은?
필치	찰스 필치.
피첨	좋아. 소리친다. 피첨 여사! *피첨 부인이 온다.* 이자가 필치야. 314번. 배당 구역은 베이커가이고. 내가 기입하지. 그렇고말고, 마침 대관식 행사[10]를 앞두고 고용되길 원한다 이거지. 약간의 돈벌이를 하기 위해서 한 세대에 단 한 번 있는 기회야. C형 장비다. *그는 진열장 앞에 쳐 있는 삼베의 커튼을 여는데 거기에는 다섯 개의 밀랍 인형이 있다.*
필치	이게 무엇입니까?
피첨	인간의 마음을 감동시키는 비참함의 다섯 가지 기본 유형이야. 저런 모습을 보면 인간은 돈을 내주고자 하는 비정상적인 상태에 빠지게 되지. A형 장비는 교통기관의 발달로 인한 희생물이야. 쾌활한 절름발이, 언제나 유쾌하거든 – *그는 흉내를 낸다.* 항상 무사태평인데 한쪽 팔이 잘려서 효과가 더하지. B형 장비는 전쟁 기술의 발달로 인한 희생물이야. 불쾌하게 벌벌 떨면서 행인을 성가시게 구는데 혐오감을 자극해서 돈벌이를 하지 – *흉내를 낸다.* – 훈장으로 완화는 된다. C형 장비는 공업 발달의 희생물이고, 가련하기 짝이 없는 장님인데 구걸 기술의 최고봉이야. *그는 필치 쪽으로 비틀거리며 다가가면서 흉내를 낸다. 그와 부닥치는 순간에 필치는 놀라서 소리 지른다. 피첨은 즉시 멈춰 서서 의아한 기색으로 그를 훑어보다가 고함지른다.* 이 친구 동정심이 있구나! 너 같은 사람은 일생

동안 거지는 될 수 없어! 이런 것은 기꺼해야 지나가는 행인으로나 써먹을 수 있어! 그러니 D형 장비다! 셀리아, 또 술을 마셨군! 그러니 저렇게 녹초가 됐지. 136번이 제복 때문에 항의했어. 신사는 더러운 옷을 걸치지 않는 법이라고 몇 번이나 당신에게 말을 해야 되겠어. 136번은 신제품 값을 냈어. 그 옷에서 동정심을 불러일으킬 만한 것은 얼룩뿐인데, 스테아린 초를 만드는 왁스를 다리미질 해 넣기만 하면 돼. 생각을 않는다니까! 모든 것을 혼자 해야 되니! *필치에게 옷을 벗고 이것을 입어, 잘 간수해!*

필치   그럼 제 옷은 어떻게 되나요?

피첨   회사 소유지. E형 장비는 몰락한 젊은이, 또는 요람에서 자장가를 듣지 못한 사람이야.

필치   아! 그래요. 이것을 다시 사용하시는군요? 그럼 왜 내가 몰락한 젊은이를 하면 안 되나요?

피첨   자기 자신의 불행을 이야기하면 아무도 믿질 않으니까 그렇지, 이 친구야. 네가 배 아프다고 얘기해보렴, 그건 기분만 나쁘게 하거든. 주제넘게 묻지 말고 이 옷이나 입어.

필치   좀 너무 더럽지 않은가요? *피첨이 뚫어지게 바라보자.* 죄송합니다. 네, 그럼요, 죄송합니다.

피첨 부인   이 꼬마야, 빨리 좀 해, 바지를 크리스마스 때까지 들고 있을 수는 없지 않아.

필치   *갑자기 격하게* 그러나 장화는 벗지 않을래요. 아니면 차라리 포기하겠어요. 이것은 불쌍한 우리 어머니가 준 유일한 선물이거든요. 그래서 절대로, 절대로, 내가 아무리 타락했어도…

피첨 부인   말도 안 되는 소리 말아, 발이 더러우니까 그러는 거 다 알아.

〈서푼짜리 오페라〉

필치	어디 발을 닦을 데도 없지 않습니까? 한겨울에!
	피첨 부인은 그를 병풍 뒤로 데리고 간다. 그리고는 왼편
	에 앉아서 양복에다 왁스를 다림질해 넣는다.
피첨	딸앤 어디 갔어?
피첨 부인	폴리요? 위층에요!
피첨	그자가 어제 또 왔었나? 내가 없을 때만 오는 자 말야!
피첨 부인	조나단, 그렇게 의심만 하지 말아요, 그보다 더 훌륭한 신사는 없을 거예요. 대장께선 우리 폴리를 무척 좋아하셔요.
피첨	그래.
피첨 부인	내 머리가 아무리 모자란다고 하지만 폴리도 그 사람한테 아주 호감을 가지고 있다는 것쯤은 알아요.
피첨	셀리아, 마치 내가 백만장자나 되는 듯이 딸을 내주려 하는군. 아마 결혼을 한다는 거겠지? 고객들이 우리 다리만 보게 되면 이 거지 같은 가게가 단 한 주라도 버틸 수 있을 것 같애? 신랑감이라고? 그자는 우리를 즉시 손아귀에 넣을 걸! 암, 그렇게 될 거야! 당신 딸이 잠자리에서 당신보다 주둥이를 더 잘 다물고 있을 거라고 믿어?
피첨 부인	자기 딸을 어떻게 저렇게 생각할까?
피첨	아주 나쁜 년이야. 최고로 형편없는 년이라고 육욕만 있을 뿐이야!
피첨 부인	어쨌든 그것은 당신에게서 물려받은 것은 아니겠죠.
피첨	결혼을 한다! 내 딸은 나에겐 배고픈 자의 빵[11]과도 같아. *그는 책장을 넘긴다.* 그건 어딘가 성경에도 나와. 결혼이란 원래 추잡한 짓이야. 그 애에게서 결혼하겠다는 생각을 쏙 뽑아 버려야지.
피첨 부인	조나단, 당신은 한마디로 교양이 없어요.

피첨	교양이 없다고! 그자의 이름이 대체 뭐야. 그 신사 양반 말야?
피첨 부인	사람들이 그냥 "대장"이라고만 부르던데요.
피첨	그래, 이름도 물어 보지 않았단 말야? 꼴불견이구나!
피첨 부인	그렇게 점잖으신 분이 우리 둘을 오징어 호텔로 초대해서 스텝 댄스를 추자는데 주책없이 호적 등본을 보여 달라고 할 수는 없잖아요.
피첨	어디로?
피첨 부인	스텝 댄스를 추기 위해서 오징어 호텔로요.
피첨	대장이라? 오징어 호텔이라? 그래, 그래, 그래…
피첨 부인	그분은 우리 딸애와 나를 항상 정중히 대했어요.
피첨	정중히라고!
피첨 부인	그런데 그 사람은 늘 윤이 나는 가죽 장갑을 끼고 다녀요. 흰 가죽 장갑을.
피첨	그래, 흰 장갑에 상아 손잡이가 달린 지팡이, 구두에는 각반을 매고, 에나멜 구두. 그리고 매혹적인 천성에다 흉터가…
피첨 부인	목에 있고. 그런데 도대체 그 사람을 어떻게 알아요? *필치가 헛간에서 기어 나온다.*
필치	피첨 씨, 한 가지 귀띔을 해주시지 않겠습니까? 저는 언제나 조리 있게 체계를 세워서 하길 좋아합니다. 그냥 마음 내키는 대로 주워섬기기보다는.
피첨 부인	체계를 세워야지!
피첨	바보 노릇을 하면 돼. 오늘 저녁 6시에 오면 필요한 것을 가르쳐 주지. 꺼져버려!
필치	대단히 고맙습니다. 피첨 씨, 천번 만번 고맙습니다. *퇴장*
피첨	50%! - 그럼 이제 그 장갑 낀 신사분이 누군가 말해 주지

〈서푼짜리 오페라〉

	– 매키 메서야!
	그는 폴리의 침실을 향해 계단을 올라간다.
피첨 부인	아이고 맙소사! 매키 메서라고! 하느님! 주여 임하소서! – 폴리! 폴리가 어떻게 되었어요? *피첨은 천천히 돌아온다.*
피첨	폴리? 폴리는 집에 돌아오지 않았어. 침대를 건드리지도 않았다고
피첨 부인	그럼 그 애가 양모 상인과 만찬을 들었군요. 틀림없어요. 조나단!
피첨	정말 양모 상인이면 좋겠군! *피첨과 피첨 부인이 막 앞에 나와서 노래를 부른다.* *노래 조명: 황금 불빛. 세 개의 등이 장대에 매달려서 내려오고 판자에는 이렇게 씌어있다: 그것 대신에 노래.*

그것 대신에 노래
1.

피첨	집구석의 따뜻한 잠자리에서 자는 대신에 저들은 재미를 보고 싶어 해! 마치 특권이라도 있는 듯이.
피첨 부인	그건 소호를 비치는 달 때문이야 그건 몹쓸 놈의 "그대 내 심장이 뛰는 것을 느끼나요"라는 가사 때문이야. 그건 "그대 어디로 가든 내 그대 따라 가리다, 조니!" 때문이요. 사랑이 샘솟고 달이 아직 떠오르는 동안은.

2.

피첨   올바르고
똑똑한 일을 하는 대신에
저들은 재미나 본단 말이야!
그 다음엔 그대로 시궁창에 빠져버려.

둘이서   그건 소호를 비추는 달 때문이요
소호를 비추는 달이 무슨 소용이요
그건 몹쓸 놈의 "그대 내 심장 뛰는 것을 느껴요"라는 가
사 때문이야
"그대 내 심장 뛰는 것을 느껴요" 가사는 어디 갔나요
"그대 어디로 가든 내 그대 따라 가리라, 조니!"라는 가사
때문이야.
"그대 어디로 가든 내 그대 따라 가리라, 조니!"는 어디로
갔나요
사랑이 끝나고 시궁창에 빠져버린 날엔.

제2장

소호의 중심부에서 매키 메서의 일당은 거지 왕의 딸 폴
리와의 결혼식을 올리고 있다.

빈 마구간

매시어스   *일명 엽전 매시어스 마구간을 비춰 본 다음 권총을 들고*
이봐, 누가 여기 있으면 손들어!

〈서푼짜리 오페라〉

	매키스가 등장해서 무대 전면을 따라 한 바퀴 돈다.
매키스	자, 누가 있나?
매시어스	아무도 없습니다! 여기서 마음 놓고 결혼식을 할 수 있어요.
폴리	*결혼 예복을 입고 등장한다.* 이건 마구간이잖아!
맥	우선 구유에 앉아, 폴리. *관객을 향해서* 오늘 이 마구간에서 저의 결혼식이 있습니다. 신부 폴리 피첨 양은 저를 사랑하는 일념에서 평생을 저와 같이 하기로 했습니다.
매시어스	런던의 많은 시민들이 피첨 씨의 외동딸을 꾀어낸 걸 지금까지 대장이 감행한 일 중에서 가장 용감무쌍한 일이라고 할 겁니다.
맥	피첨 씨가 누구야?
매시어스	자신은 아마 런던에서 가장 가난한 사람이라고 말하겠지요.
폴리	그렇지만 여기서 우리들의 결혼식을 올릴 수가 있겠어요? 이건 아주 평범한 마구간이잖아. 신부님을 어떻게 이런 곳으로 오시라고 해. 게다가 우리 것도 아니잖아. 남의 집에 침입해서 우리 인생을 시작해서는 안 돼요, 맥. 우리 인생 최고의 날인데.
맥	귀여운 아가야. 당신이 원하는 대로 다 될 거야. 당신이 돌부리에 걸리지 않게 할 터이니까.[12] 살림살이도 곧 가져올 것이고
매시어스	가구가 도착합니다.
	대형 화물차가 도착하는 소리가 들린다. 여섯 명의 장정들이 양탄자, 가구, 그릇 등을 운반해 와서 마구간을 지나치게 고상한 음식점처럼 만든다.
맥	잡동사니야.

	장정들은 왼쪽에 선물을 내려놓고 신부에게 축하한 다음 신랑에게 보고한다.
제이콥	축하합니다! 진저가[13] 14번지엔 사람들이 2층에 있었죠. 우선 그들을 소탕해야만 됐습니다.
로버트	*일명 톱날 로버트* 축하합니다! 스트랜드가(街)에선 경찰관 한 명이 죽었고
맥	서툰 놈들.
이드	우린 최선을 다했습니다. 하지만 웨스트엔드[14]의 세 사람은 어쩔 수가 없었어요. 축하드립니다.
맥	서툰 돌팔이 같은 놈들.
지미	한 중늙은이가 좀 두들겨 맞았죠. 하지만 뭐 대단한 일은 아닌 것 같아요. 축하합니다.
맥	유혈 사태는 피해야 된다는 것이 나의 명령이었다. 생각만 해도 속이 메스꺼워. 너희들은 사업가는 되지 못해! 식인종은 되지만 사업가는 못 된단 말이야!
월터	*일명 수양버들 월터* 축하합니다. 부인, 이 쳄발로는 불과 반시간 전만 하여도 서머세쳐 공작부인 거였습니다.
폴리	이게 무슨 가구들이죠?
맥	폴리, 가구가 어때?
폴리	*운다* 이 가구 몇 점 때문에 그렇게 많은 사람들을 가련하게 만들다니.
맥	그리고 가구는 어떻고! 잡동사니야! 당신이 화낼 만도 해. 자단목(紫檀木) 쳄발로에다가 르네상스 소파[15]라. 그대로 용서할 수 없어. 식탁은 도대체 어디 있어?
월터	식탁이요?
	그들은 구유 위에다 널빤지들을 늘어 놓는다.
폴리	아, 맥! 난 너무 불행해요! 신부님이라도 오지 마셨으면.

매시어스	물론 오십니다. 길을 정확하게 설명해 드렸으니까요.
월터	*식탁을 보여준다.* 식탁 여기 있습니다!
맥	*폴리가 울고 있으므로* 우리 집사람이 제 정신이 아냐. 그럼 도대체 딴 의자들은 어디 있어? 쳄발로는 있고 의자는 없다! 생각을 않는다니까. 내가 결혼식을 올리는데, 자주 있는 일도 아니고! 주둥이 닥쳐! 수양버들처럼 늘어진 놈아! 내가 너희들에게 무슨 일을 좀 맡겨보는 일이 몇 번이나 되기에 이 모양이야? 너희들 내 처를 처음부터 불행하게 만들잖아.
이드	사랑하는 폴리 -
맥	*그의 머리에 쓴 모자를 쳐서 떨어뜨린다.* "사랑하는 폴리"라고! 혼쭐을 좀 내 주어야 되겠구나, 이 똥을 쌀 놈아. 일찍이 그런 말을 들어 본 적 있어, "사랑하는 폴리"라! 네 놈이 내 아내와 동침이라도 했다는 거냐?
폴리	아니, 맥!
이드	맹서하건데…
월터	부인, 몇 가지 혼례품이 부족하다면 저희들은 다시 한 번…
맥	자단목 쳄발로는 있고 의자는 없다. *웃는다.* 신부로서 당신은 이 문제에 대해서 어떻게 생각하오?
폴리	그것은 그리 큰 문제는 아녜요.
맥	의자 두 개와 소파 하나, 그리고 신랑 신부는 마룻바닥에 앉는다!
폴리	그래요, 그거 꼴불견이겠네요.
맥	*날카롭게* 이 쳄발로의 다리를 잘라 내! 자, 어서! 어서!
네 사람	*쳄발로의 다리를 자르며 노래한다.* 빌 로전과 매리 사이어는

지난 수요일 부부 되었네.

주례 앞에 섰을 때

신랑은 드레스가 어디서 났는지 몰랐네

신부는 신랑 이름도 잘 몰랐네.

만세!

월터   부인, 이렇게 해서 결국은 긴 의자가 생겼네요!

맥   이제 신사 양반들 비렁뱅이 옷을 벗고 단정한 차림을 하시죠. 이것은 어떤 무명 인사의 결혼식이 아니니까. 폴리, 음식 바구니들을 좀 챙겨 주겠소?

폴리   이것이 잔치 음식인가요? 이거 다 훔친 거죠, 맥?

맥   물론이지, 물론이야.

폴리   문을 두드리는 소리가 나고 경찰관이 들어오면 어쩌려는 것인지 알고 싶군요?

맥   그럴 경우 당신 남편이 어떻게 하는지를 보여 주지.

매시어스   오늘은 절대로 그런 일은 없습니다. 기마경찰은 물론 모조리 대번트리로 갔으니까요. 그들은 금요일에 있을 대관식을 위해 여왕을 모셔옵니다.

폴리   나이프 두 개에 포크는 열네 개라! 의자 하나에 나이프 한 개씩이군요

맥   이따위 실패작이 어디 있어! 이것은 견습생의 습작이지 성숙한 남자들의 작품은 아냐! 양식(樣式)에 대해서는 전혀 감각이 없는 거냐? 치펀데일[16]과 루이 14세 시대의 가구[17]는 구분할 줄 알아야 되잖아. *일당이 돌아온다. 이들은 이제 우아한 야회복을 입고는 있으나 유감스럽게도 옷에 걸맞지 않게 움직인다.*

월터   우린 원래 가장 값진 물건들만 가져오려고 했습죠. 목재를 보세요. 재료는 완전 특급이죠.

〈서푼짜리 오페라〉

매시어스	쉿! 쉿! 대장님, 삼가…
맥	폴리, 이리 좀 와.
	부부는 하례를 받을 자세로 선다.
매시어스	대장님, 저희들은 대장님의 생애의 최고의 날에, 생애의 전성기에, 말하자면 전환점에서 충심으로 그리고 간절한 축하의 말씀을 삼가 전하고자 하오며 그리고 기타 등등입니다. 이런 과장된 말투는 정말 구역질납니다. 그러니까 요컨대. *맥과 악수를 한다.* 고개를 들고 기운을 내시라고, 친구여!
맥	고마워, 매시어스, 친절하군.
매시어스	*감격해서 맥을 포옹한 다음 폴리와 악수한다.* 이건 마음속에서 우러나오는 말이죠! 자 그러니, 고개[18]를 숙이지 말라는 거지, 즉, *히죽히죽 웃으며* 고개로 말하자면, 그것을 숙여서는 안 된다 이 말씀이야.
	손님들이 박장대소를 한다. 갑자기 맥은 가볍게 단번에 매시어스를 넘어뜨린다.
맥	주둥이 닥쳐! 그따위 음담패설은 네놈의 키티에게나 해라. 그런 거에는 제격인 헤픈 여자니까.
폴리	맥, 그렇게 상스런 소릴 하다니.
매시어스	그래, 키티를 헤픈 여자라고 하다니 못 참겠어… *간신히 다시 일어선다.*
맥	그래, 못 참겠다고?
매시어스	아무튼, 키티 앞에선 음담패설을 내 주둥이에 담지 않아. 그러기엔 난 키티를 너무 존경하거든. 네 꼴을 보면 그런 것은 아마 전혀 이해하지 못할 거다, 너 같은 놈이니까 음담패설 운운하지. 네가 루시에게 한 말을 루시가 나에게 말해 주지 않은 줄 알아! 그에 비하면 나는 아주 정중해.

맥	*그를 바라본다.*
제이콥	자, 이거 봐, 결혼 잔치를 치르는 중이지 않아. *그를 끌고 간다.*
맥	참 멋진 결혼식이군. 그렇지, 폴리? 당신 결혼식 날 이런 개똥같은 놈들을 상대해야 되다니, 당신 남편이 친구들한 테 이렇게 버림받으리라고는 생각하지 않았겠지! 당신도 배우는 게 있을 거야.
폴리	아주 멋있다고 생각하는데요.
로버트	*일명 톱날 로버트* 허튼 소리. 버림받다니 말도 안 되는 소 리요. 의견의 대립이야 어디서든 있을 수 있는 일 아냐. 자네의 키티는 다른 여자와 마찬가지로 착해. 이젠 결혼 선물을 좀 내놔 보라고, 엽전아.
모두	자, 어서, 어서!
매시어스	*골이 나서* 자.
폴리	아이고머니, 결혼 선물이네. 정말 친절하시군요, 엽전 매 시어스 씨. 이거 좀 봐요, 맥, 얼마나 예쁜 잠옷이에요.
매시어스	이것도 역시 음담패설인가요, 응, 대장?
맥	그래 이젠 됐다. 오늘 같이 기쁜 날 너의 마음을 상하게 하려고 했던 건 아냐.
월터	그럼, 이것은? 치펀데일이네! *그는 거대한 치펀데일 양식의 세워놓는 시계의 포장을 벗 긴다.*
맥	루이 14세 시대야.
폴리	거창하군요. 너무 행복해서 말도 안 나와요. 여러분 마음 씀씀이가 너그럽군요 이런 것을 둘 집이 없어 서운해요 그 렇지 않아, 맥?
맥	뭐. 시작이라고 생각해 둬. 시작은 다 어려우니까. 자네에

<서푼짜리 오페라>

게도 감사하네, 월터. 그럼, 저기 저 물건을 좀 치워. 이제 식사를!

제이콥 *다른 사람들이 벌써 상을 보는 동안 물론 저는 이번에도 아무 것도 가져오지 못했어요.* 열심히 폴리에게 그래서 입장이 매우 곤란하다는 걸 믿어주세요

폴리 갈고리 손가락 제이콥 씨, 그건 전혀 문제가 안 돼요.

제이콥 저 녀석들은 전부 선물을 척척 내놓는데, 나는 이렇게 멍청히 서 있군요. 저의 처지를 생각해 보세요. 하지만 저는 항상 그런걸요. 저의 사정을 모조리 주워섬길 수도 있어요! 그러면 아마 머리가 돌 겁니다. 얼마 전 저는 선술집의 제니를 만나지 않았겠습니까, 그래서 저는, 아, 이 암퇘지야 하고 말했죠 -

갑자기 맥이 뒤에 와 서 있는 것을 보고 말없이 가 버린다.

맥 *폴리를 그녀의 자리로 데리고 간다.* 이것이 당신이 오늘 맛보게 될 가장 좋은 음식이요, 폴리. 앉으실까!

모두 잔치 음식을 먹으려고 앉는다.

이드 *그릇을 가리키며* 아름다운 접시야, 사보이 호텔[19] 것이지.

제이콥 마요네즈 계란 요리는 셀프리지 백화점[20]에서 왔고요. 그 외에 거위 간 한 통과 파이가 있을 예정이었죠. 그런데 위장에 구멍이 뚫렸는지 허기가 져서 지미가 홧김에 오는 도중 다 처먹어버렸죠.

월터 점잖은 사람들 있는 데선 구멍이란 말을 하는 게 아냐.

지미 계란을 그렇게 집어 삼키지 마라, 이드, 오늘 같은 날엔!

맥 누가 무슨 노래를 좀 부를 수 없나? 무엇인가 쌈박한 것으로 말이야?

매시어스 *웃음이 나서 사레가 들린다.* 쌈박하다고? 그거 멋진 말인데.

맥이 노려보는 바람에 당황하여 다시 앉는다.

맥 *어떤 사람의 손에서 대접을 쳐서 떨어뜨린다.* 난 원래 식사 시작은 아직 안 하려고 했다. 너희들이 "식탁으로 달려가 밥통에 빠지자"는 식이 아니고 무엇인가 분위기 있는 행사를 먼저 하길 바랐어. 다른 사람들도 이런 날엔 무엇인가 하더구나.

제이콥 예를 들자면 어떤 걸?

맥 내가 모든 것을 몸소 생각해 내야 되겠어? 내가 뭐 여기서 오페라를 하라는 거야. 하지만 처먹고 음담패설 하는 것 말고 어떤 행사를 준비할 수 있었을 게 아냐. 뭐 별 수 없지, 자기 친구를 믿을 수 있느냐 하는 것은 바로 이런 날 드러나는 법이니까.

폴리 언어가 훌륭해요, 맥.

이드 그럼요, 그런 것은 아직 먹어 보질 못했죠. 이건 매키 매서의의 집에선 언제나 먹을 수 있죠. 그러니 꿀단지를 차지한 거죠. 난 늘 이렇게 말했어요. 맥은 고상한 것을 이해할 수 있는 아가씨의 결혼 상대자라고. 바로 어제도 내가 루시에게 한 말이죠.

폴리 루시? 루시가 누구야, 맥?

제이콥 *당황해서* 루시요? 아, 그거야, 너무 심각하게 생각하지 마세요.

매시어스는 일어나 폴리 뒤에서 제이콥 보고 입을 다물라고 요란스런 팔짓을 한다.

폴리 *그를 본다.* 어디 아프세요? 혹시 소금이…? 방금 무슨 말을 하려고 했죠, 제이콥 씨?

제이콥 오, 아무것도 아닙니다. 전혀 아무것도 아닙니다. 저는 정말이지 전적으로 전혀 아무 얘기도 하려고 하지 않았습니

<서푼짜리 오페라>

다. 하마터면 실언할 뻔했군요.

맥　제이콥, 손에 무엇을 들고 있지?

제이콥　나이프요, 대장.

맥　그러면 접시엔 무엇이 있지?

제이콥　송어요, 대장.

맥　그래, 나이프로 송어를 먹는다고, 응 그렇지? 제이콥, 일찍이 들어 본 일이 없어, 그런 것을 본 일 있어, 폴리? 생선 요리를 나이프로 먹는다! 그러면 돼지새끼야, 내 말 알아들어, 제이콥? 무엇인가 배울 게 있을 거다. 저런 쓰레기 같은 것들을 가르쳐 사람을 만들자면 할 일이 많겠어, 폴리. 도대체 인간이 무엇인지 알아?

월터　인간이라면 사람도 있고 계집년도 있는데?

폴리　퉤, 월터 씨!

맥　그러니까 노래는 안 부르겠다 이거군, 오늘을 멋지게 장식할 것은 안 하시겠다 이거야. 언제나 그렇듯이 오늘도 또다시 서글프고, 평범하고, 저주받은 더러운 날이 되겠구나? 도대체 한 사람이 문 앞에 서 있기는 하냐? 그런 것조차도 내가 알아서 챙겨야 되겠냐? 오늘 같은 날 내가 몸소 문 앞에 서서 너희들이 내 부담으로 배가 터지도록 처먹게 해야 되겠어?

월터　*무뚝뚝하게* 내 부담이라니 무슨 뜻이지?

지미　제발 그만 둬, 월터! 내가 나갈 테니. 여길 누가 오겠다고! *나간다.*

제이콥　이런 날 결혼식에 온 손님이 모두 잡혀 간다면 웃기는 일일 텐데!

지미　*뛰어 들어온다* 여보세요, 대장. 경찰이오!

월터　호랑이 브라운이야!

매시어스	무슨 소리야, 킴볼 신부님인데. *킴볼이 들어온다*
	모두 소리친다. 안녕하세요, 킴볼 신부님!
킴볼	음, 그래도 찾아냈으니. 조그만 오두막에 모여 있군. 하지
	만 자기 땅이겠지.
맥	데본셔 공작의 소유입죠.
폴리	안녕하세요, 신부님, 아이, 정말 행복해요, 저희들의 생애
	에서 가장 아름다운 날 신부님께서 —
맥	그럼 이제 킴볼 신부님을 위해서 노래 한 곡 청한다.
매시어스	빌 로전과 매리 사이어가 어떨는지?
제이콥	맞았어, 빌 로전. 그게 좋겠군.
킴볼	젊은이들, 한 곡조 부르면 좋겠네!
매시어스	자 여러분, 시작합시다.

세 남자가 일어서서 주저하면서, 맥없이 그리고 불확실하게 노래 부른다.

가난한 사람들의 결혼 축가

빌 로전과 매리 사이어는
지난 수요일 부부 되었네
천년만년 살고지고, 만세, 만세, 만만세!
주례 앞에 섰을 때
신랑은 드레스가 어디서 났는지 몰랐네
신부는 신랑 이름도 잘 몰랐네.
만세!

댁의 부인이 무슨 짓을 하고 다니는지 아시나요? 모릅니
다!

〈서푼짜리 오페라〉

난봉꾼의 생활을 끊어 버리시겠나요? 아닙니다!

천년만년 살고지고, 만세, 만세, 만만세!

빌 로젠은 얼마 전 말했지요,

나는 그 여자의 작은 부분으로 만족해

돼지 같은 놈.

만세!

맥   그게 전부야? 형편없군!

매시어스   *다시 사례가 들린다.* 형편없다고, 그거 맞는 말이야. 여러분, 형편없어.

맥   주둥이 닥쳐!

매시어스   내 말은, 활기가 없고, 열정이 없다, 뭐 그런 뜻이야.

폴리   신사 여러분, 아무도 노래를 부르지 않으려고 하면 내가 직접 간단한 것 하나 불러보겠어요. 저는 소호의 자그마한 네 푼짜리 선술집에서 본 적이 있는 소녀의 흉내를 내겠습니다. 그 애는 설거지하는 소녀였습니다. 그리고 여러분이 아셔야 될 일은, 모두가 그 아이를 비웃었고, 그러자 손님들을 상대로 내가 여러분에게 불러 드릴 그런 사항을 이야기했습니다. 자 그러면, 이것은 조그만 판매대입니다. 아주 더럽다고 생각하세요, 그 소녀는 아침저녁으로 거기 서있었죠. 이것은 설거지통이고 이것은 유리잔을 닦을 때 쓰는 행주죠. 여러분이 지금 앉아 있는 곳엔 그녀를 비웃던 신사들이 앉아 있었습니다. 그때 상황과 똑같게 하려면 여러분도 웃으면 됩니다. 웃음이 안 나오면 웃지 않아도 되고요. *유리잔을 닦으며 혼자말로 중얼거리는 체한다.* 이제 여러분들 중에 누가 *월터를 가리키며* ─ 당신이 물어보세요, 그래 너의 배는 언제 오는 거냐, 제니?

월터   그래, 너의 배는 언제 오는 거냐, 제니?

폴리	그리고 또 다른 사람이, 당신이 하세요. 너는 아직도 유리 잔을 닦고 있느냐, 해적의 신부 제니?
매시어스	너는 아직도 유리잔을 닦고 있느냐, 해적의 신부 제니?
폴리	자 그러면 이제 시작하겠어요.

노래 조명. 황금빛 막대기에 등 세 개가 달려서 내려온다.
판자에는 다음과 같이 노래의 제목이 씌어있다.

해적의 제니

1.

신사 여러분, 오늘은 이렇게 술잔이나 닦으며
사람들의 이부자릴 정돈하지요.
그러면 저에게 한 푼 던져 주시고 저는 얼른 고맙다고 인
사하죠
저의 누더기와 이 거지 같은 호텔을 보시며
제가 누구인질 모르시겠죠.
하지만 어느 날 저녁엔 항구에서 소란이 있을 거예요
그러면 사람들이 묻겠죠이것이 무슨 소란이냐?
난 술잔을 닦으며 미소 짓겠죠.
그러면 사람들은 말하겠죠: 저애는 왜 웃지?
　여덟 폭의 돛을 달고
　50문의 대포를 단 배가
　부두에 정박할 것입니다.

2.

사람들이 말하기를, 자 어서 술잔이나 닦아라, 아가야
그리고는 나에게 한 푼을 건네주어요.

〈서푼짜리 오페라〉

그러면 나는 한 푼을 받고, 이부자릴 정돈하죠!

그날 밤엔 아무도 그 속에서 자지 않을 거야.

아직도 내가 누구인질 모르시지요.

하지만 어느 날 저녁 항구에선 아우성이 나고

사람들은 물어요, 이게 무슨 아우성인가?

사람들은 창문 뒤에 서 있는 나를 볼 것입니다.

사람들은 말하죠, 왜 저애는 저렇게 사나운 미소를 짓는가?

　　여덟 폭의 돛을 달고

　　50문의 대포를 단 배가

　　시내를 공격할 겁니다.

3.

신사 여러분, 그러면 웃음이 가시겠지요

담장은 무너지고

시가지는 파괴될 것이니까요

비렁뱅이 호텔만이 무사하겠죠

사람들이 물어요, 어떤 특별한 사람이 저기 사는가?

이날 밤엔 호텔 주변에 소란이 있을 거예요

사람들이 물어요, 어째서 호텔은 모면했느냐고?

내가 아침나절 문을 열고 나오는 것을 보게 되죠

사람들은 말하죠, 저애가 그 속에서 살았던가?

　　여덟 폭의 돛을 달고

　　50문의 대포를 단 배가

　　돛대에 기를 달 것입니다.

4.

점심 땐 수백 명이 상륙할 거예요

음지에 숨어 있다가

문에서 나오는 사람마다 붙잡아

쇠사슬로 묶어 내 앞으로 데려와

누구를 죽일까요 하고 물어요

이날 점심 땐 항구가 조용해서

누가 죽어야 되느냐고 묻는다면,

내 말이 들리겠죠, 모두 다!

머리가 떨어지면 나는 말해요, 아이고머니!

    여덟 폭의 돛을 달고

    50문의 대포를 단 배가

    나를 데리고 사라지리라.

매시어스	아주 좋았어요. 익살맞은데, 그렇지? 부인께서 아주 멋들어지게 넘기시는군!
맥	좋다니 그게 무슨 뜻이지? 좋기는 뭐가 좋아, 이 멍청한 놈아! 이건 예술이지 좋은 게 아냐. 훌륭하게 해냈어, 폴리. 하지만 이런 개똥같은 놈들 앞에선, 죄송합니다, 신부님, 다 소용이 없는 짓이야. *폴리에게 나직하게* 그건 그렇다 치고, 당신이 이렇게 위장하는 것이 난 싫어, 앞으로는 제발 그러지 말아. *식탁에서 웃음이 터진다. 일당이 신부를 놀리고 있다.* 신부님, 손에 무엇을 들고 계신가요?
제이콥	나이프 두 개, 대장!
맥	접시엔 무엇을 담으셨나요, 신부님?
킴볼	연어 같은데.
맥	그래요, 그러면 나이프로 연어를 잡수시나요, 그렇죠?
제이콥	자네들 이런 것을 본 일이 있나, 나이프로 생선을 처먹는다, 그러면 두말 할 것도 없이 -
맥	돼지새끼야. 내 말을 알아들어, 제이콥? 무엇인가 배우는

<서푼짜리 오페라>

	게 있을 거야.
지미	*뛰어 들어오면서* 이보세요, 대장님, 경찰이오. 경찰관이 몸소.
월터	브라운, 호랑이 브라운이야!
맥	그래, 호랑이 브라운이다. 맞아. 호랑이 브라운은 런던의 최고 경찰관이시며, 오울드 베일리[21]의 기둥인데 이제 대장 매키스의 보잘것없는 오두막에 입장하시게 된다. 너희들 무엇인가 배우게 될 것이다!
	강도들은 슬슬 숨는다.
제이콥	그럼 바로 교수대로 가야겠군!
	브라운이 등장한다.
맥	잘 있었나, 재키!
브라운	잘 있었나, 맥! 난 시간이 많이 없네, 곧 가야만 돼. 꼭 남의 집 마구간에서 해야 되겠나? 이건 또다시 가택 침입이야!
맥	하지만 재키, 위치가 좋아서 그랬어, 자네의 옛 친구인 맥의 결혼 축하연에 참가하기 위해 와 주어 반갑네. 자네에게 당장 내 아내를 소개하지, 친가의 성은 피첨이고 폴리, 이분이 호랑이 브라운이야, 그렇지, 이 친구야? *그의 등을 두드린다.* 그리고 이 사람들은 내 친구들이고, 이미 모두 한 번쯤은 보았겠지.
브라운	*마음이 상해서* 나는 개인 자격으로 이곳에 온 것이야, 맥.
맥	저들도 그래. 이자는 제이콥!
브라운	갈고리 손가락 제이콥, 굉장한 돼지야.
맥	이자는 지미, 이자는 로버트, 이자는 월터!
브라운	뭐, 오늘만은 잊어버리기로 하세.
맥	이자는 이드, 이자는 매시어스!

브라운	앉으시오, 신사 여러분, 앉으시오!
모두	감사합니다. 나리.
브라운	나의 오랜 친구인 맥의 매혹적인 부인을 알게 되어서 기쁩니다.
폴리	원 별말씀을, 나리!
맥	이 친구 앉게, 위스키 속에 한 번 빠져 보게나! - 폴리, 신사 여러분! 오늘 여러분들에게 에워싸인 이분은 임금님의 헤아릴 수 없는 결심에 따라 저 높은 곳에서 인간들을 돌보라는 명을 받았으나 온갖 풍상 그리고 기타 등등을 다 겪으면서도 내 친구로 남아 있습니다. 여러분은 내가 누구를 뜻하는지 알 것입니다. 그리고 자네도 내가 누구를 두고 하는 말인가 알겠지, 브라운. 아하, 재키, 자네도 군인이었고 나도 군인이었지, 우리가 인도에서 복무하던 일[22]이 생각나나? 아하, 재키, 당장 대포의 노래를 부르세! *그들은 테이블 위에 앉는다.*

노래 조명. 황금빛 위에서 장대에 세 개의 등이 매달려 내려오고 판자에는 다음과 같이 노래의 제목이 씌어있다.

대포의 노래

1.
존도 그중에 있었고 짐도 거기 있었지
조지는 중사가 되었지만
군대에선 그가 누구든 상관이 없네
북쪽으로 행군을 했지.
군인들은 살아가요
대포 위에서

코모린 갑(岬)에서 비하르 야영장까지23)
언젠가 비가 내리고
새로운 종족을 만나면
갈색이든 백색이든
잡아서 비프스테이크 육회24)를 만들리라.

2.

조니에겐 위스키가 너무 따뜻했고
지미는 늘 담요가 모자랐네
하지만 조지는 두 사람 팔을 잡고
군대는 뒈질 수 없다고 말하였네.
군인들은 살아가요
대포 위에서
갑(岬)에서 비하르 야영장까지
언젠가 비가 내리고
새로운 종족을 만나면
갈색이든 백색이든
잡아서 비프스테이크 육회를 만들리라.

3.

존은 사망했고 짐은 죽었네
조지는 실종되어 썩어버렸네
하지만 피는 아직도 빨갛고
군대를 위해서 이제 다시 모병을 하네!
그들은 앉은 채로 발로 행군한다.
군인들은 살아가요
대포 위에서

코모린 갑(岬)에서 비하르 야영장까지
언젠가 비가 내리고
새로운 종족을 만나면
갈색이든 백색이든
잡아서 비프스테이크 육회를 만들리라.

맥　　인생의 급류는 젊은 시절의 친구인 우리를 멀찌감치 떼어 놓긴 했지만, 우리들의 직업적 이해관계는 전혀 상이하지만, 그렇습니다, 어떤 사람들은 문자 그대로 대립되어 있다고 말하겠죠, 저희들의 우정은 모든 것을 초월하여 지속되었습니다. 너희들도 무엇인가 배울 게 있을 거다! 쌍둥이 카스트르와 폴룩스,25) 헥토르와 안드로마케26) 부부 그리고 기타 등등처럼. 단순한 노상강도에 불과한 나는, 그거야 자네들은 내 말뜻을 알겠지, 그에게, 즉 내 친구에게 그 중의 일부를, 상당한 몫이지, 브라운, 나의 변함없는 성실성의 정표와 증거로서 송금하지 않고는 자그마한 한탕 치기도 한 적은 거의 없습니다. 그리고 막강한 경찰청장이신 그분은, 제이콥, 아가리에서 나이프를 빼라고, 그의 젊은 시절 친구인 나에게 미리 간단히 암시를 하지 않고는 일제 단속을 한 적이 거의 없었습니다. 에헴, 그리고 기타 등등. 그것은 결국 호혜주의 원칙에 따르는 것이죠. 너희들도 무엇인가 배울 게 있을 거야. *브라운의 어깨에 팔을 올려놓는다.* 자, 재키, 이렇게 와줘서 고맙네, 이게 진정한 우정이라는 거야. *쉬었다가, 브라운이 수심에 차서 카펫을 관찰함으로* 진짜 쉬라스27) 제품이지.

브라운　　동방 카펫 상회에서 왔군.

맥　　그래, 우린 거기서 모든 것을 가져와. 이봐. 오늘 자네를

〈서푼짜리 오페라〉

초대하지 않을 수 없었네, 재키, 자네의 지위 때문에 너무 거북스럽지 않았으면 좋겠네.

브라운 자네도 알고 있지 않은가, 맥, 내가 자네의 청을 거절할 수 없다는 것 말이야. 난 가야겠네, 정말 골치 아픈 일이 많아. 여왕의 대관식에서 사소한 일이라도 일어난다면 말일세 -

맥 여보게, 재키, 자네도 알지, 나의 장인은 구역질나는 늙은 바보야. 만약 그가 나를 어떻게든지 비방하려고 한다면 말인데, 스코틀랜드 야드[28])에는 나에게 불리한 사안이 없겠지?

브라운 스코틀랜드 야드에는 자네에게 불리한 것이라고는 눈곱만큼도 없네.

맥 당연한 일이야.

브라운 그런 것이야 내가 다 처리했으니까. 좋은 밤 되게.

맥 일어서지들 못하겠나?

브라운 *폴리에게 행운을 빕니다.*

퇴장. 맥이 동행한다.

제이콥 *매시어스와 월터. 그리고 그 사이에 폴리와 상의했다.* 솔직히 말해서 조금 아까 호랑이 브라운이 온다는 소리를 들었을 때 약간 걱정이 되었네.

매시어스 그거 보세요. 부인, 우린 관청의 고위층과 관계를 가지고 있습니다.

월터 그래요, 맥은 언제나 우리들은 짐작도 못하는 데 대책을 마련해 놓고 있어요. 하지만 우리들도 작은 대책은 세워놓고 있어요. 신사 여러분, 9시 반이요.

매시어스 그럼 이제 최고로 멋진 행사가 있겠습니다.

모두 뒤로 간다. 무엇인가 가리고 있는 양탄자 뒤로 간다.

맥 등장.	
맥	아니, 무슨 일이지?
매시어스	대장, 또 하나의 자그마한 선물이 있습니다. *그들은 양탄자 뒤에서 빌 로전의 노래를 정겹고 나직하게 부른다. 그러다가 "이름도 제대로 몰랐네"에서 매시어스 가 양탄자를 잡아 제친다. 그러자 모두가 와자지껄하며 그 뒤에 서 있는 침대를 두드리면서 계속해서 노래 부른다.*
맥	고마워, 동지들, 고마워.
월터	자, 그러면 이제 슬쩍 사라지자고. *모두 퇴장*
맥	그럼 이젠 분위기를 좀 냅시다. 그렇지 않고는 사람이 직업의 노예가 되기 쉽지. 앉아, 폴리! 소호를 비추는 저 달이 보여?
폴리	달이 보여요, 나의 사랑.
	내 심장이 뛰는 것을 느끼나요, 나의 사랑?
맥	느껴요, 나의 사랑.
폴리	그대 어디로 가든 내 그대 따라 가리라.
맥	당신이 어디 있든 간에 나도 거기에 있겠소.[29]
둘이서	성혼선언문이 없어도
	제단엔 꽃 한 송이 없어도
	당신의 드레스가 어디서 났는지 몰라도
	머리엔 은매화(銀梅花)를 꽂지 않았어도
	빵을 담는 접시는
	오랫동안 바라보지 말고 던져 버려요.
	사랑은 이곳이나 저곳에서
	길기도 하고 짧기도 하니까.

〈서푼짜리 오페라〉

215

제3장

이 세상의 냉혹함을 잘 아는 피첨에게 딸을 잃게 된 손실은 완전한 파멸과 같은 것이다.

피첨의 거지 의상실
오른쪽에 피첨 부부. 문간에는 외투를 입고 모자를 쓴 폴리가 여행 가방을 손에 들고 서 있다.

피첨 부인 결혼을 했다고? 앞뒤를 가리지 않고 옷이다, 모자다, 장갑이다, 양산이다 사서 입히고 걸쳐 놓았다, 그래서 돛단배만큼이나 돈이 들었는데 썩은 오이처럼 제 몸을 두엄 더미에 던져버려? 너 정말 결혼했니?
노래 조명. 황금빛 장대에 등이 세 개 달려 내려오고 판자에는 다음과 같이 씌어있다.
간단한 노래로 폴리는 강도 매키스와 결혼했음을 부모에게 암시한다.

폴리 1.
나도 한때 어머니와 똑같이 처녀였어요 –
내가 아직 처녀였을 땐 생각했지요
아마 언젠가는 내게 남자가 오리라고
그럴 때 내가 어떻게 해야 할지 알아야 한다고.
그이가 돈이 있으면
그이가 상냥하면
그이의 옷깃이 평일에도 깨끗하면
그이가 숙녀에 대한
예절을 지킬 줄 알면

그러면 나는 그에게 "안 돼요"라고 말하지요.
그러면 머리를 똑바로 쳐들고
아주 일반적인 이야기나 나누지요.
물론 밤새도록 달이 비치고
물론 강변의 보트는 매어놓지만
더 이상 진도는 나가지 않지요.
그럴 땐 자리에 누울 수 없을 뿐 아니라
그럴 땐 냉정하고 무정해야만 해요.
그럴 땐 여러 가지 일이 일어날 수 있지만
아하, 그럴 땐 "안 돼요"라고 할 뿐이죠.

2.
처음 나타난 남자는 켄트에서 왔는데
그인 남자다운 남자였어라.
두 번째 남자는 항구에 배 세 척이 있고
세 번째 남자는 나에게 홀딱 반했네.
그들은 돈이 있었고
그들은 상냥했으며
그들의 옷깃은 평일에도 깨끗했으며
그들은 숙녀에 대한
예절을 지킬 줄도 알았지만
나는 그들에게 "안 돼요"라고 말했네.
나는 얼굴을 똑바로 쳐들고
아주 일반적인 이야기나 했답니다.
물론 밤새도록 달이 비쳤고
물론 강변의 보트는 매어놓았지만
더 이상 진도는 나가지 않지요.

〈서푼짜리 오페라〉

그럴 땐 자리에 누울 수 없을 뿐만 아니라
그럴 땐 냉정하고 무정해야만 해요.
그럴 땐 여러 가지 일이 일어날 수 있지만
그럴 땐 "안 돼요"라고 할 뿐이죠.

3.
그런데 하늘이 파랗게 갠 어느 날
한 사내가 와서 나에게 아무것도 청하지도 않고
내 방에 들어와 모자를 벗어 걸었어요
나는 어쩔 줄 몰랐어요.
그는 돈이 없었고
상냥하지도 않았으며
옷깃은 일요일에도 깨끗하지 않았죠
숙녀에 대한
예절도 지킬 줄 몰랐지만
나는 "안 돼요"라고 말하지 않았죠.
머리를 똑바로 쳐들지도 않고
일반적인 이야기만 하지는 않았답니다.
아하, 달은 밤새껏 비쳤고
강변의 보트는 풀어 놓았죠
달리 어찌하는 수가 전혀 없었네!
그럴 땐 그냥 자리에 누워야만 되지요
냉정하고 무정할 수가 없지요.
여러 가지 일이 일어나지 않을 수가 없어
"안 돼요"라고 말할 순 없었네!

피첨   그래, 범죄자의 계집이 되었구나. 그거 잘 됐다. 그거 유
쾌한 일이다.

피첨 부인	네가 이왕 결혼을 할 정도로 그렇게 부도덕해졌으면 하필 말 도둑놈이며 부랑자야만 되겠어? 톡톡히 후회할 날이 있을 거다! 내가 그렇게 되리라는 걸 예견했어야 하는데. 어려서부터 저년은 영국의 여왕이라도 된 것처럼 굴었다니까.
피첨	그러면 저애가 정말 결혼했단 말이군!
피첨 부인	그래요, 어제 저녁 5시에요.
피첨	악명 높은 범죄자가 얻어걸렸어. 곰곰 생각해 보면 그것은 이 인간의 대단한 무모함을 증명하는 것이지. 내가 노년기의 마지막 돈줄인 내 딸을 주어 버리면 내 집이 무너져서 마지막 남은 개도 도망갈 거야. 나는 곧바로 굶어 죽을 위험을 무릅쓰지 않고는 손톱 밑에 때도 감히 주어 버리진 못하겠다. 그래, 우리 셋이서 모두 한 아름의 땔나무를 가지고 겨울을 난다면 아마 다음 해를 다시 맞게 될 수도 있겠지. 아마도.
피첨 부인	그래, 도대체 넌 무슨 생각을 하고 있는 거야? 이런 보답을 받을 줄이야, 여보. 난 미치겠어. 머릿속이 뒤죽박죽이야. 똑바로 서 있지도 못하겠어. 오! *의식을 잃는다.* 코르디알 메독[30] 한 잔 줘!
피첨	네 어미를 어떻게 만들었는지 봐라. 빨리! 그러니 너는 도둑놈의 계집이 되었다 이거지. 그거 잘 됐다. 그거 유쾌한 일이다. 가련한 저 여자가 그렇게 충격을 받는 것도 재미있구나. *폴리는 코르디알 메독 병을 가지고 온다.* 이것이 너의 가련한 어머니에게 남아 있는 유일한 위안이다.
폴리	걱정 말고 두 잔을 드리세요. 어머니는 제정신이 아닐 때는 곱빼기로 마실 수 있어요. 그럼 다시 일어나요. *그녀는 이 장면 내내 아주 행복스런 표정을 짓고 있다.*

〈서푼짜리 오페라〉

피첨 부인   *깨어난다.* 오, 이 어미 걱정해 주는 체는 하지도 마라!
다섯 명의 남자가 등장한다

거지   아주 엄중하게 항의하는 바입니다. 이건 엉터리요. 이건 전혀 몽당발이 아니라 서툴기 짝이 없는 졸작이요, 이런 것을 위해 돈을 내버리지는 않겠어.

피첨   바라는 게 뭐야, 이건 다른 것과 똑같이 좋은 몽당발이다, 다만 네놈이 그걸 청결하게 유지하질 못해.

거지   그래요, 그럼 나는 왜 다른 사람들만큼 돈을 벌지 못하나요? 아니요, 나는 못 속여요, *몽당발을 내던진다.* 이따위 허섭스레기를 쓰느니 내 진짜 다리를 자르겠소.

피첨   그래, 너희들이 바라는 게 대체 뭐냐? 사람들의 마음이 차돌 같은 게 내 책임이냐? 나는 너희들에게 다섯 개의 몽당발은 만들어줄 수 없다! 나는 5분이면 누구에게든 개라도 보면 울 비참한 몰골을 만들어 줄 수 있어. 인간이 울질 않는데 나 보고 어쩌란 말이냐! 여기 몽당발이 또 하나 있어, 하나로 부족하면 말이야. 그렇지만 네 물건을 잘 손질해!

거지   이것으로 되겠는데요.

피첨   *다른 사람에게서 의수족을 검사한다.* 가죽은 나빠, 셀리아, 고무가 더 구역질나요. *세 번째 사람에게* 타박상이 이제 가시는구나, 그런데 이게 마지막 것인데. 이제 다시 처음부터 시작할 수가 있다. *네 번째를 검사하면서* 물론 자연적인 상처 딱지는 인조만은 못해. *다섯 번째에게* 아니, 이 꼴이 뭐냐? 또다시 처먹었구나, 이제 본때를 좀 보여주어야겠다.

거지   피첨 씨. 난 정말로 무어 별로 먹은 것도 없어요, 그런데도 자꾸 살만 찌는 걸 어쩝니까.

피첨	나도 어쩔 수 없다. 너는 해고다. *또다시 두 번째 거지에게* "충격을 주는 것"과 "성가시게 구는 것" 사이엔 물론 차이가 있지, 이 친구야, 음, 나는 예술가가 필요해. 예술가만이 오늘날까지도 마음에 충격을 주지. 너희들이 제대로 일을 한다면 관객이 박수를 칠 것이다! 넌 아이디어가 없어! 그러니 물론 고용을 연장해 줄 수 없다. *거지들 퇴장*
폴리	자, 그이를 보세요. 그이가 미남이기라도 한가요? 아니에요. 하지만 그이는 수입이 좋아요. 그는 날 먹여 살릴 만하죠! 그이는 뛰어난 가택 침입자이며, 앞을 보는 안목이 있고 노련한 노상강도예요. 그이 저축이 지금까지만 해도 벌써 얼마나 되는지 나는 정확히 알아요. 나는 숫자까지 말할 수 있어요. 몇 가지 사업만 성사되면 우린 조그만 별장으로 은퇴해서 살 수 있어요. 우리 아버지가 대단히 높게 평가하시는 셰익스피어 씨처럼 말이에요.
피첨	자 그러니 모든 것이 아주 간단한 일이야. 넌 결혼을 했다 이거지. 결혼을 하고 나면 무엇을 하지? 그저 생각은 않는다니까. 무얼 그리 어렵게 생각하니, 이혼을 하는 거야, 그렇지 않아, 그렇게 알아내기가 어려우냐?
폴리	무슨 뜻인지 모르겠어요.
피첨 부인	이혼을 하라고.
폴리	하지만 저는 그 사람을 사랑하는데 어떻게 이혼을 생각할 수 있어요?
피첨 부인	이것아, 전혀 부끄럽지도 않니?
폴리	어머니, 어머니도 일찍이 사랑을 해보셨다면 –
피첨 부인	사랑을 해봐! 그 몹쓸 놈의 책들을 읽더니 머리가 돌았구나. 폴리, 모두 다 그렇게 한단다!

〈서푼짜리 오페라〉

폴리	그럼 난 예외를 만들지.
피첨 부인	그러면 엉덩이를 두들겨 줄 테다. 예외 같은 년아.
폴리	그래요, 모든 어머니들이 그렇게 하지만 소용없어요. 엉덩이를 두들겨 패는 것보다는 사랑이 더 크기 때문이에요.
피첨 부인	폴리, 보자보자 하니깐 한이 없구나.
폴리	나의 사랑을 빼앗기진 않을 걸.
피첨 부인	한마디만 더하면 따귀를 맞을 줄 알아.
폴리	사랑이 이 세상에서 제일 숭고한 것이래요.
피첨 부인	그 녀석으로 말하자면 계집이 여럿이다. 만약 그자가 교수형에 처해진다면 아마 여편네 대여섯이 과부라고 나타날 것이며, 각자 애 녀석 하나씩은 둘러메고 올 것이다. 아이고, 여보!
피첨	교수형이라고, 어떻게 그런 생각을 하게 되었지! 그거 좋은 생각인데, 좀 나가 있거라, 폴리. *폴리 퇴장.* 맞았어. 그럼 40파운드가 생겨.
피첨 부인	알겠어요. 경찰에 고발하는 거죠.
피첨	물론이지. 그리고 그렇게 되면 우리는 공짜로 그자를 교수형에 처하는 거야… 일석이조야. 다만. 그자가 대체 어디 틀어박혀 있는지를 알아야 될 텐데.
피첨 부인	여보, 그건 내가 정확히 말할 수 있어요. 창녀들과 같이 있어요.
피첨	하지만 그년들이 거기 있다고 하겠나.
피첨 부인	내게 맡겨 두세요. 돈이면 다 되는 세상인데요.[31] 난 곧 턴브리지[32]로 가서 계집애들에게 말 해 놓겠어요. 그자가 지금부터 두 시간 후에 단 한 년하고만 만나도 붙잡히는 거예요.
폴리	엄마, 헛걸음 하지 마세요. 맥이 그런 창녀하고 만나기 전

에 제 발로 오울드 베일리의 감방으로 들어간다 하더라도 경찰관은 그에게 칵테일을 권하고 시가를 피우며 이 거리에서 이루어지는 모종의 사업에 관해 그와 한담을 나눌 거예요. 거기선 모든 것이 정당하게 이루어지는 것은 아니니까. 아빠, 그 경찰관이 우리 결혼식에 와서 아주 재미있게 놀다 갔어요.

피첨   그 경찰관 이름은?

폴리   브라운이에요. 하지만 아빠는 그를 호랑이 브라운이라고 만 알 거야. 그를 두려워하는 모든 사람들은 그를 호랑이 브라운이라고 부르거든요. 하지만, 보세요. 그이는 그를 재키라고 불러요. 그이에겐 그가 그저 단순히 사랑하는 재키거든요. 둘은 어릴 때부터 친구라고요.

피첨   그래, 아무렴, 친구고 말고. 경찰관과 깡패 두목이, 흥, 이 도시에선 아마 둘도 없는 친구겠지.

폴리   *시적*으로 그들이 함께 칵테일을 마실 때마다 서로 뺨을 쓰다듬으며 말했어요. "자네가 또 한 잔을 비운다면 나도 역시 또 한잔 비우겠네."³³⁾ 그리고 한 사람이 밖으로 나갈 때마다 다른 사람의 눈은 촉촉해지며 말했어요. "자네가 어디로 가면 나도 그리로 가겠네."³⁴⁾ 맥에 대해서는 스코틀랜드 야드에 아무런 혐의 사실도 제출된 것이 없어요.

피첨   그래, 그래. 수차에 걸쳐서 결혼한 것이 확실한 매키스 씨는 화요일 저녁부터 목요일 새벽까지 결혼을 빙자해서 내 딸 폴리 피첨을 부모의 집에서 유혹해 냈습니다. 한 주일이 지나기도 전에 사람들은 이런 이유로 그자를 교수대로 인도할 것이며 응당 그래야만 합니다. "매키스 씨, 그대는 한 때 흰 가죽 장갑을 끼었고, 상아 손잡이가 달린 지팡이

<서푼짜리 오페라>

223

를 들고 다녔으며, 목에는 흉터가 나 있었고 오징어 호텔에 출입했습니다. 그중에서 남아 있는 것은 흉터인데, 이것은 그대의 특징 중에서 가장 무가치한 것이겠죠. 그리고 그대는 이제부터 감방이나 출입하게 되었으며 곧 아무 곳에도 출입을 못할 것입니다…"

피첨 부인 아, 여보, 그렇게 되지는 않을 걸요. 그자는 런던의 최대 범인이라고 일컫는 매키 메서이기 때문이오. 그자는 무어나 제가 하고 싶은 대로 하니까요.

피첨 매키 메서가 누구더냐?! 런던의 경찰관에게 가겠으니 준비해. 그리고 당신은 턴브리지로 가고.

피첨 부인 그자의 창녀들에게로.

피첨 이 세상은 너무나도 비열해서 발이 닳도록 뛰어다녀야 발을 도둑맞지 않아.

폴리 아빠, 브라운 씨와 꼭 다시 한 번 악수하고 싶어요.
세 사람이 앞으로 나와서 노래 조명을 받으며 첫 번째 피날레를 부른다. 판자에는 다음과 같이 노래 제목이 씌어 있다.

첫 번째 서 푼짜리 피날레: 인간적 상황의 불확실성에 관하여

폴리 내가 바라는 것이 지나친 건가요?
이 쓸쓸한 인생살이에 한 번쯤
어떤 남자에게 몸을 바친다는 것이.
너무 고상한 목표일까요?

피첨 두 손으로 성경을 들고
인생은 무상하거늘, 행복을 추구하고

이 세상의 모든 쾌락을 맛보고
돌 대신에 먹을 빵을 차지하는 것이[35]
이 땅 위에 사는 인간의 권리로다.
이것은 이 땅 위에서 사는 인간의 최소한 권리로다.
하지만 누군가 그 권리를 찾았다는 소리는
유감이지만 아직까진 들어보지 못 했네 – 웬걸요!
누구라서 한 번쯤 권리를 찾아보고 싶지 않으랴만
하지만 형편이, 형편이 그렇지 않아요!

피첨 부인 너에게 친절하고 싶은 마음
모든 것을 주고 싶어
네가 인생을 즐기도록
누구나 즐겨 하는 것이니까.

피첨 착한 사람이 된다!
그래, 누가 그걸 마다하랴?
자기의 재산을 가난한 사람들에게 준다. 못할 이유가 무
어냐?
모두가 착하면, 그분의 나라가 멀지 않았느니라
누가 하느님의 빛을 받고 싶지 않으랴?
하지만 이 지상엔 유감스럽게도
재물은 부족하고 인간은 거칠도다.
누구라서 평화와 화목을 마다하겠는가?
하지만 형편이, 형편이 그렇지 않아요!

폴리와 피첨 부인

그건 유감이지만 옳은 말씀이오.
세상은 가난하고, 인간은 악하도다.

피첨 물론 유감이지만 내 말이 맞아
세상은 가난하고, 인간은 악해.

〈서푼짜리 오페라〉

지상 낙원을 원하지 않는 자 누구더냐?

하지만 형편이, 이걸 허락하더냐?

아니야, 형편이 허락하질 않는다.

너를 사랑하는 형제도

고깃덩이가 둘이 먹기 부족하면

얼굴에다 발길질 한다

성실한 것, 그럼, 누구라서 그렇길 원치 않겠는가?

하지만 너를 사랑하는 아내도

사랑이 부족하면

얼굴에다 발길질 한다.

정말이지, 고마운 마음을 갖는 것, 누구라서 그렇길 원치 않는가?

하지만 너를 사랑하는 너의 자식도

노년의 양식이 부족하면

얼굴에다 발길질 한다.

정말이지, 인간적인 것, 누구라서 그것을 원치 않겠는가?

폴리와 피첨 부인

그래요, 그건 안타까운 일이야

그건 몹시 재미없는 일이야.

세상은 가난하고, 인간은 악해

유감이지만 옳은 소리야.

피첨 물론 유감이지만 내 말이 맞아

세상은 가난하고, 인간은 악해.

우리는 착하고 싶어요 - 이렇게 거친 대신에

하지만 형편이, 그게 그렇질 못해요.

셋이 함께 그래, 그러면 물론 어쩔 수가 없어

그러면 이 모든 것이 허섭스레기일 뿐이야!

피첨	세상은 가난하고, 인간은 악하도다 유감이지만 내 말이 옳아!
셋이 함께	그건 안타까운 일이야 그건 몹시 재미없는 일이지. 그래서 어쩔 수가 없어 그래서 모든 것이 허섭스레기일 뿐이지.

제2막

제4장

목요일 오후. 매키 메서는 부인과 작별하고 장인을 피해 하이게이트의 늪지대로 가기로 한다.

마구간

폴리	*들어온다.* 맥! 맥, 놀라지 말아요.
맥	*침대에 누워 있다.* 아니, 무슨 일이야, 꼴이 왜 그래, 폴리?
폴리	난 브라운에게 다녀왔어요, 그리고 우리 아버지도 거기 갔었는데, 둘이서 당신을 체포하기로 했어요. 우리 아버지는 무엇인가 끔찍스런 일을 가지고 위협했으나 브라운은 당신 편이었지요, 하지만 마침내 그는 지고 말았어요. 이젠 그도 당신이 얼마 동안 황급히 잠적하는 게 좋겠대요, 맥, 곧 짐을 꾸려야 돼요.
맥	아하, 쓸데없는 소리, 짐을 싸다니, 이리 와, 폴리. 나는 지

금 짐을 싸는 것과는 전혀 다른 짓을 하고 싶어.

폴리 안 돼요, 맥, 지금 그럴 수 없어요. 나는 너무 놀랐어. 끊임없이 교수형 얘길 했어요.

맥 폴리, 난 당신이 변덕을 부리는 걸 싫어해. 스코틀랜드 야드에는 내 혐의 사실이 전혀 없어.

폴리 그래요, 아마 어제까지는 그랬을지 모르지요. 하지만 오늘은 갑자기 혐의가 많아졌어요. 당신은 – 내가 고발장을 가지고 왔어요. 이걸 다 주워섬길 수 있을는지도 모르겠어요. 죄목이 도대체 끝나질 않아요. 당신은 상인 두 명을 살해했고, 서른 번 이상 가택 침입을 했으며, 스물세 번의 노상강도, 방화, 모살, 문서위조, 위증 등등. 이 모든 것을 일 년 반 동안에 저지른 것이오. 당신은 몹쓸 인간이야. 그리고 윈체스터에서는 미성년 자매 둘에게 욕을 보였어요.

맥 그년들은 나 보고 스무 살이 넘었다고 그랬는데. 브라운은 뭐라고 하던가? *그는 천천히 일어나 무대 전면을 따라서 휘파람을 불며 오른쪽으로 간다.*

폴리 그는 복도에서 나를 붙잡고 이제는 당신을 위해서 아무 것도 못 하겠다고 했어요. 아하, 맥! *그녀는 그의 목에 매달린다.*

맥 그럼 좋아, 내가 떠나야 된다면 당신이 사업 운영을 떠맡아야 해.

폴리 이런 판에 사업 이야기는 말아요, 맥, 차마 들을 수가 없어요. 당신의 가련한 폴리에게 다시 한 번 입을 맞춰 주세요. 그리고 맹세해 주세요. 나를 결코, 결코… *맥은 버럭 그녀의 말을 중단시킨 다음 그녀를 테이블로 데리고 가서 의자에 눌러 앉힌다.*

맥	이게 장부야. 잘 들어 보라고, 여기 직원 명단이 있고 *읽는다*. 자, 이건 갈고리 손가락 제이콥인데 입사한 지 일년 반, 그가 벌어들인 것을 봅시다. 하나, 둘, 셋, 넷, 다섯 개의 금시계, 많지는 않지만 깨끗하게 업무를 처리했지. 내 무릎에 앉지 마, 지금은 기분이 내키지 않으니까. 이건 수양버들 월터, 신뢰할 수 없는 개야. 독자적으로 일을 망쳐놓지. 삼 주일 간 연명할 여유를 준 다음 잘라버려. 브라운에게 가서 그대로 고발해 버려.
폴리	*흐느끼며* 그대로 브라운에게 고발할게요.
맥	지미 Ⅱ세, 염치없는 고객이지. 잘 벌어들이긴 하지만 염치가 없어. 상류층 숙녀들의 엉덩이 밑에 깔려 있는 홀이불도 걷어온다니까. 그에게 선불을 해줘,
폴리	선불을 해줄게요.
맥	톱날 로버트, 쩨쩨한 인간으로 천재성이 엿보이질 않아. 교수대에 가지도 않겠지만 남기는 것도 없어.
폴리	남기는 것도 없어.
맥	그 외에는 지금과 똑같이 하면 돼, 7시에 일어나서 몸을 닦고 목욕한다 등등.
폴리	당신 말이 옳아요. 난 이를 악물고 사업을 감독해야 돼요. 당신 것은 이제 내 것이기도 해요, 그렇지 않아요, 매키? 그러면 당신이 쓰던 방들은 어떻게 해요, 맥? 내놓아야 되지 않을까? 방세만 나가면 아까우니까!
맥	아냐, 아직 필요해.
폴리	아니 무엇 때문에, 돈만 들잖아요!
맥	내가 아주 돌아오지 못한다고 생각하는 듯하군.
폴리	어째서? 그럼 다시 세를 들면 되잖아! 맥… 맥, 난 더 이상 계속할 수가 없어, 난 당신의 입만 바라다보고 있으면

서도 당신이 말하는 게 들리지 않아. 나에게 신의도 지키
겠죠, 맥?

맥   물론 나는 당신에 대한 의리를 지킬 것이야. 난, 당신이
하는 대로 보답할 거야. 내가 당신을 사랑하지 않는다고
생각하오? 난 당신보다 더 멀리 내다볼 뿐이야.

폴리   너무 감사해요, 맥. 당신은 나를 돌봐 주는데 다른 사람들
은 피 냄새를 맡는 개처럼 당신 뒤를 쫓아가고 있군요 –
*"피 냄새를 맡는 개" 라는 말을 듣자 그는 굳어져서 일어
선다. 그는 오른쪽으로 가서 윗도리를 벗어던지고 손을
씻는다.*

맥   *황급하게* 순이익은 종전과 같이 맨체스터의 잭풀 은행으
로 보내. 우리끼리 이야기지만, 수주일 안으로 나는 은행
업으로 업종을 바꾸게 돼. 더 안전할 뿐만 아니라 수익성
도 더 높지. 늦어도 두 주 후에는 이 사업에서 돈을 빼내
야 돼, 그 다음에는 브라운에게로 가서 명단을 경찰에 넘
겨. 기껏해야 4주 후에는 그 인간쓰레기들은 오울드 베일
리의 감옥 속으로 사라지는 거지.

폴리   아니, 맥! 당신이 그들을 버려서 그들이 교수형에 처해진
거나 다름없는 것인데 어떻게 그들을 대면할 수가 있어
요? 그리고도 어떻게 그들과 악수할 수 있어요?

맥   누구 말이야? 톱날 로버트, 엽전 매시어스 , 갈고리 손가
락 제이콥?
일당 등장

맥   여러분, 만나서 반갑군.

폴리   안녕하세요, 여러분.

매시어스   대장, 대관식 행사 계획을 입수했습니다. 중노동을 해야
되겠어요. 30분 후면 캔터베리 대주교가 도착합니다.

맥	언제?
매시어스	5시 30분에. 우린 당장 떠나야 됩니다. 대장.
맥	그래, 너희들은 당장 떠나야 된다.
로버트	너희들이라니?
맥	응, 난 말이야 잠시 여행을 떠나야 할 처지다.
로버트	원 제기랄, 체포당하게 되었나요?
매시어스	하필이면 대관식을 앞두고? 대장이 없는 대관식이란 그림의 떡이죠.
맥	주둥이 닥쳐! 이러 목적을 위해서 나는 단기간 업무 지휘권을 내 처에게 위임한다. 폴리! *그는 그녀를 앞으로 밀어내고 자신은 뒤로 간다. 그곳에서 그녀를 관찰하면서.*
폴리	동지들, 우리 대장은 마음 푹 놓고 길을 떠나도 된다고 생각한다. 사업은 우리가 처리해 나갈 수 있을 것이다. 일류로 말이야, 동지들?
매시어스	나는 말할 처지는 못돼. 하지만 이런 시기에 여자가 해낼 수 있을지 모르겠어- 부인, 부인에게 반대하는 것은 아닙니다.
맥	*뒤에서* 어떻게 생각해, 폴리?
폴리	이 개돼지 같은 놈아, 참 시작 잘 한다. *소리 지른다.* 물론 날 반대하는 건 아니겠지! 그렇지 않으면 이분들이 벌써 예전에 네 바지를 벗기고 궁둥이를 두들겨 팼을 게다. 그렇지 않습니까, 여러분들! *잠시 쉬었다가 모두들 미친 듯이 박수를 친다.*
제이콥	그래, 의미 있는 말이야, 부인을 믿어도 돼.
월터	브라보, 대장 부인께서 하신 말씀이 옳습니다. 폴리 만세!
모두	폴리 만세!
맥	내가 대관식 때 여기 있을 수 없는 일이 더러운 거야. 그

〈서푼짜리 오페라〉

건 100%확실한 사업인데 말야. 낮에는 집이 모조리 비어 있고 밤에는 상류층이 전부 곤드레만드레가 되어있고. 그런데, 넌 술을 너무 많이 마셔, 매시어스 지난주에 너는 그린위치의 아동병원 방화사건이 네가 한 일처럼 보이게 했지. 만약 그런 일이 또다시 발생하면 넌 해고다. 누가 아동병원을 방화했나?

매시어스   내가 했잖아요.

맥   *다른 사람들에게* 누가 방화했지?

다른 사람들   대장님이요, 매키스 씨요.

맥   그래 누구지?

매시어스   *골이 나서* 대장님이요, 매키스 씨요. 이런 식으로 하면 우리넨 물론 절대로 출세할 수가 없어.

맥   *목을 조르는 시늉을 하며* 네가 나와 경쟁을 할 수 있다고 생각하면 출세를 할 수 있고말고.

로버트   부인, 부군께서 여행을 떠나신 동안 저희들을 통솔하십시오. 매 주 목요일 정산입니다. 부인.

폴리   매 주 목요일이다. 동지들.

일당은 물러간다.

맥   그럼 안녕. 나의 사랑, 생기를 잃지 말고, 내가 있을 때나 마찬가지로 매일같이 화장하는 것을 잊지 말아요. 그게 아주 중요해, 폴리.

폴리   그러면 맥, 당신도 여자를 만나지 않고 곧장 출발한다고 약속해 줘요. 당신의 작은 폴리가 질투심에서 그런 말을 하는 게 아니고 그게 아주 중요하다는 것을 믿어줘요.

맥   아니 폴리, 내가 왜 그런 물 빠진 통 같은 여자들에게 신경을 쓰겠소. 나는 당신만을 사랑하오. 땅거미가 짙게 들 무렵 아무 마구간에서나 검은 말을 끌어내 당신이 창가에서 달을 보기 전에 이미 하이게이트의 늪지대를 지나가 있을 것이오.

폴리   아아, 맥. 내 몸에서 심장을 도려내지 마세요. 내 곁을 떠나지 말고 행복하게 살아요.

맥   나도 내 몸에서 스스로 심장을 도려내는 듯해. 나는 떠나지 않을 수 없어, 언제 다시 돌아올지도 모르고.

폴리   너무 짧았어요, 맥.

맥   뭐 이게 마지막인가?

폴리   아, 이제 꿈을 하나 꾸었어요. 창문을 내다보고 있는데 골목길에선 큰 웃음소리가 들려오지 않겠어요. 그래서 내다보니 우리들의 달이 보였어요. 그런데 그 달은 이미 다 닳아빠진 일 페니처럼 얇디얇았어요. 외지에 가더라도 나를 잊지 말아요, 맥.

맥   물론 당신을 잊지 않을 거야, 폴리. 내게 입을 맞춰줘, 폴리.

폴리   안녕, 맥

맥   안녕, 폴리. *퇴장*

폴리   *혼자서* 저인 다시 돌아오지 않아.
종이 울리기 시작한다.

폴리   이제 여왕이 런던으로 입성하는구나, 우리는 대관식 날 어디에 가 있는지!

성적인 예속성에 대한 발라드

무대 막 앞에 피첨 부인이 선술집의 제니와 같이 나타난다.

피첨 부인   그러면 너희들이 며칠 내로 매키 메서를 보면 근처에 있

〈서푼짜리 오페라〉

	는 경찰관에게 달려가서 고발해, 그 대가로 10실링을 주겠다.
제니	하지만 경찰이 추적하고 있는데 그를 볼 수 있겠어요? 사냥이 시작되면 우리들과 노닥거릴 시간이 없을 텐데요.
피첨 부인	제니, 내 말을 믿어. 런던 전체가 그자를 추적하더라도 매키스는 그것 때문에 자기의 습관을 버릴 사람이 아냐.

그녀가 노래한다.

1.

여기 한 사람은 사탄 그 자체야

그자는 백정이야! 그리고 다른 사람들은 모두 송아지!

버르장머리 없는 개! 가장 악독한 뚜쟁이 놈!

모든 사람 해치는 그자를 누가 해치우나? – 계집들이죠.

그자가 원하든 원하지 않던 – 그는 준비가 되어 있네.

이것이 성적인 예속성이죠.

　　그자는 성서를 존중하지 않아. 그는 민법전을 조소해요.

　　그는 자기가 가장 위대한 에고이스트라고 생각해요.

　　계집을 보기만 하면 머리가 돌아 버린다는 걸 알아요.

　　그래서 그는 주위에 계집을 얼씬도 못하게 하지

　　저녁이 되기 전에 하루를 칭찬하지 마라

　　밤이 되기 전에 그는 벌써 올라타고 있을 거니까.

2.

어떤 사람은 어떤 사람이 뒈지는 꼴을 보았다.

위대한 정신이 창녀에게 빠졌다네!

그들이 맹서한 대로 같이 목격한 그들 –

그들이 뒈졌을 때 누가 매장을 했던가? – 갈보들이.

그들이 원하든 원하지 않던 - 그들은 준비가 되어 있네.
이것이 성적인 예속성이죠.
　　그자는 성서에 매달리고, 그자는 민법전을 개정해요.
　　남자라면 - 기독교인, 유대인이라면 - 무정부주의자!
　　정오엔 샐러리를 처먹지 않으려고 안간힘을 쓰고
　　오후엔 황급히 어떤 이념을 위해 전념하고.
　　저녁엔 말하기를 나는 잘 되어 간다고
　　밤이 되기도 전에 그는 또다시 올라타고 있지.

제5장

*대관식의 종소리가 다 사라져버리기도 전에 매키 메서는
턴브리지의 창녀들에게 가있었다! 창녀들이 그를 배반한
다. 목요일 저녁이다.*

턴브리지의 사창가

*평범한 오후. 창녀들은 대부분 속옷 바람으로 다리미질을
하고, 말판 놀이를 하거나 몸을 씻고 있다. 시민사회의 목
가적인 장면이다. 갈고리 손가락 제이콥은 신문을 읽고
있는데 아무도 그에게 신경을 쓰지 않는다. 그는 오히려
방해가 된다.*

제이콥	그는 오늘 안 와.
창녀	그래?
제이콥	아마 다시는 못 오게 될 걸.

〈서푼짜리 오페라〉

235

창녀	그럼 섭섭하겠네.
제이콥	그래? 내가 알기론, 그는 이미 시내를 벗어났어. 이번엔 줄행랑이거든!
	매키스가 나타나서 모자를 벗어 못에 걸고 테이블 뒤에 있는 소파에 앉는다.
맥	커피 가져와!
빅센	*반복해서 경탄하면서* "커피 가져 와!"
제이콥	*놀라서* 아니 어떻게 하이게이트에 가 있지 않고?
맥	오늘은 내가 오는 목요일이야. 그런 사소한 일 때문에 내 습관을 버릴 수는 없지. *고발장을 마룻바닥에 던진다.* 게다가 비도 내리고.
제니	*고발장을 읽는다.* 왕명으로 매키스 대장을 기소하는 바, 삼중의⋯
제이콥	*그녀에게서 빼앗는다.* 내 이름도 거기 나와?
맥	물론이지, 전 직원이 다!
제니	*다른 창녀에게* 이봐, 이게 고발장이다. *쉬었다가* 맥, 손을 이리 내봐요.
	그녀에게 손을 내밀며 다른 손으로는 커피를 마신다.
돌리	그래, 제니, 손금을 보라고, 너 그거 잘하지.
	석유등을 비춰 준다.
맥	유산을 많이 받을까?
제니	아냐, 유산은 많이 받지 못해!
베티	왜 그렇게 쳐다보니, 제니, 등골이 오싹한다.
맥	곧 장거리 여행을 떠나는가?
제니	아니 장거리 여행은 안 해.
빅센	그럼 도대체 무얼 보는 거야?
맥	좋은 것만 봐, 나쁜 것은 보지 말고!

제니	무슨 말씀, 어둡고 답답한 것이 보이며 빛이 거의 없네. 그리고는 커다란 ㄱ자가 보여, 계집의 간계를 뜻하지. 그리고 또 보이는 것은…
맥	잠깐. 어둡고 답답한 것과 간계에 대해서 상세한 것을 알고 싶어, 예컨대 간계를 부리는 계집의 이름 같은 것.
제니	그 이름이 ㅈ으로 시작된다는 것만 보이네.
맥	그러면 틀려. ㅍ으로 시작되는데.
제니	맥, 웨스트민스터의 대관식 종소리가 울리면 시련이 다가올 거야!
맥	좀 더 자세히 말해 봐.
제이콥	*깔깔거리며 웃는다.*
맥	대체 무슨 일이야? *그는 제이콥에게 달려가서 읽는다.* 완전히 틀려, 셋뿐이었는데.
제이콥	*웃는다.* 그러니까!
맥	속옷이 예쁘구나.
창녀	요람에서 무덤까지, 우선은 속옷이라!
늙은 창녀	난 비단은 절대 안 써. 그러면 남자 분들이 곧 어디가 아프다고 생각하니까.
	제니는 몰래 문 밖으로 나간다.
두 번째 창녀	*제니에게* 너 어디 가니, 제니?
제니	알게 될 거야. *퇴장*
몰리	하지만 손으로 짠 삼베는 사람을 놀라게 해.
늙은 창녀	나는 손으로 짠 삼베로 대단히 성과를 올렸는데.
빅센	그럼 손님들이 집에서처럼 느끼게 되거든.
맥	*베티에게* 아직도 넌 검은 가장자리 장식을 달고 있니?
베티	아직도 검은 가장자리 장식을 달고 있어요.
맥	네 속옷은 어떤 거냐?

〈서푼짜리 오페라〉

237

두 번째 창녀 아이, 난, 부끄럼을 타요. 내 방에는 아무도 데리고 들어
가질 못해. 우리 아주머니는 남자에 환장을 했어, 그리고
현관에서는, 저, 난 거기선 아예 속옷을 안 입어.

제이콥 *웃는다.*

맥 다 읽었어?

제이콥 아니, 방금 능욕 부분을 읽고 있는 중이야.

맥 *다시 소파에서* 그런데 제니는 어디 갔어? 숙녀 여러분, 이
도시 위에 내 별이 뜨기 오래 전에…

빅센 "이 도시 위에 내 별이 뜨기 오래 전에…"

맥 …여러분들 중의 한 여자와 함께 비참하기 짝이 없는 생
활을 했지, 숙녀 여러분. 그리고 내 오늘 비록 매키 메서
이지만, 행운을 누리면서도 옛날 어두웠던 시절의 동반자
들을 결코 잊지 않겠소. 누구보다도 제니는 아가씨들 중
에서 나에게 가장 사랑스러웠지. 자, 들어보라고!
*맥이 노래를 하는 동안 창문 오른쪽에 제니가 서서 경찰
관 스미스에게 눈짓을 한다. 그리고 나서 피첨 부인도 가
담한다. 가로등 밑에서 세 사람이 서서 왼쪽을 관찰하고
있다.*

뚜쟁이의 발라드

1.

맥

이미 오래 전에 지나간 세월
우린 동거 생활을 하였지, 그녀와 나
나는 머리를 쓰고 그 여잔 하체를 썼죠.
나는 기둥서방이고 그 여잔 밥벌이 했죠.

다른 수도 있겠지만 그렇게도 되더군요.
오입쟁이가 오면 나는 침대에서 기어 나와
소주 한 잔 걸치고 지극히 상냥했죠
그가 돈을 내면 그에게 나리라고 했죠
또 한 번 하시고 싶으면 – 어서 하시죠.
그럭저럭 꼬박 반년을 견뎠네
우리들이 살림을 차렸던 사창가에서.

제니가 문에 등장하고 그녀 뒤엔 스미스가 있다.

2.
제니
이제는 흘러가 버린 그 시절
그는 나를 가끔은 들어올렸죠.
돈이 한 푼도 없으면, 닦아세웠죠
이년아 너의 속옷이라도 전당 잡히겠다.
속옷은 입는 게 좋지만 없어도 되지요.
그럴 땐 나는 악의를 품었죠, 자, 이거 보라구!
나는 때로는 어째서 이리 무례하냐고 대들었죠
그러자 그인 냅다 내 아가리를 후려쳐서
나는 때로는 그대로 병들었죠!
둘이서 :
그때 반년 간은 정말 멋있었지요
우리들이 살림을 차렸던 사창가에서.

〈서푼짜리 오페라〉

3.

둘이서	*함께 그리고 번갈아가며*
	이제는 흘러가 버린 그 시절
맥	그래도 그때는 지금처럼 암담하지도 않았었는데
제니	낮에만 동침을 했지만
맥	이미 말씀드린 바와 같이, 그녀가 밤에는 대부분 손님을 받았으니까!
	밤에 하는 것이 보통이지만, 낮에도 된답니다!
제니	그러다가 언젠가는 아이를 배게 되었어요.
맥	그러면 우리는 이렇게 했죠, 내가 그녀의 밑에 드러누워서.
제니	자궁 속의 아이를 눌러 죽이지 않으려고 그랬죠.
맥	하지만 그 애는 잃어버릴 운명이었지요.
	그리고 곧 반년도 끝장났죠
	우리들이 살림을 차렸던 사창가에서.
	춤. 맥은 칼 달린 지팡이를 짚고 그녀는 그에게 모자를 건네준다. 그는 아직 춤을 추고 있는데 스미스가 어깨에 손을 얹는다.
스미스	자, 이제 출발하시지!
맥	이 거지같은 집구석엔 아직도 출구가 하나뿐인가?
	스미스는 매키스에게 수갑을 채우려고 한다. 맥은 그의 가슴을 밀어젖혀 뒤뚱거리게 하고 창문으로 뛰어나간다. 창문 앞에는 피첨 부인이 경찰관들과 서있다.
맥	*침착하고 매우 정중하게* 부군께서는 안녕하십니까?
피첨 부인	친애하는 매키스 양반. 세계사에 나오는 위대한 영웅들도 이 작은 문지방에 걸려 넘어졌다고 우리 집 양반이 말하더군요. 유감이지만 이제 이 매혹적인 숙녀들과 작별을

해야 되겠군요. 경찰관, 이분을 새 집으로 안내하시오.
사람들이 그를 끌고 간다. 피첨 부인은 창문으로 드려다
보면서 말한다. 숙녀 여러분, 그를 방문하고자 하시면 항
상 집에서 만날 수 있지요. 그 양반은 이제부터 오울드 베
일리에 삽니다. 그자가 창녀들에게서 빈둥거리고 있을 줄
알았어. 계산은 내가 해요. 안녕히 계시오, 숙녀 여러분.
퇴장

제니	이봐, 제이콥, 무슨 일이 일어났어요.
제이콥	*읽는 데 정신이 팔려서 아무 것도 눈치 채지 못하였다.* 그런데 맥은 어디 갔나?
제니	경찰이 왔었어.
제이콥	이런 제기랄, 그런데 나는 읽고 또 읽고, …이런, 이런, 이런!

퇴장

제6장

창녀들에게 배신당한 매키스는 다른 계집의 사랑으로 감
옥에서 풀려난다.

오울드 베일리의 감옥, 감방

브라운 등장.

브라운	그 친구가 내 부하들에게 걸려들지만 말았으면! 제발이지, 그가 하이게이트의 늪지대 저쪽에서 말을 달리며 친구 재

키를 생각해 준다면 오죽 좋으련만. 하지만 위대한 남성들이 다 그렇듯이 그는 경솔하기 짝이 없어. 저들이 이제 그를 이리로 끌고 들어오고, 그가 충직한 친구의 눈으로 나를 바라본다면 난 견딜 수가 없어. 적어도 달빛이 비치고 있는 게 다행이네. 그가 지금 늪지대 위로 말을 달리고 있다면 적어도 잘못해서 길을 잃지는 않겠네. *뒤에서 소음 이게 뭐야?* 오, 하느님, 그를 데리고 오는군.

맥 *굵은 밧줄에 묶여서 경찰관 여섯 명의 호송을 받으며, 기세등등한 자세로 등장한다.* 자, 이 멍청이들아, 다행스럽게도 또 다시 우리의 옛 별장으로 돌아왔군 그래. *그는 감방의 뒷구석으로 피하는 브라운을 본다.*

브라운 *오랫동안 쉬었다가. 유일한 친구의 무서운 시선에 압도되어* 아하, 맥, 내가 그런 게 아냐… 나는 모든 노력을 다 했지만… 날 그런 눈초리로 보지 말게, 맥… 견딜 수가 없다니까… 자네의 침묵도 끔찍스러워. *한 경찰관에게 고함친다.* 이 돼지 같은 놈아, 그렇게 밧줄을 잡아당기지 마라… 무언가 말을 하게, 맥. 자네의 가련한 재키에게 무어라고 말을 좀 하라고…… 한마디라도 그 친구의 어두운… *그는 머리를 벽에다 기대고 운다.* 저 친구는 날 말 한마디 건넬 가치도 없는 인간이라고 생각했어. *퇴장*

맥 이 가련한 브라운 녀석아. 양심의 가책을 받는 사람의 표본이랄까. 저 따위가 경찰청장이라고. 내가 저자를 보고 소리를 안 지르길 잘 했어. 처음에는 그렇게 할까 생각도 했지. 하지만 마지막 순간에 무서운 시선으로 뚫어지게 바라보는 것이 등골을 오싹하게 하리라고 생각했어. 그 계산이 들어맞았거든. 내가 노려보니까 슬피 울었지.[36] 이런 꾀는 성경에서 배운 거야.

스미스가 수갑을 가지고 등장.

맥 흥, 교도관님, 제일 무거운 것을 가져오셨군요? 선심을 쓰셔서 좀 더 편한 것을 내주셨으면 합니다. *그는 수표책을 꺼낸다.*

스미스 그야 뭐, 대장님. 저희들은 여기 가격에 따라 골고루 갖춰 놓고 있습죠. 얼마나 투자하시느냐에 달렸죠. 일 기니에서부터 십 기니까지요.

맥 수갑을 전혀 안 차려면 얼마인가요?

스미스 50.

맥 *수표를 쓴다.* 이제 루시와의 염문이 들통 나버리게 되는 것이 제일 큰 문제야. 만약 내가 몰래 제 딸을 건드렸다는 걸 브라운이 알게 되면 호랑이로 변하겠지.

스미스 그렇습니다. 자업자득이죠.

맥 그년은 벌써 밖에서 기다리고 있을 게 틀림없고. 처형될 때까진 멋진 나날을 보내겠군.
노래 조명. 판에는 이렇게 씌어있다. 편안한 삶에 관한 발라드
신사 여러분, 이제 스스로 판단해 보시오, 이게 사는 건가요?
모든 것이 마음에 들지 않습니다.
어린 아일 적에 이미 이런 소리를 듣고 가슴을 조였죠.
부자만이 편안히 사는 법이다!

편안한 삶에 관한 발라드

1.

고픈 배를 움켜쥐고 책이나 뒤적이며

쥐가 들끓는 오두막에 사는
위대한 인물들의 삶을 칭송하거늘.
그런 피죽을 가지고는 내게 얼씬도 마라!
하고 싶은 사람이나 그렇게 살렴!
나는 *우리끼리 말이지만* 그런 생활엔 싫증이 나요.
여기서부터 바빌론에 이르기까지 어떤 녀석도
그런 음식으로는 단 하루도 못 견딜 걸.
자유가 무슨 소용이야? 그것으로는 편안할 수가 없어.
부자만이 편안히 사는 법이니라!

2.

물불을 가리지 않고 달려드는 대담성과
열정을 가진 모험가들은
이들은 언제나 터놓고 진리를 말하지요.
고루한 인간들이 무언가 대담한 것을 읽으라고:
그들을 보노라면, 밤에는 얼어붙고
냉정한 부인과 말없이 잠자리에 들고
아무도 박수를 치지 않으며 아무 것도 이해하질 못하는가
엿들으며
처량하게 5000년대를 응시하는 것을 보지요.
이제 나는 여러분께 물을 뿐이죠: 이것이 편안한가요?
부자만이 편안히 사는 법이니라!

3.

내가 위대하고 고독한 모습이길 원한다면
나는 내 마음을 잘 이해할 겁니다.
하지만 그런 사람들을 가까이서 보고는

그런 것은 포기하라고 나 자신 말하죠.

가난은 지혜 외에 짜증을 불러오고

대담성은 명성 외에 피나는 노력을 요하죠.

이제 넌 가난하고 고독했으며, 현명하고 대담했으니

이제 그 위대함은 끝장내라.

그러면 행운의 문제는 저절로 풀리느니:

부자만이 편안히 사는 법이니라!

루시 등장

루시　이 비열한 악당아, 이놈 - 우리들 사이에 사연도 많았는데 어떻게 날 똑바로 쳐다볼 수가 있어.

맥　루시, 도대체 당신은 인정도 없어? 남편이 이런 몰골을 하고 있는 걸 보면서도.

루시　남편이라고! 이 짐승 같은 놈아! 내가 피첨 년과의 사건을 모른다고 생각하니! 눈알을 빼놓을까 보다!

맥　루시, 정말이야, 바보 같이 폴리에게 질투를 하고 있는 것은 아니겠지?

루시　그럼 그년과 결혼을 안 했어, 이 짐승 같은 놈아?

맥　결혼을 했다고! 그것 멋지군. 난 그 집에 드나들어. 난 그녀와 이야기도 하지. 때로는 그녀에게 입을 맞춰주기도 하지. 그걸 가지고 그 미련한 계집년이 사방팔방 돌아다니며 나와 결혼했다고 나팔을 불어 대. 사랑하는 루시, 당신을 진정시키기 위해서 무슨 짓이고 할 각오가 되어 있어. 그년이 나와 결혼해서 산다고 당신이 믿으면 - 하는 수 없지. 신사가 더 이상 무슨 말을 하겠나? 더 이상 말할 수가 없는 법이야.

루시　오, 맥, 나는 얌전한 부인이 되고 싶을 뿐이에요.

맥　당신이 나와 결혼해서 그렇게 될 수 있다고 생각한다면

<서푼짜리 오페라>

좋아요. 신사가 더 이상 무슨 말을 하겠소? 더 이상 말할 수 없는 법이야!

폴리 등장

폴리 우리 남편이 어디 있어요? 오, 맥, 당신 여기 있군요. 시선을 피하지 말아요, 내 앞에서 부끄러워 할 필요 없어요. 난 당신의 아내인데.

루시 오, 이 비열한 악당아!

폴리 오, 매키가 감옥에 갇혀 있다니! 왜 말을 타고 하이게이트의 늪지대를 달려가지 않았어요? 다시는 여자들에게 가지 않겠다고 했잖아요. 저들이 당신에게 무슨 짓을 할지 난 알았어요. 하지만 나는 당신을 믿었기에 아무 말도 안 했어요. 맥. 난 당신 곁에 있을래요, 죽을 때까지. − 아무 말도 없군요, 맥, 쳐다보지도 않고. 오, 맥. 당신의 그런 꼴을 보고 당신의 폴리가 얼마나 괴로워하는지 생각 좀 해봐요.

루시 아, 이 화냥년아.

폴리 이게 무슨 소리야, 맥, 도대체 저게 누구야? 내가 누구라는 것만이라도 저 여자에게 말해 줘요. 부탁이야, 저 여자에게 내가 당신의 아내라고 말해줘요. 내가 당신의 아내가 아닌가요? 나를 좀 쳐다봐요, 내가 당신의 아내가 아닌가요?

루시 이 음험한 비렁뱅이야, 이놈, 여편네가 둘이냐, 이 괴물 같은 놈아?

폴리 말해 봐요, 맥, 내가 당신의 아내가 아냐? 당신을 위해서 모든 일을 다 했잖아요? 난 당신과 결혼할 때 숫처녀였어요, 그건 당신도 알지요. 당신이 나에게 사업도 맡겼잖아요, 그래서 나는 협의한 대로 모든 것을 처리했어요. 그리고 제이콥도 이 말을 전해 달라고…

맥   너희들이 단 이 분만 주둥이를 닥치고 있을 수 있다면 모든 게 밝혀질 거야.

루시   아니, 난 주둥이를 못 닥쳐, 참고 견딜 수가 없어. 온몸에서 피가 끓어오르는데 어떻게 참을 수 있어.

폴리   그렇지, 아가씨, 물론 이런 때는 부인이 -

루시   부인이라고!

폴리   부인이 일종의 자연적인 우선권을 갖게 되지요. 유감스럽게도 말이야. 아가씨, 적어도 외견상으로는 그래요. 이렇게 귀찮은 일이 많으니 인간이 완전히 돌아 버리는 것도 당연하지요.

루시   귀찮은 일이라고, 그거 말 잘했다. 어디서 이따위를 골라 냈어? 이 더러운 깡패 같은 년을! 네놈이 했다는 위대한 정복이 겨우 이 정도란 말이구나! 이게 네놈이 차지한 소호의 미인이라 이거지!

질투의 2중창

1.

루시   나와 봐라, 소호의 미인이여!
네년의 예쁜 다리 좀 보자꾸나!
나도 한 번쯤 그렇게 아름다운 걸 보고 싶구나
너와 같은 미인은 없다니 말이다!
네가 나의 맥에게 그렇게 강한 인상을 준다면서!

폴리   과연 내가 그런가. 과연 내가 그런가?

루시   체. 정말로 웃기네.

폴리   웃긴다고, 웃긴다고?

루시	하, 의심할 여지가 없어!
폴리	그래, 의심할 여지가 없다고!
루시	맥이 너를 아낀다면!
폴리	맥이 나를 아낀다면.
루시	하, 하, 하! 이런 여자완
	어쨌든 아무도 상대를 않으니까.
폴리와 루시	체, 보면 알 거다.
	그래, 보면 알 거다.
루시와 폴리	매키와 나, 우린 비둘기처럼 살았죠
	그이는 오직 나만을 사랑해요,
	아무도 그의 사랑을 빼앗진 못 해.
	그것은 분명한 사실이야.
	저런 더러운 년이 나타난다고
	그것이 지난 일일 순 없어!
	웃기네!

2.

폴리	아하, 나보고 소호의 미인이라네
	그리고 내 다리가 그렇게 예쁘다네.
루시	이 다리가 말이야?
폴리	사람들도 한 번쯤 예쁜 것을 보고 싶어하지
	그러고는 말하네, 그렇게 어여쁜 여인은 하나뿐이라고.
루시	에이 개똥같은 년!
폴리	네가 개똥같은 년이야!
	나는 우리 남편에게 그렇게도 강한 인상을 준다는데.
루시	네가 그렇다고? 네가 그렇다고?

폴리	그렇다. 그러니 정말로 웃음이 나는구나.
루시	웃음이 난다고? 웃음이 난다고?
폴리	의심할 여지가 없어!
루시	아하, 의심할 여지가 없다고?
폴리	누가 나를 아끼지 않는다면.
루시	누가 너를 아끼지 않는다면!
폴리	여러분도 그렇게 생각하나요: 이런 여자와는 어쨌든 아무도 상대를 않는다고요?
루시	체, 보면 알게 될 것이다.
폴리	그래, 보면 알 것이다.
둘이서	매키와 나, 우리는 비둘기처럼 살았죠 그이는 오직 나만을 사랑해요, 아무도 그의 사랑을 빼앗진 못해. 그것은 분명한 사실이야 저런 더러운 것이 나타났다고 그것이 지난 일일 순 없어! 웃기네!
맥	자, 사랑하는 루시, 진정해, 응? 이건 단순히 폴리의 속임수일 뿐이야. 나와 당신 사이를 갈라놓으려는 거야. 내가 교수형에 처해 지면 저 여자는 미망인이라고 떠벌리고 다닐 거야. 정말이야, 폴리, 지금은 적당한 순간이 아냐.
폴리	나를 모른다고 할 용기가 있어요?
맥	그러면 당신은 내가 결혼했다고 떠들고 다닐 용기가 있어? 왜 날 더 비참하게 만드는 거야? *꾸짖는 투로 머리를 가로젓는다.* 폴리, 폴리!
루시	사실이에요, 피첨 양, 스스로 허점만 드러내는 거예요. 뭐 그건 그렇다고 치더라도 이런 처지에 있는 남자 양반을

이렇게 흥분시키다니 끔찍스런 일이군요!

폴리 귀하신 아가씨, 예절의 가장 초보적인 규칙만 알아도, 자기 부인과 동석하고 있는 남자를 대할 때는 좀 더 자제할 줄 알아야 된다고 생각해요.

맥 진정이야, 폴리, 정말 농담이 지나쳐.

루시 만약 당신이 이 감옥 안에서 소동을 벌이려한다면 수위를 데려와 문이 어디 있는지 가리켜 드리도록 하는 수밖에 없을 것 같군요. 안되었습니다. 귀하신 아가씨.

폴리 부인이에요! 부인! 부인! 맥에게 이 말 한마디만 하죠. 귀하신 아가씨, 지금 한껏 잘난 첼 하시는데, 몹시 안 어울려요. 내가 남편 곁에 있는 것이 내 의무인걸요.

루시 무어라고 지껄여? 무어라고 지껄이느냐고? 아하, 가지 않겠다 이거지! 이 여편네가 여기 서서 내쫓겨도 가지를 않네! 좀 더 분명히 해 줄까?

폴리 이년 - 이제 너의 그 더러운 입을 닥쳐, 이 비렁뱅이야, 그렇지 않으면 주둥이를 갈겨 주겠다, 귀하신 아가씨!

루시 넌 내쫓긴 거야, 이 뻔뻔스런 인간아! 까놓고 말해야 알아들어. 고상한 방식은 이해를 못하는구나.

폴리 네년의 고상한 방식! 오, 내 품위만 잃는구나! 난 그러기엔 너무 아까워… 물론이지. *소리친다.*

루시 이 잡년아, 내 배를 봐라! 맑은 공기를 마시면 이렇게 되냐? 아직도 눈이 뜨이질 않냐, 응?

폴리 아, 그래! 배가 부르구나! 그걸 또 뽐내는 모양이구나. 그이가 올라타지 못하게 했더라면 좋았을 걸, 이 고상한 숙녀야!

맥 폴리!

폴리 *울면서* 이건 너무 심해. 맥. 그래서는 안 되는 건데. 이제 난 어찌 해야 될지 모르겠어.

피첨 부인 등장.

피첨 부인 내 이럴 줄 알았다. 놈팡이한테 붙어 있구나. 이 더러운 화냥년아, 당장 이리 나오지 못해. 네년의 놈팡이가 교수형에 처해지면 너도 덩달아서 목을 매라. 너의 점잖은 어미가 네년을 감방에서 끌어내야겠느냐. 게다가 한꺼번에 두 년씩이나 거느리고 있네 - 이 네로 황제[37] 같은 놈!

폴리 날 여기 내버려둬요, 엄마, 엄마는 알지도 못하면서…

피첨 부인 집으로 가자, 당장.

루시 들어 보세요. 무엇이 예절에 맞는 것인지 댁의 엄마가 말씀을 해 주셔야만 되는군요.

피첨 부인 가자.

폴리 곧 갈게요. 나는 다만… 나는 이 사람한테 할 말이 아직 남아있어요… 정말이야… 아주 중요한 일이야.

피첨 부인 *그녀의 따귀를 때린다.* 그러냐. 이것도 중요하다, 가자!

폴리 오, 맥! *끌려간다.*

맥 루시, 아주 근사하게 처신했어. 난 물론 그 여잘 동정해서 응분의 대우를 못해 줬어. 당신도 처음엔 그 여자가 하는 말 중에 무언가 옳은 것이 있지 않나 하고 생각했었지. 내 말 맞지?

루시 그래요, 나도 그렇게 생각했어요, 나의 사랑.

맥 무엇인가 옳은 점이 있었다면 그녀의 어머니가 나를 이 지경으로 만들어 놓지는 않았을 거야. 나한테 해 대는 소릴 들었지? 어머니로서 그렇게 다룰 수 있는 것은 기껏해야 난봉꾼이지 사위는 아니거든.

루시 당신의 그런 말이 마음속에서 우러난다면 난 얼마나 행복할까. 나는 당신을 너무나도 사랑하기 때문에 당신이 다른 여자의 품안에 있는 것보다는 교수대에 매달린 걸 보는 게 차라리 날 것 같아. 이상하지요?

맥   루시, 당신 덕분에 살아나고 싶어.

루시   그거 멋있네요, 당신이 그 말을 하는 모습이, 다시 한 번 말해 봐요.

맥   루시, 당신 덕분에 살아나고 싶어.

루시   함께 도망칠까요, 나의 사랑?

맥   그래, 다만, 우리가 같이 도망가면 숨기가 어려워. 수색질이 끝나면 당신을 즉시 데려오도록 할게, 빠른우편으로, 믿어도 돼!

루시   어떻게 도울까?

맥   모자와 단장을 가져와!

     루시는 모자와 단장을 가지고 와서 그의 감방 안으로 던져 넣는다.

맥   루시, 당신이 지금 몸에 품고 있는 사랑의 씨앗은 우리들을 영원히 붙들어 맬 거요.

     루시 퇴장

스미스   *나타나서 감방 안으로 들어가 맥에게 말한다.* 지팡이 좀 이리 내놔.

     스미스가 의자와 쇠지레를 들고 맥을 이리저리 쫓아다니는 자그마한 추격전을 벌인 다음 맥은 창살을 뛰어 넘는다. 경찰관이 그의 뒤를 따른다. 브라운 등장.

브라운   *목소리* 여보게, 맥! — 맥, 부탁이야, 대답해, 여기 재키가 왔어, 맥, 제발, 말 좀 들어 그리고 대답하라고, 난 도저히 더 견뎌 낼 수가 없어. *들어온다.* 매키! 이게 뭐야? 이제 도망갔군, 다행이구나! *그는 간이침대에 앉는다.*

피 첨   *감방 앞에 나타난다.* 여보세요! 거기 매키스 씨인가요? 브

	라운은 침묵한다. 아하, 그렇군, 아하, 다른 분은 아마 산 책을 나가신 모양이군? 범인을 방문하러 왔더니 거기 앉 아 있는 분은 브라운 씨라! 호랑이 브라운이 거기 앉아 있고 친구인 매키스는 없네.
브라운	*신음을 하며* 오, 피첨 씨, 그건 내 잘못이 아닙니다.
피첨	물론 아니죠, 그럴 리가 있겠습니까, 당신 자신이 그러지 는 - 그러면 난처한 처지에 빠지게 될 텐데 - 그럴 수 없 지요, 브라운.
브라운	피첨 씨, 난 어이가 없어요.
피첨	그렇겠지요. 고약한 기분임에 틀림없어요.
브라운	그래요, 사람을 마비시키는 것은 무력감입니다. 놈들은 저 희들 멋대로요. 끔찍스러워요. 끔찍스러워.
피첨	잠시 눕지 않으시겠습니까? 그저 눈을 감고 아무 것도 없 었던 듯이 해 보세요. 흰 구름이 덮여 있는 아름다운 녹색 의 초원에 누워 있다고 생각하세요. 중요한 것은 그 끔찍 스런 일들을 머릿속에서 쏙 뽑아 버리시는 겁니다. 지난 일들 그리고 무엇보다도 앞으로 다가올 일들을.
브라운	*불안해져서* 그게 무슨 뜻이죠?
피첨	당신은 훌륭히 견뎌내고 계십니다. 제가 그런 처지라면 그대로 쓰러져서 이불을 뒤집어쓰고 뜨거운 차를 마실 겁 니다. 그리고 우선은 누구더러 내 이마를 짚어달라고 할 것입니다.
브라운	이런 망할 놈의, 그놈이 도망하는 것을 내가 어쩌란 말이 오 경찰은 그럴 때 아무 것도 할 수가 없어요.
피첨	그래요, 그럴 때 경찰은 아무 것도 할 수가 없어? 우리가 여기서 매키스 씨를 보게 될까요? *브라운은 어깨를 으쓱한다.*

<서푼짜리 오페라>

피첨	그렇다면 당신에게 일어날 일은 몹시도 불공평하군요. 물론 사람들이 이젠 또다시 말할 겁니다. 경찰이 그자를 놓아 주지 않았어야 했다고. 그래요, 찬란한 대관식 행렬, 그것이 나에겐 보이질 않아요.
브라운	그게 무슨 뜻이야?
피첨	역사적인 사건 하나를 상기시켜 드릴까요, 그 사건은 당시, 그러니까 기원전 1400년에, 굉장한 센세이션을 일으켰지만 오늘날은 대부분의 사람들이 모르고 있죠. 이집트의 왕 람세스2세[38]가 사망했을 때 니니베[39] 즉 카이로의 경찰서장은 주민 중의 최하층에 대해서 사소한 잘못을 저질렀답니다. 그 결과는 이미 당시로서도 끔찍했지요. 역사책이 전하는 바에 의하면, 왕위 계승자인 세미라미스[40]의 대관식 행렬은 "주민 최하층의 너무 과도한 참가로 파국의 연속"이 되었습니다. 세미라미스가 얼마나 고약하게 경찰서장을 대했는지 역사가들이 놀라서 정신을 잃을 정도죠. 내가 어렴풋이 기억하는 바로는 그의 가슴에다 뱀을 놓아서 길렀다고 하던가요.[41]
브라운	정말이야?
피첨	주께서 그대와 함께 하시기를, 브라운. *퇴장*
브라운	이젠 철권만이 살 길이다. 경찰관들, 집합, 비상! *막. 매키스와 술집의 제니가 막 앞에 나와서 노래 조명을 받으며 노래한다.*

두 번째 서 푼짜리 피날레

맥	신사 여러분, 사람이 어떻게 하면 착하게 살며 죄와 악행을 피할 수 있는가를 가르치고 계시지만

우선은 우리에게 먹을 것을 주셔야지요

그리고 나서야 모든 것이 시작한다고 말할 수 있지요.

자신의 똥배와 우리들의 착함을 자랑하는 그대들

한 가지만은 확실히 알아두시오:

그대들이 어떻게 둘러대고 농간을 치든 간에

우선은 배불리 처먹어야 도덕심이 생긴다오.

우선은 가난한 사람들도 호화로운 밥상에서

자기 몫을 차지할 수 있어야 해.

장면 뒤에서 도대체 인간은 무엇으로 살지요?

맥 도대체 인간은 무엇으로 사느냐고? 한시도 쉬지 않고

인간을 괴롭히고, 껍질을 벗기고, 공격하고, 숨통을 눌러 죽이고

잡아먹으며 살지요.

인간은 자기도 인간이라는 사실을 잊어버려야

살아갈 수 있답니다.

합창대 신사여러분, 환상일랑은 갖지 말아요:

인간은 악행으로만 살아갑니다.[42]

선술집의 제니 그대들은 계집이 언제 치마를 걷어 올리며

그리고 눈을 아래로 내려 까는지를 가르치지요.

그대들은 우리에게 우선은 먹을 것을 주어야지요.

그리고 나서야 모든 것이 시작된다고 말할 수 있지요.

우리의 수치심과 그대들의 욕정을 내세우는 자들이여

한 가지만은 확실히 알아두시오:

그대들이 어떻게 둘러대고 농간을 치든 간에

우선은 배불리 처먹어야 도덕심이 생긴다오.

우선은 가난한 사람들도 호화로운 밥상에서

자기 몫을 차지할 수 있어야 해.

〈서푼짜리 오페라〉

장면 뒤에서	도대체 인간은 무엇을 살지요?
선술집의 제니	도대체 인간은 무엇으로 사느냐고? 한시도 쉬지 않고
	인간을 괴롭히고, 껍질을 벗기고, 공격하고, 숨통을 눌러
	죽이고
	잡아먹으며 살지요.
	인간은 자기도 인간이라는 사실을 잊어버려야
	살아갈 수 있답니다.
합창대	신사여러분, 환상일랑 갖질 말아요:
	인간은 악행으로만 살아갑니다!
	막.

제3막

제7장

그날 밤 피첨은 출발 준비를 한다. 가난의 행진을 통해서
그는 대관식 행렬을 방해하려고 한다.

피첨의 거지 의상실

거지들은 "나의 눈은 임금님께 바쳤네" 등등의 문구가 쓰
인 피켓을 그리고 있다.

피첨	여러분, 이 시간에 두루리 레인에서 턴브리지에 이르는
	우리 회사의 십일 개 지점에서는 일천사백삼십이 명이 우
	리 여왕 폐하의 대관식에 참석하기 위해서 이런 피켓을

준비하고 있습니다.

피첨 부인 자 빨리 해! 빨리! 일을 하기 싫으면 구걸할 수도 없어.[43] 넌 장님이라면서 어떻게 "왕"자 하나 제대로 그리질 못하냐? 이건 어린애 글씨라고 쓴 것이 늙은이 필체가 되었네. *북 치는 소리가 요란하다.*

거지 이제 대관식 경호대가 집총식을 하는군. 저들은 오늘 군대 생활 중에서 가장 아름다운 날에 우리와 상대해야 되리라는 것을 아직 짐작하지 못하겠지.

필치 *들어와서 보고한다.* 저기 밤샘을 한 암탉 열두 명이 아장아장 몰려오고 있습니다. 피첨 부인, 그들은 여기서 돈을 받을 게 있다는 군요. *창녀들의 등장*

제니 부인 –

피첨 부인 흥, 너희들 횃대에서 떨어진 것 같은 꼴들이구나. 너희들 아마 매키스 관계로 받을 돈 때문에 온 모양이구나. 너희들 한 푼도 못 받는다. 알겠어, 한 푼도 못 받아.

제니 무슨 말씀이신가요, 부인?

피첨 부인 한밤중에 남의 집에 들이닥치다니! 새벽 3시에 점잖은 집안에 와! 너희들 직업으로 봐서는 잠이나 푹 자는 게 오히려 좋을 텐데. 마치 토해낸 우유와 같은 꼴들이구나.

제니 그래요, 매키스 씨를 체포하는 대가로 받기로 한 사례금을 못 받는다는 말씀이군요, 부인?

피첨 부인 바로 그거야. 너희들은 오물이나 받지 배반자의 보수[44]는 못 받아.

제니 그럼 그 이유가 뭐죠, 부인?

피첨 부인 이 훌륭한 매키스 씨가 또다시 행방불명이 됐기 때문이야. 그 때문이야. 그럼 이제 점잖은 집의 안방에서 물러 나가, 숙녀 여러분.

〈서푼짜리 오페라〉

제니	아니 이건 파렴치하군. 우릴 그렇게 취급하지 마세요. 꼭 말해 두어야 되겠어요. 우릴 그러지 마시라고요.
피첨 부인	필치, 이 숙녀 분들을 문 밖으로 안내해.
	필치가 숙녀들에게로 향해서 가자 제니는 그를 밀어젖힌다.
제니	그 더러운 주둥이를 닥치세요, 그렇지 않으면⋯
	피첨 등장.
피첨	무슨 일이야, 저들에게 돈을 주지는 않았겠지, 자, 어때, 숙녀 여러분? 매키스 씨가 감옥에 갇혀 있나 그렇지 않은가?
제니	메키스 씨 이야기는 제발 그만 두세요. 당신은 그분의 시중도 못들 인물이야. 나는 지난밤에 내가 그런 신사를 당신에게 팔아 넘겼다는 생각을 하며 베게에 눈물을 쏟느라고 손님도 못 받았어요. 그렇습니다. 숙녀 여러분, 오늘 아침에 무슨 일이 일어났는지 아세요? 한 시간도 채 되지 않았어요. 난 울다가 막 잠이 들었는데 휘파람 소리가 들리더군요, 그런데 길에는 바로 내가 그 때문에 울었던 그분이 서있지 않겠습니까, 그리고 나 보고 열쇠를 내던져 달라는 거였습니다. 그이는 내 품에 안겨서 내가 저지른 치욕을 잊어버리게 해주려고 했어요. 그분은 런던의 마지막 신사이십니다. 숙녀 여러분. 우리 동료인 수키 토드리가 여기 이 자리에 같이 못 온 것은 그분이 그녀를 위로하기 위해서 나에게서 또 그녀의 집으로 간 때문이죠.
피첨	*혼자서* 수키, 토드리라 −
제니	자 이제는 아시겠죠, 당신은 그분의 시중도 못들 인물이라는 것을. 이 비열한 인간아.
피첨	필치, 가까운 지구대로 빨리 달려가, 매키스 씨가 수키 토

드리 양의 집에 가 있대. *필치 퇴장.* 하지만, 숙녀 여러분, 우린 왜 싸움을 하고 있습니까? 돈은 지불될 것입니다. 당연한 일이죠. 여보, 셀리아, 그렇게 욕만 하지 말고 가서 이 숙녀 분들을 위해 커피나 끓여요.

피첨 부인   *퇴장 하면서* 수키 토드리!

이제 한 사람이 교수대에서 처형될 지경이 되었어

그를 매장하려고 이미 석회도 사놓았고

그자의 목숨은 풍전등화라

그런데 그 녀석은 무슨 생각을 하고 있나? – 계집애들이 죠.

그는 교수대 밑에서까지도 하고 싶어 하지.

이것이 성적인 예속성이죠.

　　그자는 아무래도 이미 통째로 팔린 몸

　　그자는 그녀의 손에서 배반의 대가를 보았네

　　그리고 그자까지도 이젠 깨닫기 시작하죠

　　계집의 구멍이 자기의 무덤 구멍이었다는 것을.

　　그자는 스스로 노발대발 하겠지만 ―

　　밤이 되기 전에 다시 올라타지요.

피첨   자 빨리해, 빨리, 내가 밤잠을 설치면서 어떻게 하면 너희들이 가난을 이용해서 한 푼이라도 끌어낼 수 있을까 연구해 내지 않았더라면 너희들은 그대로 턴브리지의 시궁창에 빠져 뒈졌을 것이다. 하지만 나는 알아냈다. 이 지상의 돈 많은 사람들은 가난을 만들어 내는 데는 이골이 났지만 그 가난을 보지 못한다는 것을. 그들은 너희들과 마찬가지로 허약 체질이고 바보들이기 때문이다. 그들은 일생 동안 처먹을 것이 있고 마룻바닥까지도 버터 칠을 해서 식탁에서 떨어지는 빵 부스러기까지도 기름이 질질 흐

〈서푼짜리 오페라〉

를 정도지만 그래도 그들은 굶주려서 쓰러지는 사람은 태연하게 바라보질 못해. 물론 그가 쓰러지는 장소는 그들의 집 앞이라야만 되지. *피첨 부인이 쟁반에 커피 잔을 가득 받쳐 들고 등장.*

피첨 부인 내일 사무실에 들러서 돈을 받아 가시면 되겠습니다. 하지만 대관식이 끝난 다음에.

제니 피첨 부인, 어찌된 영문인질 모르겠군요.

피첨 집합, 한 시간 후에 버킹검 궁전[45] 앞에 집합한다. 출발. *거지들의 등장.*

필치 *뛰어 들어온다.* 경찰이요! 지구대까지 미처 가지도 못했어요. 경찰이 벌써 온 걸요!

피첨 숨어라! *피첨 부인에게* 악대를 소집해, 빨리. 그리고 내가 "악의 없는"이라고 말하면, 내 말 알아들어 "악의 없는" –

피첨 부인 악의 없는? 무슨 소린지 전혀 모르겠어요.

피첨 물론 당신은 전혀 몰라. 그러니까 내가 "악의 없는"이라고 말을 하면 – *문을 두드리는 소리가 난다.* 다행이도 여기 열쇠가 있구나, "악의 없는"이라고 말하면 너희들은 아무거나 음악을 연주해라. 출발!
피첨 부인 거지들과 퇴장. "군부 횡포의 희생자"라는 피켓을 든 소녀를 제외하고는 거지들이 자기 물건을 가지고 옷걸이 뒤에 숨는다. 브라운이 경찰관들과 등장.

브라운 자, 이제 단호한 조치를 취하겠다. 걸인의 친구, 곧장 쇠사슬로 묶어, 스미스, 아하, 여기 애교 있는 피켓이 몇 개 있구나. 소녀에게 "군부 횡포의 희생자"라. 아가씨가 그 희생자인가?

피첨 안녕하세요, 브라운, 안녕하세요, 안녕히 주무셨나요?

브라운 뭐라고?

피첨	안녕하시오, 브라운.
브라운	저자가 나 보고 그러는가? 자네들 중 누굴 아는가? 난 당신을 아는 영광을 갖지 못한 것 같은데.
피첨	그래요, 모른다고? 안녕하시오, 브라운.
브라운	모자를 쳐서 벗겨 버려봐. *스미스가 그렇게 한다.*
피첨	이보세요, 브라운. 여길 이왕 지나치게 되셨으니, 지나친다고 말했습니다. 부탁하건대 매키스라는 사람을 잡아 가두시오.
브라운	저 사람 미쳤군. 스미스, 웃지 말게. 말 좀 해봐, 스미스, 어떻게 그 악명 높은 범인이 자유롭게 런던 거리를 활개치고 다닐 수 있나?
피첨	당신 친구니까, 브라운 씨.
브라운	누가?
피첨	매키 매서가. 나는 아니죠. 나야 범인이 아니니까요. 나는 가난한 사람일 뿐이오, 브라운. 날 막 대해서는 안 되지요. 브라운, 당신은 일생에서 최악의 시간을 맞고 있습니다. 커피를 드시겠어요? *창녀들에게* 얘들아, 경찰청장 어른께 한 모금 드려라. 예절도 모르냐. 우리 모두 사이가 좋으니까. 우린 모두 법률을 지키지! 법이란 단지 그것을 이해하지 못하거나 또는 찢어지게 가난하기 때문에 그것을 지킬 수 없는 자들을 착취하기 위해서 만들어진 것이야. 그리고 그 착취에서 자기 몫을 차지하려는 자도 철저히 법을 지켜야지요.
브라운	그래. 그러면 그대는 우리나라의 판사들이 매수될 수 있다는 건가!
피첨	그 반대입죠. 나리. 그 반대입니다! 우리나라 판사들은 전혀 매수될 수 없습니다. 아무리 많은 돈을 주더라도 정의

<서푼짜리 오페라>

261

의 재판을 내리도록 매수될 수가 없으니까요! *두 번째 북소리.*

피첨 도열을 하기 위해서 부대가 출발하는구나. 가난한 사람들 중의 가장 가난한 사람들의 출진은 반시간 뒤다.

브라운 그래요. 아주 옳은 말씀이야, 피첨 씨. 가난한 사람들 중에서 가장 가난한 사람들의 출진은 반시간 후 오울드 베일리의 감옥으로, 겨울철 숙박소로. *경찰관들에게* 자, 젊은이들, 이제 있는 것은 모조리 잡아들여. 여기서 찾아낼 수 있는 애국자들은 모조리 잡아들이라고. *거지들에게* 너희들 호랑이 브라운에 대해서 들어본 적 있나? 지난밤에, 피첨, 나는 말하자면 해결책을 찾아냈어요. 그리고 친구를 죽음의 고통에서 구해 냈다고 말할 수 있지요. 난 그대로 당신의 소굴을 소탕해 버리는 것이오. 그리고는 모두 가둬 버리는 거요. 이유는 — 그렇지, 그 이유는 무어라고 단담? 노상 구걸 때문이지. 오늘 거지들을 나와 여왕에게 몰아대겠다고 암시한 것 같은데. 그러면 나는 이 거지들을 좀 구속해야겠어. 무엇인가 배울 게 있을 거야.

피첨 아주 훌륭합니다. 다만 — 어떤 거지들을요?

브라운 그야 여기 이 병신들 말이지. 스미스, 이 애국자분들을 당장 끌고 가.

피첨 브라운, 내가 너무 조급히 서두르시지 않도록 해드리죠. 다행입니다. 브라운, 내게로 오셨으니까요. 이것 보세요, 브라운. 이들 몇 명 안 되는 사람들은 물론 구속할 수 있습니다. 이들은 악의 없는 가난한 자들입니다. 악의 없는 — *음악이 시작된다.* 그런데 그것은 앞으로 부를 "인간적인 노력의 미약함에 관한 노래"의 박자들이다.

브라운 아니 이게 뭐야?

피첨 음악이죠. 나름대로 최선을 다해서 연주하지요. 미약함에
관한 노랩니다. 모르시나요? 그러면 무언가 배우실 게 있
을 거요.
노래 조명, 판자에는 이렇게 씌어있다: "인간적인 노력의
미약함에 관한 노래"

인간적인 노력의 미약함에 관한 노래

피첨 인간은 머리로 살아가되
머리만으론 부족해
시도해 보렴. 너의 머리론
기껏해야 이나 한 마리 살까.

한평생 살아갈 만큼
인간은 영리하지 못해
그는 결코 모든 기만과
사기술을 익히지 못하니까.

그래, 계획을 세워 보시지
위대한 빛이 되어 보라고!
그리고 나서 또 두 번째 계획을 세워 보라고
둘 다 이루어지지 않을 터이니

한평생 살아갈 만큼
인간은 악하질 못해
하지만 그의 고상한 노력은
좋은 특성이지.

〈서푼짜리 오페라〉

그래, 행운을 쫓아서 달려가라
하지만 너무 달리지는 마라!
모두 다 행운을 쫓아가니
행운이 뒤따라 쫓아가누나.
한평생 살아갈 만큼
인간은 겸손하지 못하지
그러므로 그의 모든 노력은
자기기만일 뿐.

피첨   당신의 계획은 기발하지만, 브라운. 실행 불가능이죠. 귀하가 여기서 체포할 수 있는 것은 여왕의 대관식을 기뻐하는 나머지 소규모 가면무도회를 개최하는 몇몇 젊은이들입니다. 진짜로 가련한 사람들이 오면 – 여긴 단 한 사람도 없습니다 — 보세요, 수천 명이 몰려옵니다. 그것이 문제죠. 당신은 빈민의 숫자가 엄청나다는 것을 잊으셨습니다. 그들이 교회 앞에 서 있으면 그건 축제의 모습이 아니겠죠. 그 사람들 꼴은 말씀이 아니거든요. 안면 단독(丹毒)이 무엇인지 아시나요. 브라운, 그럼 이제 일백이십 명이 안면 단독에 걸려있죠. 젊은 여왕은 장미에 둘러싸여 있어야지 안면 단독에 걸린 거지들에 둘러싸여 있어서야 되겠어요? 그리고 그 불구자들이 교회의 출입문 앞에 서 있어서는 안 되겠죠. 브라운, 아마 경찰이 저희들 가난한 사람들을 처리하리라고 말하시겠죠. 아마 자신도 믿지 않으실 겁니다. 하지만 대관식을 기해서 육백 명의 병신들이 몽둥이찜질을 받는다면 그 꼴이 어떻겠습니까? 모양이 좋지 않을 겁니다. 구역질나는 모습이겠죠. 속이 메스꺼워질 겁니다. 그걸 생각하면 어지럽군요. 브라운. 의자를 좀 줘요, 어서요.

브라운	*스미스에게* 이건 위협이야. 이건 공갈이야. 저자에게 아무런 제재도 가할 수 없군. 저자에게 공공질서의 유지를 위해서도 아무런 조치를 가할 수가 없어. 이런 일은 일찍이 없었는데.
피첨	그러나 이제는 있어요. 당신에게 한 가지만 말하지요. 영국의 여왕에게 대해서는 마음대로 처신하셔도 되죠. 하지만 런던의 가장 가난한 사람의 발가락을 밟으면 안 되죠, 그러면 브라운 행세도 끝장입니다, 브라운 씨.
브라운	그러니 나 보고 매키 메서를 체포하라는 건가? 체포한다고? 말은 쉽지. 사람을 체포하려면 그자가 있어야할 것 아닌가.
피첨	그렇게 말씀하신다면 반박할 수가 없군요. 그렇다면 그 사람을 구해다 드리죠. 아직도 도덕이 있는지 시험해 봅시다. 제니, 매키스 씨가 어디 머물고 계신가?
제니	옥스퍼드가 21번지, 수키 토드리 집에.
브라운	스미스, 즉시 옥스퍼드가 21번지 수키 토드리의 집에 가서 매키스를 체포해 오울드 베일리로 데리고 와. 난 그동안 대례복을 입어야 해. 오늘은 내가 대례복을 입어야 하니까.
피첨	브라운, 그자가 6시에 교수형에 처해지지 않는다면 –
브라운	오 맥, 할 수 없었네. *경찰관들과 퇴장.*
피첨	*뒤에다 대고* 무엇인가 배웠죠, 브라운! *세 번째 북소리.*
피첨	세 번째 북소리구나. 행진 방향 변경이다. 새로운 방향은 오울드 베일리의 감옥. 출발. *거지들 퇴장*

인간은 전혀 선량하지 못해
그러니 모자를 내리치렴.
모자 위에 한방 맞고 나면
아마도 선량해질지도 모르지.

이 세상 살아갈 만큼
인간은 선량하질 못해
그러니까 말이야
그놈이 쓴 모자를 내리치라고.

막. 막 앞에 제니가 손풍금을 들고 나와서 노래 부른다.

솔로몬의 노래[46]

제니   현명한 솔로몬[47]을 그대들은 보았죠,
그가 어떻게 되었는지 알고 계시죠,
그에게는 모든 게 분명했다오.
태어난 순간을 저주하였고
모든 게 허영의 소치임을 알아차렸죠.[48]
얼마나 위대하고 현명한 솔로몬이었소!
그런데 보세요, 아직 밤이 되지도 않았건만
세상은 그 벌써 결말을 보았지요.
현명함이 그를 그렇게까지 만들었지요.
현명하지 못한 자는 복이 있으라!

미녀 클레오파트라[49]를 그대들은 보았죠
그녀가 어떻게 되었는지 알고 계시죠!

두 명의 황제가 그녀를 강탈하려들었죠,
그래서 그녀는 죽도록 서방질을 했지요.
그리고는 시들어서 먼지가 되었지요.
바빌론은 얼마나 아름답고 위대했는가!
그러나 보세요, 아직 밤이 되지도 않았건만
세상은 벌써 그 결말을 보았지요.
아름다움이 그녀를 그렇게 되도록 하였지요.
아름답지 못한 사람은 복이 있으라!

그 다음엔 용감한 시저[50]를 보셨지요
그가 어떻게 되었는지 알고 계시죠!
그는 신처럼 제단에 앉아있을 때
암살당했다고 우리는 들었죠
그가 가장 위대했을 때였지요.
그는 크게 외쳤지요. "내 아들아, 너마저도!"[51]
그러나 보세요, 아직 밤이 되지도 않았건만
세상은 벌써 그 결말을 보았지요.
용기가 그를 그렇게 되도록 하였지요.
용기가 없는 자는 복이 있으라!

이제 여러분은 매키스 씨를 보십니다
그이는 전혀 인색하지 않았고
우리에게 항상 선물을 주었지요.
그런데 빈털터리가 되자
팔려가서 교수형에 처해졌죠.
우리에게 일곱 배의 노임을 주었죠
그러나 보세요. 아직 밤이 되지도 않았건만

〈서푼짜리 오페라〉

세상은 벌써 그 결말을 보았지요:
낭비벽이 그를 그렇게 되도록 하였지요 –
낭비벽이 없는 자는 복이 있으라!

제8장
재산권 다툼

오울드 베일리에 있는 루시의 방

루시.

스미스	*들어온다.* 아가씨, 폴리 매키스 부인이 면회하고자 합니다.
루시	매키스 부인? 들여보내요.
	폴리 등장.
폴리	안녕하세요, 부인. 부인, 안녕하세요!
루시	네, 무얼 원하시나요?
폴리	저를 알아보시나요?
루시	몰론 압니다.
폴리	오늘은 어제 저의 행동에 대해서 용서를 빌기 위해 왔습니다.
루시	몹시 흥미롭군요.
폴리	난 엄밀히 말하자면 어제의 행동에 대해서 변명할 수가 없습니다. 내 자신의 불운 이외는.
루시	그래요, 그래.
폴리	부인. 용서해 주세요. 어제 저는 매키스의 태도 때문에 아

주 과민상태였었어요, 그는 정말로 우릴 이런 지경에 처하도록 하지 말았어야 되었는데, 그렇지 않아요. 그를 보면 이런 말은 그에게 해주셔도 돼요.

루시   나는 - 난 - 그를 보지 못해요.

폴리   그이를 만나 보실 겁니다.

루시   만나지 못해요.

폴리   미안합니다.

루시   그이는 댁을 몹시 좋아하잖아요.

폴리   아하, 그렇지 않습니다. 그이는 댁만을 좋아해요, 난 그걸 잘 알아요.

루시   몹시 친절하시군요.

폴리   하지만, 부인 마님. 남자란 자기를 너무 사랑하는 여자에게 항상 불안감을 가지고 있어요. 물론 그럴 경우엔 그가 그 여인을 소홀히 하거나 회피하게 되지요. 난 첫눈에 그이가 부인에게 대해서 어떤 방식으로 의무감을 갖고 있다고 하는 것을 알았지요. 그러나 그것이 무엇인지는 짐작할 수가 없었어요.

루시   그런데 그게 정직한 말씀인가요?

폴리   물론이죠. 확실해요. 아주 정직한 말이에요. 부인. 제발 믿으세요.

루시   친애하는 폴리 양. 우리 둘이 그를 너무 사랑했나 봐요.

폴리   아마 그런가 봐요. *쉬었다가* 그러면 이제, 부인, 어떻게 모든 일이 일어났는지 설명해 드리죠. 열흘 전에 저는 매키스 씨를 오징어 호텔에서 처음 만났습니다. 우리 어머니도 거기 계셨죠. 그로부터 닷새가 지난 다음, 그러니까 대략 그저께 우린 결혼했습니다. 경찰이 여러 가지 범죄 때문에 그를 찾고 있다는 것을 저는 어제 들었습니다. 그

〈서푼짜리 오페라〉

269

리고 오늘은 무슨 일이 일어날지 모르겠어요. 그러니까 열이틀 전까지만 해도, 부인. 내가 도대체 어떤 남자에게 홀딱 반하리라곤 상상도 못했었죠.

쉬었다가.

루시 말씀을 이해하겠습니다. 피첨 양!

폴리 매키스 부인이에요.

루시 매키스 부인.

폴리 그리고 나는 지난 시간 동안 이 사람에 대해서 아주 많이 생각해봤어요. 그렇게 단순한 일이 아니에요. 그이가 얼마 전에 댁에 대해서 보여준 태도 때문에 저는 부인을 그야 말로 부러워하지 않을 수 없습니다. 내가 그이를 떠나가 지 않을 수 없었을 때, 그건 물론 엄마의 강요에 의한 것 이었지만, 그인 조금도 애석해하지 않았어요. 아마 그는 심장이 없고 대신 가슴 속에 돌이 있나 봐요, 어떻게 생각 하세요, 루시?

루시 그래요, 친애하는 아가씨 — 그런데 죄를 매키스 씨에게 만 돌릴 수 있는 건지 모르겠어요. 댁은 그대로 댁의 영역 에 머물러 있었으면 좋았을 것 같아요, 친애하는 아가씨.

폴리 매키스 부인이라니까.

루시 매키스 부인.

폴리 그건 아주 옳은 말씀이오 — 혹은 내가 적어도 모든 것을, 아빠가 항상 바라셨듯이, 사무적으로 처리했어야 될 걸 그랬어요.

루시 그럼요.

폴리 *운다.* 그는 나의 유일한 재산인데.

루시 이것 보세요, 그건 가장 현명한 여인에게도 일어날 수 있 는 불운이에요. 하지만 댁은 그래도 형식적으로 그의 부

인이니 그것으로 안심이 되겠네요. 난 댁이 그렇게 낙담
하고 있는 꼴을 더 이상 보고 있을 수가 없어요. 무어 좀
드시겠어요?

폴리 뭐요?

루시 무엇을 먹겠냐고!

폴리 아, 그러죠, 간단한 것을 먹죠.

루시 *퇴장.*

폴리 *혼자서* 대단한 계집이네!

루시 *커피와 케이크를 가지고 돌아온다.* 자, 이만하면 되겠죠.

폴리 너무 수고를 많이 하시네요, 부인 마님. *쉬었다가. 식사.*
그이의 아름다운 사진을 가지고 계시네요. 그이가 대체
언제 저것을 가져왔어요?

루시 가져오다니요?

폴리 *아무렇지도 않게* 내 말은, 그가 언제 저것을 가지고 올라
왔느냐고요.

루시 그이가 저걸 가져온 적은 없어요.

폴리 그이가 저걸 이 방에서 댁에게 직접 주었나요?

루시 그이는 이 방에 오질 않았어요.

폴리 아 그래요, 뭐 그랬어도 전혀 딴 일은 없었을 텐데, 그렇
지요? 운명의 오솔길은 이미 무섭게도 뒤엉켜버렸어요.

루시 아니 그런 바보 같은 소리를 끊임없이 지껄여 대지 마세
요. 댁은 여기서 염탐을 하려는 거군요.

폴리 한데, 그이가 어디 있는지 알죠?

루시 내가? 그런데 댁은 그것을 모르시나요?

폴리 그가 어디 있는지 지금 당장 말하세요.

루시 전혀 몰라요.

폴리 아, 어디 있는지 모르신다고요. 정말이에요?

〈서푼짜리 오페라〉

루시	네, 난 몰라요. 댁도 모르시나요?
폴리	네, 끔찍스럽군요.

폴리는 웃고 루시는 운다.

폴리	그이는 이제 의무가 두 가지 있는데 사라지다니.
루시	난 더 이상 견딜 수가 없어요. 아하, 폴리, 이건 너무 끔찍해요.
폴리	*유쾌하게* 비극의 종말에 가서 이런 친구를 만난다니 아주 기뻐요. 어쨌든, 무엇을 좀 더 먹을래. 케이크를 조금 더?
루시	조금 더! 아하, 폴리, 내게 그렇게 친절하게 굴지 마. 정말이야, 나는 그런 친절을 받을 만한 자격이 없어. 아하, 폴리, 남자들은 그럴 만한 가치가 없어.
폴리	물론 남자들은 그럴 만한 자격이 없어, 하지만 어찌 하겠어?
루시	아냐! 이제는 청산을 해야겠다. 폴리, 아주 나쁘게 생각할 거야?
폴리	무엇을?
루시	이애는 진짜가 아냐.
폴리	누가?
루시	여기 이거! *그녀는 배를 가리킨다.* 그리고 이 모든 것이 그 범죄자 때문에.
폴리	*웃는다* 아하, 그것 멋지구나! 토시였구나? 오, 너는 정말로 대단한 년이다! 너 — 매키를 가질래? 내 그를 너에게 선사하마. 네가 그를 찾아낸다면 그를 가져라! *복도에서 사람 소리와 발소리가 들린다.* 이게 뭐야?
루시	*창문에서* 매키다! 그를 다시 잡아들였어.
폴리	*기절한다.* 이제 모든 것이 끝장이다.

피첨 부인 등장

피첨 부인	아하, 폴리, 여기 있구나. 옷을 갈아입어라, 네 남편이 교수형에 처해진다. 미망인의 상복을 가져왔다.
폴리	*옷을 벗고 과부의 상복을 입는다.*
피첨 부인	너는 미망인으로 그림 같이 예뻐 보일 것이다. 이제 약간은 유쾌한 표정도 지어라.

제9장

금요일 오전 5시. 매키 메서는 다시 한 번 창녀들에게로 갔다가 또 한 번 배신당한다. 그는 이제 교수형에 처해진다.

웨스트민스터의 종이 울린다. 경찰관들이 매키스를 결박해서 감방으로 데리고 들어온다.

스미스	그자를 이안에다 가두어. 웨스트민스터의 종이 벌써 첫 번째로 울리는구나. 단정하게 저리 서시오. 왜 그렇게 초췌해 보이는지 알고 싶지 않구먼, 창피해 하리라고 생각하는데. *경찰관들에게* 웨스트민스터의 종이 세 번째 울리면, 그것은 6시가 되겠는데, 우린 교수형을 끝내야 돼. 모든 준비를 하라고.
경찰관	뉴게이트의 전 거리가 이미 15분 전부터 각계각층의 사람들로 가득 차 있어서 전혀 뚫고 지나갈 수가 없어요.
스미스	이상하네, 그럼 사람들이 그걸 미리 알았단 말인가?
경찰관	이렇게 계속 되다간 15분 후에는 런던 전역에서 알게 되겠어요. 그러면 대관식 행렬을 보러가려던 사람들도 모두

<서푼짜리 오페라>

273

이리로 올 것입니다. 그러면 여왕은 텅 빈 거리를 지나가
지 않을 수 없겠죠.

스미스 그러니까 서둘러야 돼. 우리가 6시에 끝내면 사람들이 7
시까지는 대관식에 대갈 수 있어. 이제 서둘러.

맥 여보게 스미스, 몇 신가?

스미스 눈도 없나? 5시 4분이야.

맥 5시 4분이라.

스미스가 감방 문을 밖에서 잠글 때 마침 브라운이 온다.

브라운 *등을 감방 쪽으로 돌리고 스미스에게 묻는다. 그가 저 속
에 있나?*

스미스 만나 보시렵니까?

브라운 아냐, 아냐, 아냐, 큰일 날 소릴, 자네가 다 알아서 해.

맥 *갑작스레 끊임없이 나직한 능변으로* 자, 스미스, 난 전혀
아무런 말도 않을 거요, 매수에 관해서는 아무 말도 않을
테니 두려워 할 것도 없어요, 난 다 알고 있어요. 당신이
뇌물을 받는다면 적어도 국외로 나가야겠지. 그럼, 그래야
되겠지. 그러자면 일생 동안 먹고 살 것을 마련할 정도로
충분히 가져야 되겠지. 일천 파운드, 어때요? 아무 말도
말아요! 20분 후엔 당신이 오늘 정오까지 이 일천 파운드
를 받을 수 있게 될지 말해 줄 수 있을 것이오. 난 감정을
운운하는 건 아니요. 밖으로 나가서 신중하게 생각해 보
시오. 인생은 짧고 돈은 부족하지요. 게다가 나는 아직 돈
이 마련될지도 모르오. 그러니 내게 들어오려고 하는 자
는 들여보내 주시오.

스미스 *천천히* 쓸데없는 소리요, 매키스 씨.
퇴장

맥 *조용히 조급한 템포로 노래 부른다.*

이제 동정을 호소하는 소리를 들어 주시오.

매키스는 여기 산 사시나무 밑에 누워 있는 것이 아니라오.

너도밤나무 밑도 아니고, 무덤 속에 갇혀 있다오!

운명의 노여움을 받아서 이리로 표류했습죠.

마지막 말을 저들이 들을 수 있도록 도와주소서!

철통같은 벽이 이제 그를 둘러싸고 있어요!

친구들이여, 그가 어디 갔느냐고 묻지도 않는가?

그가 죽으면 계란펀치나 끓여라.

그러나 그가 살아있는 한 도와 달라고!

그대들 그의 고통이 영원히 지속되기를 원하는가?

매시어스와 제이콥이 복도에 나타난다. 그들은 매키스에게로 가려고 한다. 스미스가 말을 건다.

스미스	아니 이봐. 넌 마치 내장을 뺀 청어 꼴이구나.
매시어스	대장이 떠나간 후 나는 우리 숙녀들에게 임신을 시켜야 해, 그녀들이 책임 무능력 조항에 해당되도록 해줘야 돼요! 이 업종에서 견뎌내려면 말처럼 강인한 체질이어야 됩니다. 난 대장을 면회해야겠어요.

둘은 맥을 향해 간다.

맥	5시 25분. 느지감치 오는구나.
제이콥	그런데, 우리도 결국 하는 수 없이…
맥	결국, 결국, 내가 교수형에 처해지는 거야, 이것아. 하지만 나는 너희들과 욕설을 주고받을 시간이 없어. 5시 28분. 결론적으로, 너희들 개인 예금에서 당장 얼마나 꺼낼 수 있어?
매시어스	우리들의 예금에서, 이렇게 일찍 5시에?
제이콥	정말 그 정도까지 왔어요?

〈서푼짜리 오페라〉

맥	400파운드, 되겠는가?
제이콥	그럼 우리는? 그게 총재산인데.
맥	너희들이 교수형이냐 또는 내가 교수형이냐?
매시어스	*흥분해서* 우리가 도망가지 않고 수키 토드리에게 가서 누워 있었나? 우리가 그랬나 대장이 그랬나?
맥	주둥이 닥쳐. 얼마 안 있으면 그 화냥년이 아니라 다른 데 가서 누워 있을 테니. 5시 30분.
제이콥	그럼 그렇게 하지 않을 수가 없군, 매시어스.
스미스	무엇을 마지막 식사로 드시겠냐고 청장님이 물어보라는데요.
맥	날 가만 내버려둬. *매시어스에게* 자, 그렇게 하겠어 안 하겠어? *스미스에게* 아스파라거스로.
매시어스	나에게 고함치는 건 받아줄 수 없어.
맥	하지만 난 너 보고 고함친 건 아냐. 그건 다만… 그러니, 매시어스, 날 교수형에 처해지도록 내버려 두겠어?
매시어스	물론 대장을 교수형에 처해지도록 내버려 둘 수는 없죠. 누가 그럽디까? 하지만 그게 총재산이오. 400파운드는 총재산이오. 이런 말은 해도 되겠지.
맥	5시 38분.
제이콥	자 그러면 서둘러, 매시어스, 그렇지 않으면 아무 소용 없어.
매시어스	우리가 뚫고 나갈 수만 있다면야, 전부 꽉 차 있으니까. 천민들로.
맥	너희들 6시 5분 전에 오지 않으면 나를 더 이상 못 보게 될 것이다. *소리친다.* 그럼 나를 더 이상 못 본다고 -
스미스	벌써들 갔구나. 자, 어떻게 되었소? *돈을 세는 손짓을 한다.*

맥	400.
스미스	*어깨를 으쓱하면서 퇴장한다.*
맥	*뒤에다 대고 소리친다.* 브라운과 면담을 해야 되겠어.
스미스	*경찰관들과 같이 온다.* 비누를 가지고 왔나?
한 경찰관	하지만 잘못 가져왔어요.
스미스	10분 후에는 그것을 설치해 놓을 수 있어야 돼.
경찰관	하지만 발판이 작동을 않는데요.
스미스	아무튼 돼야 해, 벌써 두 번이나 종소리가 났는데.
한 경찰관	이건 엉망진창이야.
맥	*노래한다.*

이제들 와서 그의 비참한 모습을 보려무나!

이제 그는 정말 파산 지경에 이르렀다오

그대들은 최고의 권위로

그대들의 더러운 돈만을 인정하거늘

그가 죽어가지 않도록 하여 다오!

그대들 떼 지어 곧장 여왕께로 몰려가

그에 관해서 의논해보렴

돼지들처럼 꼬리에 꼬리를 물고 달려가.

아하, 그의 이빨은 이미 오래 전부터 갈큇발 같구나!

그의 고통이 영원히 지속되길 바라는가?

스미스	들여보내 드릴 수 없습니다. 번호가 겨우 16번인데요. 아직 차례가 되지 않았어요.
폴리	아하, 그게 무슨 소리요, 16번이라니. 관료주의자도 아니실 텐데. 나는 부인이에요, 그이를 만나야 되겠어요.
스미스	그럼 최대한으로 5분만.
폴리	5분이라니 그게 무슨 소리예요! 어처구니없군요, 5분이라니! 그런 말이 어디 있어요. 이건 그렇게 간단한 문제가

〈서푼짜리 오페라〉

	아니에요. 영원한 이별인데, 그러니 부부 간에 할 말이 얼마나 많겠어요… 도대체 그인 어디 있죠?
스미스	아니, 보이질 않아요?
폴리	아, 그렇군요. 대단히 고마워요.
맥	폴리!
폴리	그래요, 매키, 제가 왔어요.
맥	응 그렇고 말고!
폴리	어떠세요? 아주 녹초가 되었어요? 고생스럽죠!
맥	그래, 당신은 이제 대체 무얼 할 거야? 당신은 어떻게 되지?
폴리	여보, 우리의 사업은 아주 잘 되고 있어요. 그것만 해도 어디예요. 매키, 아주 초조해요? …당신 아버지는 원래 무엇 하는 분이었어요? 그런 것까지는 이야기 안 해 주었어요. 전혀 이해할 수가 없어요. 당신은 원래 아주 건강했는데.
맥	이봐, 폴리. 날 빼낼 수 없나?
폴리	그야 물론이죠.
맥	물론 돈으로 말이야. 내가 교도관과…
폴리	*천천히* 돈은 사우스햄튼으로 보냈는데.
맥	그럼 한 푼도 없어?
폴리	네. 한 푼도 없어요. 하지만 매키, 예컨대 내가 누구하고 말해 볼 수도 있을 거예요 – 아마 여왕에게 직접 청원해 볼 수 있을지 모르겠어요. *그녀는 흔절한다.* 오, 매키!
스미스	*폴리를 끌어당기면서* 자, 이제 1,000파운드를 주워 모았소?
폴리	행운을 빌어요, 매키, 잘 지내요 그리고 나를 잊지 말아요! *퇴장*

	스미스와 경찰관이 아스파라거스 요리를 차린 식탁을 가지고 온다.
스미스	아스파라거스가 연한가?
경찰관	네, 그렇고 말굽쇼. *퇴장*
브라운	*나타나서 스미스에게 간다.*
	스미스, 그가 나한테 무얼 바라던가? 식탁을 가지고 나를 기다리길 잘 했어. 감방에 들어갈 때 같이 가지고 들어가세. 그래야 우리가 그에 대해서 어떤 감정을 가지고 있는지 알거야. *그들은 둘이 식탁을 들고 감방 안으로 들어간다. 스미스 퇴장. 쉬었다가* 여보게, 맥, 여기 아스파라거스 있네. 좀 들지 않겠나?
맥	애쓰지 마십시오. 브라운 씨, 내 장례식에는 다른 사람들이 참석할 것이니까요.
브라운	아하, 매키!
맥	청산을 부탁합니다! 그 동안 식사를 해도 좋겠죠. 이것이 마지막 식사죠. *먹는다.*
브라운	맛있게 들게. 아아, 맥. 자네는 마치 시뻘겋게 단 쇳덩이로 나를 때리듯 하는군.
맥	청산을 해주세요. 나리, 청산요. 감상적인 말은 싫습니다.
브라운	*한숨을 쉬며 주머니에서 조그만 수첩을 꺼낸다.* 여기 가지고 왔네, 맥. 여기 지난 반년간의 청산서가 있네.
맥	*날카롭게* 아하, 다만 돈을 더 긁어내려고 오신 거군요.
브라운	그게 그렇지 않다는 것은 자네가 알고 있지 않은가…
맥	괜찮아요, 받을 건 받으셔야죠. 빚이 얼만가요? 하지만 세목을 적은 계산서를 주십시오. 살다보니 의심이 많아졌습니다… 바로 귀하 같은 분이 그건 잘 이해하시겠죠.
브라운	맥, 자네가 그렇게 말하면 전혀 아무 것도 생각할 수가 없네.

〈서푼짜리 오페라〉

뒤에서 쾅쾅 두드리는 소리가 들린다.

스미스　　*목소리* 자, 튼튼하군.

맥　　　　청산을, 브라운.

브라운　　그럼 그러지 ─ 그렇게 자네가 고집을 부리다면, 그러니까 여기 우선 자네나 자네 부하들이 협조해준 살인범 체포의 보상액이 있네. 자네가 정부로부터 받은 총액은…

맥　　　　40파운드씩 세 건이니까 120파운드. 그 중에서 귀하의 몫으로 사분의 일, 즉 30파운드를 저희들이 귀하에게 빚지고 있는 것이죠.

브라운　　그래 ─ 그래 ─ 하지만 난 정말 모르겠네, 맥, 우리가 이 마지막 몇 분을…

맥　　　　제발, 그런 수다는 그만 떠시죠, 네? 30파운드, 그리고 도버에서의 사건으로 8파운드.

브라운　　아니 어째서 8파운드 밖에 안 돼, 그때 거기선…

맥　　　　날 믿으십니까? 믿지 않으십니까? 그러니까 귀하는 지난 반년 간의 결산에서 38파운드를 받으시겠습니다.

브라운　　*크게 소리치며* 일생 동안… 나는 자네의…

둘이서　　눈치만 보곤 모든 것을 알아챘건만.

맥　　　　삼년 동안 인도에서 ─ 존도 그중에 있었고 짐도 거기 있었지 ─, 오년 동안 런던에서, 그리고 이것이 감사의 표시라. *그는 교수형에 처해진 모습을 흉내 내며.*
　　　　　여기 이 한 마리 건드리지 않은 맥이 목매달려 있소이다.
　　　　　못된 친구가 그의 발목을 잡은 것이죠.
　　　　　한 발이나 되는 새끼줄에 목 매달려서
　　　　　그의 엉덩이가 얼마나 무거운지 목이 아프군요.

브라운　　맥, 자네가 나를 그렇게 대하면… 내 명예를 공격하는 자는 나를 공격하는 거야. *화를 내며 감방에서 뛰어 나간다.*

맥	자네의 명예라…
브라운	그래, 나의 명예. 스미스, 시작해! 사람들을 들여보내! *맥에게 용서하게, 응.*
스미스	*급히 맥에게* 지금은 아직도 도피시켜 줄 수 있습니다. 허나 일 분 뒤면 더 이상 안 되지요. 돈을 모았습니까?
맥	그래요, 녀석들이 돌아오면,
스미스	그자들은 보이지 않는데요, 그럼 끝장입니다.
	사람들이 들어온다. 피첨, 피첨 부인 폴리, 루시, 창녀들, 신부, 매시어스 그리고 제이콥.
제니	우릴 들여보내지 않으려고 하더군요. 하지만 내가 그들에게 말했죠. 너희들 그 똥바가지 같은 머리를 치우지 않으면 선술집의 제니가 누구인질 알게 될 거다 라고요.
피첨	난 그의 장인이오, 죄송합니다. 참석자들 중에서 누가 매키스 씨인가요?
맥	*자기를 소개한다.* 매키스입니다.
피첨	*감방 앞을 지나서 다음에 오는 사람들처럼 오른쪽에 선다.* 매키스 씨, 운명의 장난으로 인하여 당신을 알지도 못하는데 나의 사위가 되었구려. 내가 당신과 처음 대면하게 되는 이 상황은 몹시 슬프군요. 매키스 씨, 그대는 한때 희고 윤이 나는 가죽장갑을 끼었으며, 상아 손잡이가 달린 지팡이를 들고 다녔고 목에는 흉터가 있었죠. 그리고 오징어 호텔에 출입하였소. 이제 남은 것이라곤 흉터 하나뿐, 그것은 당신의 특징 중에서 가장 무가치한 것이겠죠. 그리고 당신은 감방에나 드나들고 있지만 그것도 얼마 안 가서 끝나고 아무 데도 출입을 못 할 거요…
	폴리는 울면서 감방을 지나서 오른쪽에 도열한다.
맥	원피스가 예쁘군.

〈서푼짜리 오페라〉

281

	매시어스와 제이콥 이 감방을 지나 오른쪽에 도열한다.
매시어스	뚫고 올 수가 없었어요. 사람들이 많이 몰려들어서. 우린 너무 뛰어서 제이콥이 졸도하지 않을까 걱정이 될 정도였죠. 우릴 믿지 않으면…
맥	부하들이 뭐라고 하던가? 자리는 잘 잡았나?
매시어스	그거 보세요. 대장, 우릴 이해해 주실 것으로 생각했죠. 이 보세요. 대관식, 그거야 매일 있는 행사가 아니죠. 부하들은 할 수 있는 한 벌어야 지요. 안부를 전합디다.
제이콥	충심으로!
피첨 부인	*감방 앞으로 해서 오른편에 도열한다.* 매키스 씨, 우리가 일주일 전 오징어 호텔에서 간단한 스텝 춤을 출 때만 해도 누가 이렇게 될 줄 알았습니까.
맥	그래요, 간단한 스텝 춤을.
피첨 부인	하지만 이 세상의 운명은 잔인하지요.
브라운	*뒤에서 신부에게* 그리고 이 사람과 저는 아제르바이잔[52]에서 있던 총격전에서 어깨를 맞대고 싸웠습니다.
제니	*감방으로 다가온다.* 두루리 레인에 사는 우리들은 어이가 없군요. 아무도 대관식을 보러가지 않았어요. 모두 당신을 보려고 해요. *오른쪽에 도열해 선다.*
맥	나를 보려고 한다.
스미스	자, 그럼 출발. 6시다. *그를 감방에서 나오게 한다.*
맥	사람들을 기다리게 할 순 없지요, 신사 숙녀 여러분. 여러분께서는 몰락해 가는 한 계층의 몰락해 가는 대표자를 보고 계십니다. 저희는 보잘 것 없는 쇠막대기로 구멍가게 주인의 니켈 금고를 터는 작업을 하는 소시민 수공업자들인데 은행을 뒤에 업고 있는 대기업주들에 의해서 잡아먹히고 있습니다. 한 장의 주식에 비하건대 곁쇠가 무

슨 소용이 있습니까? 은행의 설립에 비하건대 은행의 침입이 무슨 소용이 있습니까? 한 남자의 고용에 비하건대 한 남자의 살해가 무슨 소용이 있겠습니까? 동료 시민 여러분, 이로써 여러분에게 작별을 고하고자 합니다. 이렇게 와주셔서 감사합니다. 여러분들 중의 몇몇 사람은 저와 대단히 가깝게 지냈습니다. 제니가 나를 고발했다니 놀라움을 금치 못하겠습니다. 이 세상이 변하지 않는다는 뚜렷한 증거입니다. 몇 가지 불행한 상황들이 겹쳐서 나를 몰락시켰습니다. 좋습니다 — 몰락하지요.

매키스가 모든 사람들에게 용서를 구하는 발라드

우리 후대에 살게 될 형제자매들이여
우리들에게 너무 앙심을 품지 말아주오
그리고 우리가 교수대에 매달려도 웃지를 마오
수염으로 가려진 미련스런 웃음을.
우리가 떨어져도 저주하지 마오
법정처럼 우리에게 화를 내지 마시오:
우리 모두 사려 깊지는 못하니까 —
인간들이여, 모든 경솔함을 버리도록 하시오
인간들이여, 우리를 교훈으로 삼으시오.
하나님께, 날 용서해 달라고 간구해 주시오.

비가 우리를 씻어 주고 우리를 정화시켜 주네
그리고 너무 살이 찐 우리의 육신을 씻어주네
너무 많은 것을 보고 더 많은 것을 갈망하는
눈을 까마귀가 쪼아 대죠.

〈서푼짜리 오페라〉

우리는 진실로 너무 분수를 지키지 않았지요.
이제 우린 여기에 마치 오만해서인 것처럼 매달려 있어요.
마치 길가에 놓여 있는 말똥을
탐욕스러운 새 새끼들이 쪼아 먹듯이.
아, 형제들이여. 우리를 경고로 삼으시오.
하나님께 우리를 용서해 달라고 간구해 주오.

남자들을 쉽게 낚아채려고
젖가슴을 드러내 보이는 계집들
그녀의 몸값을 가로채기 위해서
눈독을 들이는 녀석들
부랑배들, 창녀들, 뚜쟁이들
게으름뱅이들, 법의 보호에서 추방된 이들
살인범들, 변소지기 여편네들
이들에게 용서를 비나이다.

개새끼 같은 경찰관놈들은 안 그래
그자들이 매일 아침저녁
먹으라고 준 것은 오직 나무껍질뿐
그밖엔 수고와 걱정거리만 주었으니
이제는 그들을 저주해도 되겠지
하지만 오늘은 그러지 않겠어요:
더 이상의 싸움거리를 피하려니
그들에게도 용서를 비나이다.

그들의 주둥이를
무거운 쇠망치로 으깨버려라.

	그 외에는 다 잊으려 하오.
	그리고 용서를 비나이다.
스미스	갑시다, 매키스 씨.
피첨 부인	폴리, 루시, 너희들 남편의 임종을 지켜보아라.
맥	여인들이여, 우리들 간에 비록 어떤 사실이…
스미스	*끌고 간다. 앞으로 갓!*
	교수대로 감.
	모두 왼쪽의 문을 통해서 퇴장. 이 문들은 모두 영사막에 있다. 그리고는 무대의 다른 쪽에서 모두가 바람막이가 달린 등을 가지고 다시 들어온다. 매키스가 교수대 위에 서면 피첨이 말한다.
피첨	존경하는 관객 여러분, 이제 여기까지 왔군요.
	매키스 씨는 교수형에 처해집니다.
	기독교 세계를 통틀어서
	인간에게 공짜로 주어지는 것은 없기 때문이죠.
	그러나 여러분, 우리도 그렇게 하리라고 생각지 마십시오.
	매키스 씨에겐 교수형을 면제해 주고
	우리 나름대로 다른 결말을 생각해냈습니다.
	여러분들이 오페라에서나마
	자비가 법에 앞선다는 것을 보실 수 있게 말입니다.
	그리고 우린 여러분에게 호의를 가지고 있기 때문에
	이제 왕의 말 탄 사자가 등장할 것입니다.
	판자에는 이렇게 씌어있다: "말탄 사자의 등장"

〈서푼짜리 오페라〉

세 번째 서 푼짜리 피날레

합창대 누가 오는지 귀를 기울여라!
국왕의 말 탄 사자가 온다!
브라운이 위풍당당하게 말 탄 사자로 등장한다.

브라운 여왕께서는 대관식 기념으로 매키스 대장의 즉시 석방을
명하셨다. *모두 환호한다.* 동시에 그는 이로써 세습 귀족
의 신분에 오르고 — *환호* - 그에게 마르마렐 성 및 일만
파운드의 종신 연금을 하사하셨다. 여기 참석한 신랑 신
부들에겐 축하의 말씀을 전하셨다.

맥 구원되었다. 구원되었다! 고통이 극도에 달하면 구원도 멀
지 않음을 알지요.

폴리 구원되었네, 나의 사랑하는 매키가 구원되었네. 난 정말
행복해요.

피첨 부인 이렇게 해서 마지막엔 모든 것이 행운으로 바뀌는구나.
국왕의 말 탄 사자가 언제나 온다면 우리들의 인생이 쉽
고 평화로우련만.

피첨 그러므로 여러분들이 서 있는 자리에 그대로 서 있으시오.
그리고 가난한 사람들 중의 가장 가난한 사람들의 찬송을
부르시오. 오늘 그들의 어려운 삶을 여러분들이 공연하였
는데 실제로는 그들의 종말이 비참한 것이니까요. 왕의
말 탄 사자는 짓밟힌 사람들이 반항할 때는 거의 나타나
지 않습니다. 그러니 불의를 너무 지나치게 박해하지는
말아야 되겠습니다.

영사면: 다음에 나오는 소절의 텍스트

모두 *앞으로 나오면서 오르간에 맞춰서 노래한다.*
불의를 지나치게 박해하지 마시오.

곧 저절로 얼어 버릴 것이라, 날씨가 추우니까.
비통의 소리가 울려 퍼지는 이 골짜기[53]의
어두움과 혹독한 추위를 생각하시오.

−끝−

■주

1) 살인극을 노래하는 장타령(Moritat) : 사람들이 많이 모이는 대목장에서 유랑가수가 손풍금을 돌리며 살인 등의 끔찍스런 사건을 노래로 부른다. 노래꾼은 연단 위에서 사건의 도해를 막대기로 가리키며 노래했다. 브레히트는 어렸을 때 아우크스부르크의 대목장에서 이런 장타령을 보았다고 함.
2) 소호(Soho) : 당시 범인, 거지 그리고 창녀들이 살던 런던의 구역.
3) 브레히트는 상어를 무자비한 이윤추구의 은유로 사용했음. <상어가 인간이라면> (GBA 18, 446~448) 참조.
4) Strand[strænd] : 스트랜드가(街)는 은행, 카페 그리고 백화점이 있는 런던의 상점가임.
5) 사도 20:35 참조.
6) 루가 6:38.
7) 하일랜드가 : 확인할 수 없는 런던의 거리 이름으로 브레히트가 런던의 분위기를 내기 위해서 붙인 상상의 지명임; 브레히트는 주로 범죄소설을 통해서 런던을 알고 있다고 말했음.
8) 애가 3:56 참조.
9) 베이커가 : 아서 코난 도일(1859~1930)의 탐정소설 『셜록 홈스의 모험』에 나오는 명탐정 셜록 홈스가 거주했다는 런던의 베이커가 221B에 대한 암시. 브레히트는 탐정소설을 탐독했으며 도일을 높이 평가했음.
10) 대관식 : 브레히트가 설정한 허구적 사건임. 19세기 영국은 빅토리아 여왕(재위 1837~1901)이 지배했으며 19세기 후반기는 '빅토리아 시대'라고 부름.
11) 에제키엘 18:7 참조.
12) 시편 91:12 참조.
13) 진저가 : 확인할 수 없는 런던의 거리 이름.
14) 웨스트엔드 : 런던의 중심부와 하이드파크 사이에 있는 고급 주택가.
15) 르네상스(14~16세기) 또는 네오르네상스(19세기 말)의 소파.
16) 영국 가구제조의 장인(匠人) Thomas Chippendale(1718~1779)의 이름에서 유래한 가구 양식으로 프랑스의 로코코와 동아시아적인 장식을 원용하였음.
17) 루이 카토르즈(Louis-quatorze) : 프랑스의 루이 14세(1643~1715) 시대에 따라서 이름이 붙여진 17~18세기의 예술 및 건축양식으로 바로크의 의고전주의적인 변형임.
18) 남자의 성기를 암시하는 말.
19) 사보이 호텔 : 1889년 스트랜드가에 개업한 런던의 호화 호텔.
20) 셀프리지 백화점 : 1909년 미국 사업가 해리 고돈 셀프리지가 옥스퍼드가에 세운 런던의 백화점.
21) 오울드 베일리 : 1902~1907년에 세워진 런던 중앙형사법정의 속칭.
22) 1600년 이후 영국은 인도에서 많은 전쟁을 했으며 인도는 1858년부터 영국의 식민지가 되었다가 1947년 독립했음.
23) 인도의 남단 코모린(?)갑(岬)에서 북단의 비하르까지 영국군이 광범위한 지역에서 작전을 했음을 뜻함.

24) 사람을 살해해서 갈가리 찢음.
25) 카스토르와 폴룩스 : 희랍 신화에 나오는 쌍둥이 형제로 막역한 친구 간 우정의 전형임.
26) 헥토르와 안드로마케 : 트로야 전쟁의 영웅과 그의 부인.
27) 이란의 도시 쉬라스에서 나오는 양탄자.
28) 스코틀랜드 야드 : Old Scotland Yard는 1842년부터 1890년까지 런던 사법경찰의 본부였음.
29) 루트 1,16 참조.
30) 코르디알 메독(Cordial Medoc) : 38% 이상 되는 고급 코냑 리큐르의 일종.
31) "돈이 세상을 지배한다"(Geld regiert die Welt.)라는 17세기 프리드리히 폰 작센 공작의 말에서 유래.
32) 턴브리지 : 런던의 확인할 수 없는 지명으로 브레히트가 창안 것으로 보임.
33) 위의 주 29) 참조.
34) 위의 주 29) 참조.
35) 마태 7:9 참조.
36) 루가 22:61부터 참조.
37) 네로 황제 : 로마의 황제(37~68)로 전제군주였으며 방탕한 생활을 했음; 왕비 옥타비아를 버리고 애인 포페아와 결혼함.
38) 람세즈 2세(기원전 1290~1224) : 고대 에집트의 왕.
39) 니니베는 티그리스 강변에 있었던 아시리아 제국의 수도였으며 오늘날 이집트의 수도 카이로와는 아무런 관련이 없음.
40) 세미라미스 : 전설적인 동방의 화려한 건축물로 유명한 아시리아의 여왕(기원전 844~783).
41) 피첨은 독사에 물려 죽은 경찰서장과 독사에 물려 자살한 이집트의 클레오파트라 여왕(기원전 51~30)을 혼동하고 있음; 브레히트는 의도적으로 교양적인 상식을 뒤섞어놓는다.
42) "사람은 빵으로만 사는 것이 아니다"(마태 4:4) 참조.
43) 2데살 3:10 참조.
44) 유다가 예수를 배반하여 넘겨주고 은전 서른 닢을 받은 것을 암시함; 마태 26,15.
45) 버킹검 궁전 : 1705년 버킹검 공작을 위해서 건축된 런던의 세인트 제임스 공원에 있는 건물은 1837년 이후 영국 왕실의 시내 궁전으로 쓰임.
46) 비용의 '사랑의 어리석음에 관한 발라드'가 본보기가 되었음. 1939년에 브레히트는 새로운 소절을 추가해서 <억척어멈과 그의 자식들>에서 사용함.
47) 솔로몬 : 다윗의 아들이며 이스라엘과 유다의 왕(기원전 965~926). 현명함과 명민한 정책으로 유명함.
48) 전도서 1:2 참조.
49) 클레오파트라 : 이집트의 여왕(기원전 51~30). 처음에는 시저의 애인이었으며 그의 사후에는 마르쿠스 안토니우스의 부인이었다가 후일 그와 자살했음.
50) 시저(기원전 100~44) : 로마의 장군 및 정치가.
51) 시저가 가장 신임했던 브루투스를 암살 음모자들 중에서 발견하고 외쳤다는 말; 시저가 암살당한 날은 기원전 44년 3월 15일임.

<서푼짜리 오페라>

52) 아제르바이잔 : 이란 북서부의 지명.
53) 사람들이 간난의 땅인 이 세상을 통과해야 더 낳은 저세상에 갈 수 있다는 기독교
  적 사상에 대한 암시. 시편 84:7 참조.

마하고니 시의 번영과 몰락
Aufstieg und Fall der Stadt Mahagonny

오페라

■ 집필기간 : 1927~1930년

■ 초연 : 1930년 3월 9일, 라이프치히 노이에스 테아터(지휘 : 구스타프 브레허 Gustav Brecher, 연출 : 발터 브뤼그만 Walter Brüggmann, 무대장치 : 카스파 네어 Kaspar Neher)

■ 생성사

오페라 <마하고니 시의 번영과 몰락>에 대한 계획이 구체화된 것은 1927년 쿠르트 바일(Kurt Weill)이 바덴바덴 음악제에 출품할 목적으로 15분짜리 노래극(Songspiel)을 쓰자고 제안한 데에서 비롯한다. 이 노래극이 센세이션을 일으키며 공연된 직후 브레히트와 바일은 마하고니 오페라 작업에 착수하나 공연은 1930년에야 비로소 이루어지며 이 공연은 나치 돌격대가 극장 안에서 난동을 일으키는 바이마르 공화국 연극사상 최대의 스캔들을 일으킨 바 있다. 1920년대 후반부터 브레히트는 볼셰비키 예술의 대변자로, 바일은 흑인음악인 재즈를 상당부분 수용한 유태인 음악가로서 독일 순수인종주의를 주장하는 나치 국가사회주의자들의 공격의 표적이었기 때문이다.

이 공연은 음악계에서도 격렬한 논쟁을 빚어냈다. 전통적인 오페라의 개념을 파괴하고 새로운 현대음악으로 도전적이며 전위적인 새 오페라 장르를 개척하려 했다는 점에서 찬성표가 던져졌다면 텍스트가 통일되어 있지 못하다는 비난과 함께 자본주의에 대한 도전이라고 충격적으로 받아들여졌다. 라이프찌히 공연 후 바일과 브레히트는 일련의 수정 시도를 한다. 주인공 이름을 독일식으로 바꾸고 비판의 대상이 되었던 미국적 요소를 제거하고 아웃싸이더적인 아나키즘도 상당부분 제거되며 자본주의 비판적인 방향으로 수정하여 만들어진 것이 오늘날 우리가 대하는 오페라 <마하고니 시의 번영과 몰락>(1931)이다. 그러나 최종판에서도 근본적인 수정이 이루어졌다기보다는 기존하던 뼈대에 첨삭을 가하는 과정에 부분적으로는 초기의 모습이 그대로 남아 있는 등 일괄적이지 못한 소지가 남아있기 때문에 이 작품을 대하는 독자들이 종종 이해의 어려움을 겪게 된다. 1930년 수정된 텍스트는 1931년 네 번째 『시도(Versuche)』에 실리며 여기에 서사극과 기존 전통극과의 차이에 대해 브레히트가 페터 주어캄프(Peter Suhrkamp)와 같이 쓴 주석이 첨가된다.

■ 작품해설

<마하고니 시의 번영과 몰락> 공연 후 브레히트와 바일은 서로 결별하게 되는데 여기에는 물론 예술적 이기주의가 작용했겠지만 무엇보다 그들의 이념적 성향이 서로 차이를 보이게 된 데 원인이 있다. 1930년의 브레히트와 바일의 차이는 무엇보다도 바일이 오페라라는 음악 장르에서 행해져 온 낡은 형식을 개선하려 했던 데 비해 브레히트는 즐거움을 제공하는 기관으로서의 오페라라는 기능 자체를 의문시하려 한 점이다. 브레히트는 오페라계의 혁신 시도 자체를 무의미한 것으로 부정한다. 왜냐하면 그에게 있어 종래의 오페라라는 관객에게 미식가적 즐거움을 제공하는 수단이고 음악극계에서 행해지고 있는 오페라 혁신의 노력도 결국 오페라의 미식가적 즐거움을 제공하는 기능에서 벗어나지는 못한다고 생각했기 때문이다. 현대음악은 현대적 작곡기법과 불협화음으로 오페라

의 혁신을 시도했지만 그 불협화음조차도 미식가적 즐거움을 제공하고 있다고 생각한 것이다. 브레히트는 오락기관으로서 오페라가 갖는 기능 자체의 변화를 요구하며 미식가적 즐거움 대신 토론과 사고를 오페라에 끌어들이려 한다. 오페라가 존속하는 것은 오페라가 오래된 것이기 때문만이 아니고 그런 오페라를 필요로 하고 또 그런 오페라가 기여하고 있는 사회의 상황이 낡은 그대로 존재하기 때문이다. 따라서 그는 오페라가 파괴되어야 낡은 사회상황도 변화될 수 있을 것으로 보고 있다.

또한 브레히트는 <마하고니> 오페라에서 사회비판과 예술비판을 결부시키고 있다. 마하고니는 쾌락을 제공하는 장소이고 오페라극장은 자본주의 사회에 미학적 즐거움을 제공하는 장소이다. 그런 의미에서 브레히트는 <마하고니 시의 번영과 몰락>에 새로운 의미를 부여한다. 즉 <마하고니> 자체는 미식가적 성격을 띠고 있을지 모르지만 마하고니의 몰락을 통해 그 미식가적 도취상태를 토론에 부치고 있고 다시 말해 그런 오페라를 필요로 하는 사회를 공격하고 있기 때문에 사회를 변화시키는 기능을 갖고 있다고 한다.

자본주의 사회에 마하고니라는 향락의 도시가 건설된다. 마이애미나 라스베가스처럼 허허벌판에 깃대를 꽂고 세워진 도시에 노동의 세계에서 부를 축적한 사람들이 노동의 대가를 찾아 향락을 누리려고 모여든다. 이 도시는 생산 작업에 직접 참여하여 돈을 버는 게 아니라 금을 캐어온 사람들을 유인하여 그들에게서 돈을 긁어내는 소위 '그물망 도시 Netzstadt'이다. 산업사회화 되어감에 따라 경제력이 상승하며 새로운 업종이 창출되고 생산성만이 생산의 주인공이 아니라 생산성을 높일 수 있는 여가와 향락이 새로운 산업으로 정착하게 된 것이다. 여기에 종래의 여가개념과 도전적인 신세대의 아나키즘적인 향락의 개념이 충돌한다. 마하고니가 제공하는 종래 의미의 여가, 안정과 조화, 또 그와 결부된 여러 가지 금지사항은 고객에게 충분한 만족감을 제공하지 못한다.

<마하고니 시의 번영과 몰락>

마하고니는 일정한 질서 속에 있을 때 안정과 조화를 약속할 수 있지만 향락의 자유를 추구하는 인간의 욕구는 제약, 금지의 벽에 부딪쳐 매력을 잃는다. 이 산업이 번창하기 위해서는 고객이 자유의지대로 마음껏 자아의 구현을 실행할 수 있는 기회가 제공되어야 한다. 그러나 질서와 안정 속의 향락은 의미없는 삶, 충만할 수 없는 삶으로 보이며 향락산업은 불경기를 맞게 된다.

이 때 이 도시를 엄습한 태풍은 향락을 추구하는 파울에게 개인의 자아구현이라는 의미에서 새로운 인식을 가져다준다. 태풍과 같은 천재지변이 일어나면 어차피 모두가 파괴되는데 파괴되기 전에 마음껏 욕구를 충족시킬 수 있어야 한다는 인식 하에 그는 인간적 행복의 법칙을 발견한다. 파울이 인식한 새 법칙은 어떠한 제약도 받지 않고 개인의 욕구를 충족시킬 수 있는 자유를 누릴 수 있다는 면에서 개인의 자아욕구를 성취시킬 수 있으나, 이 새로운 적극적인 향락과 욕구충족은 결국 파괴로 귀결된다. 인간의 먹는데 대한 욕구는 배가 터져 죽음을 당하는 데까지 이르고 구경거리를 위해서 타협을 모르는 인간의 욕구는 알라스카 죠우가 얻어맞고 죽어가는 것을 보며 즐긴다.

마하고니에서는 사랑의 관계도 상품관계로 전락한다. 사랑을 판다는 것은 브레히트에게 있어서는 인간의 자본주의적 상품화의 원형이며 이는 경제적으로 예속된 인간의 자아소외를 의미한다. 이런 의미에서 이 작품 중 가장 서정적이라고 할 수 있는 제니와 파울간의 사랑의 장면도 이중적이다. 이 서정적인 듀엣은 사창가에서 자기 차례를 기다리고 줄을 서 있는 남자들을 문지기가 위로하고 있는 장면에 삽입됨으로써 두 연인의 사랑이 상품화된 사랑이라는 점이 분명해진다.

마하고니가 기능을 하기 위해서는 물질적 전제가 요구된다. 개인의 욕구를 충족시킬 수 있는 '유토피아'의 세계에서는 모든 것이 철저히 팔고 사는 관계의 법칙이 지배하며 여기서는 사회적 관계, 인간적 관계가 고려되지 않는다. 모든 인간관계는 상품화되고 이런 사회 속에서 파울의 이웃사랑은 치명적인 것이 된다. 지불할 수 있는 한에서 사랑도 우정도 존재하는 것이지 지불이 불가능한 곳에서는 인간의 기본적인 감정도 존재하지 않는다. 마하고니 시에서 향락을 추구하려는 인간의 기본조건은 돈이 있어야 한다는 것이며, 돈이 다하면 향락의 조건도 소모되어 그 결과는 죽음뿐이다.

지불능력이 소모된 막다른 상황에서 파울은 알라스카로 도피 시도를 하나 도피는 환영에 지나지 않으며 드디어 마하고니의 법정에 서게 된다. 이 장면에서 브레히트는 사회비판과 예술비판을 결부시키고 있다. 알라스카로의 도피는 결국 배가 마하고니로 돌아옴으로써 – 실제에 있어서는 출발도 하지 않았기 때문에 – 허상임이 드러난다. 이로써 오페라 예술이 제공하는 허상의 세계, 도취의 세계에로의 도피도 결국은 허상임을 인식시키려 한다. 예술적 수단으로는 의자와 책상들을 쌓아서 만든 '배'를 타고 도피 시도를 함으로써 처음부터 그 항해가 성공하지 못하리라는 것을 암시하며 동시에 연극적 환상을 파괴하는 역할을 한다.

구원의 길이 모두 차단된 상황에서 파울이 마지막으로 의지하는 것은 신이다. 이승의 불공정한 재판 위에 신의 심판이 내리게 될 것을 경고한다. 그러나 처형장면에 앞서 진행되는 "신의 놀이"는 파울의 기대에 대한 답을 준다. 술독에 빠져있는 신은 위스키 독에 빠진 인간을 새까만 지옥으로 보내려 하나 인간은 그것을 거부하며, 또 신은 그럴 능력이 없다. 왜냐하면 인간이 살고 있는 마하고니 시가 바로 그 새까만 지옥이기 때문이다. 마하고니의 신의 놀이는 파울에게 참담한 인식의 문을 열어준다. 그는 돈으로 즐거움을 사려고 이 도시에 들어오는 순간 자신의 몰락이 낙인 찍혔음을 인식하지만 이미 때는 늦었다. 최후의 심판은 이미 마하고니 안에서 진행되고 있는 것이다. 돈으로 자유와 향락을 얻는 순간 인간은 돈의 노예가 되어버리며 그 지배아래 들어가게 된 것이다.

파울의 첫 번째 인식은 규제와 제약을 벗어난 인간성의 해방과 자아구현에 있었다. 그러나 인간은 인간성의 해방과 자유의 구가라는 허상

〈마하고니 시의 번영과 몰락〉

아래 실제에 있어서는 경제적인 구속을 사게 된 것이다. '모두가 모두에게 적대시하는' 투쟁의 자연법칙을 원칙으로 하는 사회에서 파울의 "해도 좋으니라(Du darfst es)"의 설파는 비정을 낳을 수밖에 없다. 인간의 자유가 보장되는 유토피아의 이면에는 소외된 인간의 실존이 도사리고 있다. 인간의 욕구가 마하고니의 번영을 가져왔듯이 마하고니의 번영은 인간의 행동에 변화를 가져오고 그러한 인간의 행동은 결국 파국을 향해 치닫는다. 마하고니의 몰락은 인간의 욕구에 내재하는 발전과정의 귀결인 것이다.

초기 브레히트의 경우 기존 도덕에 대한 도전이 그 목표였기 때문에 아나키즘적인 도전이 긍정적으로 나타난다. 그러나 1930년의 수정 텍스트에서는 파울이 처형에 앞서 철두철미 자본주의 지배를 받는 마하고니의 실체를 깨닫는 것으로 수정된다. 수정본에 첨가된 파울의 인식은 그의 학습과정의 결과이지만 그러나 이미 손쓸 수 없게 되어버린 그의 몰락을 돌이키는 데에는 아무런 도움도 되지 못한다. 아나키즘은 기존하는 부정적인 규범을 파괴하는데 성공하나 대안을 제시하지는 못한다. 파울의 처형은 마하고니 시의 몰락을 대변하고 있다. 개인의 인물을 중심으로 한 줄거리와 마하고니라는 집단사회의 몰락을 보여주는 줄거리의 연결고리가 지워진다. 파울의 처형과 더불어 마하고니 시의 몰락은 낙인찍힌다. 마지막 장면의 시위행렬이 내건 도발적인 플래카드는 무질서와 재산의 불공정 분배가 지배하는 자본주의 사회의 극단적인 형태를 보여준다. 공동생활이 불가능해 진 곳에 지옥이 있다. 시민사회의 개인을 딛고 넘어서며 지옥이 생산된다. 남은 사람들은 황금시대의 지속을 위해 시위하지만 점점 더 혼란과 물가상승, 인간 상호간의 적대 감정들이 고조되고 자본주의 이상의 종말이, 지옥과 같은 현실이 다가와 있다.

■공동작업자 : 엘리자베트 하우프트만, 카스파 네어, 쿠르트 바일

■네 번째 시도 : 쿠르트 바일이 음악을 쓴 <마하고니 시의 번영과 몰락>은 서사적 오페라의 시도이며 풍속 묘사이다.

등장인물

벌목꾼들(파울 아커만 · 야콥 슈미트 · 하인리히 메르크 · 요셉 레트너) · 레오카디아 벡비크 · 지배인 빌리 · 삼위일체 모세 · 제니 · 토비 히긴스 · 마하고니의 남자들 · 마하고니의 여자들

1
마하고니시의 건설

황량한 지역에 볼썽사나운 꼴이 된 커다란 트럭이 한 대
와서 멈춘다.

지배인 빌리   여 봐, 더 가야지.

삼위일체 모세   그렇지만 차가 고장이야.

지배인 빌리   그럼 더 갈 수 없지.

       침묵

삼위일체 모세   그렇지만 더 가야지.

지배인 빌리   그렇지만 앞으로는 사막뿐인 걸.

삼위일체 모세   그럼 더 갈 수 없지.

       침묵

지배인 빌리   그러니 돌아가야지.

삼위일체 모세   그렇지만 뒤엔 우리 얼굴을 빤히 아는 경찰관이 있는데.

지배인 빌리   그럼 돌아갈 수 없지.

       그들은 트럭 디딤판 위에 앉아 담배를 피운다.

삼위일체 모세   그렇지만 저 위쪽 해안에선 금이 나는데.

지배인 빌리   그래, 해안, 그건 멀지.

삼위일체 모세   그래, 그럼 못 가는 거지.

지배인 빌리   그렇지만 거기선 금이 나는데.

삼위일체 모세   그래, 그렇지만 해안은 너무 멀지.

레오카디야 벡비크 부인[1]

       트럭 위로 나타난다.
       더 갈 수 없다냐?

삼위일체 모세   그래요.

벡비크	좋아, 그럼 여기다 자리를 잡자. 지금 생각이 났는데 더 이상 올라갈 수 없는 거면 여기 아래에 자리 잡는 거야. 이 봐, 저기서 내려오는 사람들이 모두 그러는데 강물이 금을 잘 내놓지 않으려 한다는군. 금 찾는 일은 힘든 일이고 우린 그런 일을 할 수 없다. 그렇지만 난 사내들을 잘 알지. 틀림없이 사내들은 금을 내놓을 거란 말이야. 강에서 금을 찾는 것보다 그 사내들한테서 긁어내는 게 더 쉬울 거야.

그러니 우리 여기다 도시를 하나 만들어
마하고니라고 하자.
그물망 도시란 뜻이지.
감칠맛 나는 새들을 잡을 수 있는
그물망이 되는 거다.
어디서고 죽어라 일해야 하지만
여기 있는 건 쾌락.
왜냐하면 사내들의 쾌락이란
고통 안 받고 모든 걸 멋대로 하는 것.
그것이 황금의 본질이지.
진과 위스키
여자와 남자.
여기서 지내는 일주일은
일 안하고 지내는 일곱 날
태풍은 여기까지 몰아치지 않으리.
쌈박질 안하는 사내들은
담배 피우며 저녁 되길 기다리지.
사흘에 한 번 내는 높은 언성과 거친 싸움은
부당한 것은 아니다.

〈마하고니 시의 번영과 몰락〉

그러니 이 땅에 낚싯대를 박고 이 베 조각을

달아라.

황금해안에서 여기를 지나가는 배들이

우리를 볼 수 있게끔.

빠아 카운터를 설치하라

저기 고무나무 밑에.

도시가 되는 것이다.

도시 한복판이 되는 것이다.

이름하여 <부자가 되는 호텔>.

빨간 마하고니의 깃발이 긴 낚싯대 끝에 매달려 높이 올

라간다.

지배인 빌리와 삼위일체 모세

그렇지만 이 마하고니 시가 생겨나는 것은

단지 모든 상황이 좋지 않기 때문

안정이 안 되고

화목하지 못하고

사람의 마음을 붙잡아 줄 수 있는

그 무엇이 없기 때문에.

2

몇 주일 내에 도시가 하나 급성장하며 산업사회 초기의 <상어>들이 자리를 잡는다

제니와 여섯 명의 여자들이 커다란 트렁크를 들고 나와

그 위에 앉으며 알라바마쏭2)을 부른다.

oh, show us the way

to the next whisky-bar.

Oh, don't ask why!

For we must find the next whisky-bar.

For if we don't find the next whisky-bar

I tell you we must die!

Oh! moon of Alabama

We now must say good-bye

We've lost our good old mamma

And must have whisky

Oh, you know why.

Oh, show us the way to the next pretty boy

Oh, don't ask why, oh, don't ask why!

For we must find the next pretty boy

For if we don't find the next pretty boy

I tell you we must die!

Oh! moon of Alabama

We now must say good-bye

We've lost our good old mamma

And must have boys

Oh, you know why.

Oh, show us the way to the next little dollar!

Oh, don't ask why, oh, don't ask why!

For we must find the next little dollar

For if we don't find the next little dollar

〈마하고니 시의 번역과 몰락〉

I tell you we must die!

Oh! moon of Alabama

We now must say good-bye

We've lost our good old mamma

And must have dollars

Oh, you know why.3)

여자들 트렁크를 들고 퇴장.

3

낙원의 도시가 설립되었다는 소식이 여러 대도시에 퍼진다

영사막에 수백만 인구의 대도시 풍경과 많은 남자들의 사진이 비친다.

남자들	우리의 대도시에 그득한 건 시궁창
	속은 텅 비었고 피어나는 건 매연.
	그곳은 쾌락을 모르는 우리가 사는 곳.
	시들어 가는 인간, 썩어 가는 시궁창.
	지배인 빌리와 삼위일체 모세가 플래카드를 들고 나온다.
지배인 빌리	바삐 돌아가는 세상을 멀리한 곳
삼위일체 모세	급행열차들은 지나가지 않는 곳에
지배인 빌리	황금의 도시 마하고니가 있다.
삼위일체 모세	어제 거기서 너희들을 찾던데.
지배인 빌리	오늘날 대도시에는 불만에 찬 사람들이 많지.
	그런 사람들이 가는 곳이 황금의 도시 마하고니.

삼위일체 모세 술값이 싼 곳.

지배인 빌리 여기 너희들 도시는 시끄럽고

불안과 불화 뿐.

마음을 붙잡아 줄 것이라고는 하나도 없다.

삼위일체 모세 모든 게 다 악조건이기 때문이지.

지배인 빌리와 삼위일체 모세

그렇지만 일단

마하고니 사람들 속에 섞이면

담배를 피우게 되고

너희들의 누런 피부에선

연기가 피어난다.

양피지 같은 하늘

황금의 연초!

샌프란시스코가 불타오르면

보라, 너희들이 좋다 하는 게

결국 말짱 헛것인

것을

남자들 우리의 대도시에 그득한 건 시궁창

속은 텅 비었고 피어나는 건 매연.

그곳은 쾌락을 모르는 우리가 사는 곳.

시들어 가는 인간, 썩어 가는 시궁창.

지배인 빌리 그러니 가자, 마하고니로!

삼위일체 모세 어제 거기서 너희들을 찾던데.

〈마하고니 시의 번영과 몰락〉

4

**그 후로 수년간 오 대륙의 불만에 찬 사람들이 황금의 도시
마하고니로 향해 갔다**

*네 남자 — 파울, 야콥, 하인리히, 요셉 — 가 트렁크를 들
고 온다.*

가자, 마하고니로⁴⁾
공기가 차고 신선한 곳,
말고기와, 여자의 살이 있는 곳.
위스키와 포커판도 있다.
알라바마의
아름다운 초록빛 달아
우릴 비추어라!
오늘 우리 셔츠 속에는
지폐가 불룩하니까.
너의 그 커다랗고 바보스런 입에서 흘러나오는
커다란 웃음을 살 수 있는 지폐가.

가자, 마하고니로
동풍은 곧 사라지고
신선한 고기 샐러드가 있는 곳
그러나 명령과 감독은 없는 곳.
알라바마의
아름다운 초록빛 달아
우릴 비추어라!
오늘 우리 셔츠 속에는

지폐가 불룩하니까.
너의 그 커다랗고 바보스런 입에서 흘러나오는
커다란 웃음을 살 수 있는 지폐가.

가자, 마하고니로
배는 줄을 끊고
매-매-매-매-매독[5]은
거기가면 치료될 것.
알라바마의
아름다운 초록빛 달아
우릴 비추어라!
오늘 우리 셔츠 속에는
지폐가 불룩하니까.
너의 그 커다랗고 바보스런 입에서 흘러나오는
커다란 웃음을 살 수 있는 지폐가.
남자들 퇴장.

5

그 당시 마하고니 시에 온 사람 중에 파울 아커만이 있었는데, 우리가 여기서 서술하려고 하는 것은 그에 관한 이야기이다

마하고니 선착장. <마하고니 방향>이라고 적힌 이정표 앞에 네 남자가 서있고 이정표에는 가격표가 매달려 있다.

파울   낯선 바닷가에 오면

	처음엔 항상 좀 얼떨떨하단 말이야.
야콥	어디로 가야할 지 잘 모르겠고
하인리히	누구한테 호통을 쳐야 할지도 모르겠고
요셉	누구 앞에서 모자를 벗어야 할지도 모르겠고.
파울	그게 낯선 곳에 갈 때의 단점이지.
	레오카디야 벡비크 부인이 커다란 명단을 가지고 온다.
벡비크	아, 여러분
	우리 집에 오신 걸 환영 합니다.
	명단을 살펴보며
	이거 도전적이기로 유명한
	파울 아커만 씨 아닙니까?
	매일 저녁 자리에 들기 전에
	후추 뿌린 진을 마시고 싶으시다구요.
파울	반갑습니다!
벡비크	과수댁 벡비크요.
	인사.
	그리고 야콥 슈미트 씨, 당신을 환영하기 위해서
	자갈길을 평평하게 해 놓았지요.
야콥	고맙습니다.
벡비크	그리고 당신은 메르크 씨지요?
파울	*소개하며*
	하인리히 메르크입니다.
벡비크	그리고 당신은 요셉 레트너 씨?
파울	*마찬가지로*
	알래스카늑대 죠우라고 하지요.
벡비크	여러분에 대한 예우로 가격을 좀
	인하하겠습니다.

그녀는 가격표를 변경한다.

하인리히, 요셉 정말 감사합니다!

인사.

벡비크 우선 싱싱한 처녀들부터 보시겠습니까?

삼위일체 모세 *삼위일체 모세가 여자들 그림을 가져와서 모리타트[6] 그림처럼 펼쳐 놓는다.*

여러분, 우린 누구나 가슴 속에 자기 연인의 모습을 간직하고 있지요. 어떤 이한테는 풍만한 것이 다른 사람한테는 마른 것으로 생각 될 수 있지요. 이런 허리의 곡선은 당신한테 어울리겠는걸요, 죠우 씨.

야콥 아마 나한테 어울릴지 모르겠소이다.

죠우 난 좀 검은 빛깔을 생각했는데요.

벡비크 메르크 씨는요?

하인리히 내 걱정은 마십시오.

벡비크 아커만 씨는요?

파울 난 그림은 보지 않습니다. 만져 봐야
사랑할 수 있는지 알 수 있지요.
이리 나오너라! 마하고니의 미녀들아
우린 돈이 있다. 너희들은 뭐가 있냐?

야콥, 하인리히, 죠우

알래스카의 7년
그것은 추위와 돈을 뜻하지.
나오너라! 마하고니의 미녀들아
우린 마음에 들면 현금지불이다.

제니와 여섯 여자들

안녕하세요?
알래스카에서 온 젊은 아저씨들

〈마하고니 시의 번영과 몰락〉

307

	거기선 추웠지요? 돈은 있구요?
파울	안녕하시오. 마하고니의 예쁜 아가씨들.

제니와 여섯 여자들

	우린 마하고니의 여자들
	돈만 내면 원하는 대로 해드리지요.
벡비크	*제니를 가리키며*
	야콥 슈미트 씨, 당신 여자요
	저 여자 엉덩이가 풍만하지 않다면
	당신이 내는 오십 달러는 쭈그러진 양철 쓰레기지.
야콥	삼십 달러!
벡비크	*어깨를 으쓱하며 제니에게*
	삼십 달러란다.
제니	아이, 생각 좀 해 보세요, 야콥 슈미트 씨[7]
	아이, 생각 좀 해 보세요, 삼십 달러로 뭘 사겠어요?
	양말 열 켤레가 고작이에요.
	난 하바나 출신으로
	우리 어머닌 백인이었어요.
	어머닌 종종 내게 말했지요.
	<애야, 나처럼 몇 푼 안 되는
	달러 지폐에 팔려가지 말아라
	보렴, 내 꼴이 뭐가 되었나.>
	아이, 생각해 보세요, 야콥 슈미트 씨.
야콥	그럼 이십 달러.
벡비크	여봐요, 삼십 달러요, 삼십.
야콥	어림도 없어.
파울	내가 해볼까? *제니에게* 이름이 뭐지!?
제니	오클라호마에서 온 제니 스미스예요.

아홉 주일 전에 왔지요.

그 전엔 저 쪽 큰 도시에서 살았구요.

난 요구하는 대로 모두 해드리지요.

알래스카에서 온 파울, 파울, 파울들을 벌써부터 알고 있

지요.

거기 생활은 시체보다 더 참혹한 것이었지요.

그걸로 부자가 되어, 그걸로 부자가 되어

윗도리가 터지라고 가득 찬 지폐에

특별열차를 타고 도착합니다, 마하고니를 보러.

아이 파울, 내 사랑하는 파울

신사 분들은 항상 내 다리를 보지.

파울, 내 다리는 당신만을 위한 것.

아이, 파울, 내 무릎에 앉아.

아이, 파울, 아이, 난 사랑을 해본 적이 없어.

아이, 파울, 내 잔으로 마셔요.

파울　　좋아, 내가 널 사지.

제니　　자, 머리를 들고, 파울!

모두 마하고니를 향해 떠나려는 참에 트렁크를 든 사람들

이 맞은편에서 온다.

죠우　　저건 뭐하는 사람들이야?

가방 든 사람들 급히 지나치며

배 벌써 떠났소?

어이구, 다행이군. 아직 저기 있네!

가방 든 남자들 급히 선착장으로 몰려 내려간다.

벡비크　　*그들의 등에 대고 욕을 한다.*

바보, 멍청이들! 배를 타러 달려가네. 저들 가방엔 아직

돈이 가득 차 있는데. 못된 족속들 같으니라구! 유머 감각

〈마하고니 시의 번영과 몰락〉

	이 없어!
야콥	쟤들이 왜 가지? 이상하군.
	좋은 곳이면 머무르는 법인데,
	뭔가 구린내가 안 나면 좋겠다.
벡비	그렇지만 여러분
	여러분은 나와 같이 마하고니로 가는 겁니다.
	위스키 값을 다시 한 번 내리는 건
	문제가 아닙니다.
	두 번째 가격표 앞에 그 보다 더 낮은 가격표를 매단다.
죠우	그렇게 칭찬들 하던 마하고니가
	싸구려 같군, 맘에 안 드는데.
하인리히	난 모두가 너무 비싼 거 같은데.
야콥	그런데 파울, 넌 어떻게 생각하니? 마하고니가 좋은 곳일까?
파울	우리가 있는 곳이 좋은 곳이지.
제니	아이, 파울, 내 무릎에 앉아요.
여섯 여자들	아이, 파울, 내 무릎에 앉아요.

제니와 여섯 여자

아이, 파울, 아이, 난 사랑을 해본 적이 없어요.

아이, 파울, 내 잔으로 마셔요.

제니, 여섯 여자, 벡비크, 파울 야콥, 하인리히 요셉

알래스카에서 온 파울, 파울, 파울들이지요.

제니와 여섯 여자

거기 생활은 시체보다 더 참혹한 것이었지요.

파울, 야콥, 하인리히, 죠우

그리곤 그걸로 부자가 되어,

그걸로 부자가 되어.

제니와 여섯 여자

윗도리가 터지라고 가득 찬 지폐에
특별열차를 타고 도착합니다. 마하고니를 보러.
모두 마하고니를 향해 퇴장.

6

가르침

마하고니 시의 지도 파울과 제니가 가려는 참이다.

제니　　나는 남자를 사귀면
　　　　어떤 습관이 있나 물어보라고 배웠어요.
　　　　그러니 원하는 게 뭔지 말해주세요.

파울　　당신 모습 있는 그대로 마음에 듭니다.
　　　　당신이 말을 놓는다면
　　　　나도 당신 마음에 든 거라고 생각할 겁니다.

제니　　그래요 파울, 내 머리 어떻게 하는 게 좋을까?
　　　　앞으로 빗을까, 뒤로 빗을까?

파울　　그때그때 달리하지.

제니　　그런데 자기, 속옷은 어떻게 할까?
　　　　스커트 아래에 속옷을 입을까, 아니면 입지 말까?

파울　　입지 마!

제니　　좋으실 대로 하시지요, 파울.

파울　　그럼 당신 소원은?

제니　　거기에 대해 이야기하긴 아마 아직 일러요.

〈마하고니 시의 번영과 몰락〉

7
모든 대기업에는 위기가 따른다

영사막에는 마하고니의 범죄와 통화량에 대한 통계가 비
친다. 일곱 개의 서로 다른 가격표 <부자가 되는 호텔>
빠 카운터에 지배인 빌리와 삼위일체 모세가 앉아있다.
벡비크가 하얗게 분칠을 하고 뛰어든다.

벡비크 빌리와 모세!

빌리와 모세, 사람들이 또 떠나는 거 봤냐? 벌써 저 아래 선착장에 있더라. 내가 봤어.

지배인 빌리 여기서 저들을 붙잡을 게 뭐가 있소? 술집 몇 개하고 그리고 한 움큼의 정적 말고는…

삼위일체 모세 그리고 여기 있는 남자들이란! 고기 한 마리 잡아서는 행복해 하지. 담배를 피워 물고 집 앞에 앉아 만족해하고 있다고.

벡비크, 지배인 빌리, 삼위일체 모세

아, 이놈의 마하고니는

이제 장사가 안 돼.

벡비크 오늘 위스키 값은 12달러지만.

지배인 빌리 내일은 틀림없이 8달러로 떨어질 거요.

삼위일체 모세 그리곤 다시 올라가지 않겠지.

벡비크, 지배인 빌리, 삼위일체 모세

아, 이놈의 마하고니는

이제 장사가 안 돼.

벡비크 이제 뭘 어째야 할지 모르겠다. 모두 내게 뭔가 원하지만 줄 게 아무 것도 없어. 저들을 여기 머물게 하려면, 그래서 내가 살아남으려면 뭘 제공해야 하나?

벡비크, 지배인 빌리, 삼위일체 모세

　　　아, 이놈의 마하고니는

　　　이제 장사가 안 돼.

벡비크　　나도 언젠가 어떤 사내하고

　　　길가 벽에 기대어

　　　이야기를 나누고

　　　사랑을 속삭인 적이 있지.

　　　그런데 돈 떨어지면

　　　돈과 함께 관능도 사라지지.

지배인 빌리, 삼위일체 모세

　　　돈이 관능적으로 만든다구

　　　돈이 관능적으로 만들어.

벡비크　　19년 전에 이 비참한 생활이 시작되었지. 이 생존경쟁이
　　　내 속을 다 파먹어 버렸다구! 이게, 그물망 도시 마하고니
　　　가 내 마지막 원대한 계획이었는데, 그런데 그물망엔 아
　　　무 것도 안 걸렸으니…

벡비크, 지배인 빌리, 삼위일체 모세

　　　아, 이놈의 마하고니는

　　　이제 장사가 안 돼.

벡비크　　자, 그러니 이젠 돌아가야지.

　　　다시 그 수많은 도시를 지나 돌아가야지.

　　　19년이란 세월을 거슬러 올라가야지.

　　　짐을 꾸려!

　　　우린 돌아간다.

지배인 빌리　예, 과수댁, 예, 과수댁, 거기선 벌써 당신을 기다리는 사
　　　람이 있구려.

〈마하고니 시의 번영과 몰락〉

신문을 읽는다.

<펜사콜라에 레오카디야 벡비크라는 여자를 추적하러 경찰관이 도착했다. 집이란 집을 모두 수색하곤 떠났다.>

벡비크 아, 이젠 구원의 길이 없군.

지배인 빌리, 삼위일체 모세

그래요 과수댁,

정당치 못한 일은 오래 못가는 법이지요.

죄악으로 장사하는 사람은

늙을 때까지 살지 못하리오.

벡비크 그래, 돈이라도 있다면!

이 그물망 아닌 그물망 도시로

돈이라도 벌었다면

경찰관이 와도 좋겠다만.

오늘 몇 사람 왔잖나?

돈이 있어 보이던데.

아마 그 사람들이 돈을 내놓을지 모르지.

8
정말로 뭔가 추구하는 사람은 모두 실망한다

마하고니 선착장. 전에 트렁크를 든 사람들이 그랬듯이 이제 파울이 친구의 만류를 뿌리치고 시내 쪽에서부터 온다.

야콥 파울, 너 왜 가려는 거야?

파울 여기서 날 붙잡는 게 뭐가 있냐?

하인리히	왜 그런 얼굴을 하지?
파울	<여기선 금지>라는 표지판을 보았기 때문이지.
죠우	진과 값싼 위스키가 있잖아?
파울	너무 싸구려야.
하인리히	안정과 조화는?
파울	너무 조용해.
야콥	생선을 먹고 싶으면 잡을 수도 있고
파울	그게 날 행복하게 해주지 못해.
죠우	담배도 피우고
파울	담배도 피우지.
하인리히	잠도 좀 자고.
파울	잠도 자고.
야콥	수영도 하고
파울	바나나도 하나 따먹고
죠우	물 구경도 하고.
	파울은 어깨를 으쓱하기만 한다.
하인리히	잊어버릴 수도 있지.
파울	그렇지만 뭔가 부족해.
야콥, 하인리히, 죠우	
	저녁 어스름이 깃들 땐 정말 황홀해. 남자들 간의 대화는 멋있고
파울	그렇지만 뭔가 부족해.
야콥, 하인리히, 죠우	
	정적과 평화는 좋은 거지. 조화는 행복감을 안겨주고.

<여기선 금지>라는 표지판을

〈마하고니 시의 번영과 몰락〉

파울　　　그렇지만 뭔가 부족해.

야콥, 하인리히, 죠우

　　　　　이런 소박한 생활은 멋져.

　　　　　자연의 위대함은 어디에도 비할 수 없고.

파울　　　그렇지만 뭔가 부족해.

1.

난 내 모자를 뜯어 먹고 싶은 것 같다.[8]

그러면 배가 불러질 것 같다.

왜 자기 모자를 뜯어먹으면 안되지.

할 일이 하나도 없는데, 하나도 없는데, 하나도 없는데.

너희들은 칵테일 ABC를 배웠다.

너희들은 밤새도록 달을 바라보았지.

맨딜리[9] 빠는 문을 닫았고

그런데 아직 아무 일도 안 일어났어.

오, 여보게들, 아직 아무 일도 안 일어났어.

2.

난 아무래도 죠지아로 가야 할까 보다.

거긴 도시 같을 거야.

왜 죠지아로 가면 안되지.

할 일이 하나도 없는데, 하나도 없는데, 하나도 없는데.

너희들은 칵테일 ABC를 배웠다.

너희들은 밤새도록 달을 바라보았지.

맨딜리 빠는 문을 닫았고

그런데 아직 아무 일도 안 일어났어.

오, 여보게들, 아직 아무 일도 안 일어났어.

야콥, 하인리히, 죠우

파울, 냉정을 잃지 마. 저게 맨덜리 빠야.

죠우　　파울은 자기 모자를 먹겠대.

하인리히　그런데 왜 모자를 먹겠다는 거냐?

야콥, 하인리히, 죠우

파울, 넌 미친개다.

야콥　　아니야, 파울. 그렇게 할 수는 없어.

야콥, 하인리히, 죠우

너무 그렇게 빡빡하게 굴지 마!

파울, 여기 동아줄이 있다.

셋 모두 고함친다.

널 그냥 두드려 패겠다.

야! 파울, 니가 다시

인간이 될 때까지.

파울　　*조용히*

야! 난 인간이 아니고 싶은 거야.

죠우　　자, 이젠 할 말 속 시원히 했으니까

얌전히 마하고니로 따라 와.

그들은 그를 다시 시내로 데리고 간다.

9

*<부자가 되는 호텔> 앞, 탁 트인 하늘 아래 마하고니의
남자들이 담배를 피우며 흔들의자에 앉아 흔들거리면서*

술을 마시고 있다. 그들 중에 우리의 네 친구가 있다. 그
들은 음악ⁱ⁾을 들으며 왼쪽 하늘에서 오른쪽 하늘, 또 반
대쪽으로 흘러가는 흰 구름을 꿈꾸듯 바라보고 있다. 그
들 주위에는 <제발 내 의자를 조심스럽게 다루시오>,
<떠들지 마시오>, <외설스런 노래를 삼가시오> 등등의
글이 쓰인 플래카드들이 있다.

파울   흰 눈 덮인 알래스카 깊은 숲에서
나는 세 사람의 동지와 함께
나무를 베어 강에 띄우고
날고기를 먹으며 돈을 벌었다.
여기까지 오는데
7년이라는 세월이 흘렀다.

거기 강가의 오두막집에서 보낸 일곱 해 겨울
우리의 칼은 식탁에다 수 없이 <갓댐>이라고 팠다.
돈이 생기면 어디로 갈까
우린 돈이 충분히 생기면 어디로 갈까를 정했다.
여기까지 오기 위해 나는
모든 것을 견뎌냈던 것이다.

7년의 기간이 끝나자 우리는 돈을 챙겨 넣고
어느 도시보다도 마하고니를 택했다.
아무 데도 들리지 않고
곧장 이리로 달려와
이 꼴을 보아야 했던 것이다.
여기보다 더 나쁜 곳은 없다.

이리로 온 것처럼
어리석은 짓은 없었다.

파울은 벌떡 일어선다.
그래, 도대체 너희들 어쩌자는 거냐? 우리한테 이러는 게
아니지! 사람 잘못 봤지.
그는 권총을 쏜다.
이리 나와, 이 <금지>쟁이야. 여기 난, 알래스카에서 온
파울 아커만이다. 여기 돌아가는 꼴이 파울 아커만의 맘
에 안 든단 말이다.

벡비크   *집에서 뛰어나오며*
            뭐가 맘에 안 든다고?

파울   너의 이 쓰레기가!

벡비크   나처럼 쓰레기에 통달해 보라구.
            지금 방금
            쓰레기라고 했소?

파울   그래, 나 파울 아커만이 그렇게 말했다.
            여자는 떨면서 급히 퇴장.

파울   일곱 해 동안, 일곱 해 동안 난 나무를 베었다구.

여섯 여자, 야콥, 하인리히, 죠우
            나무를 베었대.

야콥, 하인리히, 죠우
            나무를 베었대.

파울   4도 밖에 안 되는 물에서, 4도 밖에 안 되는 물에서.

여섯 여자, 야콥, 하인리히, 죠우
            4도 밖에 안 되는 물에서.

파울   여길 오기 위해 그 모든 걸 참아냈는데

〈마하고니 시의 번영과 몰락〉

	그런데 여기가 마음에 들지 않는단 말이야.
	아무 일도 안 일어나기 때문이지.
제니	제발 파울, 제발 파울
	우리 말 좀 들어요. 뻗내지 말고.
파울	날 말려!

야콥, 하인리히, 죠우

우리 말 좀 들어, 뻗내지 말고.

제니	제발 파울, 우리랑 같이 가요. 당신 신사지?
파울	날 말려!

야콥, 하인리히, 죠우

우리랑 같이 가자. 신사적이 되어라.

파울	일 곱해 동안 나무를 베고
	일 곱해 동안 추위에 떨며
	그 모든 것을 견뎌 냈는데
	이제 여기서 이 꼬락서니를 봐야 하다니!

벡비크, 지배인 빌리, 삼위일체 모세

안정과 조화가 있겠다, 위스키와 여자도 있는데.

| 파울 | 안정과 조화, 위스키와 여자! |

제니, 야콥, 하인리히, 죠우

뻗내지 말라구.

| 합창 | 조-용! 조-용! |

벡비크, 지배인 빌리, 삼위일체 모세

잠도 자고, 담배도 피우고, 낚시질도 수영도 할 수 있잖소.

| 파울 | 잠자고! 담배피고! 낚시질하고! 수영하고! |

제니, 여섯 여자들, 야콥, 하인리히, 죠우

파울, 진정해요, 뻗내지 말고!

| 합창 | 조-용! 조-용! |

벡비크, 지배인 빌리, 삼위일체 모세

　　　　　알래스카에서 온 파울들은 이렇다니까.

　　　　　알래스카에서 온 파울들은 이렇다니까.

파울　　　날 말려, 그렇지 않으면 일 날테니.

　　　　　날 말려!

야콥, 하인리히, 죠우

　　　　　저 친굴 말려, 그렇지 않으면 일 날테니.

　　　　　저 친굴 말려!

합창　　　알래스카에서 온 파울, 파울, 파울들은 이렇다니까.

　　　　　거기 생활은 시체보다 더 참혹한 것이었지.

　　　　　그리곤 그걸로 부자가 되어, 그걸로 부자가 되어.

벡비크, 지배인 빌리, 삼위일체 모세

　　　　　이 바보 개새끼들이 알래스카에나 눌러 있을 것이지! 여

　　　　　기까지 와 가지고 우리의 안정과 조화를 파괴하려고 하니!

　　　　　내쫓아, 내쫓아!

파울　　　날 말려, 그렇지 않으면 일 날테니.

　　　　　여기선 아무 일도 안 일어나니.

　　　　　여기선 아무 일도 안 일어나니.

　　　　　그는 식탁 위에 올라선다.

　　　　　아, 너희들 마하고니 전체를 가지고도

　　　　　한 인간을 행복하게 하지 못 할 거다.

　　　　　너무 안정되어 있고

　　　　　너무 조화롭고

　　　　　그리고 사람의 마음을

　　　　　붙잡아 주는 것이

　　　　　너무 많기 때문이지.

　　　　　불이 꺼진다. 모두들 어둠 속에서 무대 위에 선 채로

〈마하고니 시의 번영과 몰락〉

10

*배경의 표지판에는 거대한 크기의 <**태풍**>11) 이라는 글씨가 나타난다. 그리고는 두 번째로 <**허리케인이 마하고니를 향해 움직이고 있다**> 라는 표지판.*

모두들   오, 끔찍스런 일이다.
기쁨의 도시가 파괴될 것이다.
산에는 허리케인이 몰아치고
강물에선 죽음이 피어난다.
오, 끔찍스런 일이다.
오, 잔인한 운명이다!
날 감추어 줄 담벼락 어디 있나?
날 받아줄 동굴 어디에 있나?
오, 끔찍스런 일이다.
오, 잔인한 운명이다!

11
이 경악의 날 밤 아커만이라는 이름의 한 평범한 벌목꾼은 인간적인 행복의 법칙을 깨닫는다

허리케인이 닥치는 날 밤. 제니, 벡비크, 파울, 야콥, 하인리히와 죠우가 벽에 기대어 땅바닥에 앉아 있다. 모두 절망상태인데 파울만이 웃고 있다. 뒤에서는 담벼락 뒤로 지나가는 행렬의 목소리가 들린다.

마하고니의 남자들

밖에서

꿋꿋하시오, 두려워 마시오.

형제들이여, 이승의 불빛이 꺼지더라도

낙담일랑 마시오.

허리케인과 싸우는 자에게

비탄이 무슨 소용이리?

제니 *조용히 그리고 슬프게*

Oh, moon of Alabama

We now must say good-bye.

We've lost our good old mamma

And must have whisky, Oh, you know why.

야콥 어디로 가건

무슨 소용이리

어디에 있건

빠져나가진 못하리.

가만히 앉아

종말을

기다리는 게

상책이지.

마하고니의 남자들

밖에서

꿋꿋하시오, 두려워 마시오.

형제들이여, 이승의 불빛이 꺼지더라도

낙담일랑 마시오.

허리케인과 싸우는 자에게

비탄이 무슨 소용이리?

	파울 웃는다.
벡비크	*파울에게*
	왜 웃어?
파울	거 봐, 세상이란 그런 거야.
	안정과 조화, 그런 건 없어.
	그러나 허리케인은 있지
	허리케인이 닿지 않는 곳엔 태풍이 있고
	인간도 바로 그런 거야.
	존재하는 것을 파괴시키는 게 인간이니까.
	허리케인은 뭣 때문에 필요한 거지?
	재미 보려는 인간의 욕구에 비하면
	태풍이 가져오는 공포는 아무 것도 아닌데.
	멀리서 "굳굳하시오…" 등등
야콥	조용해, 파울!
죠우	뭘 그렇게 지껄여대는 거냐?
하인리히	가만 앉아서 담배나 피우고 잊어 버려!
파울	왜 히말라야 같은 탑을 쌓지?
	그걸 내동댕이쳐 버릴 수 없는데
	그래서 사람을 웃길 수도 없는데.
	평평한 것들은 구부러져야 하고
	높이 솟아 있는 것은 재가 되어야 해.
	우리는 허리케인이 필요 없다
	우리는 태풍이 필요 없다
	태풍이 가져오는 공포는
	우리 자신도
	우리 자신도
	우리 자신도 일으킬 수 있으니까.

	멀리서 "꿋꿋하시오…" 등등

벡비크   허리케인은 지독하다.

태풍은 더 지독하다.

그러나 무엇보다 지독한 건 인간이지.

파울   *벡비크에게*

이거 봐, 네가 표지판을 만들었지

그리고 거기다가 써 넣었지?

<이건 금지>

<이건 안 됨>이라고.

그렇다고 행복하게 된 건 아니란 말이야.

자, 동지들, 여기 표지판이 있다.

<오늘밤엔 즐거운 노래를 부르지 말 것>

이라고 쓰여 있는데.

하지만 두시 치기 전에

나 파울 아커만은

즐거운 노래를 부를 것이다.

그래서 금지란 있을 수 없다는 것을

보여 줄 테다!

야콥   우리는 허리케인이 필요 없다.

우리는 태풍이 필요 없다

태풍이 가져오는 공포는

우리 자신도 일으킬 수 있으니까.

제니   조용해, 파울! 뭘 지껄여 대는 거야?

나랑 같이 나가서 날 사랑해 줘.

파울   아니, 이젠 이야기해야겠어.

유혹 당하지 말라 너!12)

〈마하고니 시의 번영과 몰락〉

돌이킬 수는 없는 것.
아침이 문턱에 와 있고
밤바람 느껴지지만
아침은 더 이상 찾아오지 않으리.

기만당하지 말라, 너!
인생은 별것 아닌 것.
마음껏 들여 마셔 봐
삶을 끝내야 할 때가 되면
충분치 못했단 느낌 들지 몰라.

위로 받지 말라, 너!
남은 시간 많지 않다
곰팡이는 썩은 자에게 돌리고
삶이란 무엇보다 위대한 것
더 이상 기다려 주지 않는 것.

유혹 당하지 말라, 너!
쌔빠지게 혹사당하지 말라
불안이 널 어쩔 거냐
한 번 죽는 것은 짐승이나 매한가지
죽은 후엔 아무 것도 없느니라.

그는 무대 앞으로 나온다.

돈 주고 살 수 있는
것이 있으면

돈을 취하라.
돈 있는 자 지나가면
머리통을 내리치고 그 자의 돈을 취하라.
그래도 좋으니라!
집안에서 살고 싶으면
아무 집에나 들어가
침대에 누워라.
그 집 마누라가 들어오면 숙박시켜라.
그러나 지붕이 터지면 달아나라.
그래도 좋으니라.

네가 모르는
생각(思考)이 있으면
그것을 사고하라.
돈이 들고 집이 날아가도
사고하라! 사고하라!
그래도 좋으니라!

질서를 위해
국가의 안녕을 위해
인류의 장래를 위해
너 자신의 안녕을 위해
그래도 좋으니라!
모두 모자를 벗은 채 일어선다. 파울은 물러서며 그들의
축하를 받는다.

마하고니의 남자들
밖에서

낙담일랑 마시오.

허리케인과 싸우는 자에게

비탄이 무슨 소용 있으리?

벡비크 *파울에게 오라고 손짓하며 그와 같이 구석으로 간다.*

그러니까 내가 금지를 한 게 잘못이란 말이지?

파울 그렇고말고, 난 흥에 겨워 당신 표지판과 규칙들을 부수
어 버릴 것이고 그러면 당신의 벽은 없어져 버릴 테니까.
허리케인이 부수어 버리듯이 내가 부수어 버릴 거다. 그
대가로 돈을 주지. 자 여기 있소.

벡비크 *모두에게*

자, 그럼 마음 내키는 대로들 하시오.

곧 태풍이 그렇게 할 텐데

허리케인이 닥칠 테니

무엇을 해도

무엇을 해도

무엇을 해도 상관없겠지.

파울, 야콥, 하인리히, 죠우

허리케인이 닥칠 때처럼

언제나 그렇게 살고 싶다

마음 내키는 것만 하고 싶다.

왜냐하면 허리케인이 닥칠 수 있으니까.

언제라도

원하면

우리 삶을 앗아갈 수 있으니까.

지배인 빌리와 삼위일체 모세 흥분해서 뛰어든다.

지배인 빌리와 삼위일체 모세

펜사콜라가 파괴되었다!

펜사콜라가 파괴되었다!

그리고 허리케인은 다가오고 있다.

여기, 마하고니 쪽으로!

벡비크　*승리의 환호성을 발하며*

펜사콜라!

펜사콜라!

경찰관은 쓰러지고

좋은 놈이건 나쁜 놈이건

몰락하는 건 함께로군.

파울　그러니 여러분, 오늘 밤엔

금지된 것은 모두 하자.

태풍이 닥치면 태풍이 그렇게 할 테니까!

노래를 부르자, 금지되어 있으니까.

마하고니의 남자들

담벼락의 뒤쪽에 바짝 붙어서

조용들 하시오, 조용들.

파울, 제니, 죠우와 함께

그러니 우리 함께

노래를 부르자, 즐거운 노래를

금지되어 있으니까

우리 함께 부르자.

파울은 벽 위로 뛰어 올라간다.

파울　왜냐하면 동침하듯 언젠가는

모두 누워 자빠지게 될 것이고.

덮어주는 사람하나 없으리니.

짓밟는 자, 그것은 나,

짓밟힌 자, 그것은 너!

〈마하고니 시의 번영과 몰락〉

모두   왜냐하면 동침하듯 언젠가는

모두 누워 자빠지게 될 것이고.

덮어주는 사람하나 없으리니.

짓밟는 자, 그것은 나,

짓밟힌 자, 그것은 너!

조명이 꺼지고 배경의 표지판에는 지도만 하나 나타난다.

지도에 달린 폭풍의 진로를 나타내는 화살이 천천히 마하

고니를 향하고 있다.

합창   *멀리서*

꿋꿋하시오, 두려워 마시오!

12

희미한 불빛 속에 마하고니 시 교외 길에 마하고니의 여

자, 남자들이 기다리고 있다. 배경의 표지판은 11장의 마

지막 장면에서처럼 천천히 마하고니 시를 향해 다가오고

있는 화살을 보여주고 있다.

오케스트라가 리토넬[13]*을 연주하는 가운데 확성기는 일*

정한 간격을 두고 보도한다. <폭풍은 시속 120마일로 앗

세나를 향해 움직이고 있다.>

두 번 째 확성기 보고. <앗세나는 기둥뿌리까지 파괴되었

다. 소식 불통. 앗세나와는 연락 두절.>

세 번째 확성기 보고. <허리케인의 시속이 증가한다. 남

서방향으로 곧장 마하고니를 향하고 있다. 마하고니와는

교신 두절. 펜사콜라에는 11,000명의 사망자.

모두 경악해서 화살을 응시한다. 이제 마하고니에 다다르기 일 분전에 화살이 멈춘다. 쥐 죽은 듯 고요. 그러더니 화살이 급히 반원을 그리며 마하고니 주위를 돌아서 계속 전진한다.

확성기 소리. <허리케인은 마하고니 시에서 원을 그리더니 그 진로를 계속한다.>

합창, 여자들, 남자들

오, 경이로운 해결이여!
기쁨의 도시는 보호를 받았도다.
허리케인은 저 먼 하늘로 사라지고
죽음은 바다 속으로 퇴장하도다.
오, 경이로운 해결이여!
이제부터 마하고니 사람들의 슬로건은 공포의 날 밤에 배운 <해도 좋으니라>이다.

13
마하고니의 호황. 허리케인이 있은 지 약 일 년 후

남자들 무대 앞으로 나서며 노래한다.

합창   첫째는 —이 점 잊지 말길— 처먹는 거고
둘째는 사랑의 행위
셋째는 권투시합을 잊지 말 것
넷째는 —계약에 따르면— 폭음.
무엇보다도 각별히 주의해야 할 것은

여기서는 모든 것이 허용되어 있다는 점이다.

남자들 무대로 가서 사건 진행에 참가한다. 배경 표지판에는 엄청나게 큰 글씨로 <먹기>라고 쓰여 있다. 많은 남자들이 각자 고기가 잔뜩 차려져 있는 테이블에 앉아 있다. 그 중엔 파울도 있다. 이제 먹보라고 불리는 야콥은 무대 중앙 식탁에 앉아 끊임없이 먹어대고 있다. 옆에는 두 사람의 악사.

야콥   난 지금 송아지 두 마리를 먹어치웠고
또 한 마리를 먹고 있다.
모두가 다 양에 차지 않으니
나 자신을 먹어버렸음 좋겠다.

파울과 야콥   형제여, 그것이 너의 행복이라면
형제여, 도중에서 멈추지 말라.

몇몇 남자들   슈미트 씨, 당신은 어차피 뚱뚱하니까
송아지 한 마리 더 자시죠.

야콥   여보게들, 제발 날 좀 보게
나 먹는 꼴 좀 봐.
다 먹어치우고 나면 좀 안정이 되지
먹는 걸 잊어버리니까.
여보게들, 하나 더…
죽어 넘어진다.

남자들   *그의 뒤에 반원을 그리며, 모자를 벗어든다.*
보라, 슈미트가 죽었다!
보라, 얼마나 행복하고
보라, 얼마나 만족할 줄 모르는
얼굴 표정인가!
배를 꽉 채웠기에

먹는 걸 끝내지 않았기에 짓는 표정

두려움을 모르는 사내지!

남자들 다시 모자를 쓴다.

남자들   *무대 앞을 지나가며*

두 번째로는 사랑의 행위.

14

배경의 표지판에는 엄청나게 큰 글씨로 ＜사랑하기＞라고 쓰여 있다. 단상 위에 간단하게 방이 차려져 있다. 방의 한 가운데 벡비크가 앉아 있고 왼쪽에 한 여자, 오른쪽에 한 남자, 단상 아래로는 마하고니 남자들이 줄을 지어 늘어서 있다. 배경에서 음악.

벡비크   옆의 남자를 향하여

껌을 뱉어.

우선 손을 씻고

서두르지 말고

여자와 한 두 마디 나눠라.

남자들   올려다보지 않고

껌을 뱉어.

우선 손을 씻고

서두르지 말고

여자와 한, 두 마디 나눠라.

방안이 점점 어두워진다.

남자들   헤이, 여보게들! 빨리해!

맨덜리 쏭을 부르자, 합창으로.

사랑은 시간에 얽매이지 않는 것

여보게들, 빨리 해, 여기선 일각이 여삼추이니.

맨덜리! 달은 영원히 널 비추고 있는 게 아니니까.

방안이 점점 밝아진다. 남자가 앉았던 의자가 이제 비어

있다. 벡비크가 여자를 향해

벡비크   돈만으로 관능적이 되진 못하지.

남자들   *쳐다보지 않는 채,*

돈만으로 관능적이 되진 못하지.

방안이 다시 어두워진다.

남자들   헤이, 여보게들! 빨리 해!

맨덜리 쏭을 부르자.

사랑은 시간에 얽매이지 않는 것

여보게들, 빨리 해, 여기선 일각이 여삼추이니.

맨덜리! 달은 영원히 널 비추고 있는 게 아니니까.

방이 다시 밝아진다. 다른 남자가 방안으로 들어서서 모

자를 벽에 걸고 빈 의자에 앉는다. 방안이 다시 천천히 어

두워진다.

남자들   맨덜리! 달은 영원히 널 비추고 있는 게 아니니까.

다시 밝아지면 파울과 제니가 약간 거리를 두고 두 의자

에 나란히 앉아 있다. 그는 담배를 피우고 그녀는 화장을

한다.

제니   저 학이 커다랗게 원을 그리며 나는 거 봐요![14]

파울   옆에선 구름이

제니   도망치듯 학과 함께 날며

파울   하나의 삶에서 다른 삶으로

제니   같은 높이에서 같은 속도로 떠가네

둘이 함께	마치 둘이 다 바로 옆에서 나란히 나는 것 같이.
제니	마치 학과 구름이 잠시 밖에 날 수 없는
	저 아름다운 하늘을 공유하고 있는 것 같이
파울	여기서는 어느 누구도 한 시도 더 머물지 않고
제니	둘이 나란히 날며 스치는 바람에 실려
	서로 상대방의 흔들리는 모습 밖에는
	보지 않는 것같이
파울	그렇게 바람이 그들을 무(無)속으로 인도하겠지
	사그라지지 않고 그대로 있기만 한다면.
제니	그때까지는 아무 것도 그들을 건드리지 못하리.
파울	그때까지는 어디서나 그들을 보호할 수 있지.
	비나 총소리가 위협하는 곳으로부터.
제니	그렇게 그들은 난다. 해와 달의
	그림자 아래서 서로에 폭 빠져.
파울	어디로?
제니	어디로도
파울	누구한테서 달아나려고?
제니	모두한테서.
파울	얼마나 같이 날고 있느냐고 묻는데?
제니	얼마 안 돼.
파울	그럼 언제쯤 헤어질 텐데?
제니	곧.
둘	이렇게 사랑은 사랑하는 사람의 마음을 붙잡아 주는 것 같지.
	무대 앞으로 남자들이 지나간다.
남자들	첫째는, —이 점 잊지 말길— 처먹는 거고
	둘째는 사랑의 행위

〈마하고니 시의 번영과 몰락〉

셋째로 권투시합을 잊지 말 것
넷째로는 ―계약에 따르면― 폭음.
무엇보다도 각별히 주의해야 할 것은
여기서는 모든 게 허용되어 있다는 점이다.

15

남자들 다시 무대 위를 걷는다. 무대의 배경에는 <권투시합>이라고 쓰여 있고 권투장15)이 설치되어 있다. 측면 단상에서는 취주악이 연주되고 있다.

죠우   *의자 위에 올라서서*
여러분, 우리는 K.O로만 끝장이 나는
권투시합을 열려고 합니다.
그것도 삼위일체 모세와 나
알래스카늑대죠우간의 경기입니다.

지배인 빌리 뭐야? 네가 삼위일체 모세와 싸운다고?
이 봐, 차라리 달아나지.
이건 누가 뭐래도 그냥
시합이 아니라 살인이야.

죠우   아직은 나 죽지 않았어.
난 알래스카에서 번 돈을 모두
한 푼 남김없이 나한테 걸 거야.
그리고 어렸을 적부터 날 아끼던
모든 사람들한테 내게 돈을 걸라고 부탁하겠어.
무엇보다 짐, 널 믿는다.

머리가 주먹을 이긴다는 것을 아는 사람이면

꾀가 힘을 누르고 지혜가 완력을 이긴다는 걸 아는 사람이

면

지각 있는 사람이면 모두 이 시합에서

알래스카늑대죠우에게 돈을 걸 거야.

남자들   머리가 주먹을 이긴다는 것을 아는 사람이면

꾀가 힘을 누르고 지혜가 완력을 이긴다는 걸 아는 사람

이면

지각 있는 사람이면 모두 이 시합에서

알래스카늑대죠우에게 돈을 걸 거야.

죠우는 하인리히에게로 다가간다.

하인리히   죠우, 넌 인간적으로 나와 가깝다.

그렇지만 삼위일체 모세를 보고 나서

돈을 내던져 버리는 건

너무 신경이 쓰여서.

죠우는 파울에게 간다.

파울   죠우, 난 항상 널 높이 존중해 왔다.

요람에서 무덤까지

그러니 오늘 너한테 걸지

내가 가진 것 전부를.

죠우   파울, 그 이야기 들으니

알래스카가 떠오른다.

일곱 해 겨울, 엄동설한

같이 나무 베던 시절이.

파울   내 친구, 죠우, 내 맹세하지만

차라리 모든 걸 걸지.

일곱 해 겨울, 엄동설한

	같이 나무 베던 시절.
	알래스카 하면, 죠우
	네 모습이 떠오른다.
죠우	네 돈은 안전하다, 그건 내가 맹세하지
	그렇게 못하면 차라리 내가 죽을 거야.
	그러는 사이 권투장이 설치되었다. 삼위일체 모세가 링
	안에 들어선다.
남자들	삼위일체 모세! 삼세번 만세!
	안녕 삼위일체 모세, 저 녀석 맛을 좀 보여 줘!
여자 목소리	저건 살인이야.
삼위일체 모세	유감이군!
남자들	한번 툭 치기만 하면 되겠군!
심판관	*선수들을 소개한다.*
	삼위일체 모세, 이백 파운드
	알래스카 늑대 – 죠우, 백 칠십.
한 남자	*소리친다.*
	엉터리다!
	권투경기를 위한 마지막 준비
파울	*아래에서*
	여 봐, 죠우!
죠우	*링에서 내려다보며 인사한다.*
	안녕, 파울!
파울	이빨을 삼키지 마!
죠우	문제없어!
	경기가 시작된다.
남자들	*번갈아가며 말한다.*
	자, 쳐! 밀어!

안 돼 - 벌써 한 방 먹었군.

조심해! 넘어지지 마! 배꼽치기를 해! - 붙잡지 마!

주저앉아 버렸군! 괜찮아! 입술이 터졌어!

달려들어, 죠우! 멋지다! 그래 벌써 허우적거리누먼!

삼위일체 모세와 죠우는 박자에 맞추어 권투를 한다.

삼위일체 모세, 팥죽을 만들어 버려!

묵사발을 만들어!

모세, 맛을 좀 보여줘라!

좀 아프게 해줘라!

죠우가 바닥에 쓰러진다.

심판관　이 사람 죽었군.

한바탕 계속되는 웃음소리. 군중이 흩어진다.

남자들　*퇴장하며*

K.O는 K.O지. 쓴맛을 이겨내지 못하는군.

심판관　승자는 삼위일체 모세.

삼위일체 모세　유감스럽군.

퇴장.

하인리히　*파울에게. 링 위에는 그들뿐이다.*

내 뭐라 했어?

봐, K.O잖어.

파울　*조용히*

이봐, 죠우!

무대 앞을 따라 남자들이 지나간다.

남자들　첫째는 ―이 점 잊지 말길― 처먹는 거고

둘째는 사랑의 행위

셋째로 권투시합을 잊지 말 것

넷째로는 ―계약에 따르면― 폭음.

〈마하고니 시의 번영과 몰락〉

339

무엇보다도 각별히 주의해야 할 것은
여기서는 모든 게 허용되어 있다는 점이다.

16

무대에는 다시 남자들. 배경의 표지판엔 큰 글자로 <폭음>이라고 쓰여 있다. 남자들 앉아서 테이블 위에 다리를 뻗고 술을 마신다. 무대 앞쪽에서는 파울과 제니, 그리고 하인리히가 당구를 친다.

파울	여보게, 친구들, 내가 한잔 사지
	이리 와, 같이들 마시자구.
	자네들도 보았지만
	죠우같이 쓰러지는 게
	얼마나 쉬운 일인가?
	벡비크 과수댁, 한잔씩 돌리시오
남자들	잘한다, 파울, 그래. 아무렴. 거 좋지!
	마하고니에 사는 사람은
	매일 5달러가 필요했지
	그리고 좀 특별하게 굴면
	아마 그 이상이 필요했고.
	그러나 그 당시엔 모두
	마하고니의 포커 살롱에 앉아 있던데.
	이래도 저래도 잃는 거였지만
	그래도 재미가 있었지.

	바다에서도
	땅에서도
	모든 사람들 가죽이 벗겨지지
	그래서 사람들은 모두 앉아서
	자기 가죽[자신]을 팔고 있는 거야.
	왜냐하면 살가죽이란 언제고 달러로 바꿀 수 있는 거니까.
파울	벡비크 과수댁, 여러분께 한잔씩 더 돌리시오.
남자들	잘한다, 파울, 위스키로 해! 거 좋지!
	바다에서도
	땅에서도
	그러니 신선한 가죽 소비가 엄청나지.
	언제나 자기 살을 물어뜯는 거야.
	그런데 술값은 누가 내나?
	왜냐면 가죽 값은 싸도
	위스키 값은 비싸거든
	마하고니에 사는 사람은, 등등.
벡비크	자, 이젠 돈을 내시지요, 여러분.
파울	*조용히 제니에게*
	제니, 이리와!
	제니, 이젠 돈이 다 떨어졌는데.
	도망가는 게 상책이야.
	어디로든 상관없어.
	당구대를 가리키며 모두에게 큰 소리로
	여러분, 이 배를 타고
	바다로 나가봅시다!
	다시 낮은 소리로
	제니, 무조건 내 곁에 있어

〈마하고니 시의 번영과 몰락〉

지진 날 때처럼 바닥이 흔들릴 테니까.

하인리히, 너도 이제 내 곁에 있어

다시 알래스카로 갈 테니까.

여기 이 도시는 마음에 안 든다.

큰소리로

오늘 밤 안으로 난 배타고 알래스카로 간다.

모두 함께 당구대와 막대기 같은 것으로 <배>를 만들고 파울과 하인리히, 제니가 올라탄다. 제니, 파울, 하인리히 는 당구대 위에서 뱃사람 시늉을 한다.

소주는 변기에다 쏟아 버리고

분홍빛 블라인드를 내린다

궐련을 피우고 인생을 즐기리[16]

우리는 알래스카로 노를 저으련다.

남자들 아래에 앉아 재미있어하고 있다.

남자들   이봐, 위대한 항해사, 파울!

이봐, 저 돛 다루는 솜씨 봐

제니, 옷을 벗어, 더워질 거다. 적도야

하인리히, 모자를 눌러 써, 멕시코 만의 바람이야.

제니   오, 맙소사, 저기 저 뒤에 태풍 아니에요?

남자들   *남성 합창단처럼 장중하게*

보라, 왜 저렇게 하늘이

검게 물들지?

남자들 휘파람을 불고 포효소리를 내며 폭풍우를 암시한 다.

제니, 파울   *고함친다.*

이건 배야, 소파가 아니야!

폭풍이 거센 밤, 파도는 높고

	배는 팔랑개비, 밤은 깊이 내리는데
	우리 여섯 중 셋은 배 멀미를 한다.
남자들	하늘이 왜 저렇게 검은가
	보라, 왜 저렇게 검은가를…
제니	*겁에 질려 돛대를 꼭 붙잡고*
	용기를 잃지 않기 위해
	<폭풍이 거센 밤>[17] 노래를 하는 게 제일 좋겠어.
하인리히	<폭풍이 거센 밤>, 거 좋지. 용기를 잃고 있을 때엔 말이
	야.
파울	어쨌든 한번 불러보자.

제니, 파울, 하인리히

폭풍이 거센 밤, 파도는 높고[18]

배는 용감하게 싸우네.

귀를 기울이라, 무섭게 울려 퍼지는 종소리에

보라, 저기 암초가 다가온다!

제니	더 빨리 배를 저어. 조심해서 저어. 어떤 일이 있어도
	바람을 거슬러서는 안 돼. 이젠 새로운 시도는 하지 마.
남자들	들어보라
	저 돛대에 휘몰아치는 바람 소리를.
	자 보라
	검은 장막이 드리우는 저 하늘을!
하인리히	폭풍이 좀 더 세차게 불면 우리 몸을 돛대에 묶어야 하지
	않을까?
파울	아니야, 저기 저 검은 것은
	알래스카의 숲이야.
	이제 내려
	이젠 진정해도 돼.

〈마하고니 시의 번영과 몰락〉

	그는 내려서 외친다.
	여보세요, 여기가 알래스카입니까?
삼위일체 모세	*그의 옆에 나타나며*
	술값 내!
파울	*심히 실망하여*
	아, 마하고니로군!
	남자들 술잔을 들고 앞으로 나온다.
남자들	파울, 넌 우리한테 술을 샀지
	파울, 그 대가로 널 살려둔다.
	넌 우리에게 먹을 걸 주었고 마실 걸 주었지
	넌 우리한테 먹을 것과 마실 것을 사 주었어.
벡비크	자, 이젠 돈을 내시지. 야!
파울	그래요, 과수댁, 그런데 이제 보니
	낼 돈이 없구려.
	다 써버린 모양인데요.
벡비크	뭐야, 돈을 안 내겠다고?
제니	파울, 다시 한 번 찾아 봐.
	틀림없이 어딘가 더 있을 거야.
파울	방금 내가 이야기 했 …
삼위일체 모세	뭐야! 이 양반이 쐬푼이 없다고?
	뭐야! 이 양반이 돈을 내지 않겠다고?
	당신 그게 뭘 의미하는지 알아?
지배인 빌리	제길 헐! 넌 이제 좇쳤다.
	하인리히와 제니를 제외하고는 모두 그에게서 물러난다.
벡비크	*하인리히와 제니에게*
	너희들이 저 사람을 구할 수 있겠냐?
	하인리히 말없이 물러선다.

제니, 넌?

제니   내가요?

벡비크   못 하라는 법 없잖냐?

제니   웃기고 있네!

우리 여자들보고 별 걸 다 하라니!

벡비크   그러니 너로선 할 수 없단 말이지?

제니   정 알고 싶다면 말하죠. 할 수 없어요.

삼위일체 모세   저 치를 묶어!

제니가 각등 앞으로 왔다 갔다 하며 노래를 부르는 사이
파울은 결박된다.

제니   1.

여러분, 우리 어머니는 일찍이 내 머리에[19]

심한 말을 심어 넣어 주셨답니다.

저보고 시체공시소나 그보다 더 험악한

곳에서 일생을 마치리라고요.

그래요, 그런 말은 하기는 쉽지요.

그렇지만 그렇게는 안 될 거란 말입니다.

날 그렇게 되게 내버려 둘 수는 없지요!

내가 어떻게 될 가는 우리 한번 두고 봅시다!

인간은 짐승이 아니에요!

왜냐하면 동침하듯 언젠가는

모두 누워 자빠지게 될 것이고

덮어주는 사람 하나 없으리니

짓밟는 자, 그것은 나

짓밟힌 자, 그것은 너!

2.

여러분, 내 남자 친구는 당시

내 면전에 대고 말했지요.

<이 세상에 가장 위대한 것은 사랑>이라고

또 <누가 내일 일을 생각하느냐?> 고요.

그래요, 사랑이란 말은 쉽지만

그러나 하루하루 늙어가는 마당에

사랑타령 하게 되었어요?

짧은 시간을 활용해야지요.

인간은 짐승이 아니거든요.

왜냐하면 동침하듯 언젠가는

모두 누워 자빠지게 될 것이고

덮어주는 사람 하나 없으리니

짓밟는 자, 그것은 나

짓밟힌 자, 그것은 너!

삼위일체 모세 여보쇼, 여기 제 술값을

못 내는 위인이 있소.

뻔뻔하고 몰지각한 죄인이!

가장 못된 것은 쐬푼이 없다는 것!

파울 끌려간다.

물론 여기엔 목이 걸려 있지만

여러분 조금도 괘념하지 마시오!

모두 다시 자리에 앉는다. 계속 술을 마시고 당구를 친다.

남자들 자기 집에만 붙어 있는 사람은

매일 5달러 안 가져도 되지.

그리고 마누라가 있으면

아마 기타 지출이 없어도 되고.

그렇지만 오늘날 사람들은 모두가
우리 하느님의 싸구려 술집에 가 죽치고 있지.
어쨌건 얻는 게 있으니까.
그들은 발로 박자를 맞춘다.
그렇지만 그게 무슨 소용이야?
그들은 중단하며 조용히 다리를 다시 테이블 위에 얹는다.
남자들이 노래하면서 무대 앞을 지나 뒤쪽으로 퇴장.

남자들　　첫째는, —이 점 잊지 말길— 처먹는 거고
둘째는 사랑의 행위
셋째로 권투시합을 잊지 말 것
넷째로는 —계약에 따르면— 폭음.
무엇보다도 각별히 주의해야 할 것은
여기서는 모든 게 허용되어 있다는 것이다.

17

결박된 파울 아커만. 밤이다.

파울　　하늘이 밝아오면
저주받은 날이 시작된다.
그러나 아직은 하늘이 어둡다.
이 밤이 멈춰서는
안되는데
새 날이 밝아서는
안되는데.

저들이 벌써 다가오는 게 무섭다.

저들이 오면
바닥에 바짝 누워야지.
날 끌어가려면
날 땅에서 뽑아내야 할 거야.
이 밤이 멈춰서는
안되는데
새 날이 밝아서는
안되는데.

야, 이 봐,
파이프에 담배를 가득 넣고
끝까지 피워라.
너의 인생은
과거에 있었던 일로 충분해
앞으로 다가올 일은
파이프 속에나 쳐 넣으렴.

하늘은 틀림없이 오랫동안 밝아오지 않을 거야.
밝아진다.

새날이 밝아서는 안 되는데
그러면 저주받은 날이 시작되는데.

18

마하고니의 법정은 다른 어느 법정보다 더 부당할 게 없었다

법정을 나타내는 천막, 테이블 하나, 의자 셋. 외과병원의 강당처럼 철근 구조물로 된 작은 원형극장. 구조물 위에는 관객이 앉아 신문을 읽으며 껌을 씹고 담배를 피우고 있다. 판사석에는 벡비크, 변호사석엔 지배인 빌리, 측면의 피고석에 한 남자: 토비 히긴스다.

삼위일체 모세 *출입구에 검사로 등장해서*
방청객들은 모두 표를 샀습니까?
아직 세 자리가 남아 있습니다. 한 장에 5달러요.
두 가지 멋진 재판에
입장권은 5달러요.
여러분, 단돈 5달러에
정의의 목소리를 듣게 되는 겁니다.
아무도 오지 않자 그는 검사의 자리로 돌아간다.
삼위일체 모세 첫 번째 재판은 토비 히긴스 사건입니다.
피고석의 남자 일어선다.
피고는 낡은 권총을 시험해 보기 위해서 행한
의도적인 살인으로 기소되었습니다.
이렇게 뻔뻔스러운 범행은
일찍이 그 유례를
찾아볼 수 없습니다.
피고는 아무런 수치심도 없이

〈마하고니 시의 번영과 몰락〉

인간의 모든 감정을 손상시켰습니다.

모욕당한 정의감에서

처벌을 요구하는 외침이 터져 나온 것입니다.

따라서 검사측은 피고의

이 융통성 없는 태도에 대해

이 무한히 방탕한 인간의 태도에 대해

정의가 제 갈 길을 가게 하도록 요구하는 바이고

주저하며

그래서 그를…

경우에 따라서는…

무죄선고를 내리는 바입니다!

<검사>의 논고가 진행되는 동안 피고와 벡비크 사이에는 침묵 속에 절망적인 투쟁이 벌어지고 있다. 피고는 손가락을 처들어 얼마만큼 뇌물을 줄 준비가 되어 있는지 알린다. 같은 방법으로 벡비크는 그 액수를 점점 더 올리게 한다. 검사가 논고의 마지막 부분에서 주저한 것은 피고가 마지막으로 액수를 올려 제의한 시점을 나타낸다.

벡비크　　　변호인의 입장은 어떻소?

지배인 빌리　여기서 피해를 본 사람이 누구요?

　　　　　　　침묵.

남자들　　　*연단의 방청객*

　　　　　　　죽은 자는 말이 없다.

벡비크　　　피해본 사람이 나서지 않으면

　　　　　　　도리 없이 무죄선고를 내릴 수밖에 없겠소.

　　　　　　　피고 방청석으로 간다.

삼위일체 모세　*계속 읽는다.*

　　　　　　　두 번째 재판은 파울 아커만 사건으로

절도와 술값 잘라먹은 죄로 기소되었습니다.

파울은 결박된 채, 하인리히에 이끌려 나타난다.

파울 *피고석에 앉기 전에*

하이니, 제발 100달러만 주라.

이 재판이 좀 인간적으로 돌아가게 하기 위해서 말이야.

하인리히 파울, 넌 나하고 인간적으로는 가깝지만

돈이란 건 좀 문제가 달라.

파울 하이니, 너 알래스카 시절

생각나니?

일곱 해 겨울

엄동설한

우리 같이

나무 베던 시절이

그러니 내게 돈을 주라.

하인리히 파울, 우리 옛날

알래스카 시절이 생각난다.

일 곱해 겨울

엄동설한

우리 같이

나무 베던 시절이

그리고 돈벌이가

얼마나 어려웠던가가

그래서 파울, 난 네게

돈을 줄 수가 없다.

삼위일체 모세 피고, 피고는 위스키 값과

담배 한통 값을 지불하지 않았습니다.

이렇게 뻔뻔스러운 행동은

〈마하고니 시의 번영과 몰락〉

일찍이 그 유례를

찾아볼 수 없습니다.

피고는 아무런 수치심도 없이

인간의 모든 감정을 손상시켰습니다.

모욕당한 정의감에서

처벌을 요구하는 외침이 터져 나온 것입니다.

따라서 검사측은

정의가 제 갈 길을 가게 하도록 요구하는 바입니다.

검사의 논고가 진행되고 있는 사이 파울은 벡비크의 손가락 장난에 반응을 보이지 않는다. 벡비크, 지배인 빌리, 삼위일체 모세는 서로 의미심장한 눈길을 보낸다.

벡비크 파울 아커만,

그러면 피고에 대한

최종심판을 시작하겠다.

피고는 마하고니에 도착하자마자

제니 스미스라는 처녀를 유혹하여

돈을 받고 피고에게

몸을 바치도록 강요했다.

지배인 빌리 이 일로 피해본 사람 있소?

제니 *앞으로 나선다.*

여기 있습니다.

방청객들의 수근 거리는 소리

벡비크 태풍이 불던 날

너는 절망한 가운데

노래를 불렀다, 즐거운 노래를.

지배인 빌리 이 점에 피해 본 사람은?

남자들 피해 본 사람이 나타나지 않는다.

	피해 본 사람이 하나도 없다.
	피해 본 사람이 없으면
	너는 희망이 있지, 파울 아커만.
삼위일체 모세	*중단시키며*
	그러나 바로 그날 밤
	이 사람은 마치 자신이
	허리케인이나 되는 것처럼 행동하며
	도시 전체를 유혹하였고
	안정과 조화를 파괴시켰습니다.
남자들	브라보, 파울 만세!
하인리히	*연단에서 몸을 일으키며*
	알래스카에서 온 이 평범한 벌목꾼은
	행복의 법칙을 발견했고
	마하고니의 남자들 여러분은
	그 법칙에 따라 살아가고 있습니다.
남자들	그러니 알래스카에서 온 벌목꾼
	파울 아커만은 석방되어야 한다.
하인리히	파울, 난 널 위해서 이러는 거야.
	알래스카 생각을 하기 때문이지.
	일곱 해 겨울
	엄동설한
	우리 같이
	나무 베던 시절을.
파울	하인리히, 네가 여기서 날 위해 한 일은
	알래스카를 생각나게 하는구나.
	일곱 해 겨울
	엄동설한

〈마하고니 시의 번영과 몰락〉

우리 같이

나무 베던 시절을.

삼위일체 모세 *책상을 치며*

그러나 권투시합 때

이 <알래스카에서 온 평범한 벌목꾼>은

단지 큰돈을 벌기 위해

자기 친구를 죽음 속으로 몰아넣었습니다.

하인리히 *펄쩍뛰며*

그렇지만 고귀하신 재판관님, 누가

그렇지만 누가 그 친구를 때려눕혔습니까?

벡비크 예의 그 알래스카 늑대-죠우를 때려눕힌 자가 누구요?

삼위일체 모세 *잠시 후*

그 점에 대해서는 법정이 아는 바가 없습니다.

하인리히 거기 둘러서 있던 사람 중

시합에서 생명을 바친 죠우에게

돈을 건 사람은 여기 이 앞에 서있는

파울 아커만 말고는 아무도 없었습니다.

남자들 *번갈아가며*

그러니 처형되어야 해, 파울 아커만은

그러니 석방되어야 해, 파울 아커만은

알래스카에서 온 벌목꾼 파울 아커만은.

남자들 박수를 보내고 야유의 휘파람을 분다.

삼위일체 모세 이젠 이 기소장의 가장 핵심적인 부분입니다.

피고는 위스키 세 병을 마시고

담배 한 통을 즐겼습니다.

그런데 파울 아커만, 왜

피고는 그 값을 지불하지 않았나?

파울	돈이 없습니다.
남자들	*번갈아가며*
	돈이 없대.
	대금을 지불하지 않는대.
	파울 아커만을 처치해.
	처치해.
벡비크	그런데 여기서 피해 본 사람은?
	벡비크 지배인 빌리, 삼위일체 모세가 일어선다.
남자들	저 봐 저기 피해자들이 있어. 저들이 피해자야.
지배인 빌리	판사님, 언도를!
벡비크	피고, 파울 아커만에게 선고를 내린다.
	무대 배경에는 지명수배 영장이 투영된다.
삼위일체 모세	친구에 대한 간접적인 살인죄로
벡비크	이틀간 구류.
삼위일체 모세	안정과 조화를 깨뜨린 죄로
벡비크	2년간 공권 박탈.
삼위일체 모세	제니라는 처녀를 유혹한 죄로
벡비크	4년간 집행유예.
삼위일체 모세	폭풍의 날 금지된 노래를 부른 죄로
벡비크	10년간 감옥형.
	그러나 파울 아커만
	내 위스키 세 병과
	담배 한 통 값을 지불하지 않은 죄로
	피고에게 사형선고를 내린다.
벡비크, 지배인 빌리, 삼위일체 모세	
	이 둥근 지구에서 있을 수 있는
	가장 커다란 범죄인

돈이 없다는 죄로.
박수갈채

19

파울 아커만의 처형과 죽음. 많은 사람들은 지금 여기서
진행되는 파울 아커만의 처형을 즐겨 보려하지 않을 것이
다. 그러나 우리 생각으로는 그들도 파울 아커만을 위해서
대신 돈을 지불하지는 않을 것이다. 우리 시대에 있어서
돈에 대한 존경심은 그만큼 크다

배경엔 영사막. 마하고니 시 전체의 모습을 평화롭게 비
추고 있다. 주위에 여러 사람들이 무리를 지어 서 있다.
파울이 삼위일체 모세, 제니, 하인리히에 이끌려 나타나면
남자들이 모자를 벗는다. 오른쪽에선 전기의자를 설치하
고 있다.

삼위일체 모세 *파울에게*
　　　　　　 안녕!
　　　　　　 넌 인사하는 거 안 보이냐?
　　　　　　 파울 인사한다.
삼위일체 모세 이승의 일들은 지금 당장 해결해라.
　　　　　　 왜냐하면 네 몰락을 같이 지켜 보아주려는 사람들이
　　　　　　 너의 개인 문제를 알고 싶어 하지는 않으니까.
파울　　　 사랑하는 제니
　　　　　　 난 이제 간다.
　　　　　　 너와 같이 보낸 날들은

	기분 좋은 나날이었고
	그리고 종말도
	그렇구나.
제니	사랑하는 파울
	나도 당신과
	좋은 시간 보냈어.
	그리고 이제 내 앞날은
	어떻게 될지 몰라.
파울	내 말 믿어.
	나 같은 남자는 얼마든지 있다.
제니	그건 사실이 아니야.
	난 알아. 그런 시간이 다시는 돌아오지 않는다는 걸.
파울	미망인처럼
	흰 옷까지 입었구나.
제니	그래요. 난 당신의 미망인이야.
	그리고 지금 여자 아이들한테
	돌아가면 난 결코
	당신을 잊지 않을 거야.
파울	키스해 줘, 제니.
제니	키스해 줘, 파울.
파울	날 생각해 줘.
제니	물론이야.
파울	날 나쁘게 생각하지 마.
제니	왜 나쁘게 생각하겠어?
파울	키스해 줘, 제니.
제니	키스해 줘, 파울.
파울	제니, 이제 단 하나 남은 내 친구

〈마하고니 시의 번영과 몰락〉

	하인리히에게 널 추천한다.
	알래스카에서 온
	우리들 중에
	유일하게 살아남은.
하인리히	안녕, 파울.
파울	잘 있어, 하인리히.
	그들은 처형대로 간다.
몇몇 남자들	*그들은 지나쳐가며 서로에게 말한다.*
	첫째는 —이 점 잊지 말 길— 처먹는 것이고
	둘째는 사랑의 행위.
	셋째로 권투시합을 잊지 말 것.
	넷째로는 —계약에 따르면— 폭음.
	파울도 멈춰 서며 그들을 돌아본다.
삼위일체 모세	더 할 말이 있는가?
파울	있다, 그런데 정말로 날 처형하려는 거냐?
벡비크	그래, 보통 있는 일이지.
파울	당신은 신(神)이 있다는 사실은 모르고 있는 모양이군.
벡비크	뭐가 있다고?
파울	하느님이!
벡비크	아아, 하느님이 우리를 위해 있는가 말이지? 자, 내가 대답해 주지. 이 자를 위해서 마하고니 신의 놀이를 해주자, 그렇지만 넌 전기의자에 앉아.
	네 남자와 제니 스미스가 파울 아커만 앞에 나와 마하고니 신의 놀이를 한다.
네 남자	동이 트는 어느 아침
	위스키 독에 빠져
	신이 왔다, 마하고니에

위스키 독에 빠져

우리는 마하고니의 신을 알아보았다.

삼위일체 모세 *신의 역을 하며 다른 사람들로부터 떨어져 앞으로 나아가*

모자로 얼굴을 가린다.

너희들은 해마다 마치도 해면처럼

나의 좋은 메밀을 마셔대느냐?

아무도 내가 올 걸 기다리지 않았더냐?

이제 내가오니 모두 동이 난 거냐?

제니 서로 쳐다보던 마하고니 남자들

＜그래요＞ 대답하는 마하고니 남자들.

네 남자 동이 트는 어느 아침

위스키 독에 빠져

신이 왔다, 마하고니에.

위스키 독에 빠져

우리는 마하고니의 신을 알아보았다.

삼위일체 모세 너희들, 금요일 저녁이면 웃었던가?

난 메리 위맨이 바다 저 멀리

동태처럼 말없이 떠 있는 걸 봤는데.

다시는 마르지 않겠던데.

제니 서로 쳐다보던 마하고니 남자들

＜그래요＞ 대답하는 마하고니 남자들.

네 남자 *마치 못들은 양*

동이 트는 어느 아침

위스키 독에 빠져

신이 왔다, 마하고니에

위스키 독에 빠져

우리는 마하고니의 신을 알아보았다.

〈마하고니 시의 번영과 몰락〉

삼위일체 모세	너희들 이 총알 집을 보았느냐?
	내 착한 선교사를 쏘려느냐?
	내가 너희들과 같이 천국에 살며
	너희들 그 주정뱅이 백발을 보아야 하겠냐?
제니	서로 쳐다보던 마하고니 남자들
	<그래요> 대답하는 마하고니 남자들.
세 사람	동이 트는 어느 아침
	위스키 독에 빠져
	신이 왔다, 마하고니에
	위스키 독에 빠져
	우리는 마하고니의 신을 알아보았다.
삼위일체 모세	모두 지옥에나 떨어져라!
	버지니아 담배는 자루 속에 넣고
	나의 지옥으로 행진! 자!
	이놈들아, 새까만 지옥으로나 꺼져라!
제니	서로 쳐다보던 마하고니 남자들
	<안돼요> 대답하는 마하고니 남자들.
세 사람	동이 트는 어느 아침
	위스키 독에 빠져
	넌 마하고니로 온다.
	위스키 독에 빠져
	넌 마하고니에서 시작한다.
	이제 아무도 발을 떼지 말라!
	모두가 스트라이크를 일으키는 거다.
	머리채를 끌어 지옥으로 데려갈 수는 없지.
	우리가 살고 있는 이곳이 새까만 지옥이니까.
제니	*메가폰을 통해 외친다.*

	신을 지켜보던 마하고니 남자들
	<안돼요> 대답하는 마하고니 남자들.
세 사람	신을 지켜보던 마하고니 남자들
	<안돼요> 대답하는 마하고니 남자들.
파울	이제 나는 깨달았다. 돈으로 즐거움을 사려고 이 도시에 들어오는 순간 나의 몰락은 이미 낙인찍힌 것이다. 이제 여기 앉아있는 나는 아직 아무 것도 얻은 것이 없다. 어떤 칼을 사용해서라도 자기 살을 한 조각 저며 내야 한다고 한 건 나였지. 그런데 그 살이 썩어 있었단 말이야. 내가 돈 주고 산 즐거움은 즐거움이 아니었고 돈 주고 사는 자유는 자유가 아니었던 것이다. 나는 먹어댔지만 배가 부르지 않았고 마셔댔지만 목마른 건 마찬가지였다. 냉수 한 잔 주시오!
삼위일체 모세	*그에게 헬멧을 뒤집어씌운다.*
	준비 완료!

20

그물망 도시의 마지막 몇 주일 동안 아직 처형되지 않은 사람들은 점점 가중되는 혼란과 물가상승과 서로에 대한 적대감 속에서 모두 그들의 이상을 위해 데모한다 — 깨닫지 못한 채—

배경의 표지판에는 불타고 있는 마하고니. 그러더니 시위대의 행렬이 생기고 이리저리 서로서로 대항하며 왔다갔다 하는 행렬이 연극이 끝날 때까지 계속된다.

〈마하고니 시의 번영과 몰락〉

첫 번째 행렬 *벡비크 지배인, 삼위일체 모세 그리고 그의 추종자들. 첫*
번째 행렬이 든 표지판에 쓰여진 글은 다음과 같다:

물가 상승을 위하여.
모두가 모두하고 싸우는 것을 지지한다.
우리 도시의 혼란 상태를 위하여.
황금시대의 지속을 위하여.

왜냐하면 이 아름다운 마하고니에는
돈이 있는 한, 없는 게 없고
돈만 있으면 모든 게 다 있다.
왜냐하면 모든 게 상품이고
돈으로 살 수 없는 건 하나도 없기 때문이다.

두 번째 행렬 *두 번째 행렬의 표지판에 쓰여진 글은 다음과 같다:*

사유재산을 위하여
타인재산 몰수를 위하여
지구를 초월해 존재하는 재산의 공정한 분배를 위하여
지상에 존재하는 재산의 불공정한 분배를 위하여
사랑을 위하여
돈으로 살 수 있는 사랑을 위하여
세상사의 무질서를 위하여
황금시대의 지속을 위하여

우리는 허리케인이 필요 없다.
우리는 태풍이 필요 없다.
태풍이 일으키는 공포는

우리 자신이 일으킬 수 있으니까.

세 번째 행렬 *세 번째 행렬의 표지판에 쓰여진 글은 다음과 같다.*

부자들의 자유를 위하여

힘없는 자를 짓밟는 용감한 행위를 위하여

살인자의 명예를 위하여

부정부패의 위대함을 위하여

비열한 행동의 영원한 존속을 위하여

황금시대의 지속을 위하여

왜냐하면 동침하듯 언젠가는

모두 누워 자빠지게 될 것이고

덮어주는 사람 하나 없으리니.

짓밟는 자, 그것은 나

짓밟힌 자, 그것은 너.

첫 번째 행렬 *다시 표지판을 들고 돌아오며*

그러나 이 마하고니는

돈이 없다면 아무 소용없는 것

돈이 있으면 없는 게 없고

돈이 없으면 아무 것도 아닌 것

그러니 믿을 것은 돈뿐.

네 번째 행렬 *여자들이 파울 아커만의 시계와 권총, 수표책을 올려놓은 면으로 된 쿠션을 들고 막대기 위에는 그의 셔츠를 매달고 나온다.*

Oh, moon of Alabama

We now must say good-bye

We've lost our good old mamma

And must have dollars, oh, you know why.

다섯 번째 행렬 *다섯 번째 행렬은 파울 아커만의 시체를 들고 나온다. 그 바로 뒤의 표지판에는 법정을 위하여라고 쓰여 있다.*

식초를 갖다 줄 수도 있지
그의 얼굴에 발라줄 수 있지
집게를 가져다가
그의 혀를 뽑아낼 수도 있지만
죽은 사람에겐 아무 소용없는 것.

여섯 번째 행렬 *작은 표지판을 들고 나온다. 어리석음을 위하여라고 쓰여 있다.*

그를 설득할 수도 있지
그에게 고함칠 수도 있지
그냥 내버려 둘 수도 있고
데려갈 수도 있지만
죽은 사람한테 명령 할 수는 없는 것.
돈을 손에 쥐어 줄 수도 있지
구덩이를 파 줄 수도 있지
그 속에 집어넣어 줄 수도 있고
그 위에 삽질을 해줄 수도 있지만
죽은 사람에겐 아무 소용없는 것.

일곱 번째 행렬 *엄청나게 큰 표지판을 들고 나온다. 황금시대의 지속을 위하여라고 쓰여 있다.*
자기가 살고 있는 위대한 시대 얘기를 할 수 있겠지
자기가 살고 있는 위대한 시대를 잊을 수도 있겠지만
죽은 사람에겐 아무 소용없는 것.

> *끊임없이 움직이는 끝없는 행렬.*

모든 행렬   우리한테도, 너희들한테도, 아무한테도 소용없는 것.

■주

1) 이 이름은 1925년 출판된 『남자는 남자다』에서 따온 것이다.
2) <알라바마 쏭 Alabama Song>은 의도적으로 영어로 쓰인 노래로 엘리자베트 하우프트만이 영어로 옮겼다. 『가정기도서 Hauspostille』에 실렸고 1927년 노래극 Singspiel 『마하고니』에서도 사용되었다.
3) 오, 여기서 제일 가까운 위스키 빠―가
   어디 있는지 가르쳐 주세요.
   오, 이유는 묻지 말고요!
   가까운 위스키 빠―를 찾아내야 하거든요.
   가까운 위스키 빠―를 찾아내지 못하면
   우린 죽는단 말이에요!
   오, 알라바마의 달아
   이제는 작별해야 할 시간
   우린 착하신 엄마를 잃었어
   그래서 위스키가 필요해
   이유는 너도 알지.

   오, 예쁜 남자가 어디 있는지 가르쳐 주세요
   오, 이유는 묻지 말고요, 오, 이유는 묻지 말고요!
   예쁜 남자를 찾아내야 하거든요.
   남자를 찾아내지 못하면
   우린 죽는단 말이에요.
   오, 알라바마의 달아!
   이제는 작별해야 할 시간
   우린 착하신 엄마를 잃었어
   그래서 예쁜 남자가 필요해
   이유는 너도 알지.
   오, 달러가 어디 있는지 가르쳐 주세요!
   오, 이유는 묻지 말고요, 오, 이유는 묻지 말고요!
   달러를 얻어야 하거든요.
   달러를 얻지 못하면
   우린 죽는단 말이에요.
   오, 알라바마의 달아
   이제는 작별해야 할 시간
   우린 착하신 엄마를 잃었어
   그래서 달러가 필요해
   이유는 너도 알지.
4) 이 <가자! 마하고니로>는 『가정기도서』(1927)의 「마하고니 노래 1번」에 실려 있

고, 노래극『마하고니』에도 실려 있다.

5) 여기의 원문단어는 "zivilis"로 "zivilis"는 "civilis"(시민)의 라틴어와 "syphilis"(매독)를 섞은 유희적 조어(造語).

6) 모리타트Moritat : 장터에서 거리의 악사들이 아코디언에 맞추어 들려주는 재난, 끔찍스런 사건, 살인사건에 관한 이야기. 또는 이런 살인사건들을 그려놓은 그림, 그림첩.

7) 이 노래는 롯테 렌야Lotte Lenya가 따로 <하바나 쏭>이라는 제목으로 불렸음.

8) "I'll eat my hat if …" 채플린 영화장면에서 영향을 받음.

9) 맨덜리 Mandelay라는 이름은 키플링의 담시 <맨덜리Mandelay>(1892)에서 유래함.

10) 이 부분에 쿠르트 바일은 테클라 바다제우스카Thekla Badarczewska의 센티멘탈한 피아노소곡 <소녀의 기도>(1892)를 거창하게 과장시켜 연주하게 하고 있다.

11) 1926년 미국에 있었던 대규모의 태풍 피해에 대한 보도가 독일에서도 대서특필되었다. 브레히트는 태풍 피해에 대한 보도들을 수집했는데 그 중에는 특히 마이애미와 펜사콜라의 폐허화된 상황에 대한 보도(포씨셰 짜이퉁 Vossische Zeitung, 1926년 9월 26일)가 있었다.

12) 이 네 소절의 합창이 시집『가정기도서Hauspostille』(1927)의 마지막 장을 이룸.

13) 리토넬Ritornell은 노래나 오페라 아리아에서 반복되는 간주곡이나, 서곡, 후곡을 가리킨다.

14) 쿠르트 바일은 이 <사랑의 노래>를 듀엣으로 만들었다(<학의 듀엣>).

15) 이 작품의 성립시기 브레히트는 권투에 심취해 파울 삼손-쾨르너라는 권투선수와 친분이 있었는데 이 시기 권투에 관한 글도 여러 편 쓰여지고, 노래극『마하고니』에서도 권투장면이 사용되고 있다.

16) 이 부분은 1925년 쓰여진 시 <타이티>에서 그대로 인용한 것이다.

17) 아돌프 마르텔Adolf Martell이 작곡한 유행가 <선원의 운명>에서 인용.

18) 여기서 브레히트는 <선원의 운명>을 인용하는데 처음 두 구절은 원문대로 다음 두 구절은 약간 변형시키고 있다.

19) 이 노래는 특히 롯테 렌야가 <동침할 때처럼>이라는 제목으로 취입한 레코드로 유명하다.

린드버그들의 비행
Der Flug der Lindberghs

소년 소녀들을 위한 라디오 교육극

■ 집필기간 : 1928년 12월~1929년 7월
■ 초연 : 1929년 7월 27일, 독일 바덴 바덴

■ 생성사

1927년에 이루어진 찰스 린드버그의 대서양 횡단 비행을 소재로 삼은 이 작품은 학습극 계열의 첫 작품이다. "소년 소녀를 위한 라디오 학습극"이라는 부제에서 제시된 방송극이자 동시에 학습극이라는 장르적 특성이 이 작품의 구조를 결정짓는다. "린드버그들"과 "라디오"가 등장인물로 설정되어 있으며, "린드버그들"은 린드버그 파트를, "라디오"는 그 밖의 모든 배역과 음향효과를 담당한다. "린드버그들"은 린드버그의 행동견본을 연기함으로써 스스로 행동방식을 배워가는 학습자들인데, 실제로는 이 역할을 청취자가 맡음으로써 작품의 상연은 라디오와 청취자의 공동작업으로서 실현된다. "라디오"는 린드버그가 비행 중 극복해야 할 장애물들인 "안개", "눈보라", "졸음"의 역을 비롯해서, 그의 비행과정을 관찰, 보고하거나 주관적으로 논평하는 "미국", "유럽", "뉴욕 시", "선박", "어부들"의 역할을 맡을 뿐 아니라, "물소리", "모터 소리", "군중소리" 등의 음향효과를 제공함으로써 "린드버그들"이 행동견본을 연습

할 수 있는 학습장을 마련해 주고 있다. 그러므로 브레히트의 의도에 따르면 이 작품의 상연은 결코 역사적 인물 찰스 린드버그의 "대서양 횡단 비행에 대한 묘사"가 아니라 청취자의 자기 학습을 위한 "교육 사업"이 되어야 한다. 또한 이 작품에서 비행의 주체를 개인 린드버그가 아니라 복수 '린드버그들'로 설정한 것은 이 비행이 기계와 인간의 공동작업이라는 점을 강조하기 위해서이다.

작품은 각각 일련번호와 제목이 달린 총 17개의 짧은 장면들로 구성되어 있다. 그 중 「각자에 대한 요청」이라는 제목의 첫 장면은 일종의 서막이 되고, 「도달할 수 없는 것에 대한 보고」라는 제목의 마지막 장면은 에필로그로 볼 수 있으며, 작품 한가운데에 위치한 「이데올로기」라는 제목의 제8장은 작품 전체에 대한 해설의 기능을 갖는다.

■ 작품해설

1) 청취자가 참여하는 라디오 예술

1923년 독일에 라디오 방송이 도입된 후 브레히트는 이 새로운 매체를 자신의 예술을 위해 적극적으로 활용하려는 노력을 보여준다. 그는 20년대 중반 이후 작품 낭송이나 대담 프로를 통해 여러 차례 방송에 출연했을 뿐 아니라 자신의 작품을 방송용으로 개작하기도 하고, 라디오를 생산적으로 활용할 수 있는 획기적인 제안을 이론적인 글들 속에 담기도 하였다. 이 글들 속에는 서사극으로 이름 지워질 자신의 새로운 드라마를 위한 재생 매체로서 라디오에 대한 관심, 라디오 매체에 고유한 새로운 예술의 가능성 및 이 매체를 정치적, 교육적으로 활용할 가능성에 대한 성찰, 라디오가 일방적 전달 장치가 될 것이 아니라 쌍방향 소통을 실현하자는 도전적인 제안 등이 담겨있다. <린드버그들의 비행>은 라디오에 대한 이러한 구상들을 '청취자가 참여하는 라디오 예술'을 통해 실현시키려는 실험이었다.

1929년 바덴 바덴의 실내음악제에서는 "라디오를 위한 오리지널 음악"이라는 주제에 포함된 몇 개의 실험적 음악작품들이 발표되었고, 그 중 이 작품은 <린드버그의 비행>이라는 제목으로 이곳 요양원 소공연장에서 초연되었다. 이 공연장은 방송실이 되었으며 거기서 제작/녹음된 연주가 스피커 시설을 통해 여러 개의 딴 방에 있던 청중에게 전송되었다. 그런데 브레히트는 초연과 별도로 총연습을 공개하는 과정에서 청취자가 참여하여 방송극을 공동 제작하는 새로운 방송모델을 제시한다: "무대의 한 쪽에는 라디오 장치, 가수, 악사, 변사 등이 있으며, 무대의 다른 한 쪽에는 칸막이를 통해 방이 암시되며 탁자 앞 의자에 한 사나이가 윗저고리를 벗은 채 악보를 들고 앉아서 린드버그 파트를 흥얼거리고, 말하고, 노래합니다. 이 사람이 청취자입니다." 1930년 6월 『시도』 제1집에서 제목이 <린드버그들의 비행>으로 바뀌고 주인공이 "린드버그"에서 "린드버그들"로 복수화 된 것은 다수 청취자가 작품의 실질적인 주인공이며 그들의 참여를 통해 연주가 완성된다는 사실을 텍스트 개작을 통해 보다 확실히 만든 것으로 볼 수 있다.

이러한 연주방식은 당시에는 라디오를 제외한 어떤 매체에서도 불가능한 독특한 방식이었다. 그는 라디오의 기술적 가능성을 활용하면서 동시에 라디오의 특수한 수용조건에 주목했고, 수용자의 활성화를 통해 라디오 고유의 예술을 실현하고자 한다. 그런 점에서 20년대의 여타 기술 물신적인 신즉물주의적 라디오 실험들과는 구별된다. 브레히트의 라디오 예술에서는 기술과 인간의 공동작업이 예술작업의 필수적 전제가 된 것이다.

2) 기계와 인간의 공동작업을 통한 자연정복

"린드버그들"의 비행은 폭력적 자연("안개", "눈보라")이 설치하는 극한적인 장애물들과 자신의 육체적 약점("졸음")을 극복하면서 성취되는 인간 승리로써 나타난다. 그러나 그의 행위는 전통적인 영웅의 행위와는

<린드버그들의 비행>

차이가 있다. 그는 자기가 탈 비행기를 스스로 고르고 그것의 제작 과정에 참여하며, 세밀한 비행계획을 세운다. 그리고 "사람 하나 대신 기름을 그만큼 더 싣"고자 하며, "최고 품질의 나침반"을 포함한 필수장비들을 정확히 점검한 후 비행기에 탑승한다. 이러한 자세는 개인적 신념과 초인적 용기에 의해 기념비적인 업적을 수행하는 것과는 거리가 먼 대신, 객관적 사실에 대한 철저한 분석과 기계와 장비에 대한 신뢰를 바탕으로 삼고 있다. 비행 중 비행사와 비행기는 각각 떨어져서는 아무런 일도 할 수 없을 뿐 아니라, 생존까지도 서로에게 의존하는 공동운명체로서 나타난다. 양자는 자연정복이라는 과업을 수행하는 과정에서 필수적으로 요구되는 하나의 집단을 형성하고 있다. 비행의 성공여부가 모터의 성능에 달려 있으며, 그러한 기계는 곧 현대적 과학과 기술 없이는 만들어 낼 수 없다.

그러나 기술이 그 자체로서 절대화되고 있는 것은 아니며, 린드버그들의 기계에 대한 신뢰는 곧 비행기를 만든 사람들에 대한 신뢰로 연결되어 있음이 드러난다. 린드버그들이 "비행 중 거의 언제나 안개와 싸워야 하"는 난관을 버텨내는 것은 "24시간 쉬지 않고 일하여" 비행기를 만들어 준 동료들에 대한 믿음 덕분이다. 비행기를 만든 기술자들과 비행사들 사이의 연대는 단순히 "일곱 사나이"들이 보여준 성실성에 보답해야 한다는 린드버그들의 책임감에 머무는 것이 아니다. 그들은 기계 속에 기술자 동료들의 노동이 들어 있을 뿐만 아니라 동료들이 그 속에서 함께 여행을 하고 있는 것으로 간주된다. 그럼으로써 13장에서 모터와 대화를 나눌 때 린드버그들이 "우리 둘"로 칭하는 집단은 실질적으로는 기술자들과 비행사들로 이루어진 집단이다. 린드버그들처럼 기술의 도움을 받는 현대의 개척자는 개인으로서 나타나는 경우에도 실제로는 개인일 수 없으며 공동작업의 대표자일 뿐이다. 그가 이용하는 과학기술은 많은 사람들의 활동이 축적된 결과이며, 그것의 사용 역시 많은 사람을 결합시킴으로써 가능하기 때문이다.

3) 기술발전의 변증법

8장에서는 "두려웠던 큰 바다가 작은 물에 불과함"을 증명하게 될 대서양 횡단비행을 시도하고 있는 이 시대를 린드버그들은 "새로운 시대"로 인식한다. 그들은 자신들의 행위를 "원시성에 대항하는 전투"로 규정하며, 그리고 이 전투는 인류의 기술문명이 변증법적으로 발전하는 과정의 일부로써 간주된다. 그 과정은 새 것이 언제나 옛 것을 싸워 이김으로써만 자신을 관철시키는 대립물의 투쟁 과정으로 나타난다. 범선이 노젓는 배를, 증기선이 범선을, 비행기가 증기선을 극복하는 과정은 인간이 자연에 대항하는 투쟁에서 필수적으로 동반하는 또 하나의 투쟁, 즉 기술간의 상호 투쟁인 것이다.

낡은 기술과 새로운 기술의 투쟁에서 현재는 언제나 과거의 성과를 '보존하면서 동시에 부정한' 단계로서, 언제나 "종전의 것들보다는 낫"지만, 동시에 끊임없이 지양되어야 할 단계로 간주된다. 이 장에서 자주 등장하는 기술의 "원시성"이란 말은 인류역사의 초창기를 지시하는 것이 아니라, 아직 극복되어야 할 요소를 담고 있는 상태를 일반적으로 규정하는 말이다. 브레히트는 "자연과 싸워 이깁시다 / 우리 스스로가 자연스러워질 때까지. / 우리와 우리의 기술은 아직 자연스럽지 못하며 / 우리와 우리의 기술은 / 원시적입니다"라고 함으로써 자연과의 투쟁의 궁극적인 목표를 역설적이게도 '인간과 기술의 자연화'로 설정하고 있다. 즉 인간과 기술의 발전은 모두 자기 부정을 통해 이루어지며, 그것들이 자연이라는 대립물과 일치가 이루어질 때까지 이러한 자기 부정의 과정은 무한히 지속된다.

4) 기술발전과 사회변혁

브레히트는 이러한 자연과의 투쟁 및 기술의 원시성에 대항하는 투쟁을 "세상을 뿌리부터 바꾸게 될 변증법적 경제학"의 "지구를 개선하려는 노력"과 일치시킴으로써 이제 사회적 영역에서의 원시성과의 투쟁을

〈린드버그들의 비행〉

낙관적인 전망 속으로 끌어 들인다. 8장에서 무지와 허위의식에 대한 메타퍼로 등장하는 "신"은 바로 이러한 사회적 영역에서의 원시성을 대변하며, 그것의 존재는 인간계급("무지"한 부류와 "착취"하는 부류)의 존속에 의존하고 있다고 분석된다. 보편적 지식의 증대와 기술의 발전이 "신"을 추방하듯이 착취를 철폐하리라는 전망과 결합된다. 즉 '빛이 비치어 신을 쫓아 내'듯이 인간의 과학-기술적 활동이 무지를 기반으로 하는 낡은 세계관을 파괴함으로써 그 자체로서 이데올로기 비판을 수행하리라는 기대가 깔려 있는 것이다. 그러나 브레히트는 "신"을 추방하는 일이 이러한 자연발생적인 이데올로기 비판에 의해서 만이 아니라 철저히 인간의 실천을 통해 이루어짐을 강조한다. "산맥을 뚫어 도로를 건설"하고 "사막에 물길을" 만드는 노동, 그리고 사회적 "혁명"이 신을 "해체"할 것이라고 명시하기 때문이다.

그리고 8장의 마지막 절에서는 이제 그 혁명의 실행 주체가 "기계와 노동자"로 분명하게 제시된다. 아직도 남아 있는 신, 즉 "도시의 무질서"를 제거하는 일을 과제로 삼는 혁명은 분명히 사회혁명을 가리키며, "기계와 노동자"에 의해 성취될 그 혁명의 주체는 곧 과학-기술을 다룰 능력을 갖춘 "노동자들", 즉 집단으로서의 노동자들이다. 청취자와 라디오의 공동작업을 훈련과제로 삼는 이 라디오 학습극은 넓은 의미에서 사회혁명의 연습장이 되고자 한 것이다.

■공동작업자 : 엘리자베트 하우프트만, 쿠르트 바일

■첫 번째 시도 : 소년 소녀들을 위한 라디오 교육극인 <린드버그들의
비행>은 대서양횡단 비행에 대한 묘사가 아니라 하나의 교육사업이
며, 동시에 여태까지 시험해 본 적이 없는 라디오 사용방법이다. 그것
은 가장 중요한 방법은 아니겠으나, 문학을 훈련목적에 이용하는 일련
의 시도들 가운데 하나이다.

등장인물

린드버그들·라디오·라디오가 맡는 역 : 미국·뉴욕시·선박·안개·눈
보라·졸음·유럽·어부들·음향(물, 모터, 대군중)

1

각자에 대한 요청

라디오   공동체가 여러분에게 요청합니다:
되풀이해 보십시오
린드버그 소령의 대양비행을
함께 악보를 노래하고
텍스트를 읽음으로써.

여기 비행기가 있습니다
탑승하세요
저 너머 유럽에서 당신을 기다리고 있습니다
명성이 눈짓하는군요.

린드버그들   비행기에 오르겠습니다.

2

미국의 신문들이 린드버그들의 경솔함을 찬양하다

미국(라디오)   그게 사실인가, 그대가 밀짚모자 하나만 갖고
말하자면 바보같이
탑승했다고들 하던데? 낡은
양철조각을 타고서 그대는
대서양을 날아 건너 보겠다는 건가?
방향을 가르쳐 줄 동승자도 없이
나침반도 물도 없이?

3

비행사 찰스 린드버그의 자기소개와 유럽을 향한 뉴욕에서의 비행 출발

린드버그들   내 이름은 찰스 린드버그입니다
나이는 25세
할아버지는 스웨덴 사람이고
나는 미국인이지요.
내 기계는 내가 스스로 골랐습니다.
시속 210 킬로로 날아가는
그 놈의 이름은 센트 루이스의 정신 이지요
산 디에고의 라이안 비행기공작소가 60일에 걸쳐
그 놈을 만들었답니다. 나도 거기 함께 있었어요
60일 동안을, 그리고 그 60일 간 나는
지도와 해도 위에
나의 항로를 그려 넣었습니다.
나는 혼자 비행합니다.
사람 하나 대신 기름을 그만큼 더 싣습니다.
기내에 라디오도 없이 비행한답니다.
나침반은 최고품이지요.
3일간 맑은 날씨를 기다렸습니다
그러나 일기예보는 좋지 않고
점점 더 나빠지기만 하는군요:
해안에는 안개, 대양에는 폭풍
하지만 이제 더 이상 기다리지 않으렵니다
이제 탑승하겠습니다.

〈린드버그들의 비행〉

난 감행하겠습니다.

나의 소지품:

전기램프 2개

자일 1다발

노끈 1다발

수렵용 칼 1자루

고무호스 속에 봉한 붉은 신호탄 4개

방수처리된 성냥 1갑

큰 바늘 1개

큰 물통 1개와 야전용 수통 1개

미국 육군의 비상휴대식량 5통, 1통은 하루분이나 비상시

에는 그 이상임.

곡괭이 1자루

톱 1자루

고무 보트 1대.

이제 비행하겠습니다.

20년 전 블레리오라는 사나이가

축하를 받았지요, 고작

30킬로미터의 바닷물을

날았다고

이제 난 날겠어요

3,000킬로를.

4

뉴욕시가 선박들에게 조회하다

뉴욕시(라디오) 여기는 뉴욕시:

오늘 오전 8시

한 사나이가 이곳을 출발해서

물을 건너 당신네들 대륙 쪽으로

날아갔습니다.

그는 7시간 전부터 비행하고 있는데

우리는 흔적을 찾지 못하고 있습니다

그래서 선박들에게 부탁드립니다

그를 발견하면

우리에게 알려주시길.

린드버그들 내가 도착하지 못한다면

사람들은 더 이상 날 찾지 못할 것이다.

선박(라디오) 여기는 스코틀랜드의 여왕 호

북위 49도 24분 서경 34도 78분

조금 전 우리는 들었습니다

우리 위쪽 상당히 높은

공중에서

모터의 소음을.

안개 때문에

자세히 볼 순 없었지만

그것이 센트루이스의 정신 이라는

기계를 탄 그 사나이일

가능성이 있습니다.

린드버그들 아무 데도 배 한척 보이지 않고

〈린드버그들의 비행〉

이제 안개가 나타나는군.

5
비행 중 거의 언제나 비행사는 안개와 싸워야 하다

안개(라디오) 난 안개다. 물 위로 나서는 자는
나를 계산에 넣어야 한다.
공중을 날아다니겠다는 녀석은
1000년이 지나도록 보질 못했어!
도대체 네가 뭐냐?
하지만 이제 우리가 손 좀 봐 주마
이제 더 이상 날아다니지 못하도록!
내가 바로 안개란 말씀이야!
돌아가!

린드버그들 네가 방금 말한 것은
명심해두겠다
네가 더 짙어진다면, 아마
난 정말로 돌아갈지도 몰라.
전혀 가망이 없을 경우라면
난 더 이상 싸우지 않을 거야.
방패를 들거나 방패 위에 실려서[1]
함께 싸우진 않겠어.
그러나 지금은
돌아가지 않을 테야.

안개(라디오) 여태 네가 거만한 것은,
네가 아직도 나를 잘 모르기 때문이야

지금까지는 네 아래쪽에 아직 물이 좀 보이고
어디가 오른쪽이며 어디가 왼쪽인지는
알 수 있지. 그러나
하루 밤낮만 기다려라
그땐 물도 하늘도 보이지 않을 테니
네 조종간도
나침반조차도
나이를 더 먹어 봐, 그럼
알게 될게야 내가 누군지를.
내가 바로 안개란 말씀이야!

린드버그들 강철관 몇 미터로 내 기계를 만든 게
산 디에고의 일곱 사나이야
24시간 쉬지 않은 적도 많았지.
그들이 했던 일이 나에게로 이어져야 해
그들이 했던 일, 난
그 일을 계속하고 있는 거야, 난 혼자가 아니야, 여기
비행하고 있는 우린 여덟이야.

안개(라디오) 지금 넌 25살이고
겁이 별로 없다, 그러나 네가
25살에서 하루 밤낮을 지나면
좀 더 겁을 먹게 될 거야.
모레에도 그리고 1000년 뒤에도 물은 여기 남아 있지
대기와 안개도
그러나 넌
사라지고 없을 거야.

린드버그들 여태까지는 낮이었지만, 이제
밤이 오는군.

〈린드버그들의 비행〉

안개(라디오) 10시간 전부터 나는 공중을 날아다니는
어떤 사내와 싸우고 있다. 그런 꼴은
1000년 동안 본 적이 없어. 난
그 자를 떨어뜨릴 수 없군
그대가 맡아주게, 눈보라여!

린드버그들 이제 네가 나타나는 구나
눈보라야!

6
밤중에 눈보라가 몰아치다

눈보라(라디오) 한 시간 전부터 내 속에 한 사나이가 들어와 있다
기계 하나를 타고서!
때로는 내 위로 솟구치기도 하고
때로는 수면까지 내려가면서!
한 시간 전부터 나는 그 자를 내동댕이치고 있다
물을 향해 그리고 하늘을 향해
그는 아무데서도 지탱할 수 없다, 그러나
추락하지는 않는다.
그는 위로 떨어지기도 하고
아래로 솟구치기도 한다
그는 바닷가의 나무 한 그루 보다 약하고
가지에서 떨어진 나뭇잎처럼 무력하다, 그러나
추락하지는 않는다.
그의 기계에 나는 얼음을 씌웠다
무거워져서 내려앉도록

그러나 얼음은 떨어져나가고
그는 추락하지 않는다.

린드버그들   더 이상 안되겠군
금방 물속으로 떨어지겠어
누가 생각이나 했겠냐고
이런 곳에 얼음까지 있으리라고!
3000미터 높이로 솟구치기도 하고
수면 3미터로 내려앉기도 해
온 천지에 폭풍과 얼음과 안개뿐이야.
뭣 하러 바보처럼 비행기를 탔단 말인가?
이젠 죽을까 겁이 나.
이젠 추락하고 있어.
나보다 4일 먼저 두 사나이가
나처럼 물 위를 비행했지
그들을 물이 삼키더니 나마저
삼키고 말겠어.

7
졸음

졸음(라디오)   자거라, 찰리
고약했던 밤은
지나갔다. 폭풍은
끝났어. 자거라, 찰리
바람이 너를 데려다 줄 거야.

린드버그들   바람이 날 위해 해주는 일은 아무것도 없어

〈린드버그들의 비행〉

	물과 대기는 나의 적, 그리고 난
	그들의 적이야.
졸음(라디오)	일 분만 몸을 기대어 봐
	조종간 위에다. 눈이라도 잠깐 감아 보렴
	네 손은 깨어 있잖니.
린드버그들	종종 24시간을 쉬지도 않고
	산 디에고의 내 동료들은
	이 기계를 만들었어. 난
	그들 보다 못한 사람이 되고 싶지 않아. 내가
	잠을 자선 안 돼.
졸음(라디오)	길은 아직도 멀단다. 쉬려무나
	생각해 봐 미주리의 들판을
	네 고향의
	강과 집을
린드버그들	난 피곤하지 않아.

8
이데올로기

린드버그들　1.

여러 사람들이 말합니다. 시간이란 유구한 것이라고

하지만 언제나 난 알고 있었어요, 지금이 새로운 시대임

　을.

말씀드리자면, 집이란 청동 산맥처럼

저절로 20년 전부터 자라난 것이 아니지요

많은 사람들이 매년 도회지로 갑니다, 마치 뭔가를 기대

하는 듯.
그리고 웃음짓는 대륙에선
퍼지고 있습니다. 두려웠던 큰 바다가
작은 물에 불과하다는 소문이.
이제 내가 최초로 대서양을 날고 있습니다
하지만 난 확신합니다. 내일이면 벌써
여러분은 나의 비행을 웃으실거라고.

2.
그러나 그건 원시성에 대항하는 전투이자
지구를 개선하려는 노력이며
세상을 뿌리부터 바꾸게 될
변증법적 경제학과 같은 것입니다.
자 이제부터
자연과 싸웁시다
우리 스스로가 자연스러워질 때까지.
우리와 우리의 기술은 아직도 자연스럽지 못하며
우리와 우리의 기술은
원시적입니다.

증기선은 돛단배에 맞서 항해하였으며
돛단배는 노젓는 배를 극복하였습니다.
난
증기선에 맞서 비행합니다
원시성에 맞서 싸우면서.
내 비행기는 약하고 떨리며
내 기계는 결함투성이지만

〈린드버그들의 비행〉

예전 것들 보다는 낫습니다. 하지만
난 비행함으로써
투쟁합니다. 내 비행기에 맞서서
원시성에 맞서서.

3.
그러므로 나는 싸웁니다. 자연과
나 자신에 대항하여.
내가 무얼하는 사람이며 어떤 어리석음을 믿는지와 상관
　없이
비행할 때면, 난
진짜 무신론자가 됩니다.

만 년 동안이나 오래
물이 하늘에 닿아 어두워진 곳
빛과 어스름 사이에서 불가항력적으로
신이 생겨났습니다. 그리고 마찬가지로
빙하가 내려오는 산맥들 위에서
가르칠 수 없이 무지한 자들이
신을 찾아내었습니다. 그리고 마찬가지로
사막에선 모래폭풍 속에 나타났으며
도시에선 인간계급의 무질서에 의해
만들어졌습니다. 착취와 무지라는
두 부류의 인간이 존재하기 때문에. 그러나
혁명이 신을 해체합니다.
산맥을 뚫어 도로를 건설해 보십시오, 그러면 그는 사라
　질 것입니다

사막에선 물길이 그를 추방합니다. 빛이
허공을 비추면서
당장 그를 내쫓고 맙니다.

그러니 참여 하십시오
원시성을 물리치는 투쟁에
내세를 해체하는 일에
어떤 신이든, 어디서 출몰하든
내쫓아 버리는 일에.

보다 정밀한 현미경을 비추면
그는 쓰러지고 맙니다.
개선된 기계들이 공중에서도
그를 추방할 것입니다.
도시를 청소하고
빈곤을 제거하면
그를 사라지게 만들 것이며
천 년 전으로 되쫓아 버릴 겁니다.

4.
아직도 여전히 지배하고 있습니다
개선된 도시들에서도 무질서가
그것은 무지에서 나오며 신과 흡사합니다.
그러나 기계와 노동자들이
그걸 물리칠 것입니다, 여러분도
참여 하십시오
원시성을 물리치는 일에!

〈린드버그들의 비행〉

9

물

린드버그들　이제

물이 또 다가오는군.

물소리(라디오)

린드버그들　위로

올라가야 해! 바람이

지독하게도 내리 누르는군.

물소리(라디오)

린드버그들　이제 나아졌어

그러나 이건 어찌된 일이야? 조종간이

말을 듣지 않아. 뭔가

잘못됐어. 이건

모터에서 나는 소리가 아닌가? 이제

금방 다시 떨어지는데

그만 멈춰!

물소리(라디오)

린드버그들　오 하느님! 하마트면

빠질 뻔 했어!

10

비행 중 내내 미국의 모든 신문들은 끊임없이 린드버그의
행운에 대해 이야기하다

미국(라디오)　미국에서는 모두 믿지요, 린드버그 소령의

대양비행이 성공하리라고
고약한 일기예보에도 불구하고
그의 경비행기가 결함투성이었다 해도
전 국민이 믿는답니다, 그가
도착할 거라고.
어떤 신문은 쓰고 있습니다. 우리나라의
어떤 사내도 그 만큼
운이 좋았던 사람은 없다고요.
그 행운의 사나이가 바다 위로 날면
폭풍도 멈춥니다.
폭풍이 멎지 않을 땐
모터가 힘을 발휘하지요.
모터가 듣지 않을 때면
사람이 힘을 발휘한답니다.
사람이 힘을 쓰지 못할 경우엔
행운이 효력을 나타내지요.
그러므로 우리는 믿습니다
그 행운의 사나이는 도착할 거라고.

11

행운의 사나이의 생각

린드버그들 두 대륙, 두 대륙이
나를 기다린다! 난
도착해야 해!
사람들이 도대체 누굴 기다린단 말인가?

〈린드버그들의 비행〉

기다리지 않는 사람이라 해도

도착은 해야 하지.

용기란 아무것도 아니야,

도착이 전부이지.

바다 위로 날면서

물에 빠져 죽는 자는

빌어먹을 바보이지,

바다 위에서 익사하니까

그러므로 난 도착해야만 해.

바람은 내리 누르고

안개는 천지 분간을 못하게 하지만,

난 도착해야 해.

물론 내 기계는

약해, 그리고 약하긴

내 머리도 마찬가지야. 그러나

저 너머 그들이 나를 기다리며 말할 테지

그 사람이 도착할 거라고. 그리고 그 때문에

꼭 도착해야 해.

12

프랑스의 신문들은, 그가 위로는 폭풍을, 둘레에는 바다를,

그리고 아래에는 뇡제세의[2] 그림자를 두고 비행하고 있다

고 쓰다

유럽(라디오) 우리 대륙을 향해

24시간 보다 더 이전부터

한 사나이가 비행하고 있습니다.

그가 도착할 때에는

하늘 가장자리에 점 하나가 나타나

점점 커져서

비행기 한 대가 되어

내려앉을 것입니다

풀밭 위로 걸어 나오는 한 사나이가 있을 것이고

우리는 그를 알아보게 될 것입니다

사람 보다 먼저 건너 온

신문 사진에 의해.

그러나 우리는 걱정스럽습니다, 그가

도착하지 못할까 봐. 폭풍이

그를 바다 속에 내동댕이치고

모터는 지탱하지 못하며

그 자신도 우리 쪽으로 오는 길을 찾지 못할 것입니다.

그러므로 우리는 생각합니다

그를 보지는 못할 것이라고.

13

린드버그와 모터의 대화

모터가 돈다(라디오)

린드버그들　이제 얼마 남지 않았어. 지금
　　　　　　　우리 아직은 조심해야 해.
　　　　　　　우리 둘 다.

기름은 충분하지?

휘발유는 넉넉하다고 생각하니?

냉각도 잘되고?

컨디션 괜찮지?

모터가 돈다(라디오)

린드버그들　널 내리 누르던

얼음은 완전히 떨어졌어.

안개, 그건 내 문제야.

넌 네 일을 하렴

넌 돌기만 해 줘.

모터가 돈다(라디오)

린드버그들　생각나니, 센트루이스에서 우리 둘은

공중에 더 오래 떠 있었어

이제 얼마 남지 않았어. 이제 곧

아일랜드가, 그 다음엔 파리가 나타날 거야

우리가 해낼까?

우리 둘이?

모터가 돈다(라디오)

14

드디어 스코틀랜드 부근에서 린드버그가 어부들을 발견하다

린드버그들　저기

어선들이 있군.

그들은 알고 있을 거야

섬이 어디에 있는지를.

여보시오, 영국은
어디 있나요?

어부들(라디오) 저기 무엇이 부르는데.
들어 봐!

거기서 뭐가 부른단 말이야?

들어 봐, 달달거리는 소리를!
공중에서
뭔가 달달거리고 있다구!

거기서 뭐가 달달거린다는 게야?

린드버그들 여보시오, 영국은
어디 있나요?

어부들(라디오) 봐, 저길
날고 있네, 저런 물건이!
저건 비행기잖아!

거기에 어떻게 비행기가 있을 수 있어?
노끈과 아마포 조각과 쇠로 만든
그런 물건이
절대
물 위로 날 순 없어!
아무리 바보라도 절대
그런 건 타지 않을 거야
그냥 떨어지고
말거야 물속으로

〈린드버그들의 비행〉

바람만 불어도
쳐 박혀 버릴 것이고. 어떤 사람이
그렇게 장시간 조종간을 잡고 있겠어?

린드버그들 여보시오, 영국은
어디 있나요?

어부들(라디오) 최소한 쳐다보기라도 하라고!

뭣하러 거길 쳐다 봐, 아무 것도
있을 수가 없는 곳을?

이제 지나갔어.
나 역시 알 수가 없군
그런 것이 어떻게 있을 수 있는지.
하지만 그건 있었어.

15

**1927년 5월 21일 밤, 오후 10시, 파리의 르 부르제 비행
장, 엄청난 군중이 미국인 비행사를 기다리다**

유럽(라디오) 이제 그가 오고 있습니다!
하늘 가장자리에 나타납니다
점 하나가.
그 점이 커집니다. 그건
비행기입니다.
이제 내려오고 있습니다.
풀밭으로부터

한 사나이가 나옵니다
그리고 이제
우리는 그를 알아볼 수 있습니다: 그 사람은
린드버그입니다.
폭풍도 그를 삼키지 못했습니다
물도 그러했습니다.
그의 모터는 성능을 발휘했고 그는
우리에게로 오는 길을 찾아내었습니다.
그는 도착했습니다.

16
파리 르 부르제 비행장에서 찰스 린드버그의 도착

대군중의 웅성거림 (라디오)

린드버그들   나는 린드버그입니다. 제발 나를 데려다 주세요
어두운 격납고 속으로,
나의 자연적인 약점을
아무도 보지 못하도록.
하지만 산 디에고 라이안공작소의 내 동료들에게 전해주
세요
그들의 작업은 훌륭했다고.
우리의 모터는 견뎌 내었고
그들의 작업에는 실수가 없었노라고.

17

도달할 수 없는 것에 대한 보고

라디오와 린드버그들

인류가 자신을 깨닫기

시작했던 시대에

우린 수레를 만들었습니다

나무와 쇠 그리고 유리로

그리곤 공중으로 날았어요.

그리고 그것도 허리케인을

두배나 능가하는 속도로.

우리의 모터는

말 100마리보다도 강력하지만,

크기는 한 마리보다도 작았습니다.

1000년간 만물은 위에서 아래로 떨어졌지요

새를 빼 놓고는.

가장 오래된 비석에서도

공중을 날았다는

사람 표식을

찾을 수는 없었습니다

그러나 우리는 날아올랐습니다.

우리의 시간계산법으로 1천년대 말에

우리의 강철로 된 단순성이

날아올랐습니다

가능한 것을 보여주면서

도달할 수 없는 것을

우리가 잊지 않게 하면서.

이 보고는 그것에게 바칩니다.

■주

1) 역주 : 고대 그리스의 영웅의 전투에 대한 풍자. 승자는 방패를 들고, 패자는 방패
   에 실려 전장에서 돌아왔다.
2) 프랑스인 비행사 샤를 넝제세(Charles Nungesser)는 1927년 5월 린드버그가 대서양
   횡단비행을 하기 며칠 전 북대서양을 비행하다 추락사했다.

동의에 관한 바덴의 학습극
Das Badener Lehrstück vom Einverständnis

■ 집필기간 : 1929년 1~7월

■ 초연 : 1929년 7월 28일, 바덴 바덴

■ 생성사

　<린드버그들의 비행>과 함께 바덴 바덴 실내음악제에서 원래 "학습극 Lehrstück"이라는 제목으로 공연된 이 작품은 나중에 <동의에 관한 바덴의 학습극>이라는 제목으로 『시도』 제2집에 실렸다. 추락한 비행사들이 자신의 죽음에 "동의"하는 자세를 학습하는 과정을 다루는 이 작품은 총 11개의 장면으로 이루어지며, 극중 대화 이외에도 합창, 사진 투사, 광대극 삽입, 해설 텍스트 낭독 등 다양하고 이질적인 상연 양식들이 실험적으로 결합되어 있다. 작품 전체가 '무엇이 올바른 자세인가'를 밝혀 내려는 하나의 조사 내지 탐구의 과정이 되며, 개별 장면들은 자연스러운 사건진행에 따라 배열되지 않고 '조사'라는 목적에 맞게 인위적으로 결합되어 있다. 기록물, 해설, 광대극을 삽입하는 것은 증거를 확보하여 논증을 강화하려는 수단들이다. 따라서 <린드버그들의 비행>과 마찬가지로 이 작품 역시 어떤 '비행기 추락사고에 대한 묘사'가 아니라 일종의 학습교재인 것이다.

이 작품의 등장인물도 학습극의 구도에 따라 본래적인 학습의 주체와 학습의 여건을 마련해주는 인물들로 나뉘는데, "추락한 사람들"("비행사"와 "세 정비공")은 연기를 통해 올바른 자세를 배우려는 학습주체들이며, 그 밖의 등장인물들(합창단, 합창단의 단장, 변사, 세 광대, 군중)은 "추락한 사람들"이 올바른 자세를 배울 수 있도록 돕는다.

■ 작품해설

1) 기술진보와 사회발전의 모순관계

네 명의 비행사가 "산맥들 보다 더 높이" 비행하다가 추락하여 "군중"에게 구조를 청한다. 그들은 "도시 건설과 석유에 대한 열광"과 "속도쟁취 투쟁"에 사로잡혀 "출발을 더 빠르게 하느라 / 출발의 목적을 잊은" 사람들이다. 즉 자본주의적 이윤 추구와 개인적 명예라는 동기에서 행동함으로써 공동체에 기여한 바가 없는 비행사 일행을 공동체가 과연 도와주어야 할 것인가? 라는 문제가 이 작품의 사건을 기동시킨다. 그런데 생명의 위기에 처한 인간들을 앞에 두고 '도울 것인지 아닌지'를 조사한다는 것은 사실 비상식적인 행위이다. 만약 조난자의 위기가 진짜 위기로 간주된다면, "조사"라는 행위는 비인간적일 정도로 부조리하기 때문이다. 그러나 이 작품은 '긴급한 구조를 요하는 비행기 추락사건' 자체를 문제삼는 것이 아니라, 단지 '인간의 구조행위가 갖는 의미'를 토론주제로 삼는 학습에서 그 사건을 교육 수단으로 이용하고 있을 뿐이다.

<린드버그들의 비행>이 인간의 기술적이고 집단적인 노력에 의해 자연을 극복하는 과정을 낙관적인 입장에서 다루었다면, 이 작품은 서두에 앞 작품에서 물려받은 "보고"를 토대로 이제 그 시선을 사회로 돌려, '기술의 진보가 사회 발전에 어떻게 작용하는가'라는 문제를 조사의 첫 과제로 설정한다. "신대륙을 발견"하고, "대도시를 건설"하며, "기계를 만든" 인간의 기념비적 업적이 '빵값을 싸게 하는데 실패'하였음을 논증

을 통해 확인시켜 준다. 자연과학의 성과 역시 사회("도시")의 빈곤을 해결하지 못했으며 인간의 가치를 신장시키지 못했음이 문답 과정에서 밝혀진다. 그리하여 과학과 기술의 영역에서 성취된 고공 "비행"과 사회적 관계 속에서 벌어지는 인간의 "추락" 현상 사이의 모순관계가 제시된다. "비행"이라는 행위는 자신이 원래 속했던 공동체를 벗어나 계층 상승을 추구한 개인의 활동에 대한 메타퍼이며, 엘리트의 활동이 공동체와의 유대를 상실할 때는 동료에 대한 착취로 전도되고 만다는 점이 이 메타퍼를 통해 선명하게 나타난다.

2) 도움과 폭력의 모순적 연관성

그리고 두 번째 조사는 20장의 사진을 통해 "우리 시대에 인간이 인간에 의해 어떻게 학살되는지"를 보여줌으로써 인간관계를 지배하는 것이 "도움"이 아니라 "폭력"임을 보여주며, 광대극을 통해 이루어지는 세 번째 조사는 인간들 사이에 도움이 주어지는 경우라 할지라도 그것의 본질이 폭력적 성격을 갖고 있음을 신랄하게 증명한다. 거기서는 "너무도 막강하신 분"이었던 "슈미트씨"가 - 그는 거인으로 나타난다 - 도움을 받는다는 핸디캡 때문에 두 작은 광대에 의해 사지가 잘려 나가고 머리통 마저 토막나고 만다. 처음에는 알랑거리면서 도움을 주겠다고 거인에게 접근했던 두 광대는 '도움이라는 형식의 폭력'을 통해 희생자를 파괴시키면서 자신들의 권력을 확장시킨다. 그리고 그 과정은 '도움의 요청이 폭력을 낳으며, 거기서 행사된 폭력은 항상 그 다음의 도움이 또 필요하게 만드는 상태를 만들어 내고 있음'을 보여준다. 이러한 악순환을 거쳐 결국 '아무 것도 아닌 존재'가 되고 만 "슈미트씨"는 그래도 자신이 귀찮은 부담에서 벗어났다고 생각하고 그 도움에 감사한다.

세 가지 조사를 거쳐 나온 결론은 "돕기 거절"이다. 이제 "군중"은 "인간은 인간을 돕지 않는다"고 확인하고 전에 준비했던 구호 물품을 폐기시키는데 동의한다. 그러나 이것은 '인간이 인간을 돕지 않는 것이 통

〈동의에 관한 바덴의 학습극〉

레이므로 그들도 비행사들을 돕지 않겠다'는 단순 반응에 근거하는 것이 아니라 도움을 주고받는 것은 돕는 측과 받는 측 사이의 폭력 관계가 지속되게 하는데 기여할 뿐이라는 인식을 바탕으로 삼고 있다. 군중의 새로운 인식을 텍스트의 상황에 적용하면, 단순한 인도주의적 정신에서 "추락한 사람"들을 구조한다면 그들은 다시금 맹목적인 기술진보를 추구하며 "바닥에서 기는" 동료 인간을 잊고 결과적으로 착취에 편승할 것이다. 그러나 "군중"의 학습이 '도와서는 안된다'는 그 자체로서 비인간적인 결론으로 끝나는 것이 아니다.

> 더 이상 폭력이 지배하지 않을 땐, 도움도 더 이상 필요치 않습니다.
> 그러므로 여러분은 도움을 요구하지 말고 폭력을 제거하십시오.
> 도움과 폭력이 하나의 전체를 이루며
> 그 전체가 변화되어야 합니다.

이 대사에서는 현재의 폭력적 상황을 변혁시켜야 할 필연성에 대한 인식이 폭력의 지배가 근절되어 인간이 인간을 도와도 아무 문제가 없는 상태, 나아가서는 도움을 필요로 하는 곤궁한 상황에 더 이상 마주치지 않는 상태라는 미래의 전망과 결합되어 있다. 그리고 그 전망은 도움과 폭력의 악순환을 극복하기 위해서는 현실 전체를 변혁해야 한다는 급진적 요청으로 전환된다.

3) 현실에 맞는 자세로서의 "포기"와 "동의"

임박한 죽음에 대한 공포에 사로잡혀 있는 추락자들에게 합창단은 "한 가지 자세"를 배우도록 권유한다. 뒤이어 "변사가 책을 한 권 들고 나와" 학습자들이 배워야 할 교의를 담고 있는 4개의 해설 텍스트를 낭독한다. 난해한 경구와 비유담으로 된 이 텍스트들은 교의의 직접적인 전달을 겨냥하는 것이 아니라, 연습자가 스스로 실행할 자세의 모범을 예시하면서 동시에 그것의 실행에 필요한 사고, 즉 변증법적 사고의 훈련에 기여한다.

첫 번째 해설은 "내놓기"를 연습할 필요성을 다루고 있다. 해설의 서두에서 소유에 집착하는 인간의 자세와 그럼에도 불구하고 빼앗기지 않을 수 없는 관계들이 다음과 같이 요약된다.

> 뭔가를 빼앗는 사람은 그것을 붙들고 놓지 않을 것입니다. 그리고 뭔가를 빼앗기는 사람 역시 그것을 붙들고 놓지 않을 것입니다. 그리고 뭔가를 붙들고 놓지 않는 사람은 그것을 빼앗길 것입니다.

"붙들고 놓지 않음"과 "빼앗음"으로 이루어지는 관계는 스스로 자신의 소유를 "포기"하지 않는 한 풀릴 수 없는 악순환을 형성한다. 소유에 집착하는 자세를 공통적으로 보여주는 "빼앗는 사람"이나 "빼앗긴 사람"은 소시민의 두 가지 상황을 대변하는 것으로 볼 수 있다. 전자가 대중으로부터 자신의 이익을 강탈하는, 아직 "추락"하지 않은 소수의 소시민이라면, 후자는 사회적으로 이미 '추락했거나 추락 중인' 소시민들이다. 그러나 이어지는 문장에서는 그들의 집착에도 불구하고 두 부류 모두 자신의 소유물을 빼앗길 수밖에 없다는 상황이 제시된다. 그리하여 "죽는 사람"이 "자신의 침대나 탁자를" 내놓지 않으려는 것과도 같이 맹목적으로 집착하는 자세를 버리는 일, 말하자면 소시민들이 실질적으로는 빼앗겼거나 어차피 빼앗기게 될 소유물들의 "포기"를 미리 연습하는 것이 학습 과제로서 등장한다.

연습해야 할 포기의 대상물로서는 직접적으로 소유하고 있는 사물들("탁자와 침대", "갖고 있는 재산"), 그리고 보다 넓은 의미에서 소유에 속하는 것들("아는 길"), 나아가서는 꿈꾸는 일이나 바라고 있는 가능성들("알지 못하는 길", "갖고 있지 않은 재산"), 심지어 "빈곤 그 자체"까지, 신체의 일부("자기 자신의 손")까지도 포함되며, 세 번째 해설에서는

〈동의에 관한 바덴의 학습극〉

"생명"의 포기까지 요구된다. 이 작품에 대한 "주석"에서 브레히트는 부르주아와 프롤레타리아라는 계급으로 양극화가 필연적으로 관철되는 독점자본주의 단계에 이르면 양대 계급 사이에 소시민 계급의 존립 근거는 극도의 위기를 맞게 된다고 보고, 그러한 과정을 이 작품에서는 "죽음"으로 비유하고 있다. 지니고 있던 모든 것을 "내놓으라"는 요구는 한 인간에게 자신의 계급적 정체성을 포기하라는 요구가 된다.

존재의 위기가 도래했을 때는 정체성까지도 포함한 모든 소유를 "포기"하는 것이 소시민적 개인이 취할 수 있는 가장 현실적인 자세로 간주된다. 두 번째 해설은 이러한 현명한 자세가 담긴 비유담을 들려준다.

> 생각하는 사람이 커다란 폭풍을 만났을 때 그는 커다란 차 안에 앉아 자리를 넓게 차지하고 있었다. 맨 먼저 그는 자기 차에서 내렸고, 두 번째로 그는 양복 윗도리를 벗었으며, 세 번째로 땅바닥에 몸을 엎드렸다. 그렇게 최소의 크기를 취하면서 그는 폭풍을 극복하였다.

"폭풍"을 맞아 "생각하는 사람"이 취하는 여러 자세들은 모두 그것에 맞서지 않고 자기를 낮추어 순응하는 행위로서 특징지을 수 있을 것이다. 마지막 문장에서는 그가 "최소의 크기"가 되도록 자신을 낮추는 자세를 취한 것이 바로 "폭풍을 극복"하는 행위로 간주되어 있다. 말하자면 '순응'을 곧 '극복'이라고 말하는 모순이 나타나는데, 네 번째 해설에서 작가는 이러한 모순의 변증법적 통일을 인식하는 데서 학습극의 가장 중심 주제가 되는 개념, 즉 "동의"라는 개념을 끌어낸다.

> 생각하는 사람이 폭풍을 극복했다면, 이는 그가 폭풍을 알고 폭풍에 동의했기 때문에 그것을 극복했던 것입니다.

폭풍에 동의한다는 것은 폭풍을 인정하고 단지 그것에 굴복함을 뜻하는 것이 아니라, 그러한 현실과 그것의 법칙을 인식하고 그 인식을 현실에 적용함으로써 부정적 현실을 극복함을 의미한다. 그런 점에서 동의란 주체가 객체로서의 사물(현실)과 교류하고, 그것을 견디며, 극복하고 지배하는 가능성을 곧 사물과 사물의 법칙에서 끌어내려는 유물론적이며 현실주의적 자세이다. '동의' 속에는 현실에 대한 긍정과 부정이 모순적 통일을 이루고 있으며, 부정적인 기존의 현실에 대한 저항의 가능성과 필연성이 이미 포함되어 있는 것으로 보아야 한다.

〈동의에 관한 바덴의 학습극〉

■ 공동작업자 : 슬라탄 두도, 엘리자베트 하우프트만

■ 일곱 번째 시도 : 바덴-바덴의 "학습극"은 <린드버그들의 비행>에 뒤이은 또 하나의 학습극 시도이다. 이 학습극은 결말이 미완성임이 드러났다. 아마도 사소한 사용가치에 비하여 죽음에게 지나친 비중이 주어졌던 것이다. 인쇄가 이루어진 것은, 공연이 되면 여하튼 하나의 집단적 장치를 조직하기 때문이다. 몇몇 부분에 대해서는 파울 힌데미트의 음악이 붙어 있다.

등장인물
비행사 · 세 정비공 · 학습한 합창단의 단장(선창자) · 변사 · 세 광대 · 학습한 합창단 · 군중

함께 공연하는 사람 수에 맞게 지어진 무대 후면의 단(壇)
위에 학습한 합창단이 선다. 왼쪽에는 오케스트라가 배치
되며, 왼쪽 전면에는 탁자 하나가 있고 거기에 가수 및 악
사를 지휘하는 지휘자, 전체합창단의 단장 (선창자) 그리
고 변사가 앉아 있다. 추락한 네 사람 역을 맡는 가수들은
무대전면의 오른쪽의 탁자 가에 앉아있다. 장면을 분명하
게 보여주기 위해 단 옆 또는 위에 비행기 잔해를 놓아
둘 수 있다.

1
비행에 대한 보고

네 비행사   *보고한다.*
인류가 자신을 깨닫기
시작했던 시대에
우린 수레를 만들었습니다
나무와 쇠 그리고 유리로
그리곤 공중으로 날았어요.
그리고 그것도 허리케인을
두 배로 능가하는 속도로.
우리의 모터는
말 100마리보다도 강력하지만,
크기는 한 마리보다도 작았습니다.
천년 동안 만물은 위에서 아래로 떨어졌습니다
새를 제외하고는.
가장 오래된 비석에서도

〈동의에 관한 바덴의 학습극〉

공중을 날았다는
사람에 대한 표식을
찾을 수는 없었습니다
그러나 우리는 날아올랐습니다.
우리의 시간계산법으로 1천년대 말에
우리의 강철로 된 단순성이
날아올랐습니다.
가능한 것을 보여주면서
아직 도달되지 않은 것을[1]
우리가 잊지 않게 하면서.

2
추락

학습한 합창단의 단장

추락자들에게 말한다.
이제 더 이상 비행하지 마시오.
당신들은 더 빠를 필요가 없소.
아래의 땅바닥도
당신들에겐
이제 충분한 높이요.
당신들은 꼼짝 않고 누워있는
것으로 족하오.
우리 위로 날지 마시오
우리를 멀리 앞서지 마시오
당신들 속도로 달리지 마시오

대신 꼼짝하지 말고

말하시오, 당신들이 누구인지.

추락한 사람들 *대답한다.*

우리는 우리 동료들의 일에 참여하였습니다.

우리의 비행기들은 개선되었고

우리는 더 높이 더 높이 날아

대양이 정복되고

산맥도 이미 낮아졌습니다.

우릴 사로잡은 것은

도시건설과 석유에 대한 열광이었습니다.

우리의 생각은 기계와

속도쟁취투쟁에 빠졌습니다.

우린 투쟁하느라 잊고 말았지요

우리의 이름과 우리의 얼굴을

그리고 출발을 더 빨리 하느라고

출발의 목적지를 잊었습니다.

하지만 여러분께 청합니다

우리에게로 오셔서

물을 주시고

머리 밑에 베개를 받쳐 주시고

우릴 구해 주십시오,

우린 죽고 싶지 않습니다.

합창단 *군중을 향해*

들어 보십시오, 네 사람이

여러분께 청합니다, 구해 달라고

그들은

공중을 날다가

〈동의에 관한 바덴의 학습극〉

땅바닥에 추락했는데

죽고 싶어하지 않습니다.

그래서 그들은 여러분께 청하고 있습니다.

자신들을 구해달라고.

여기 우린 가지고 있습니다.

물 한잔과

베개를

그러나 여러분이 우리에게 말해주십시오

우리가 그들을 도와야 할까요.

군중　　　*합창단에게 대답한다:*

그렇습니다.

합창단　　*군중에게*

그들이 여러분을 도운 적이 있습니까?

군중　　　아닙니다.

변사　　　*군중을 향해*

싸늘하게 식어가는 사람들을 제쳐 두고서 조사를 해보겠습니다.

인간이 인간을 돕는 것이 통례인지에 대하여.

3

인간이 인간을 돕는가에 대한 조사

첫번째 조사

학습한 합창단의 단장

　　　　　앞으로 나서며

우리 중의 한 사람이 대양을 건너 새로운 대륙을 발견하
였습니다. 그 후 그러나 많은 사람들이 그곳에 커다란 도
시를 건설하였지요 온갖 노력과 지혜를 다해.

학습한 합창단 *응수한다.*

그렇다고 빵 값이 싸지진 않았습니다.

학습한 합창단의 단장

우리들 중 한 사람이 기계 하나를 만들었습니다.
증기를 통해 바퀴를 돌렸고 그것이
수많은 기계들의 어머니가 되었지요.
하지만 많은 사람들이 거기에 매달려 일합니다.
날이면 날마다.

학습한 합창단 *응수한다.*

그렇다고 빵 값이 싸지진 않았어요.

학습한 합창단의 단장

우리들 중 여러 사람이 깊이 생각했지요.
태양을 도는 지구의 운행에 대해,
인간의 내면에 대해, 보편타당한
법칙들에 대해, 공기의 상태에 대해
그리고 심해의 물고기에 대해.
그리하여 그들은
위대한 발견을 하였습니다.

학습한 합창단 *응수한다.*

그렇다고 빵 값이 싸지진 않았습니다.
오히려
우리 도시들에서는 빈곤이 증대하였지요
오래전부터 아무도 이젠
모른답니다, 인간이 도대체 무엇인지를.

〈동의에 관한 바덴의 학습극〉

예를 들자면: 당신들은 날고 있던 동안, 땅바닥을 기고 있
었어요.

당신들과 닮은 존재가

인간 같지도 않게!

학습한 합창단의 단장

군중을 향해

그러니 인간이 인간을 돕습니까?

군중　　　　*대답한다.*

아닙니다.

두번째 조사

학습한 합창단의 단장

군중을 향해

사진을 보시고 난 다음 말씀해주십시오

인간이 인간을 돕는지를!

스무 장의 사진이 제시되는데, 그것들은 우리 시대에 인
간들이 인간들에 의해 어떻게 학살되는지를 보여준다.

군중　　　　*외친다.*

인간은 인간을 돕지 않아요.

세번째 조사

학습한 합창단의 단장

군중을 향해

우리의 광대극을 봐 주십시오, 여기서는
인간이 인간을 돕는답니다!

세 명의 서커스 광대가 단 위로 오른다. 그 중 하나는 슈미트 씨라고 불리는 거인이다. 그들은 매우 큰 소리로 말한다.

첫째	오늘 저녁은 날씨가 참 좋군요, 슈미트 씨.
둘째	오늘 저녁이 어떠신가요, 슈미트 씨?
슈미트씨	제겐 좋아 보이지 않는데요.
첫째	앉지 않으시겠어요, 슈미트 씨?
둘째	여기 의자가 있습니다, 슈미트 씨, 왜 당신은 지금 우리에게 대답을 하지 않으시나요?
첫째	보면 몰라. 슈미트 씨는 달을 쳐다보고 싶으신 게야.
둘째	이봐, 왜 넌 언제나 슈미트 씨께 알랑거리는 거야? 그건 슈미트 씨를 성가시게 한단 말이야.
첫째	슈미트 씨가 너무도 강한 분이시기 때문에 알랑거리는 거지.
둘째	나도 그래.
첫때	제발 슈미트 씨, 우리 곁에 앉으시지요.
슈미트씨	전 오늘 몸이 좋지 않아요.
첫째	그럴 땐 기분전환을 하셔야 해요, 슈미트 씨.
슈미트씨	전 더 이상 기분을 바꿀 수 없을 것 같군요 *쉼*. 제 얼굴색이 어떤가요?
첫째	장밋빛이에요, 슈미트 씨, 언제나 장밋빛이라구요.
슈미트씨	글쎄요, 전 제 얼굴이 허옇게 보일 거라고 생각했는데요.
첫째	그것 참 이상하군요. 당신 생각에 당신 얼굴색이 허옇게 보일 거라고 말씀하시는 거지요? 이제 제가 당신을 자세

〈동의에 관한 비덴의 학습극〉

413

히 보니, 저 역시 이제 당신 얼굴색이 허옇게 보이는 것으로 생각된다고 말씀드리지 않을 수 없군요.

둘째 이럴 땐 저라면 의자에 앉겠습니다, 슈미트 씨, 안색이 그렇게 보일 때는요.

슈미트씨 오늘은 앉고 싶지 않습니다.

첫째 그러세요, 그래, 앉지 마세요, 절대 앉지 마세요, 서 계신 편이 낫습니다.

슈미트씨 왜 내가 서 있어야 한다고 생각하세요?

첫째 *둘째에게* 그가 오늘 앉을 수가 없는 건 아마도 그럴 경우엔 절대로 다시 일어설 수 없기 때문일 겁니다.

슈미트씨 오 하나님!

첫째 들어봐요. 그 자신도 벌써 눈치를 채고 있어요. 지금은 이 슈미트 씨란 사람이 서 있는 게 차라리 낫겠어요.

슈미트씨 보세요, 제 왼발이 좀 아픈 듯 생각되는군요.

첫째 심하신가요?

슈미트씨 *우는 소리로* 뭐라구요?

첫째 심하게 아프시냐고요?

슈미트씨 그래요, 정말 심하게 아픈 것 같아요…

둘째 그건 서 계시기 때문이에요.

슈미트씨 옳은 말씀이에요, 제가 앉아야 할까요?

첫째 아니에요, 절대로 그러지 마세요. 우린 그렇게 되지는 말아야 해요.

둘째 만일 당신 왼쪽 발이 아프시다면 길은 오직 하나밖에 없어요. 왼발을 잘라버리세요.

첫째 빠르면 빠를수록 좋아요.

슈미트씨 그러겠어요. 당신들이 그렇게 생각하신다면…

둘째 좋고 말구요.

그들이 그의 왼발을 톱으로 자른다.

슈미트씨   지팡이 하나만, 제발.

그들이 그에게 지팡이를 준다.

첫째   자, 이제 서 있기가 더 나으시죠, 슈미트 씨?

슈미트씨   그렇군요, 왼쪽 편은. 그 발은 제게 주셔야겠어요, 전 그
걸 잃어버리고 싶지 않답니다.

첫째   그러시죠, 당신이 못 믿는다면…

둘째   우린 떠나버릴 수도 있어요…

슈미트씨   아니, 안돼요, 이제 여기 머물러 주셔야 해요, 전 더 이상
혼자 걷지를 못하니까요.

첫째   발은 여기 있어요.

슈미트 씨가 그 발을 겨드랑이에 낀다.

슈미트씨   제 지팡이를 떨어뜨렸어요.

둘째   그 대신 당신은 이제 다시 발을 가지셨잖아요.

두 사람이 웃음을 터뜨린다.

슈미트씨   이제 전 정말 서 있을 수가 없어요. 당연하게도 이제 다른
다리까지 아프기 시작하기 때문이에요.

첫째   그건 생각해 봐야 될 일이군요.

슈미트씨   전 필요 이상으로 당신들을 성가시게 하고 싶진 않아요.
그러나 지팡이 없이는 어쩔 도리가 없군요.

둘째   우리가 지팡이를 집어 드는 데 드는 바로 그만큼의 시간
이면 그토록 아픔을 주는 다른 쪽 다리를 잘라 드릴 수
있는데요.

슈미트씨   그러세요, 아마 그게 더 낫겠군요.

그들이 그의 다른 쪽 다리를 톱으로 자른다.

슈미트 씨가 쓰러진다.

슈미트씨   이제 전 일어설 수가 없어요.

〈동의에 관한 바덴의 학습극〉

첫째	끔직한 일이로군, 바로 이렇게 되는 걸 우린 결단코 피하려 했었는데 말이야, 당신이 주저앉게 되다니.
슈미트씨	뭐라구요?!
둘째	당신은 이제 더 이상 일어설 수가 없소, 슈미트 씨.
슈미트씨	그런 말씀은 나에게 하지 마세요, 절 아프게 하니까요.
둘째	무슨 말을 내가 해서는 안된다는 거요?
슈미트씨	저…
둘째	당신이 더 이상 일어설 수 없다는 사실 말이지요?
슈미트씨	입 좀 다물지 못해요?
둘째	그러진 못하겠소, 슈미트 씨. 그러나 당신의 왼쪽 귀를 후벼 파 드릴 수는 있소, 그러면 내가 당신이 일어설 수 없다고 말하는 걸 당신은 더 이상 듣지 않게 될게요.
슈미트씨	그래요, 아마 그러는 편이 더 낫겠군요.
	그들이 그의 왼쪽 귀를 후벼 파버린다.
슈미트씨	*첫째에게* 이제 전 당신 말소리만 들을 수가 있군요. *둘째가 다른 편으로 넘어온다.* 귀를 줘요! *화를 내며* 그리고 없어진 두 번째 다리도. 아픈 사람을 이런 식으로 대하는 법이 아니에요. 당장 없어진 신체 조각들을, 그것의 임자인 나에게 돌려주세요. *그들이 다른 다리를 겨드랑이에 끼워주고 귀를 사타구니 속에 넣어준다.* 지금 도대체 당신들이 나를 가지고 놀려고 한다면, 당신네들은 순전히 - 도대체 내 팔이 왜 이러지?
둘째	그건 바로 당신이 이따위 쓸모없는 물건들을 주렁주렁 끼고 있기 때문이오.
슈미트씨	*낮은 소리로* 분명히 옳은 말씀이오. 나에게서 그것들을 떼어주실 수 있겠어요?
둘째	팔을 통째 떼어 줄 순 있어요, 그게 더 나아요.

슈미트씨	제발 그렇게 해주세요, 그렇게 생각되신다면…
둘째	그렇고 말구요.
	그들이 그의 왼팔을 자른다.
슈미트씨	고맙습니다. 저로 인해 너무 수고가 많으시군요.
첫째	자, 슈미트 씨, 이제 당신은 당신 소유물을 모두 가지고 있습니다. 당신에게서 누구도 더 이상 그걸 빼앗지 못해요. *그들이 잘라낸 몸 조각들을 모두 그의 사타구니 속에 넣어준다. 슈미트 씨는 그것들을 바라본다.*
슈미트씨	우스운 노릇이군요, 내 머리통 속에 이다지도 불유쾌한 생각들이 들어 있다니. 제발, *첫째에게* 뭔가 유쾌한 말씀을 좀 들려주세요.
첫째	기꺼이 그러지요, 슈미트 씨, 이야기를 하나 들으시겠소? 어떤 음식점 밖으로 두 신사가 나옵니다. 그들은 무시무시한 싸움을 벌이게 되어, 서로 말똥을 던지는데, 그 중 한 사람이 말똥을 던져 다른 사람의 입에 적중시켰어요. 그러자 똥을 맞은 사람이 말하길: 그래 이제 난 그걸 물고 있을 거야, 경찰이 올 때까지 라고 말이에요. *둘째는 웃고 슈미트 씨는 웃지 않는다.*
슈미트씨	그건 좋은 얘기가 아니군요. 저에게 좀 멋진 이야기를 해주시겠어요, 말씀드린 것처럼, 제 머리 속엔 불유쾌한 생각들이 들어 있어서요.
첫째	안되겠어요, 유감입니다만, 슈미트 씨, 그 이야기 외에는 해드릴 수 있는 게 없군요.
둘째	하지만 저희들은 당신의 머리통을 잘라드릴 수는 있습니다. 그렇게 어리석은 생각들이 그 속에 들어 있다면 말이죠.
슈미트씨	네, 그렇게 해주세요. 그게 아마 도움이 될 것 같군요.

<동의에 관한 바덴의 학습극>

	그들이 그의 머리통 윗부분 절반을 잘라낸다.
첫째	어떠세요, 슈미트 씨, 좀 가벼워지셨어요?
슈미트씨	네, 한결 가벼워졌어요. 이제 훨씬 가볍군요. 다만 제 머리가 매우 시려요.
둘째	모자를 쓰세요. *고함을 친다* 모자를 쓰라니까!
슈미트씨	전 손이 닿지 않는군요.
둘째	지팡이를 갖고 싶소?
슈미트씨	네, 제발 그렇게 해주세요. *그가 모자를 낚시질 한다.* 이제 지팡이를 떨어뜨리고 말았어요. 이제 모자에 닿을 수가 없어요. 전 얼어붙을 만큼 몹시 추워요.
둘째	우리가 당신 머리를 몽땅 후벼 파버릴까요?
슈미트씨	그러세요, 전 잘 모르겠지만…
첫째	하지만…
슈미트씨	모르겠어요 정말, 전 이제 아무것도 모르겠어요.
둘째	바로 그렇기 때문이오.
	그들이 그의 머리를 후벼 파낸다. 슈미트 씨가 뒤로 쓰러진다.
슈미트씨	잠깐! 누가 한 분 손을 제 이마에 얹어 주세요
첫째	어딜 말이오?
슈미트씨	한분은 내 손을 잡아주세요.
첫째	어딜요?
둘째	이제 더 가벼워졌지요, 슈미트 씨?
슈미트씨	아니에요. 전 돌 위에 등을 대고 누워있는 걸요.
둘째	그렇소, 슈미트 씨, 모든 것을 당신이 다 가질 순 없죠.
	두 사람이 웃음을 터뜨린다.
	광대극 끝
군중	*비명을 지른다.*

인간은 인간을 돕지 않아요.

학습한 합창단의 단장

우린 베개를 찢어 버려야 할까요?

군중　그렇습니다.

학습한 합창단의 단장

물은 쏟아 버려야 할까요?

군중　그렇습니다.

4

도움 거절[2]

학습한 합창단 그러므로

그들은 도움을 받아서는 안됩니다.

우리는 베개를 찢고,

물을 쏟아 버리겠습니다.

변사가 이제 베개를 찢고 물을 쏟는다.

군중　*자신을 위해 읽는다.*

이제 여러분들은 보셨습니다.

여러 장소의 여러 종류의 도움을.

그 도움들이 아직도 없애지 못한

폭력 상황을 통해

생겨난 것임을.

그렇지만 우리는 충고 드립니다, 잔혹한

현실을

더 잔혹하게 맞닥뜨리시고

요청을 만들어 내는 상황과 함께

〈동의에 관한 바덴의 학습극〉

요청을 포기하시라고. 그러므로

도움을 기대하지 마십시오:

도움을 거절하기 위해서는 폭력이 필요하며

도움을 얻는 데도 폭력이 필요합니다.

폭력이 지배하는 한, 도움을 거절해도 좋습니다.

더 이상 폭력이 지배하지 않으면, 도움도 더 이상 필요치

않습니다.

그러므로 여러분은 도움을 요구할 것이 아니라 폭력을 제

거해야 합니다.

도움과 폭력이 함께 전체를 이루며

바로 그 전체가 변해야 합니다.

5
충고

추락한 비행사 동지들, 우린

죽게 될 걸세.

추락한 세 정비사

우린 우리가 죽을 것임을 알고 있네, 한데

자네가 그걸 안다고?

자 들어 두게

자넨 반드시 죽게 될 걸세

자네의 생명이 자네한테서 떨어져 나가고

자네의 업적은 지워질 걸세

자넨 홀로 죽을 걸세

자넬 아무도 쳐다보지 않을 거야

자넨 결국 죽고
우리 역시 그럴 수밖에 없다네.

6

죽은 사람들에 대한 관찰

변사   죽은 사람들을 보세요!
죽은 사람을 찍은 있는 대형 사진 10개를 보여주고서, 변사가 죽은 사람들에 대한 두 번째 관찰이라고 말한다. 그러고 나서 사진들을 다시 한 번 보여준다.
죽은 사람들을 관찰한 후 추락자들은 비명을 지르기 시작한다.

추락자들   우린 죽을 수가 없어요.

7

해설텍스트 낭독

학습한 합창단 *추락한 사람들을 향해*
우리는 당신들을 도울 수가 없습니다.
다만 한 가지 지침을
다만 한 가지 자세를
당신들에게 제공할 수는 있습니다.
죽으세요, 하지만 배우도록 하세요
배우지만, 틀리게 배우지는 마세요.

추락한 사람들 우리에겐 시간이 많지 않아요

〈동의에 관한 바덴의 학습극〉

우린 많이 배울 수가 없어요.

학습한 합창단 시간이 별로 없다 하더라도

그 시간이면 충분합니다

옳은 것은 쉽기 때문입니다.

학습한 합창단으로부터 변사가 책을 한 권 들고 나온다.
그는 추락한 사람들에게로 가서, 자리에 앉아 해설을 읽
는다.

변사 1.

뭔가를 빼앗는 사람은 그것을 붙들고 놓지 않을 것입니다.
그리고 뭔가를 빼앗기는 사람 역시 그것을 붙들고 놓지
않을 것입니다. 그리고 뭔가를 붙들고 놓지 않는 사람은
그것을 빼앗길 것입니다.

우리들 중 죽는 사람은 무엇을 내놓을까요? 그는 자신의
탁자나 침대만 내놓는 것이 아닙니다! 우리들 중 죽는 사
람은 스스로도 알고 있습니다. 지금 가진 것을 내놓고, 가
진 것 이상을 내놓을 것임을. 우리들 중 죽는 사람은 그가
알고 있는 길과 함께, 그가 알지 못하는 길도 내놓습니다.
그가 갖고 있는 재산과 갖고 있지 않은 재산을. 빈곤 그
자체를. 자기 자신의 손을.

훈련받지 않은 사람이 지금 어떻게 바위를 들어 올리겠습
니까? 어떻게 그가 큰 바위를 들어 올리겠습니까? 내놓기
를 연습하지 않은 자가 어떻게 자기의 탁자를, 아니면 그
가 갖고 있거나, 갖지 않은 모든 것을 포기하겠습니까. 그
가 아는 길과 알지 못하는 길을. 갖고 있는 재산과 갖고
있지 않은 재산을? 빈곤 그 자체를? 자기 자신의 손을?

2.

생각하는 사람이 큰 폭풍을 만났을 때, 그는 커다란 차 안

에 앉아 자리를 넓게 차지하고 있었습니다. 첫 번째로 그
는 자기 차에서 내렸고, 두 번째로 그는 양복 윗도리를 벗
었으며, 세 번째로 그는 땅바닥에 몸을 엎드렸습니다. 그
렇게 최소의 크기를 취함으로써 그는 폭풍을 극복하였습
니다.

추락한 사람들 *변사에게 묻는다*

그가 그렇게 해서 폭풍을 견뎌 내었나요?

변사　　　최소의 크기를 취함으로써 그는 폭풍을 견뎌 내었습니다.

추락한 사람들 최소의 크기를 취함으로써 그는 폭풍을 견뎌 내었습니다.

변사　　　3.

어떤 사람에게 죽을 수 있도록 용기를 북돋워주기 위해,
개입하는 방식으로 생각하는 사람은 그에게 내놓으라고
요구하였습니다. 그가 모든 것을 다 내놓았을 때, 남은 것
이라고는 생명 밖에 없었습니다. 더 내놓으시오 라고 그
생각하는 사람이 말했습니다.

4.

생각하는 사람이 폭풍을 극복했다면, 이는 그가 폭풍을
알고 폭풍에 동의했기 때문에 그것을 극복했던 것입니다.
그러므로 당신들이 죽음을 극복하고자 한다면, 당신들이
죽음을 알고 죽음에 동의할 때, 그것을 극복하게 될 것입
니다. 하지만 동의하겠다는 소망을 가진 사람은 빈곤에
머무는 법입니다. 그는 사물에 집착하지 않습니다. 물건은
빼앗길 수가 있으며, 그럴 경우 동의는 존재치 않습니다.
생명에도 집착하지 않습니다. 생명도 빼앗기며, 그렇게 되
면 동의가 존재치 않습니다. 사상에도 집착치 않습니다,
사상 역시 빼앗아 갈 수 있으며 그럴 경우에도 동의는 존
재치 않습니다.

〈동의에 관한 바덴의 학습극〉

8

시험

학습한 합창단이 군중이 보는 앞에서 추락한 사람들을 시험한다.

1)

학습한 합창단 당신들은 얼마나 높이 비행했습니까?
추락한 세 정비사들

　　　　우리는 엄청나게 높이 비행했습니다
학습한 합창단 당신들은 얼마나 높이 비행했습니까?
추락한 정비사들 우리는 사천 미터 높이로 비행했습니다.
학습한 합창단 당신들은 얼마나 높이 비행했습니까?
추락한 정비사들 우리는 상당히 높이 비행했습니다.
학습한 합창단 당신들은 얼마나 높이 비행했습니까?
추락한 정비사들 우리는 땅위로 약간 날아올랐습니다.
학습한 합창단의 단장

　　　　군중을 향해

　　　　그들은 땅위로 약간 날아올랐답니다.
추락한 비행사 난 엄청나게 높이 비행했습니다.
학습한 합창단 그리고 그는 엄청나게 높이 비행했답니다.

2)

학습한 합창단 당신들은 찬양을 받았습니까?
추락한 정비사들 우리는 충분한 찬양을 받진 못했습니다.

학습한 합창단 당신들은 찬양을 받았습니까?

추락한 정비사들 우리는 찬양을 받았습니다.

학습한 합창단 당신들은 찬양을 받았습니까?

추락한 정비공들 우리는 충분히 찬양을 받았습니다.

학습한 합창단 당신들은 찬양을 받았습니까?

추락한 정비공들 우리는 지나치게 많은 찬양을 받았습니다.

추락한 비행사 난 충분한 찬양을 받지 못했어요.

학습한 합창단 그리고 그는 충분한 찬양을 받지 못했답니다.

3)

학습한 합창단 당신들은 누구입니까?

추락한 정비사들 우리는 대양을 횡단비행한 사람들입니다.

학습한 합창단 당신들은 누구입니까?

추락한 정비사들 우리는 여러분들 가운데 몇몇입니다.

학습한 합창단 당신들은 누구입니까?

추락한 정비사들 우리는 아무것도 아닌 존재입니다.

학습한 합창단의 단장

군중에게

그들은 아무것도 아닌 존재랍니다.

추락한 비행사 난 샤를 넝제세르³⁾입니다.

학습한 합창단 그리고 그는 샤를 넝제세르랍니다.

4)

학습한 합창단 누가 당신들을 기다립니까?

추락한 정비사들 바다 건너 많은 사람들이 우리를 기다립니다.

〈동의에 관한 바덴의 학습극〉

학습한 합창단 누가 당신들을 기다립니까?

추락한 정비사들 우리 아버지와 어머니가 우릴 기다립니다.

학습한 합창단 누가 당신들을 기다립니까?

추락한 정비사들 아무도 우리를 기다리지 않습니다.

학습한 합창단의 단장

> *군중에게*
>
> 아무도 그들을 기다리지 않는답니다.

5)

학습한 합창단 그러면 만약 당신들이 죽는다면, 어떤 사람이 죽는 건가요?

추락한 정비사들 너무 지나친 찬양을 받은 사람들입니다.

학습한 합창단 만약 당신들이 죽는다면, 어떤 사람이 죽는 건가요?

추락한 정비사들 땅위로 조금 날아 오른 사람들입니다.

학습한 합창단 만약 당신들이 죽는다면, 어떤 사람이 죽는 건가요?

추락한 정비사들 아무도 기다리지 않는 사람들입니다.

학습한 합창단 만약 당신들이 죽는다면, 어떤 사람이 죽는 건가요?

추락한 정비사들 아무것도 아닌 존재입니다.

학습한 합창단 이제 당신들은 알고 있습니다:

> 만약 당신들이 죽을 경우, 죽는 것은
>
> 아무것도 아닌 존재라는 것을.
>
> 이제 그들은
>
> 그들의 최소의 크기에 도달했습니다.

추락한 비행사 그러나 난 나의 비행을 통해

> 나의 최대 크기에 도달하였소.
>
> 내가 날았던 만큼 높이 난 사람은

아무도 없었소.

난 충분한 찬양을 받지 못했고,

아무리 찬양받아도 충분치 못할 거예요

나는 누구를 위해서나 무엇을 위해서 비행한 것이 아니었
어요.

난 비행을 위해 비행했어요.

날 기다리는 사람은 아무도 없어요, 난

당신네들한테로 날아가는 것이 아니라, 난

당신들로부터 날아가 버릴 거예요, 난

결코 죽지 않을 거예요.

9

찬양과 몰수

학습한 합창단 하지만 이제,

당신들이 달성한 것을 보여주시오.

달성한 것만이

현실이기 때문이오.

그러니 이제 모터를 내놓으시오

날개와 바퀴다리를,

그대가 비행 중 사용했던 것과

당신들이 만든 것을 모두

내놓으시오!

추락한 비행사 난 내놓지 않겠소.

비행사 없는 비행기가

무엇이란 말입니까?

〈동의에 관한 바덴의 학습극〉

학습한 합창단의 단장

　　　　　뺏으시오!

　　　　　추락한 사람들이 비행기를 단의 다른 모퉁이로 옮긴다

학습한 합창단 *몰수가 진행되는 동안 추락한 사람들을 찬양한다*

　　　　　날아오르시오, 비행사들이여. 당신들은 지구의 법칙을 바꾸

　　　　　었소.

　　　　　천년 동안 만물은 위에서 아래로 떨어졌소.

　　　　　새를 제외하고는.

　　　　　가장 오래된 비석에서도

　　　　　공중을 날았다는

　　　　　사람 표식을

　　　　　찾을 수는 없었습니다.

　　　　　그러나 여러분은 날아올랐습니다.

　　　　　우리의 시간계산법으로 1천년대 말에.

추락한 세 정비사들

　　　　　갑자기 추락한 비행사를 가리키며

　　　　　저 사람 뭐하는 사람이지, 좀 쳐다보세요!

단장　　　*재빨리 학습한 합창단에게*

　　　　　"전혀 알아 볼 수 없는 얼굴"을 부르시오

학습한 합창단 *추락한 비행사를 에워싸며*

　　　　　이젠 전혀 알아 볼 수 없다네.

　　　　　그와 우리 사이에서 만들어진

　　　　　그의 얼굴을.

　　　　　그는 우리를 필요로 했고

　　　　　그를 우리도 필요로 했지: 그것이

　　　　　그 사람이었으므로.

학습한 합창단의 단장

> 이 사람
>
> 한 가지 직책의 소유자가
>
> 부당한 경우에도
>
> 우리에게서 빼앗았습니다. 그가 필요로 하는 것을, 그리고
>
> 우리에게 거절했습니다. 우리가 필요로 하는 것을
>
> 그러므로 그의 얼굴은
>
> 그의 직책과 함께 지워졌습니다.
>
> 그가 가졌던 건 하나 뿐이었어요!
>
> *학습한 합창단 중 네 명이 나와 그를 두고서 토론을 벌인*
> *다.*

첫째　　그가 존재했다면

둘째　　존재했지요.

첫째　　그는 무엇이었을까?

둘째　　그는 아무것도 아니었지요.

셋째　　그가 한 사람이었다면

네째　　그는 아무 것도 아닌 사람이었어요.

셋째　　그를 어떻게 알아보았나요?

네째　　그에게 일을 시켜 보아 알았지요.

네 사람 모두　사람들이 그를 부름으로써, 그는 탄생하지요.

　　　　　　사람들이 그를 변화시킬 때, 그는 존재하며

　　　　　　그를 필요로 하는 사람이 그를 알아주지요.

　　　　　　그가 소용이 되는 사람이 그를 키운답니다.

둘째　　그런데 그는 정말 아무 것도 아닌 사람입니다.

학습한 합창단 *함께 군중을 향해*

　　　　　여기 직책 없이 누워있는 것은

　　　　　더 이상 인간 존재가 아닙니다.

〈동의에 관한 바덴의 학습극〉

이제 죽도록 하시오, 그대, 더 이상 인간이 아닌 자여!

추락한 비행사 난 죽을 수가 없소.

추락한 정비사들 자넨 흐름에서 벗어났다네, 이 사람아.

자넨 흐름 속에 있지 않았네, 이 사람아.

자넨 너무 크고, 너무 부자야.

자넨 너무 특이해.

그래서 자넨 죽을 수가 없는 거야.

학습한 합창단 그러나

죽을 수 없는 사람도

죽습니다.

헤엄칠 수 없는 사람 역시

헤엄을 칩니다.

10

추방

학습한 합창단 우리 중 한 사람

얼굴이며 모습이며 생각이

우리와 아주 흡사한 사람이

우릴 떠나야 합니다, 왜냐하면

밤이 지나자 그는 심상치 않게 되어

오늘 아침부터 숨결이 가빠졌기 때문입니다.

그의 신체가 무너지고, 한 때 우리가 잘 알았던

그의 얼굴이 이미 알아보지 못하게 되었습니다.

이 사람아, 우리와 얘기 좀 해보세, 우린 기다리고 있어

평소 있던 자리에서 자네 목소리를. 말 좀 해 보라고!

그는 말하지 않는군요. 그의 목소린

들리지 않습니다. 이제 놀라지 말게, 이 사람아, 하지만

이제 자넨 가야 하네. 빨리 가게!

돌아보지 말고, 가게

우리한테서.

추락한 비행사 역을 맡은 가수가 단을 떠난다.

11
동의

학습한 합창단 *추락한 세 정비사들에게 말한다*

하지만 당신들, 사물의 흐름에 동의한 당신들은

허무 속으로 가라앉지 마십시오.

물속의 소금처럼 녹아버리지 말고

날아오르시오

당신들의 노동을 노동했던 것처럼

당신들의 죽음을 죽으면서

변혁을 변혁시키면서.

그러므로 죽은 뒤가 아니라

죽으면서 일어나시오.

다시 우리의 비행기를 만드는

과제를 우리로부터 넘겨받으시오

시작하십시오!

우리를 위해 비행할 수 있도록

우리가 당신들을 필요로 하는 장소,

필요로 하는 시간에. 왜냐하면

〈동의에 관한 바덴의 학습극〉

당신들에게

우리가 요청하기 때문입니다. 우리와 함께 진군할 것을,

그리고 우리와 함께

변혁시킬 것을

지구의 법칙 하나만이 아니라

근본법칙까지를

만물이 변혁된다는 데 동의하면서

세계와 인류를

착취자와 무식한 자 두 부류 인간이 존재하므로

인간계급이라는 무질서를

맨 먼저 변혁시킬 것을.

추락한 정비사들 우리는 변혁에 동의합니다.

학습한 합창단 그리고 우리는 그대들에게 부탁합니다

우리의 모터를 변화시키고 그것을 개선하시오

안전성과 속력도 증대시키시오

그리고 출발을 더 빨리 하느라고 목적지를 잊지는 마시오.

추락한 정비사들 우리는 모터, 안전성 그리고 속력을

개선하겠습니다.

학습한 합창단 그것들을 내놓으시오!

학습한 합창단의 단장

진군하시오!

학습한 합창단 그대들이 세계를 개선했다면, 그렇게

개선된 세계를 개선하십시오.

그것을 내놓으십시오!

학습한 합창단의 단장

진군하시오!

학습한 합창단 그대들이 세계를 개선하면서 진리를 완성시켰다면, 그렇게

완성된 진리를 완성시키시오

그것을 내놓으시오!

학습한 합창단의 단장

진군하시오!

학습한 합창단 그대들이 진리를 완성시키면서 인간성을 변화시켰다면,

그렇게 변화된 인간성을 변화시키시오.

그것을 내놓으시오!

학습한 합창단의 단장

진군하시오!

학습한 합창단 세계를 변화시키면서, 그대들 자신을 변화시키시오!

그대들 자신을 내놓으시오!

학습한 합창단의 단장

진군하시오!

〈동의에 관한 바덴의 학습극〉

■주

1) 원주 : 첫 번째 시도(<린드버그들의 비행>을 지칭한다. 역자)에서 "도달할 수 없는 것"이라고 쓴 것은 잘못이다. 이 구절은 "아직 도달되지 않은 것"으로 고쳐야 한다.
2) 원주 : 시도 6권, 「도시인을 위한 독본」 10번 참조.
3) <린드버그들의 비행>에도 이름이 나오는 프랑스인 비행사. 1927년 북대서양 비행 도중 추락사함.

예라고 하는 사람[*] 아니오라고 하는 사람

Jasager und Neinsager

■ 집필기간 : 1930년 초~1931년 3월
■ 초연 : 1930년 5월 23일, 베를린 교육 센타

■ 생성사

   브레히트의 중요한 조력자였던 하우프트만은 1928년에 유명한 동양학
자였던 웨일리(Arthur Waley)가 영역한 일본의 노극(No-Theater) 24편
에 접하게 된다. 이 영역본에 소개된 노극 이론과 텍스트에 내재된 서사
극과의 유사성에 놀란 하우프트만은 몇 편을 독일어로 번역한다. 한편
1930년 '신음악 축제 Neue Musik Berlin 1930'에 출품할 작품을 찾고
있던 브레히트의 음악 동료 바일은 그녀를 통해서 이 작품에 접하고, 그
중에서도 특히『곡행Taniko』이라는 작품에 담긴 단순성과 교육적 요소
에 매료되어 브레히트에게 이를 개작할 것을 권유한다. 이에 브레히트는
하우프트만의 번역본을 토대로 초연판 <예라고 하는 사람>을 생산하게
된다. 외관상 거의 웨일리의 영역본과 유사한 이 텍스트는 그럼에도 불
구하고 '동의'라는 새로운 주제의 도입을 통해 결정적 변화를 겪으면서

---

* 아서 웨일리의 영어판 개작 <곡행>을 토대로 한 작품.

브레히트의 고유한 텍스트로 탄생하게 된다.

<예라고 하는 사람>의 초연은 비평가들로부터 대체로 호평을 받았으며, 이후 교육 개혁운동에 관심을 가진 독일 전역의 학교에서 상연되었다. 다만 브레히트의 오랜 지기이자 진보적 성향의 비평가인 바르샤워(Frank Warschauer)가 '복종'을 강요하는 '경향극'으로 혹평하자, 초연에 참여할 수 없었던 브레히트는 수용자들의 반응을 알아보기 의해 베를린 노이쾰른 소재 칼 막스 학교 학생들을 집으로 초청한다. 이 과정에서 브레히트는 그들을 위해 <아니오라고 하는 사람>을 쓰기로 약속한다. 또한 그해 12월 5일 이 학교에서는 <예라고 하는 사람>에 대한 토론회가 열렸으며, 12월 9일 음악, 예술 분과 주임 교사 프레제(Hans Freese)에 의해 토론회 프로토콜이 브레히트에게 보내지게 된다. 브레히트는 이어 학생들의 제안을 토대로 해서 <아니오라고 하는 사람>을 완성하게 된다.

브레히트는 이후 <아니오라고 하는 사람>을 완성하여, 칼 막스 학교로 보낸다. 하지만 학생들은 브레히트의 새로운 제안에 동의하지 않았으며, 마지막에 가서 결론만 번복하는 형태가 아닌 보다 '본질적인 해결'을 요구하였다. 브레히트는 이 때문에 학생들과 다시 작품에 대해 논의하게 되며, 이 토론회에서 소년이 자신의 죽음에 대해 동의하되, 관습에 따른 복종이 아니라 필연성에 대한 인식에서 기인하는 '동의'여야 한다는 데 의견의 일치를 보았다. 브레히트는 이 자료들을 토대로 몇 주 후에 재판 <예라고 하는 사람>을 완성시켰으며, 이 작품은 1931년 5월 18일 칼 막스 학교에서 초연된다. 무대에 올려진 시점을 고려할 때, 작품이 완성된 것은 늦어도 3월 말 이전으로 추정된다. 음악가인 바일 역시 이 공연을 위해 개정판에서 변화된 부분을 새로 작곡하였다. 브레히트는 후에 학생들과의 피드백 과정을 『시도 Versuche H. 4』를 통해 공개하며, 특히 자신이 참조했던 부분은 고딕체로 강조하였다. 초연판에서 개정판 <예라고 하는 사람>에 이르는 일련의 작업은 생산자와 수용자

가 예술 텍스트를 매개로 진행시킨 민주적 담론의 성과라고 볼 수 있다. 당시 바이마르 예술계를 선도해가던 브레히트와 바일은 어린 학생들을 진지한 토론 상대자로 간주하고, 그들의 의견을 경청함으로써, 권위적인 예술 생산의 개념을 극복하고, 소비자가 작품 생산에 참여할 수 있는 새로운 가능성을 열어보였다.

■ **작품해설**

<예라고 하는 사람>에서 브레히트는 '동의' 개념을 주제화하였다. 초연판 <예라고 하는 사람>과 원전인 일본의 노극은 사실 몇 구절을 제외하고는 거의 유사하다. 그럼에도 브레히트의 텍스트가 질적 새로움을 담보해낼 수 있었던 것은 바로 그가 이 '동의' 개념을 도입했기 때문이다. 그는 소년이 위험한 순례 여행에 따라나선 것이 일종의 '동의'이며, 이를 소년이 '병에 동의하지 않고, 병이 치유되어야 함에 동의'한 것이라고 해석한다. 소년의 희생을 강요하는 관습을 적용시키는 과정에서도, 민주적인 '동의/합의' 형성에서 필수적 절차인 '묻는' 과정을 도입하고 있다. 그러나 초연판은 '묻고' 대답하는 행위 자체가 관습의 틀 안에서 진행되도록 설정되어 있어서, 일본의 원전에 내포된 '봉건적' 성격을 벗어날 수 없었다.

<아니오라고 하는 사람>에 등장하는 소년은 <예라고 하는 사람>과 정반대로 자신의 희생을 거부한다. 그러나 그는 관습을 단순히 거부하는 것이 아니라 이를 '부정'하는 '근거'를 함께 제시한다. 진정한 '동의' 형성 과정에서는 부정을 하려는 자는 반드시 그에 대한 합리적 근거를 제시해야 한다. <아니오라고 하는 사람>은 이를 통해 기존의 관습을 따르는 수행자들을 설득하고자 한다. 또한 나름대로의 새로운 대안을 제시함으로써 민주적인 사회 절차로서의 동의 형성 과정의 모델을 보여주고 있다.

<예라고 하는 사람>에 만족하지 않았던 칼 막스 학교의 학생들에

게 <아니오라고 하는 사람>은 브레히트가 제시한 새로운 제안이었다. 하지만 학생들은 그의 제안 자체는 이성적이고 설득력을 갖지만 당시의 상황에 비추어서 오해를 낳을 여지가 있음을 지적한다. 공동체적 삶을 이상으로 삼던 이 학교의 교육 목표에 비추어 <아니오라고 하는 사람>이 자칫 부정 그 자체를 선전할 우려가 있다는 것이 그들의 생각이었다. 이에 브레히트는 도입부를 변화시킨 재판 <예라고 하는 사람>을 다시 제안하게 된다. 재판 <예라고 하는 사람>에서 소년은 '긍정'을 하더라도 자신의 독자적 숙고 과정을 거쳐서 결정을 내리며, 필연성에 입각해서 '동의'하도록 설정되어 있다. 재판 <예라고 하는 사람>과 <아니오라고 하는 사람>에서 소년은 더 이상 수직적 소통 과정의 말단에 위치하는 단순 동의자가 아니라 수평적 소통 과정의 한 축을 형성하고 있다. 이 일련의 실험은 한 사회의 구성원들이 (이성적) 언어를 통한 대화 과정에서 '동의'를 발견해내는 하나의 표본을 제시해준다. 일방적이거나 강압적이지 않고 자발적 참여가 보장된 상황에서는 참여자들의 '공동이성'이 힘을 발휘하게 되며, 이렇게 해서 도달한 '동의/합의'는 구성원의 '이성적 의지'에서 비롯하는 행동을 낳는 원동력이 되는 것이다.

'동의' 개념과 관련해서 <예라고 하는 사람>과 <아니오라고 하는 사람>에서는 '긍정'과 '부정'에 대해 새로운 의미를 부여하고 있다. 브레히트에게 있어서 '동의'는 이 개념에 대한 통상적 관념과 달리 '긍정'과 '부정'을 다 포괄한다. 진정한 '동의'인가 아닌가의 여부는 오직 당사자가 '필연성'에 입각해서 '긍정(부정)'했느냐에 달려있다. "동의하는 것은 어렵다; 왜냐하면 요구되는 바를 인식하기가 어렵기 때문이다. [인식되어야 할] 필연성들은 [생각하는 주체의] 발견을 요구한다. 발견 Erfindung이 동의다"라는 브레히트의 주장은 '동의'가 세계관과 세계 인식의 문제임을 말해주고 있다. 또한 동의가 어려운 것은 필연성의 발견이 때로는 기존의 틀을 넘어서는 새로운 세계 인식을 의미하기 때문이다.

■공동작업자 : 엘리자베트 하우프트만, 쿠르트 바일

■열한 번째 시도 : 쿠르트 바일이 음악을 담당한 학교 오페라 <예라고 하는 사람>과 <아니오라고 하는 사람>은 학교에서 공연될 것을 목적으로 생산된 작품이다. 이 두 작은 작품은 가능한 한 함께 상연되어야 한다.

등장인물

선생 · 소년 · 어머니 · 세 명의 대학생 · 합창단

예라고 하는 사람

학교 오페라

1

대합창단	무엇보다 배워야 할 중요한 건 동의, 동의라네

대합창단　무엇보다 배워야 할 중요한 건 동의, 동의라네
많은 사람이 예라고 하지만, 그건 진정한 동의가 아니라네.
많은 사람들은 질문조차 받지 못하고, 또 많은 사람들은
잘못된 것에 동의한다네. 고로,
무엇보다 배워야할 중요한 건 동의라네.
선생은 공간 1 에, 소년과 어머니는 공간 2 에 있다.

선생　나는 선생입니다. 나는 시내에서 학교를 운영합니다. 내게
는 아버지를 여의고, 그를 돌봐주는 홀어머니만 모시고
사는 학생이 한 명 있답니다. 난 이제 그들에게 가서 작별
인사를 해야겠습니다. 머지않아 산 너머로 여행을 떠나야
하니까요. 사실은 우리 마을에 전염병이 발생해서, 산 너
머에 사는 유명한 의사들을 찾아갈 예정입니다. *그는 문
을 두드린다.* 들어가도 됩니까?

소년　*공간 2 에서 나와 공간 1 로 들어간다.* 누구세요? 오, 선생
님이시네. 선생님께서 우릴 찾아 오셨네.

선생　왜 이렇게 오랫동안 학교에 나오지 않았니?

소년　어머니가 편찮으셔서 갈 수 없었어요.

선생　어머니가 아프신 걸 몰랐구나. 어머니께 내가 왔다고 바
로 말씀드려라.

소년　*공간 2 쪽을 향해 소리친다.* 어머니, 선생님께서 오셨어
요.

어머니	*공간 2의 나무의자에 앉아있다.* 들어오시라고 해라.
소년	선생님, 들어가세요.
	두 사람 공간 2로 간다.
선생	오랜만입니다. 아드님 이야기로는 당신도 전염병에 걸리셨다는데. 좀 어떠신지요?
어머니	병에 대한 치료제를 찾지 못해 아직은 별 차도가 없답니다.
선생	머지않아 찾게 될 것입니다. 그 때문에 제가 작별 인사를 하러 온 것입니다. 저는 내일 약과 처방을 얻기 위해 산행을 떠납니다. 산 너머 도시에는 유명한 의사들이 살고 있으니까요.
어머니	구조 원정 산행이라고요! 그래요, 그곳에 유명한 의사들이 산다는 이야기를 들은 적 있습니다. 하지만 여행길이 위험하다고 들었습니다. 혹시 제 아이를 함께 데려가실 수 있는지요?
선생	어린 아이를 데려갈 수 있는 여행이 아닙니다.
어머니	그렇군요. 그럼, 건강하게 돌아오시길 바랍니다.
선생	이제 일어나겠습니다. 안녕히 계세요. *공간 1로 퇴장.*
소년	*선생을 따라 공간 1로 온다.* 드릴 말씀이 있어요.
	어머니는 문 뒤에서 엿듣는다.
선생	무슨 얘기냐? 말해 봐라!
소년	선생님과 함께 산행을 떠나고 싶습니다.
선생	네 어머니께 이미 말씀드렸듯이 이것은 아주 힘들고 위험한 여행이란다. 너는 함께 갈 수가 없어. 그리고 편찮으신 어머니를 두고

〈예라고 하는 사람 아니오라고 하는 사람〉

441

어떻게 떠날 수 있겠느냐?
남아 있거라. 네가 함께 간다는 건
불가능한 일이다.

소년   바로 어머니가 아프시기 때문에
함께 가겠다는 것입니다. 어머니를 위해
산 너머 의사들에게서
약과 처방을 가져오려구요.

선생   네 어머니와 다시 한 번 상의해봐야겠구나.

그는 공간 2로 간다. 소년은 문께서 엿듣는다.

선생   의논드릴 게 있어서 다시 왔습니다. 아드님이 우리와 함께 가겠다고 합니다. 저는 그가 아픈 당신을 두고 떠날 수는 없다고 말했습니다. 그리고 여행이 힘들고 험난하며, 그가 여행을 견뎌낼 수 없을 것이라는 점도 말입니다. 그런데도 그는 산 너머 도시에서 당신을 위해 약과 처방을 가져와야 한다며, 함께 가야겠다고 하는군요.

어머니   저도 그 이야기를 들었습니다. 그 아이가 당신과 함께 위험한 여행을 하겠다는 의지가 강하다는 것을 저는 의심치 않습니다. 아들아, 들어오너라!

소년 공간 2로 들어간다.

네 아버지가 우릴
떠난 후로
내 곁에는 오직
너밖에 없었다.
너의 음식을 준비하고
네 옷을 장만하며
너를 키울 돈을 마련하는데
필요한 시간을 제외하고

한시도 너를 내 기억과 눈에서

떼어 놓은 적이 없었다.

소년　　　　어머니 말씀이 맞아요. 하지만 누구도 제 계획을 되돌릴

순 없어요.

소년, 어머니, 선생

저는/그는 이 위험한 여행을 떠날 거에요.

어머니의/나의/그녀의 병을 고치기 위해

산 너머 도시에서

약과 처방을 받아오기 위해서.

대합창단　　어떤 설득의 말도

그를 움직일 수 없다는 것을 그들은 알았다.

그리하여 선생과 어머니는

한 목소리로 말했다.

선생, 어머니　많은 사람이 잘못된 것에 동의합니다. 그러나 그는

병에 동의하지 않고

병이 치료되어야 한다는 사실에 동의했습니다.

대합창단　　그러나 어머니는 말하기를

어머니　　　내게는 더 이상 힘이 없다.

반드시 그래야 할 일이면

선생님을 따라가거라.

그러나 부디 속히, 서둘러서

위험으로부터 돌아오렴.

2

대합창단　　일행은 산으로

여행을 떠났네.

그들 중에는 선생과

소년도 끼어있네.

힘든 여행을 견뎌내기엔 소년은 너무 어렸지.

가슴이 답답해진 소년은

서둘러 집으로 돌아가야 할 판.

새벽녘 산기슭에 이르렀을 때

소년은 더 이상

피곤해진 발을 끌고 갈 수도 없었네.

선생과 세 명의 대학생, 그리고 마지막으로 작은 단지를 든 소년이 공간 1로 들어선다.

선생 우리는 서둘러 산을 올랐습니다. 저기 오두막이 있으니, 그곳에서 잠시 쉬어 갑시다.

세 명의 대학생들

말씀에 따르겠습니다.

그들은 공간 2에 있는 단 위로 올라간다. 소년이 선생을 붙잡는다.

소년 드릴 말씀이 있습니다.

선생 무슨 일이냐?

소년 몸이 좋지 않은 것 같아요.

선생 그만! 이런 여행을 하는 사람은 그런 말을 입 밖에 내면 안 되는 법이다. 산행이 익숙하지 않아서 좀 피곤해진 것 일 거다. 잠시 멈춰서 쉬도록 하렴. *그는 단 위로 오른다.*

세 명의 대학생들

소년이 산행을 하느라 피곤해진 것 같습니다. 선생님께 그에 대해 물어 볼까 합니다.

대합창단 그래요, 그렇게 하시오!

세 명의 대학생들

선생에게 소년이 산행에 지쳐 피곤하다는 말을 들었습니다. 그의 상태는 어떻습니까? 그 아이 때문에 걱정하고 계십니까?

선생

몸 상태가 좀 좋지 않을 뿐, 다른 것은 괜찮아요. 산행 때문에 피곤해진 것이지요.

세 명의 대학생들

그러니까 소년 때문에 염려가 되시는 군요?

긴 침묵

세 명의 대학생들

자기들끼리 들었니? 선생님의 이야기로는

소년이 산행 때문에 피곤해졌을 뿐이라는데.

그러나 지금은 아이의 모습이 아주 이상하잖니?

저 산장을 지나면 곧 좁은 산마루가 나오는데,

두 손으로 바위벽을 꼭 붙잡아야만 가까스로 건너갈 수 있지.

그가 아프지 않으면 좋으련만.

그가 계속 갈 수 없다면, 우린 그를 여기에 남겨둬야 하니까.

그들은 공간 1 쪽을 향해 두 손을 입에 대고 소리친다.

우리는 이제 선생님께 묻겠습니다. *선생에게* 우리가 방금 전에 소년에 대해 물었을 때, 선생님께선 그가 산행에 지쳐 피곤한 것일 뿐이라고 말씀하셨죠. 그런데 지금 그의 모습이 아주 이상하지 않나요? 그가 주저앉았어요.

선생

소년이 병이 난 것 같아요. 소년을 도와 좁은 산마루 너머로 데려가 보도록 하세요.

세 명의 대학생들

그렇게 하겠습니다.

무대 및 연출 기법: 세 명의 대학생들은 소년을 '좁은 산마루' 너머로 데려가려고 시도한다. '좁은 산마루'는 연기자들이 직접 단, 밧줄, 그리고 의자 등을 이용해서 만들어야 하며, 세 명의 대학생들은 자신들은 산마루를 지날 수 있지만, 소년을 데리고는 갈 수 없다는 것을 연기로 보여줘야 한다.

세 명의 대학생들

우리는 그를 데리고 갈 수도, 그의 곁에 머물 수도 없습니다. 그렇지만 우리는 계속 나아가야 합니다. 왜냐하면 도시 전체가 우리가 약을 가져오길 기다리기 때문입니다. 입 밖에 내기 두려운 일이지만, 그가 우리와 함께 갈 수 없는 상황이라면, 우리는 그를 이 산중에 남겨둬야 합니다.

선생

그래야만할 지도 모르겠군요. 나는 여러분의 뜻에 거스를 수 없어요. 하지만 나는 병든 사람에게 우리가 자신 때문에 돌아가야 할 지 물어보는 것이 옳다고 생각해요. 나는 이 아이에 대해 깊은 연민을 가지고 있어요. 그에게 가서 마음을 달래며 운명에 대비하도록 하겠소.

세 명의 대학생들

제발, 그렇게 해주세요. *그들은 서로 얼굴을 마주하고 선다.*

세 명의 대학생들, 대합창단

우리는/그들은 그에게 묻는다. 그가 자신 때문에 돌아가기를 원하는지.

하지만 그가 그러기를 원하더라도

	우리는/그들은 돌아가지 않을 것이고,
	그를 남겨둔 채, 여행을 계속할 것입니다.
선생	*소년을 향해 공간 1로 내려갔다.* 잘 들어라! 네가 병이 나서 여행을 계속할 수 없으니, 우리는 너를 이곳에 남겨둘 수밖에 없구나. 그러나 병든 자에게 자신 때문에 돌아가야 하는지 물어보는 것이 옳은 일이라 생각한다. 하지만 전해져 내려오는 관습에 따르면, 병든 자는 '여러분은 돌아가서는 안 된다'고 대답해야 한다는 구나.
소년	알겠습니다.
선생	너 때문에 돌아가기를 원하느냐?
소년	돌아가서는 안 됩니다.
선생	네가 이곳에 남겨지는 것에 동의하느냐?
소년	생각해보겠습니다. *소년이 깊이 생각하는 동안 잠시 침묵.* 예, 저는 동의합니다.
선생	*공간 1에서 공간 2 쪽을 향해 소리친다.* 그는 필연성의 법칙에 따라 대답했어요.

세 명의 대학생들, 대합창단

	공간 1 쪽으로 내려가면서. 그가 예라고 대답했어요. 여행은 계속되어야 한다고!
	세 명의 대학생들이 멈춰 선다.
선생	계속 나아가거라, 멈춰 서지 말고.
	너희들은 계속하기로 결심하지 않았더냐.
	세 명의 대학생들은 멈춰 서 있다.
소년	하고 싶은 말이 있어요. 제발 저를 이곳에 남겨 두지 말고, 골짜기 아래도 던져주세요. 혼자 죽음을 맞이하는 게 두려워요.

세 명의 대학생들

그렇게 할 수는 없어요.

소년　　잠깐! 이건 저의 요구입니다.

선생　　여러분은 그를 이곳에 두고 계속 나아가기로 결정했지요.

그러나 운명을 규정하기는 쉬워도

그것을 수행해내기란 어려운 법.

그를 골짜기로 내던질 준비가 되었나요?

세 명의 대학생들

예.

세 명의 대학생들은 공간 2에 있는 단 위로 소년을 데려
간다.

우리의 팔에 네 머리를 기대고

몸을 편안하게 하렴.

너를 조심스럽게 데려가마.

세 명의 대학생들은 단의 뒤 가장자리 부근에 소년을 내
려놓고 소년이 보이지 않게 그 앞에 선다.

소년　　*보이지 않은 채로*

전 알고 있었죠, 이 여행을 떠날 때

목숨을 잃을 지도 모른다는 것을.

어머니를 향한 저의 간절한 마음이

여행을 떠나도록 부추겼죠.

단지를 받아주세요.

부디 약으로 이 단지를 가득 채워

돌아갈 때

제 어머니에게 가져다주세요.

대합창단　　친구들은 단지를 받아들었습니다.

세상의 슬픈 여정과

가혹한 법칙을 한탄하면서
그들은 소년을 골짜기로 내던졌습니다.
서로 바짝 붙은 채
낭떠러지 가장자리에서
눈을 감고 소년을 내던졌습니다.
이웃보다 더 죄진 자 없으리.
흙덩이며
납작한 돌멩이들이
연달아 내던져졌습니다.

아니오라고 하는 사람

학교 오페라

1

대합창단	무엇보다 배워야 할 중요한 건 동의, 동의라네
	많은 사람이 예라고 하지만, 그건 진정한 동의가 아니라
	네.
	많은 사람들은 질문조차 받지 못하고, 또 많은 사람들은
	잘못된 것에 동의한다네. 고로,
	무엇보다 배워야할 중요한 건 동의라네.
	선생은 공간 1에, 소년과 어머니는 공간 2에 있다.
선생	나는 선생입니다. 나는 시내에서 학교를 운영합니다. 내게
	는 아버지를 여의고, 그를 돌봐주는 홀어머니만 모시고
	사는 학생이 한 명 있답니다. 난 이제 그들에게 가서 작별

<그>예라고 하는 사람 아니오라고 하는 사람</그>

인사를 해야겠습니다. 머지않아 산 너머로 여행을 떠나야 하니까요. *그는 문을 두드린다.* 들어가도 됩니까?

소년 *공간 2에서 나와 공간 1로 들어간다.* 누구세요? 오, 선생님이시네. 선생님께서 우릴 찾아 오셨네.

선생 왜 이렇게 오랫동안 학교에 나오지 않았니?

소년 어머니가 편찮으셔서 갈 수 없었어요.

선생 어머니가 아프신 걸 몰랐구나. 가서 어머니께 내가 왔다고 바로 말씀드려라.

소년 *공간 2 쪽을 향해 소리친다.* 어머니, 선생님께서 오셨어요.

어머니 *공간 2의 나무의자에 앉아있다.* 들어오시라고 해라.

소년 선생님, 들어가세요.

두 사람 공간 2로 간다.

선생 오랜만입니다. 아드님 이야기로는 편찮으셨다는데. 지금은 좀 어떠신지요?

어머니 제 병 때문에는 걱정하지 마세요, 괜찮을 것입니다.

선생 그 말씀을 들으니 기쁩니다. 제가 머잖아 산중으로 연구여행을 떠나게 되어, 작별 인사차 이렇게 찾아왔습니다. 산 너머 도시에는 훌륭한 스승들이 살고 있답니다.

어머니 산중으로 연구여행을 떠난다고요! 그래요, 그곳에 훌륭한 의사들이 있다는 이야기를 들은 적 있습니다. 하지만 여행길이 위험하다고 들었습니다. 혹시 제 아이를 함께 데려가실 수 있는지요?

선생 어린 아이를 데려 갈 수 있는 여행이 아닙니다.

어머니 그렇군요. 그럼, 건강하게 돌아오시길 바랍니다.

선생 이제 일어나겠습니다. 안녕히 계세요. *공간 1로 퇴장.*

소년 *선생을 따라 공간 1로 온다.* 드릴 말씀이 있어요.

어머니는 문 뒤에서 엿듣는다.

선생　　무슨 얘기냐? 말해 봐라!

소년　　선생님과 함께 산행을 떠나고 싶습니다.

선생　　네 어머니께 이미 말씀드렸듯이

　　　　　　이것은 아주 힘들고

　　　　　　위험한 여행이란다. 너는

　　　　　　함께 갈 수가 없어. 그리고

　　　　　　편찮으신 어머니를 두고

　　　　　　어떻게 떠날 수 있겠느냐?

　　　　　　남아 있거라. 네가 함께 간다는 건

　　　　　　불가능한 일이다.

소년　　바로 어머니가 아프시기 때문에

　　　　　　함께 가겠다는 것입니다. 어머니를 위해

　　　　　　산 너머 의사들에게서

　　　　　　약과 처방을 가져오려고구요.

선생　　네 어머니와 다시 한번 상의해봐야겠구나.

　　　　　　그는 공간 2로 간다. 소년은 문께서 엿듣는다.

선생　　의논드릴 게 있어서 다시 왔습니다. 아드님이 우리와 함께 가겠다고 합니다. 저는 그가 아픈 당신을 두고 떠날 수는 없다고 말했습니다. 그리고 여행이 힘들고 험난하며, 그가 여행을 견뎌낼 수 없을 것이라는 점도 말입니다. 그런데도 그는 산 너머 도시에서 당신을 위해 약과 처방을 가져와야 한다며, 함께 가야겠다고 하는군요.

어머니　저도 그 이야기를 들었습니다. 그 아이가 당신과 함께 위험한 여행을 하겠다는 의지가 강하다는 것을 저는 의심치 않습니다. 아들아, 들어오너라!

　　　　　　소년 공간 2로 들어간다.

〈예라고 하는 사람 아니오라고 하는 사람〉

네 아버지가 우릴

떠난 후로

내 곁에는 오직

너밖에 없었다.

너의 음식을 준비하고

네 옷을 장만하며

너를 키울 돈을 마련하는데

필요한 시간을 제외하고

한시도 너를 내 기억과 눈에서

떼어 놓은 적이 없었다.

소년   어머니 말씀이 맞아요. 하지만 누구도 제 계획을 되돌릴

순 없어요.

소년, 어머니, 선생

저는/그는 이 위험한 여행을 떠날 거에요.

어머니의/나의/그녀의 병을 고치기 위해

산 너머 도시에서

약과 처방을 받아오기 위해서.

대합창단   어떤 설득의 말도

그를 움직일 수 없다는 것을 그들은 알았다.

그리하여 선생과 어머니는

한 목소리로 말했다.

선생, 어머니 많은 사람이 잘못된 것에 동의합니다. 그러나 그는

병에 동의하지 않고

병이 치료되어야 한다는 사실에 동의했습니다.

대합창단   그러나 어머니는 말하기를

어머니   내게는 더 이상 힘이 없다.

반드시 그래야 할 일이면

선생님을 따라가거라.

그러나 부디 속히, 서둘러서

위험으로부터 돌아오렴.

2

대합창단   일행은 산으로

여행을 떠났네.

그들 중에는 선생과

소년도 끼어있네.

힘든 여행을 견뎌내기엔 소년은 너무 어렸지.

가슴이 답답해진 소년은

서둘러 집으로 돌아가야 할 판.

새벽녘 산기슭에 이르렀을 때

소년은 더 이상

피곤해진 발을 끌고 갈 수도 없었네.

선생과 세 명의 대학생, 그리고 마지막으로 작은 단지를
든 소년이 공간 1로 들어선다.

선생   우리는 서둘러 산을 올랐습니다. 저기 오두막이 있으니,
그곳에서 잠시 쉬어 갑시다.

세 명의 대학생들

말씀에 따르겠습니다.

그들은 공간 2에 있는 단 위로 올라간다. 소년이 선생을
붙잡는다.

소년   드릴 말씀이 있습니다.

선생   무슨 일이냐?

〈예라고 하는 사람 아니오라고 하는 사람〉

453

소년	몸이 좋지 않은 것 같아요.
선생	그만! 이런 여행을 하는 사람은 그런 말을 입 밖에 내면 안 되는 법이다. 산행이 익숙하지 않아서 좀 피곤해진 것일 거다. 잠시 멈춰서 쉬도록 하렴. *그는 단 위로 오른다.*

세 명의 대학생들

소년이 산행을 하느라 병이 난 것 같습니다. 선생님께 그에 대해 물어 볼까 합니다.

대합창단   그래요, 그렇게 하시오!

세 명의 대학생들

선생에게 소년이 산행에 지쳐 병이 났다는 말을 들었습니다. 그의 상태는 어떻습니까? 그 아이 때문에 걱정하고 계십니까?

선생   몸 상태가 좀 좋지 않을 뿐, 다른 것은 괜찮아요. 산행 때문에 피곤해진 것이지요.

세 명의 대학생들

그러니까 소년 때문에 염려가 되시는 군요?

긴 침묵

세 명의 대학생들

자기들끼리 들었니? 선생님의 이야기로는
소년이 산행 때문에 피곤해졌을 뿐이라는데.
그러나 지금은 아이의 모습이 아주 이상하잖니?
저 산장을 지나면 곧 좁은 산마루가 나오는데,
두 손으로 바위벽을 꼭 붙잡아야만 가까스로
건너갈 수 있지.
다른 사람을 데리고 건널 수는 없어.
이제 대관습에 따라 그를
골짜기로 내던져야 할까?

그들은 공간 1 쪽을 향해 두 손을 입에 깔때기처럼 대고 소리친다.

산행하다 병이 난 것이냐?

소년   아닙니다.

보세요, 제가 서 있잖아요.

만약 아프다면

주저앉지 않았겠어요?

침묵. 소년이 앉는다.

세 명의 대학생들

선생님께 물어봐야겠다. 선생님, 방금 전에 저희가 소년에 대해 물었을 때, 선생님께선 그 아이가 산행으로 인해 피곤해진 것뿐이라고 말씀하셨습니다. 그런데 지금 그의 모습이 아주 이상하지 않나요? 그는 주저앉았어요. 입 밖에 내기 두려운 일이지만, 예전부터 이곳에 내려오는 대관습에 의하면, 계속 갈 수 없는 자는 골짜기로 내던져져야 하지요.

선생   뭐라고, 그 아이를 골짜기로 던지겠다는 것인가요?

세 명의 대학생들

네, 그럴 생각입니다.

선생   대관습은 나도 거역할 수 없지요. 하지만 대관습은 또한 병든 사람에게 자신 때문에 다른 사람들이 돌아가야 하는지에 대해 묻도록 규정하고 있어요. 나는 이 아이 때문에 마음이 몹시 아픕니다. 그에게 가서 대관습에 대해 마음을 달래며 이야기해 보겠소.

세 명의 대학생들

제발, 그렇게 해주세요. *그들은 서로 얼굴을 마주하고 선다.*

세 명의 대학생들, 대합창단

우리는/그들은 그에게 묻는다. 그가 자신 때문에 돌아가기
를 원하는지를.
하지만 그가 그러기를 원하더라도
우리는/그들은 돌아가지 않을 것이고,
그를 골짜기로 내던질 것입니다.

선생   *소년을 향해 공간 1로 내려갔다.* 잘 들어라! 오래 전부터
이곳에는 이런 여행에서 병든 자를 골짜기에 내던져야한
다는 법칙이 전해져오고 있다. 그는 물론 당장 죽게 되지.
이 관습은 또한 병든 자에게 자신 때문에 다른 사람들이
돌아가야할 지 묻도록 규정하고 있다. 또한 관습에 따르
면 병든 자는 '여러분은 돌아가서는 안 됩니다'라고 대답
해야 한다는 구나. 내가 너를 대신해서 죽을 수만 있다면
얼마나 좋을까.

소년   알겠습니다.

선생   너 때문에 다른 사람들이 돌아가기를 원하느냐? 아니면
대관습이 요구하는 대로 네가 골짜기에 내던져지는 데에
동의하느냐?

소년   *한참 동안 숙고한 뒤에* 아니오, 저는 동의하지 않습니다.

선생   *공간 1에서 공간 2 쪽을 향해 소리친다.* 이리들 오세요!
그가 관습에 동의하지 않았소.

대합창단, 세 명의 대학생들

공간 1 쪽으로 내려가면서. 그는 아니오라고 말했네. 소년
에게 왜 관습에 거스르는 대답을 한 거지? a를 말한 사람
은 반드시 b를 말해야지. 이 여행에서 닥치게 될 모든 것
에 동의하느냐는 질문을 받았을 때, 너는 예라고 답하지
않았더냐?

| 소년 | 내 답변이 잘못되었습니다. 하지만 질문은 더 잘못된 것입니다. a를 말했다고 해서 반드시 b를 말해야 하는 것은 아닙니다. 그는 a의 오류를 인식할 수도 있습니다. 어머니에게 약을 가져다 줄 계획이었지만, 이제 내 자신이 병들어서 그것은 더 이상 불가능하게 되고 말았습니다. 이 새로운 상황에 걸맞게 저는 당장 돌아가고자 합니다. 뿐만 아니라 저는 여러분도 저를 데려다주기 위해 돌아갈 것을 요구합니다. 여러분의 학업은 다소 늦춰질 수도 있는 것입니다. 제 소망대로 산 너머에서 배워올 것이 있다면, 그것은 이 상황에서는 우리가 돌아가야 한다는 사실일 것입니다. 오래된 대관습 자체에 대해서도 저는 그것이 이성적이지 않다고 생각합니다. 저는 새로운 관습이 도입될 필요가 있다고 봅니다. 새로운 상황이 생길 때마다 새롭게 생각하는 그런 관습 말이에요. |

세 명의 대학생들

> *선생에게* 어떻게 하면 좋을까요? 소년의 말이 영웅적이지는 않으나, 이성적으로 들립니다.

| 선생 | 어떤 행동을 취할 지에 대한 결정은 여러분이 하세요. 다만 알아둘 것은 이대로 돌아가면 조롱과 치욕이 여러분에게 쏟아질 것이라는 것입니다. |

세 명의 대학생들

> 그가 한 말은 치욕과 무관하다고 생각합니다.

| 선생 | 그래요. 나도 그렇게 생각하진 않아요. |

세 명의 대학생들

> 그럼, 우린 돌아가겠습니다. 어떤 조롱과 비방도 우리의 이성적 행동을 막을 수는 없습니다. 이제 옛 관습도 우리의 올바른 생각을 방해하지 못할 것입니다.

〈예라고 하는 사람 아니오라고 하는 사람〉

우리의 팔에 네 머리를 기대고

몸을 편안하게 하렴.

너를 조심스럽게 데려가마.

대합창단　그리하여 친구들은 친구를 올려 맸습니다.

새로운 관습을

새로운 법칙을 창조하고

소년을 데리고 돌아갔습니다.

몸에 몸을 바짝 기댄 채

두 눈을 감은 채, 치욕을 향해

조롱을 향해 나아갔습니다.

이웃보다 더 비겁한 자 없으리.

조처

Die MaBnahme

학습극 [1931년 판]

■집필기간 : 1930년 2월~12월
■초연 : 1930년 12월 13일, 베를린

■생성사
　　<예라고 하는 사람>의 정치적 구체화

　1930년 2월경 브레히트는 앞선 작품 <예라고 하는 사람>를 "구체화" 시키겠다는 의도로 <조처>에 대한 작품 구상을 발전시키기 시작하였다. 5월에 완성된 초안에서 작가는 소년의 희생적인 죽음을 둘러싼 전설적인 외양을 지녔던 사건들을 현재의 계급투쟁 속으로 옮겼다. 당시 유럽의 지식인들 사이에 빈번히 논의되었던 중국의 제2차 국공내전(1927~1937) 상황을 줄거리 구성에 이용하였으며, <동의에 관한 바덴의 학습극>에서 처음 포착되어 <예라고 하는 사람>에서 줄거리 구성의 중심계기로 이용된 '동의'라는 모티브가 이제 구체적인 정치적 과제, 즉 "공산주의의 이익 속에서 만국의 프롤레타리아 대중의 전진에 동의"한다는 과제를 겨냥하게 되었다. 작곡을 맡은 한스 아이슬러는 독일공산당 등 좌익노동운동세력의 정치적 입장을 작가에게 중개함으로써 정치적인 방향 설정에 중요한 역할을 하였다. 또한 1930년 4월 레닌 『전집』의 독일

어판 출간이 결정적인 의미를 갖는다. 거기에 수록된 레닌의 저작들-특히 「좌익급진주의, 공산주의의 소아병」이라는 논문과 「공산주의청년연맹 제3차 러시아 전체회의 연설문」-은 소재를 다루는 기본입장의 정립에 도움을 주었을 뿐 아니라 여러 구절들이 텍스트 속에 인용되었다. 이러한 구체화 작업을 통해 <조처>는 <예라고 하는 사람>의 계승일 뿐 아니라 그것의 "대응작품"이라는 의미를 함께 지닌다.

　브레히트는 1930년 힌데미트가 주관했던 "베를린 신음악제"에 <예라고 하는 사람>과 <조처>를 출품할 예정이었다. 그러나 이 작품의 초안을 입수했던 행사지도부가 작품의 정치적 경향을 문제삼아 사전 검열을 목적으로 텍스트 제출을 작가에게 요구하였고, 이에 반발한 브레히트와 아이슬러는 공개서한을 내어 행사지도부에게 불참을 통고하였다. 이제 그들은 이 작품의 상연을 "아마추어 예술에게 맡"기겠노라고 선언한다. 베를린 필하모니하우스에서 이루어진 초연에는 세 개의 베를린 노동자 합창단에 소속된 400명의 아마추어 가수들이 "감독합창단" 역을 맡고 네 명의 직업배우가 견본인물 역을 맡았다. 무대에 설치된 단 위에 합창단과 작은 오케스트라가 자리잡고, 오른편에 마련된 별도의 작은 단-"권투경기장 처럼 생긴 상연장"-에서 사건 제시와 그것에 대한 토론이 이루어졌다. 그리고 무대배경에는 영사막이 설치되어 작품의 중요한 테제들이 투사되었다. 앞선 학습극 작품들이 각각 매체 및 예술 영역에서의 시민적 개혁활동들-실험적 라디오 방송, '신음악운동', '학교음악운동'-과의 결합 속에서 생산된 반면, 이제 <조처>의 초연 이후 학습극은 급진적 노동운동의 의사소통체계 속에 편입되었다.

　1930년 가을에 처음으로 인쇄된 텍스트가 『시도』 제4집에 실릴 사전 별쇄본으로 나왔다. 이 두 번째 판은 앞서 만든 초안 중 <예라고 하는 사람>에서 직접적으로 따온 몇몇 모티브들을-(추적당하는 과정에서 '젊은 동지'가 병에 걸린다는 부분, 골짜기로 던지는 장면 등)-삭제하거나 수정하여 달라진 시각을 돋보이게 만들었으며, 이 개정판은 약간의 수정을 거쳐 12월 13/14일에 열린 초연의 대본이 되었다. 그리고 이 텍스트는 다시 약간 수정되어 1931년 말에 출판된 『시도』 제4집에 실렸다.

■ 작품해설

소련에서 파견된 선동가 집단이 중국에서 벌이는 공산주의 혁명 활동을 다루는 이 작품에서는 한 미숙한 혁명가("젊은 동지")가 연속된 실수를 범함으로써 혁명 전체를 위태롭게 만들고, 젊은 동지가 자신의 죽음에 동의하는 가운데 선동가들이 그를 살해하는 사건이 벌어진다. 서막에서 선동가 집단은 동지의 살해를 감독합창단(=당의 재판부)에 보고하고 판결을 요청하며, 이어지는 8개의 장면은 일종의 극중극 형식을 통해 중국에서 벌인 혁명 활동과 함께 젊은 동지의 잘못된 행동방식들을 보여준다.

이 작품에는 "감독합창단"과 "네 명의 선동가"가 등장하는데, 선동가들은 젊은 동지, 당 지부장, 쿨리, 작업감독, 방직공, 경찰, 상인의 역을 번갈아 맡도록 되어 있다. 선동가들은 '극중극'으로서 제시되는 개별 에피소드에 나오는 배역들을 나누어 맡으며, 그 '극중극'의 관객은 바로 "감독합창단"이다. 그러므로 합창단은 이미 일어났던 사건, 즉 극중극 차원에서 일어나는 선동가들의 사업에는 개입할 수 없으며, 다만 장면 뒤에 삽입된 '토론'에서 그들이 과거에 행한 실천들을 이론적 차원에서 검토하고 평가한다. 학습자들이 연기를 통해 학습해야 할 가장 중요한 행동 견본은 '젊은 동지' 역이다. 1931년에 쓴 이 작품에 대한 주석에서 브레히트는 "네 명의 연기자가 각자 젊은 동지의 역을 한 번은 연기할 기회를 가져야 한다"고 말함으로써 그 배역이 지닌 학습 가치를 강조하고 있다. 아울러 이 배역에는 고유한 등장인물이 주어지지도 않으며, 극중극 차원에서만 존재하도록 함으로써 행동 견본으로서의 성격을 명백히 보여준다.

〈조처〉

1) '재현'인가, '비극'인가, '연습 텍스트'인가? - 〈조처〉의 리얼리즘

〈조처〉는 브레히트의 작품 중 가장 많은 논란을 불러일으킨 작품이
었으며, '동지의 살해'라는 도발적인 사건과 가장 철저한 학습극 형식이
결합되어 있는 이 작품에 대한 해석들 가운데는 이데올로기적 왜곡과
미학적 구조에 대한 몰이해가 얽혀 있었다.

미학적인 측면에서 크게 보아 두 가지의 오해가 오랫동안 〈조처〉의
해석에 영향력을 행사하였다. 그 하나는 이 작품에 나오는 혁명사업과
관련된 에피소드들이 '현실의 혁명실천과 일치하지 않음'을 지적하면서,
전통적 리얼리즘 미학에 입각하여 볼 때 〈조처〉의 미적 형상화는 '불충
분한 리얼리즘'이라고 결론을 내리는 견해이다. 30년대 초기 마르크스주
의 비평가들의 해석은 〈조처〉의 배경이 되는 중국의 혁명운동 또는 독
일공산당이나 코민테른의 정책수행에서 생겨난 실제 사건들이 작품 속
에서 '올바르게 재현되었는가'라는 문제에 집중되어 있었다. 그러한 문
제제기는 이 작품이 당대의 혁명적 사건들에 대한 '자연주의적 재현'이
라는 가정에 얽매여 있다. 60년대의 동독의 연구자들 역시 '필연성이 요
구할 경우, 젊은 동지를 죽이는 것이 정당화되는가?'라는 물음이 곧 〈조
처〉가 제기하는 중심문제라고 보는 점에서 30년대의 관점을 계승한다.
〈조처〉의 미학적 특성, 특히 젊은 동지라는 인물의 특성에 대한 분석을
소홀히 했던 이러한 해석 경향은 학습극으로써 〈조처〉의 리얼리즘이
양식적인 측면이 아니라 기능적 측면에서 실현됨을 이해하지 못한다는
데 문제가 있다.

두 번째의 오류는 이 작품을 순전히 구조주의적으로 분석하여 〈조
처〉를 비극으로 간주하는 견해이다. 라인홀트 그림은 1959년 「이데올로
기적 비극과 이데올로기의 비극」이라는 논문에서 "젊은 동지"를 눈앞의
절박한 곤궁에 대한 "직접적 도움"과 "인류 전체를 위한 미래의 궁극적
도움"이라는 꼭 같은 권리를 가진 두 개의 절대적 가치 사이에서 갈등을
겪는 인물로 간주하고, 그의 죽음을 비극적 주인공이 맞이하는 운명적

파국으로 이해하였다. 그리고 요하임 카이저는 "젊은 동지"라는 인물이 작품 속의 다른 등장인물들과는 달리 개성이 강한 인물이라고 주장하며, 그가 임무 수행에 실패하는 것은 "공산주의적 규율체계에 대항하여" 자신의 개성을 회복하기 때문이라고 보았다. 그러나 개별 에피소드에서 나타나는 젊은 동지의 행동은 고전 비극에서처럼 불변의 성격이나 영원한 인간성에 의해 불가피하게 정해지거나 운명적으로 결정되는 것이 아니라 변화시킬 수 있는 사회적·정치적 행동일 뿐이다. "젊은 동지"의 행동방식과 "선동가"들의 방식은 전술의 차원에서 차이를 보일 뿐, 상호 모순되는 절대가치가 충돌하는 것이 아니기 때문이다. 따라서 그의 실패는 필연적인 것이 아니라 보다 합리적으로 행동할 경우 얼마든지 극복가능한 성질의 것이므로, 그의 몰락 역시 비극적이지 않다.

슈타인벡은 논문 「브레히트의 <조처> - 비극이 아니라 연습텍스트」에서 <조처>라는 작품이 관객을 위한 것이 아니라 배우를 위한 것이며, 그것도 아마추어 연기자들을 위한 작품이라는 상연미학적 전제에서 출발하여, "젊은 동지"라는 배역이 연기자가 연습해야 할 행동을 시위하는 견본에 불과하기 때문에 이 작품은 "연습 텍스트"라고 규정하였다. 젊은 동지라는 배역을 연기자들이 번갈아 가며 맡을 경우, 무대 위에서 한 사람의 배우를 통해 '구현'되지 않음으로써 그 인물은 오로지 '전달'되고 '중개'될 뿐, 등장인물로서 무대 위에서 실존하지 않는다. 그런 인물에게는 개인적인 정체성 마저 확보되지 않는다고 볼 수 있다. 따라서 "젊은 동지"는 전통적인 의미에서의 비극의 주인공이 되지 못하며 오로지 자세를 보여주는 견본으로서의 가치만을 가지는 존재이다. 그러나 바로 그러한 견본이 됨으로써 "젊은 동지"라는 인물은 모든 연습자들이 빼놓지 않고 연기해 보아야 할 가장 커다란 교육적 가치를 지닌 요소로서 기능하는 것이다.

이 작품이 "연습 텍스트"임을 확인하는 것은 '현실에 대한 모사'로서 실현되는 양식적 리얼리즘과 브레히트 리얼리즘의 질적 차이를 이해하는 데 중요한 의미를 갖는다. 브레히트는 텍스트에 담긴 부정적 견본을 비판적으로 학습으로써 실제 현실에서는 생산적으로 전도시킨다는 방식으로 연기와 현실과의 관계를 설정한다. 즉 작품 속에서 "죽음"을 다루는 것은 현실의 정치 실천에서 그러한 사태를 방지하는 자세를 무대에서 배울 수 있게 하기 위함이며, 연기자들은 젊은 동지라는 잘못된 행동견본을 의식적이고 비판적으로 모방함으로써 실제의 혁명투쟁에서 요구되는 올바른 실천을 준비하게 되는 것이다. <조처>의 리얼리즘은 바로 이러한 "인간의 개입 가능성을 밝혀주는"데서 작동한다. 그것은 실제 사건의 미학적 반영에서 자신의 현실성을 끌어내는 것이 아니라, 연기자의 정치적 자기 계몽의 과정에서 비로소 현실성을 획득한다. 즉 그것은 '자세 학습이라는 매개를 거쳐 현실에 기능'하기를 겨냥하는 것이다. 그러므로 <조처>의 텍스트에는 이러한 학습을 가능케 하기 위해 필요한 상황적 맥락이 당대 현실의 조각들로 구성되어 있을 따름이며, 그것들을 '있는 그대로' 재현하겠다는 의도는 없었던 것이다.

2) 세계 혁명에 대한 '동의'

이 작품에서는 동의라는 주제가 개별 장면들이 다루고 있는 혁명 사업의 구체적인 단계마다 새로이 등장하여 그 타당성이 검토된다. 즉 1장과 2장은 앞으로 수행할 사업 전반에 대한 젊은 동지의 동의를 다루고 있다면, 선동가들이 지시하는 과제와 그 수행방식에 동의하고서도 매번 실수를 저지르는 에피소드들을 다루는 3, 4, 5장은 사업을 실천하는 개별적 상황에서 동의가 파기되는 과정을 보여주며, 6장은 자신이 했던 이전의 모든 동의를 젊은 동지가 전면적으로 파기하는 과정을, 그리고 마지막 장은 자신의 죽음에 동의함으로써 그가 다시금 "세계 혁명"에 대한 동의를 회복하는 과정을 다루고 있다고 볼 수 있다.

1장에서 국경지역 당지부의 비서인 젊은 동지는 공산당의 당원으로서 "공산주의 고전의 가르침, 즉 세계혁명"에 동의하며, 중국에서 수행할 선동가들의 "사업방식"에도 동의한다. 2장은 중국으로 가는 선동가들이 비합법적인 혁명 활동을 위해 중국인으로 변신하는 과정을 보여준다. 그런데 선동가들의 활동이 발각되면 즉각 혁명 수출국인 소련을 공격하기 위해 제국주의자들의 "포함들이 이미 강 위에 떠있고 철로에는 장갑열차가 대기하고 있기" 때문에 그들의 사업은 철저히 비밀을 유지해야 하며, 완벽한 변장과 함께 어떤 상황에서도 발각되지 않는 것이 핵심적 중요성을 갖는다. 그리하여 당지부장이 "여러분은 죽을 각오와 죽은 사람을 감출 각오가 되어 있습니까?"라고 묻고 선동가들이 이에 동의한 것은 마지막 장면에서 동지를 살해하고 매장하는 '조처'의 근거를 마련하고 있다.

선동가들이 중국인으로 변장하는 것은 단순한 위장이 아니라 완전한 변신을 의미하며, "말소"라는 장면 제목이 말해주듯 철저한 자기 부정을 동반한다. 즉 얼굴만 바꾸는 것이 아니라 자신들이 가졌던 일체의 속성들, 민족과 혈통 및 이름까지 포함된 일체의 개인적 정체성을 지우고 "백지"가 된다. 백지 상태의 그들은 혁명사업이 구체적으로 벌어지는 상황의 필요에 따라 이런 사람도 되고 저런 사람도 되어야 하는 것이다. 그러나 그들은 이러한 변신을 통하여 비로소 '혁명'이라는 세계사를 만들어 내는 의미 있는 존재로 재탄생한다. 즉 이 과정은 이미 『바덴의 학습극』에서 나타났던 바와 같은 '무의미한 개인적인 정체성을 지양하고 새로운 집단적 정체성을 획득하는 과정'을 의미한다. 이처럼 개인적 자아가 집단적 자아로 바뀌는 것은 변증법적 자기 부정을 거치는 철저한 인간 개조의 과정으로 나타난다. 그러나 그 과정은 개성의 말소 그 자체를 정당화하기 위한 것이 아니라 단지 비합법활동의 엄혹한 현실에 '동의'하는 행위를 의미한다.

자신을 "말소"시키는 데 동의한 혁명가들은 이전의 윤리적 규범도 버려야 한다. 여기서는 용기, 정직, 성실, 신의, 정정당당함 등과 같은 전통적인 덕목들은 더 이상 그 자체로서 가치를 지니지 않으며, 공산주의 건설이라는 투쟁 목표와 결합될 때에만 비로소 의미를 갖는다. 즉 혁명 사업의 구체적 필요에 따라 그 덕목들은 가치를 부여받게 될 것이다. 아울러 윤리와 도덕도 새로이 건설되어야 한다. 공청련 연설에서 레닌은 "계급투쟁의 이익관심에서 도덕을 끌어낸다"라고 말한 바 있다. 혁명에 대한 동의는 이러한 새로운 윤리에 대한 동의를 포함하는 것이다.

6장에서 젊은 동지가 "마스크를 찢고" 자신과 그의 동료들이 모스크바에서 파견된 요원임을 공개적으로 드러내는 바람에 7장에서는 그들의 혁명 사업과 선동가 집단의 생존이 위험에 빠졌을 뿐 아니라 체포될 경우 제국주의자들의 공격에 의해 세계공산주의 운동도 치명적인 타격을 입게 될 상황이 제시된다. <예라고 하는 사람>의 병든 소년과 마찬가지로 얼굴이 탄로난 젊은 동지를 선동가들은 "데려갈 수도 버려둘 수도 없는" 딜레마에 빠진다. 그들은 다급한 현실이 요구하는 필연적인 조처를 취하기로 결정하고 젊은 동지의 동의를 구하며, 그는 자신의 죽음에 동의한다.

젊은 동지가 자신의 죽음에 동의하는 것은 그것이 주어진 상황에서 가장 현실적인 선택이기 때문이다. 물론 그의 동의는 자신의 오류를 인정하는 데서 비롯하지만, 단순히 실수에 대한 책임감에서 나온 것으로 보아서는 안된다. 아울러 선동가들이 그를 살해하는 것도 그의 배반에 대한 복수나 죄과에 대한 징벌과는 구별되어야 한다. 감독합창단이 선동가들에게 "판결을 내린 것은 그대들이 아니라 현실이었소"라고 말함으로써 선동가들의 조처에 동의한 것도 바로 그 때문이다. 선동가 집단과 젊은 동지는 재판 <예라고 하는 사람>의 학생들과 소년이 그랬던 것처럼 현실의 필연성에 동의한 것이며, 여기서도 죽임과 죽음은 집단과 그 집단 속의 개인이 성취하는 '상호 동의'로서 나타난다.

■공동작업자 : 슬라탄 두도. 한스 아이슬러

■열두 번째 시도 : 한스 아이슬러가 음악을 붙인 조처는 교육극을 통해 특정한 개입하는 자세를 연습하기 위한 시도이다.

등장인물

네 선동가, 차례로 다음의 역도 맡는다:

젊은 동지·당지부장·쿨리 두 사람·감독·방직노동자 두 사람·경찰·상인·감독합창단

감독합창단	앞으로 나오시오! 당신들의 사업은 성공이었소. 그 나라에도
	혁명이 진군하고 있고, 그곳에도 투사의 대열이 줄을 잇고 있소.
	우린 당신들에게 동의하는 바이오.
네 선동가	잠깐! 말씀드려야 할 게 있습니다! 우리는 어떤 동지의 죽음을 신고합니다.
감독합창단	누가 그를 죽였습니까?
네 선동가	우리가 그를 죽였습니다. 우린 그를 사살하여 석회갱 속에 던졌습니다. 그 일에 대해 여러분들의 판결을 요청합니다.
감독합창단	그 일이 어떻게 그리고 왜 발생했는지를 (연극으로) 보여주시오. 그 연극 후에 당신들은 우리의 판결을 듣게 될 것이오.
네 선동가	우리는 여러분의 판결을 인정하겠습니다.

1
고전대가들의 저작

네 선동가	우리는 선동가로서 모스크바에서 왔으며, 묵덴시에 가서 선전활동을 수행하고, 공장들 속에 중국의 당을 지원해야 했습니다. 우리는 국경을 향해 맨 끝에 위치한 당지부에 신고를 하고 길잡이 한명을 요청하였습니다. 그러자 대기실에서 한 젊은 동지가 우리를 맞이했고, 우리는 우리의 임무가 어떤 종류인지를 말해주었습니다. 그 대화를 되풀이해 보겠습니다.

그들은 세 사람이 한 사람을 마주보는 위치로 선다. 넷 중
하나가 젊은 동지 역을 맡는다.

젊은 동지 저는 국경을 향해 맨 끝에 위치한 당지부의 비서입니다. 내 가슴은 혁명을 위해 고동치고 있습니다. 불의를 보았던 순간이 나를 투사의 대열로 밀어 넣었습니다. 인간은 인간을 도와야합니다. 저는 자유를 옹호합니다. 저는 인류를 믿습니다. 그리고 저는 계급없는 사회를 위하여 착취와 무지에 맞서 투쟁하는 공산당의 조처들을 지지합니다.

세 선동가 우리는 모스크바에서 왔습니다.

젊은 동지 우리는 여러분들을 기다렸습니다.

세 선동가 무슨 이유입니까?

젊은 동지 우리는 계속 전진하지 못하고 있습니다. 무질서와 결핍이 존재하며, 빵은 적고 투쟁은 많습니다. 용기백배한 사람은 많으나 글 읽을 줄 아는 사람은 드뭅니다. 기계도 거의 없으며, 기계를 아는 사람은 아무도 없습니다. 우리의 기관차들은 부서지고 말았습니다. 여러분들은 기관차를 가져왔습니까?

세 선동가 아니오.

젊은 동지 트렉터를 가져왔습니까?

세 선동가 아니오.

젊은 동지 우리 농부들은 아직 오래된 나무 쟁기를 스스로 끌고 있습니다. 게다가 우린 밭을 경작하기 위해 가진 것이 아무 것도 없습니다. 종자를 가져왔습니까?

세 선동가 아니오.

젊은 동지 최소한 탄약과 기관총은 가져오셨지요?

세 선동가 아니오.

〈조처〉

469

젊은 동지　　우리는 여기서 단 두 사람이 혁명을 방어하고 있습니다. 그럼 당신들은 우리가 어떻게 해야 할지를 적어 놓은 중앙위원회의 편지를 틀림없이 갖고 계시는군요?

세 선동가　　아니오.

젊은 동지　　그럼 여러분들 스스로 우리를 도우실 겁니까?

세 선동가　　아니오.

젊은 동지　　우리는 밤낮 옷을 입은 채 지냅니다. 기아와 붕괴와 반혁명의 습격에 대비해서지요. 하지만 당신들은 아무 것도 가져다 주시지 않는군요.

세 선동가　　그게 사실이요: 우리는 당신들을 위해선 가져 온 것이 아무 것도 없습니다. 그러나 국경 너머 묵덴의 중국 노동자들에게 고전대가와 선전가들의 교의들, 공산주의의 에이비씨를 가져갑니다; 무지한 자들에겐 그들이 처한 상황에 대한 가르침을, 억압받는 자들에겐 계급의식을, 계급의식이 있는 자들에게는 혁명의 경험을 말입니다. 하지만 당신들 한테서는 자동차 한대와 길잡이 한사람을 요구합니다.

젊은 동지　　그럼 제 질문이 나빴나요?

세 선동가　　아니오. 좋은 질문에 이어 더 좋은 대답이 뒤따랐던 셈이오. 이미 당신들에게 극한에 달한 노력이 요구되고 있음을 우리는 알고 있소; 하지만 이제 더 많은 것이 요구되는 것입니다: 당신들 둘 중 한 사람이 우리를 묵덴으로 데려다 주어야 하오.

젊은 동지　　그럼 제가 직책을 떠나기로 하지요. 그 자리는 두 사람에게도 너무 힘겨웠지만 이제 혼자로 만족해야 하는 군요. 제가 당신들과 함께 가겠어요. 앞으로 진군하며, 공산주의 대가들의 가르침, 즉 세계혁명을 전파하면서.

감독합창단

소련 예찬

벌써 세상은 수근대고 있었다
우리가 실패하리라고.
그러나 아직 앉아 있었다
우리의 초라한 식탁엔
물만으로 만족하는
만국의 피압박자들의 희망이
그리고 무너져 내리는 문뒤에선
지식이 가르쳤다
손님들을 또랑또랑한 목소리로.
문이 무너지면
장차 우리가 앉아 있는 게 뚜렷이 보일 것이다
혹한도 기아도 우릴 제거하진 못한다
세상의 운명에게
지치지 않고 조언하는 우리를.

네 선동가   그리하여 국경지부당의 젊은 동지는 우리의 사업 방식에
동의하였으며, 우리들, 즉 남자 네 명과 여자 한 명은 당
지부장에게 출두하였습니다.

2
지우기

네 선동가   그러나 묵덴에서의 사업은 불법적이었고, 그 때문에 우리

〈조처〉

471

는 국경을 넘기전에 우리의 얼굴을 지워야 했습니다. 우리의 젊은 동지는 거기에 동의했습니다. 그 과정을 되풀이하겠습니다. *선동가들 중 한 사람이 당지부장 역을 맡는다.*

당지부장 저는 마지막 당사의 지부장입니다. 저는 내 당지부의 동지가 길잡이로 함께 가는 것에 동의하였습니다. 하지만 묵덴의 공장들에는 소요가 일고 있으며, 요즘에는 전 세계가 이 도시를 주목하고 있습니다. 우리 중 한 사람이 중국인노동자들의 오두막집에서 나오지 않나 하고 말이죠. 그리고 이미 강에는 포함이 떠 있고, 장갑열차가 철도위에 대기하고 있다고 듣고 있습니다. 우리 중 한 사람이 거기서 발견되면, 우릴 즉각 공격하기 위해서죠. 그래서 저는 동지들이 중국 사람으로 변해 국경을 넘어가도록 했습니다. *선동가들에게* 당신들은 발각되지 말아야 합니다.

두 선동가 우리는 발각되지 않겠습니다.

당지부장 만약 한 사람이 부상당할 경우 그 사람은 발각되지 말아야 합니다.

두 선동가 그 사람은 발각되지 않을 것입니다.

당지부장 그럼 여러분들은 죽을 각오와 죽은 사람을 감출 각오가 되어 있습니까?

두 선동가 예.

당지부장 그럼 당신들은 더 이상 당신들 자신이 아닙니다. 당신은 더 이상 베를린에서 온 칼 슈미트가 아닙니다, 당신은 더 이상 카잔 출신의 안나 케르스크가 아니고, 당신은 모스크바 출신의 페터 자비치가 아니라, 모두 이름도 어머니도 없습니다. 혁명이 그 지침을 적는 백지들입니다.

두 선동가	그렇습니다.
당지부장	*그들에게 마스크를 주고, 그들은 착용한다.* 이제 이 순간부터 그대들은 더 이상 아무것도 아닌 존재가 아닙니다. 이 순간부터 그리고 아마도 그대들이 사라져버릴 때까지 미지의 노동자, 투사이며, 중국인 어머니에게서 태어나고, 노란 피부를 가졌으며, 잠잘 때나 고열로 신음할 때도 중국어로 말하는 중국인들입니다.
두 선동가	그렇습니다.
당지부장	공산주의의 이익을 위해 만국의 프롤레타리아 대중의 전진에 동의하고, 세계의 혁명에 동의해야 합니다.
두 선동가	그러겠습니다. 이처럼 젊은 동지는 자신의 얼굴을 말소하는 데 대한 동의를 분명히 표명했습니다.
감독합창단	공산주의를 위해 싸우는 사람은 싸울 줄도, 싸우지 않을 줄도 알아야합니다; 진실을 말할 줄도, 말하지 않을 줄도 알아야 합니다; 봉사를 다할 줄도, 그것을 거절할 줄도 알아야 합니다; 약속을 지킬 줄도, 지키지 않을 줄도 알아야 합니다; 위험을 감수할 줄도, 위험을 피할 줄도 알아야 합니다; 자신을 알릴 줄도, 자신을 숨길 줄도 알아야 한다. 공산주의를 위해 싸우는 자는 모든 미덕들 중 오로지 한 가지만을 갖습니다: 공산주의를 위해 싸운다는 미덕만을.
네 선동가	우리, 네 남자와 한 여자는 중국인이 되어 묵덴으로 갔습니다. 선전활동을 하고 고전대가들과 선전가들의 교의, 공산주의의 에이비씨를 통해 중국의 당을 지원하기 위해; 무지한 사람에게 그들이 처한 상황에 대한 가르침을 제공하고, 억압받는 자들에게 계급의식을, 그리고 계급의식이 있는 자들에겐 혁명의 경험을 전하기 위해서.

〈조처〉

감독합창단

불법사업에 대한 예찬

아름다워라
계급투쟁에서 발언하는 일은
크게 울려 퍼지는 소리로 대중에게 외치는 일은
억압자들을 짓밟고 피압박자들을 해방하는 투쟁에 동참하
　라고
어렵고도 유용하여라 일상의 작은 일들은
기업주들의 총구 앞에서
당의 커다란 그물을
질기게 짜내는 비밀스런 일은:
연설하라, 하지만
연설자는 감추어라.
이겨라, 하지만
승리자는 감추어라.
죽어라, 하지만
죽음을 감추어라.
명성을 위해서라면 누군들 많은 일을 하지 않으랴, 그
　러나
입다물기 위해 누가 그렇게 하는가?
하지만 초라한 식사를 하는 자는 영예를 식탁에 올린다
좁고 허물어지는 오두막집에서
억제할 길 없이 위대함이 걸어 나온다.
그리고 그 위대한 행위를 한 사람이 누군지를
명성이 묻겠지만 그건 헛일이다.

미지의 인물들이여, 얼굴을 가리고서
잠시만
앞으로 나오시오. 그리고 받아주시오
우리의 감사를!

네 선동가 묵덴시에서 우리는 노동자들 가운데서 선전활동을 수행했습니다. 우리가 가진 것은 굶주린 사람들을 위한 빵이 아니라 무지한 사람들을 위한 지식이었습니다. 그래서 우리는 빈곤의 근본원인에 대해 말을 했으며, 빈곤을 근절했던 게 아니라, 그 근본원인의 근절에 대해 말했습니다.

3
돌

네 선동가 맨 먼저 우리는 도시의 아래쪽으로 갔습니다. 거기서는 쿨리들이 강둑에서 배 한척을 밧줄로 끌고 있었지요. 그러나 땅바닥이 미끄러웠습니다. 한 사람이 미끌어지자 감독이 그를 때렸을 때, 우리는 젊은 동지에게 말했습니다: 그들을 따라가서 그들 곁에서 선전활동을 하시오. 그들에게 말하시오 당신이 텐진에서 미곡선끌이용 신발을 보았는 데, 아래에 밑창이 달려있어 미끌어지지 않더라고 말이오. 그들도 그런 신발을 요구하도록 시도해보시오. 하지만 동정심에 빠지면 안돼오! 그리고 우리는 동의하는지를 물었습니다. 그는 동의했고 서둘러 가더니만 당장 동정심에 빠지고 말았습니다. 그걸 보여드리지요. *두 선동가가 쿨리 역을 하는 데, 그들은 말뚝에 밧줄을 매고 어깨 위로 그 밧줄을 끌어당긴다. 한 사람은 젊은 동지 역을, 한 사*

람은 감독 역을 맡는다.

감독   저는 감독입니다. 전 저녁 때까지 쌀을 묵덴시에 가져가
　　　　야 합니다.

두 쿨리   우리는 쿨리입니다. 강물을 거슬러 미곡선을 끌고 있지요.
쿨리들

미곡선 끌이들의 노래

　　　　도시 위쪽 강가엔
　　　　우리를 위한 한입의 쌀이 있지요
　　　　하지만 끌어 올려야 할 배는 무겁고
　　　　강물은 아래로 흘러
　　　　우린 절대로 올라가지 못할 거예요.
　　　　　　더 빨리 끌어, 입들이
　　　　　　먹을 것을 기다린다
　　　　　　고르게 끌어, 밀치지 마
　　　　　　옆 사람을.

젊은 동지 이 사내들이 자신들 노동의 고통을 덮어 가리는 아름다움
　　　　이란 듣기에 끔찍하군.

감독   더 빨리 끌어.

쿨리들   곧 밤이 와요. 숙소는
　　　　강아지 그림자에게도 작지만
　　　　쌀 반 입의 값이 먹히지요
　　　　강둑이 너무 미끄러워
　　　　우린 전진할 수 없어요.
　　　　　　더 빨리 끌어, 입들이
　　　　　　먹을 것을 기다린다

	고르게 끌어, 밀치지 마
	옆 사람을.
쿨리	*미끌어진다.* 더 이상 못하겠어.
쿨리들	*쓰러진 사람이 다시 일어설 때까지 그들은 선 채 채찍을*
	맞는다.
	질겨서 우리보다 더 오래갈 거야
	어깨의 살 속으로 베어 들어오는 밧줄이
	감독의 채찍은
	네 세대를 보아왔지만
	우리가 마지막이 아니라네.
	더 빨리 끌어, 입들이
	먹을 것을 기다린다
	고르게 끌어, 밀치지 마
	옆 사람을.
젊은 동지	어려운 노릇이군, 동정심 없이 이 사내들을 보기란. *감독*
	에게 땅바닥이 미끄러운 게 당신 눈엔 보이지 않아요?
감독	땅바닥이 어쨌다는 거야?
젊은 동지	너무 미끄럽단 말이오!
감독	뭐라구? 당신은 강변이 너무 미끄러워 쌀을 가득 실은 배
	를 끌 수가 없다고 주장하는 거야?
젊은 동지	그렇소.
감독	그럼 당신은 묵덴시에 쌀이 필요가 없다고 생각하는 거
	야?
젊은 동지	사람들이 쓰러지면, 배도 끌 수가 없어요.
감독	그럼 내가 여기서 묵덴시내까지 한 사람에게 돌 하나씩을
	깔아주어야 한다는 게야?
젊은 동지	당신이 어떻게 해야 하는지는 모르겠어요, 하지만 나는

〈조처〉

이 사람들이 어떻게 해야 하는지는 알고 있어요. 2천년간 되지 않았던 일은 불가능하다 라고 생각하지 마세요. 텐진에서 나는 미곡선끌이들이 아래 밑창을 달아 미끌어지지 않도록 된 신발을 신고 있는 것을 보았답니다. 그들은 공동으로 요구함으로써 그것을 얻었습니다. 그러므로 공동으로 그런 신발을 요구하세요!

쿨리들   정말이지 그런 신발이 없이는 이런 배를 더 이상 끌 수가 없어.

감독   하지만 쌀은 오늘 저녁 시내에 도착해야 해.

그는 채찍질을 하고 그들은 배를 끈다.

쿨리들   우리 아버지들은 배를 강하구에서 끌었지요

조금 더 위쪽으로. 우리의 자식들은

원천에 도달할 것이고, 우린

그 중간에 있지요.

    더 빨리 끌어, 입들이

    먹을 것을 기다린다

    고르게 끌어, 밀치지 마

    옆 사람을.

그 쿨리가 다시 쓰러진다.

쿨리   살려주세요.

젊은 동지   당신은 인간도 아닌가요? 내가 여기 돌을 하나 들어 진창 속에 깔아 주겠어요. *쿨리에게* 이제 걸어봐요!

감독   안성마춤이군. 텐진의 신발이 우리에게 무슨 소용인가? 너희에게 기꺼이 허락하겠어. 너희의 동정심 많은 동료가 돌멩이를 하나 들고 곁에 나란히 가다가 미끌어지는 사람마다 돌을 깔아주는 것을 말이야.

쿨리들   배 안에는 쌀이 있죠. 그걸

수확한 농부는 받게 되지요
동전 한 줌을, 우리가
받는 건 더 적어요. 황소 한 마리가
더 값이 나갈 거예요. 우린 수가 너무 많아요.
　　　더 빨리 끌어, 입들이
　　　먹을 것을 기다린다
　　　고르게 끌어, 밀치지 마
　　　옆 사람을.
쿨리들 중 하나가 미끌어지자, 젊은 동지가 그에게 돌을
깔아 주고, 그 쿨리가 다시 일어선다.

쿨리들　　　더 빨리 끌어, 입들이
　　　먹을 것을 기다린다
　　　고르게 끌어, 밀치지 마
　　　옆 사람을.
쌀이 시내에 도착해
누가 그 무거운 배를 끌었냐고
아이들이 물으면, 말하길:
배는 끌려왔다고.
쿨리들 중 하나가 쓰러지자, 젊은 동지가 그에게 돌을 깔
아 주고, 그 쿨리가 다시 일어선다.

쿨리들　　　더 빨리 끌어, 입들이
　　　먹을 것을 기다린다
　　　고르게 끌어, 밀치지 마
　　　옆 사람을.
식량은 아래에서
위쪽의 먹는 사람들에게로 옵니다.
그것을 끌어다 준 사람들은

〈조처〉

먹질 못했어요.

젊은 동지 난 더 이상 못하겠어요. 당신들이 다른 신발을 요구하셔
야 해요.

쿨리들 이 친구는 사람들이 비웃는 바보야.

감독 아니야, 그 자는 사람들을 선동질하는 녀석들 중 한 놈이
야. 여봐, 그 놈을 붙들어.

네 선동가 그리하여 그는 당장 붙들렸습니다. 그 후 그는 이틀간 쫓
겨 다니다가 우리를 만났고, 우린 그와 함께 일주일 동안
묵덴 시내에서 추격을 받은 나머지 도시의 아래 구역에는
얼씬도 할 수가 없었습니다.

토론

감독합창단 하지만 약자를 돕는 일은 정당하지 않은가요
보일 때마다 항상 그를 돕는 일은
일상의 간난과 억압 속에 허덕이는
피착취자를!

네 선동가 그는 그 사람을 도운 게 아니었습니다. 그는 우리가 도시
아래 구역에서 선전을 수행하는 것을 방해하였습니다.

감독합창단 우리는 동의하오.

네 선동가 젊은 동지는 깨달았습니다. 그가 감정을 오성으로부터 분
리시켰음을. 그러나 우리는 그를 위로하면서 레닌 동지의
말을 그에게 해주었습니다:

감독합창단 현명한 사람이란 실수를 범하지 않는 사람이 아니라 실수
를 빨리 고칠 줄 아는 사람이다.

4

정의

네 선동가	우리는 공장들 속에 첫 세포들을 건설하였고 최초로 당원들을 양성하였으며, 당학교를 설립하고 그들에게 금지된 책자를 비밀리에 제작하는 법을 가르쳤습니다. 그런 다음 우리는 방직공장에서 일하고 있었는데, 임금이 내려가자 노동자 중 일부가 파업에 돌입했습니다. 하지만 다른 일부는 조업을 계속했기 때문에 파업은 위기에 처했습니다. 우리는 젊은 동지에게 말했습니다: 공장 문 옆에 서서 전단을 돌리시오. 그 대화를 되풀이해 보겠습니다.
세 선동가	당신은 미곡선꿀이들 한테서는 실수를 했소.
젊은 동지	인정합니다.
세 선동가	거기서 배운 점이 있소?
젊은 동지	예.
세 선동가	파업 문제에 있어서는 좀 더 잘 자제할 수 있겠소?
젊은 동지	예.
	두 선동가가 방직공장 노동자역을, 한 사람은 경찰관역을 맡는다.
두 방직공장 노동자	
	우리는 방직공장의 노동자들입니다.
경찰관	난 경찰입니다. 난 불만을 진압하는 댓가로 지배자들로부터 내 빵을 받아먹고 있지요
감독합창단	나오시오, 동지들! 내던지시오
	더 이상 푼돈도 되지 못하는 돈을
	비가 새는 잠자리를
	내일이면 잃어버릴 작업장을!

〈조처〉

거리로 나오시오! 투쟁하시오!

기다리면 때가 늦어요!

우리를 도움으로써 당신 자신을 돕도록 하세요: 연습해보세요

단결을!

젊은 동지

당신이 가지고 있는 것을 포기하시오, 동지들!

당신이 가지고 있는 것은 아무것도 아니라오.

감독합창단 나오시오, 동지들, 총구 앞으로

그리고 당신의 임금을 고집하시오!

당신이 잃을 게 아무 것도 없다는 걸 안다면

경찰은 총이 모자랄 것입니다!

거리로 나오시오! 투쟁하시오!

기다리면 때가 늦어요!

우리를 도움으로써 당신 자신을 돕도록 하세요: 연습해보세요

단결을!

두 방직공장 노동자

우린 작업이 끝난 후 집으로 가고 있는 중입니다. 임금이 깍였는데도, 우리는 어찌해야 할지를 몰라서, 작업을 계속하고 있습니다.

젊은 동지 *그 중 한 사람에게 전단을 찔러 넣어준다. 그 사이 다른 사람은 아무 짓도 하지 않고 서 있다.* 읽으시고는 계속 돌리세요. 당신이 그걸 읽고 나면 무엇을 해야 할지를 아시게 될 겁니다.

첫째 *그것을 받고서 계속 걸어간다.*

경찰관 *첫째에게서 전단을 빼앗는다.* 누가 당신에게 전단을 주었

소?

첫째 전 모르겠어요. 어떤 사람이 지나가다가 나에게 찔러 넣어주었어요.

경찰관 *둘째에게 간다:* 네놈이 그 전단을 주었구나. 경찰에서 나온 우리들은 그런 전단을 뿌리고 다니는 자들을 찾고 있어.

둘째 전 누구에게도 전단을 준 적이 없어요.

젊은 동지 모르는 사람들에게 그들이 처한 상황을 가르쳐 주는 것이 도대체 죄가 되나요?

경찰관 *둘째에게* 네놈들의 가르침이라는 것이 고약한 일들을 초래한단 말이야. 너희들이 이런 공장 하나를 가르치면, 이 공장은 자기의 주인을 몰라보게 돼. 이런 작은 전단 하나가 대포 열문 보다 더 위험하단 말이야.

젊은 동지 도대체 거기 뭐가 씌어 있는데요?

경찰관 그건 나도 몰라. *둘째에게* 거기 뭐가 씌어 있어?

둘째 전 그 전단을 알지 못해요. 전 그것을 돌리지 않았어요.

젊은 동지 그 사람이 그런 짓을 하지 않았다는 것을 제가 알아요.

경찰관 *젊은 동지에게* 그럼 네가 그에게 전단을 주었단 말이야?

젊은 동지 아니에요.

경찰관 *둘째에게* 그럼 네놈이 주었어.

젊은 동지 *첫째에게* 저 사람이 무슨 일을 당할까요?

첫째 총살당할 수도 있어요.

젊은 동지 경관님, 뭣 땜에 그를 총살시키려 합니까? 당신 역시 프롤레타리아가 아닌가요?

경찰관 *둘째에게* 함께 가자. *그의 머리통을 마구 때린다.*

젊은 동지 *구타를 저지하면서* 그 사람이 아니었어요.

경찰관 그럼 바로 네놈이었구나!

〈조처〉

483

둘째	그 사람이 아니었어요!
경찰관	그럼 너희 둘 다였군.
첫째	도망쳐, 이 사람아, 도망치라구. 자네 주머니엔 전단이 가득하잖아.
경찰관	*둘째를 때려 쓰러뜨린다.*
젊은 동지	*경찰관을 가리키며, 첫째에게* 지금 이 사람은 죄없는 사람을 때려 죽였어요. 당신이 증인입니다.
첫째	*경찰관에게 달려들며* 이 돈에 팔린 개자식아.
	경찰관이 권총을 꺼낸다. 젊은 동지가 그의 등뒤에서 목을 조르고, 첫째 쿨리가 그의 팔을 서서히 뒤로 비튼다. 총이 발사되고, 경찰관이 무장을 해제 당한다.
젊은 동지	*크게 외친다* 도와주시오, 동지들! 도와주시오! 여기서는 가담하지도 않은 사람이 맞아 죽습니다!
두번째 쿨리	*몸을 일으키며 첫째에게* 이제 우린 경찰 한명을 때려 죽였기 때문에 내일 부터는 공장에 갈 수가 없어. *젊은 동지에게* 당신 책임이야.
젊은 동지	당신들이 공장에 들어가면, 그건 당신의 동지들을 배반하는 것입니다.
둘째 쿨리	나에겐 마누라와 자식이 셋이야. 그리고 당신들이 밖으로 나가 파업을 벌일 때 우리에겐 임금을 두배로 올려 주었어. 여기 보라구, 난 임금을 곱절로 받았다구. *돈을 보여준다.*
젊은 동지	*쿨리의 손에서 돈을 쳐서 떨어뜨리며* 부끄러운 줄 알아라, 이 돈에 팔린 개자식들아!
	첫째 쿨리가 덤벼들어 그의 목을 조르고, 그 사이 자기의 돈을 줍는다. 젊은 동지가 덤벼든 자를 경찰봉을 쳐서 쓰러뜨린다.

둘째 쿨리	고함을 지른다: 살려줘요! 여기 선동질하는 놈들이 있어요!
네 선동가	그러자 즉각 공장에서 일하던 사람들이 나와서 파업초소를 내쫓고 말았습니다.
	토론
감독합창단	젊은 동지가 어떻게 하는 것이 옳았을까요?
네 선동가	쿨리들이 경찰에 맞서 자신을 지키는 것은 오로지 공장안의 다른 노동자들이 경찰에 대항하여 그들과 하나임을 선언하도록 하는 일이 이루어질 때에 비로소 가능하다고 그들에게 말해 줄 수 있었을 것입니다. 왜냐하면 경찰이 불법적인 행위를 저질렀으니까요.
감독합창단	동의합니다.

5
도대체 인간이란 무엇인가?

| 네 선동가 | 우리는 매일 매일 옛 조합들, 절망 그리고 굴종과 싸웠습니다; 우리는 노동자들에게 보다 나은 임금을 얻기 위한 투쟁을 권력을 쟁취하기 위한 투쟁으로 변모시키는 법을 가르쳤습니다. 그들에게 무기사용법과 가두에서 투쟁하는 법을 가르쳤습니다. 그러자 우리 귀에 들려왔습니다. 상인들이 관세 때문에 도시를 다스리던 영국인들과 싸움을 벌이고 있다는 소식이. 지배자들끼리의 싸움을 피지배자에게 득이 되도록 이용하기 위해 우리는 상인 중 최고 갑부에게 편지와 함께 젊은 동지를 보냈습니다. 그 편지에는 쿨리를 무장시키시오! 라고 씌어 있었지요. 젊은 동지에게 |

〈조처〉

우리는 말했습니다: 무기를 받을 수 있도록 처신하시오 라고. 그러나 음식이 식탁에 차려졌을 때 그는 입을 다물 지 못하고 말았습니다. 그걸 보여드리지요.

선동가 한 명이 상인역을 맡는다.

상인 저는 상인입니다. 전 영국인들에 대항하여 함께 행동하는 문제에 대한 쿨리조합의 편지를 기다리고 있습니다.

젊은 동지 여기 쿨리조합의 편지를 가지고 왔습니다.

상인 나와 함께 식사를 하도록 당신을 초대하겠소.

젊은 동지 함께 식사를 할 수 있다니 저에겐 영광입니다.

상인 식사가 준비되는 동안 쿨리들에 대한 내 생각을 당신에게 말해보겠소. 이쪽으로 앉으시오.

젊은 동지 대인께서 가지신 견해에 큰 관심을 갖고 있습니다.

상인 내가 모든 것을 남보다 싼 값으로 가지게 되는 것은 무슨 이유이겠소? 그리고 어떤 쿨리가 나를 위해 거의 공짜다 시피 일하는 까닭은 무엇이겠소?

젊은 동지 전 알지 못합니다.

상인 내가 영리한 사람이기 때문이오. 당신들 역시 영리한 사 람들이지. 쿨리들한테서 봉급을 받아 낼 줄 아니까 말이 오.

젊은 동지 그건 저희들이 알고 있습지요. - 그 문젠 그렇습니다만, 쿨 리들을 영국인들에 맞서 무장시킬 계획이신지요?

상인 아마 그러기가 쉬울거요. 난 쿨리 다루는 법을 알고 있소. 당신이라면 쿨리에게 당장 죽지는 않을 만큼의 쌀은 주어 야 한다고 생각하겠지요, 그렇지 않으면 당신을 위해 일 을 할 수가 없을 터이니까. 그렇지 않소?

젊은 동지 네, 옳으신 말씀입니다.

상인 하지만 내말은 그렇지 않아. 쿨리가 쌀보다도 값이 싸다

	면, 나는 새 쿨리를 살 수가 있네. 이게 더 옳지 않은가?
젊은 동지	네, 더 옳으신 말씀입니다. - 그럼 언제 첫 번째 무기를 도시 아래구역으로 보내시겠습니까?
상인	곧, 곧 보내지요. 당신이 봐야 되는 건데, 나의 피혁물을 실어 나르는 쿨리들이 주보에서 내 쌀을 어떻게 사는지를.
젊은 동지	꼭 보아야겠습니다 그려.
상인	어떻게 생각하시오, 내가 그 노동에 대해 돈을 많이 지불할 것 같소?
젊은 동지	그렇지 않습니다. 대인의 쌀이 비쌉니다. 노동의 질은 좋아야 하지만, 대인의 쌀은 질이 나쁘지요.
상인	당신들도 영리한 사람들이야.
젊은 동지	그럼 언제 쿨리들을 영국인들에 대항하여 무장시키실 건가요?
상인	식사 후엔 무기창고를 점검해 볼 수 있을 거요. 이제 당신에게 내 십팔번 노래를 들려주겠소.

상품의 노래

쌀은 하구의 강기슭에 있는 데
상류 지방에서 사람들이 쌀을 필요로 한다네
우리가 쌀을 창고에 넣어두면
그들에겐 쌀이 더 비싸게 되지.
미곡선 끄는 녀석들은 쌀을 더 적게 받게 되고
그럼 쌀은 나에겐 더 값싸게 된다네.
쌀이란 게 도대체 무엇인가?
내가 알게 뭐람, 쌀이 뭔지를?
내가 알게 뭐람, 그런 걸 누가 아는지!

〈조처〉

내가 아는 건 오직 그 가격 뿐이라네.

겨울이 오면 사람들에겐 옷이 필요하지
그땐 솜을 사 들여야 해
솜을 내놔서는 안돼
추위가 오면, 옷이 더 비싸지지.
방적공장은 임금이 너무 많이 들어가.
도대체 솜이 너무 많다구.
솜이란 게 도대체 무엇인가?
내가 알게 뭐람, 솜이 뭔지를?
내가 알게 뭐람, 그런 걸 누가 아는지!
내가 아는 건 오직 그 가격 뿐이라네.

그런 인간에겐 먹는 게 너무 많이 들어.
그래서 인간이 더 비싸게 먹힌다구
먹을 것을 만드는 데도, 인간이 필요해
요리사들은 더 싼값으로 음식을 만들어 내지만,
먹는 사람들이 그걸 더 비싸게 만들지
도대체 인간이 너무 적다구.
인간이란 게 도대체 뭔가?
내가 알게 뭐람, 인간이 뭔지를?
내가 알게 뭐람, 그런 걸 누가 아는지!
난 몰라, 인간이 뭔지를
내가 아는 건 오직 그 가격 뿐이라네.

젊은 동지에게 이제 나의 맛좋은 쌀밥을 들어 봅시다.

젊은 동지 *일어나며* 당신과는 함께 식사를 할 수 없소.

네 선동가	그렇게 그가 말했지요. 그리곤 아무리 비웃고 아무리 협박해도 자기가 경멸했던 자와 함께 식사를 하도록 만들 수는 없었습니다. 그리하여 상인은 그를 내쫓았고 쿨리들은 무장을 갖추지 못했지요.
	토론
감독합창단	하지만 명예를 무엇보다도 높이 올려 세우는 것은 옳은 일이 아닌가요?
네 선동가	그렇지 않습니다.
감독합창단	세상을 변화시키시오, 세상에는 그게 필요합니다 정직한 사람이 누구와 자리를 함께 하지 않겠습니까? 정의를 구하기 위해서라면. 죽어가는 자에게 어떤 약이 너무 쓰다 하겠습니까? 그대 어떤 비열한 짓을 하지 않겠습니까? 비열함을 제거하기 위해서라면. 마침내 그대 세상을 변화시킬 수 있으려면, 뭣하러 그대 자신을 아끼겠습니까. 그대는 어떤 사람입니까? 오물을 뒤집어 쓰시오 살인자를 포옹하시오, 하지만 세상을 변화시키시오: 세상에는 그게 필요합니다! 우리는 당신들의 말을 듣고 있습니다. 오래전부터 재판관이 아니라 배우는 사람이 되어서.
네 선동가	계단에 발을 딛자 마자 젊은 동지는 자신의 실수를 깨달았고, 자신을 국경 너머로 되돌려 보내는 문제를 전적으로 우리의 처분에 맡겼습니다. 우리는 그의 약점들을 분

〈조처〉

489

명히 보았지만 아직은 그가 필요했어요. 그는 청소년단체
들 가운데서 많은 추종자를 갖고 있었으며, 기업주들의
총구를 앞에 두고 우리가 당의 그물을 짜던 그 당시 그가
많은 도움을 주었기 때문이지요.

6
배반

네 선동가   이번 주에는 눈에 띄게 추적이 심해졌습니다. 우리에게
남은 것이라고는 식자기와 유인물을 넣어 둘 숨겨진 방
하나 뿐이었습니다. 하지만 어느날 아침 시내에는 강력한
기아폭동이 발생하였고 평야지대로 부터도 심한 폭동의
소식이 전해졌습니다. 사흘째 되던 날 저녁 위험을 무릅
쓰고 우리의 은신처에 도착하자, 젊은 동지가 문에서 나
와 우리를 맞았습니다. 그리고 집 앞에는 자루들이 비를
맞은 채 놓여 있었지요. 그때의 대화를 되풀이해 보겠습
니다.

세 선동가   이 자루들은 뭐요?

젊은 동지   선전용 전단입니다.

세 선동가   그걸로 뭣하려는 거요?

젊은 동지   말씀드려야 할 일이 있습니다. 실업자들의 새 지도자들이
오늘 이 곳으로 오셔서 저를 설득했습니다. 우리가 즉각
행동을 개시해야 한다고 말입니다. 그래서 우리는 전단을
뿌리고 병영을 습격할 계획입니다.

세 선동가   그건 당신이 그들에게 잘못된 길을 가르쳐 준 것이오. 하
지만 당신의 주장의 근거를 대고, 우리가 납득하도록 설

명해보시오!

젊은 동지　곤궁이 커져가고 있으며 시내에서는 폭동이 발생하고 있습니다.

세 선동가　무지한 사람들이 자신이 처한 상황을 깨닫기 시작하고 있는 것이오.

젊은 동지　실업자들이 우리의 가르침을 받아 들였습니다.

세 선동가　피압박자들이 계급의식을 갖게 되는 중이지요.

젊은 동지　그들은 거리로 나가 방직공장을 뒤엎어 버리려고 합니다.

세 선동가　그들에겐 혁명의 경험이 없소. 우리의 책임이 그만큼 더 커지는 겁니다.

젊은 동지　실업자들은 더 이상 기다릴 수 없어요 그리고 나
　　　　　　　역시 더 이상은 못 기다려요
　　　　　　　빈곤한 사람이 너무 많아요.

세 선동가　하지만 아직 투사의 수가 너무 적소.

젊은 동지　그들은 엄청난 고통을 받고 있습니다.

세 선동가　고통받는 것으로는 충분하지 못하오.

젊은 동지　여기 우리 아지트 안에 있는 7명은 실업자들의 부탁으로 우리에게 온 것입니다. 그들 뒤에는 7천명이 있지요. 그리고 그들은 알고 있습니다. 불행이란 가슴팍에 문둥병이 자라듯이 자라나는 것이 아니라는 것을. 빈곤이란 지붕에서 기와장이 떨어지듯 떨어지는 것이 아니라, 불행과 빈곤은 인간이 빚어 낸 작품이라는 것을; 그들을 위해 요리되는 것은 빈곤이지만 음식으로 삼키는 것은 그들의 비탄이라는 것을 그들은 모르는 게 없어요.

세 선동가　정부가 몇 개 연대를 보유하고 있는지 그들은 알고 있소?

젊은 동지　아닙니다.

세 선동가　그렇다면 그들은 아는 게 너무 부족하오. 당신들의 무기

〈조처〉

491

는 어디 있소?

젊은 동지 *손을 내밀며* 우리는 이빨과 손톱으로 싸울 겁니다.

세 선동가 그걸로는 모자라요. 당신은 오직 실업자들의 곤궁만 볼 뿐 노동자들의 곤궁을 보지 못하고 있어요. 당신 눈에는 도시 만 보이지 평야지대의 농민들이 보이지 않아요. 당신은 병사들을 탄압하는 자로만 볼 뿐 제복을 입고서 탄압하는 가난한 사람으로 보지 못해요. 그러므로 실업자들에게 가서, 병영을 습격하자는 당신의 제안을 취소하고, 오늘 저녁 공장노동자들의 시위에 참여하도록 설득하시오. 우리는 불만을 가진 병사들이 제복을 입은 채 우리와 함께 시위를 하도록 설득할 계획입니다.

젊은 동지 나는 실업자들에게 병사들이 그들에게 발포한 적이 얼마나 부지기수였든지를 상기시켰습니다. 이제 내가 그들이 살인자들과 함께 시위를 하라고 말해야 하는 겁니까?

세 선동가 그렇소. 병사들도 그들 자신의 계급 출신인 가난한 사람들에게 총을 쏜 것이 잘못이었음을 깨달을 수 있기 때문이오. 모든 농부들을 계급의 적으로 볼 것이 아니라 농촌 빈민을 동료투사로 획득하라는 레닌 동지의 고전적인 충고를 기억하시오.

젊은 동지 그럼 물어 보겠습니다. 고전대가들은 빈곤이 기다리는 것을 용인하는 겁니까?

세 선동가 그들은 빈곤 전체를 포착하는 방법에 대해 말하고 있는 것이오.

젊은 동지 그렇다면 고전대가들은 가난한 사람 각자를 즉각 당장 그리고 무엇보다도 먼저 돕는다는 데 찬성하지 않는 겁니까?

세 선동가 그렇소.

젊은 동지 그렇다면 고전이란 쓰레기입니다. 그것들을 찢어버리겠어
요; 인간이, 살아있는 사람이 울부짖고 있으며, 그의 곤궁
이 교의의 모든 둑을 허물어버리기 때문이에요. 따라서
이제 난 행동을 개시하겠어요. 지금 그리고 당장; 왜냐하
면 내 자신이 울부짖으며 교의의 둑을 허물어버리기 때문
이에요. *그가 책들을 찢는다.*

세 선동가 찢지 마시오! 우리에겐 그게 필요하오
그 하나하나가. 제발 현실을 보시오!
당신의 혁명은 급조되어 하루를 지탱하고는
내일이면 목졸리고 만다오.
하지만 우리의 혁명은 내일 시작되어
승리를 거두고서 세상을 변혁시킬 것이오.
당신이 끝장나면, 당신의 혁명도 끝장이오
당신이 끝장날 경우라도
우리의 혁명은 계속 전진할 것이오.

젊은 동지 내가 하는 말을 좀 들어보세요: 난 빈곤이 기다릴 수 없
음을 내 두 눈으로 보고 있어요. 그래서 기다리라는 당신
들의 결정에 난 따르지 않겠어요.

세 선동가 당신은 우리를 설득시키지 못했소. 그러니 실업자들에게
로 가서 그들이 혁명의 전선에 편입되어야 한다는 점을
납득하게 하시오. 이제 우리는 당의 이름으로 그러길 요
구하는 바이오.

젊은 동지 도대체 당이란게 뭔가요?
집안에 들어 앉아 전화를 받는 건가요?
당의 생각은 비밀이고, 당의 결정은 알 수 없는 것인가요?
당이란게 뭔가요?
세 선동가

우리가 당이라오.

당신과 나 그리고 그대들 - 우리 모두가.

동지여, 당은 그대의 옷 속에 들어 있고, 그대의 머리 속에서 생각을 한다오

내가 사는 곳이 당의 집이며, 그대가 공격받는 곳에서 당은 싸운다오

우리가 가야 할 길을 우리에게 보여주시오, 그러면 우리는 그대와 함께 그 길을 가겠소. 하지만

우리를 버려두고 옳은 길을 가지는 마시오

우리를 버려두면 그 길은

가장 잘못된 길이라오.

우리를 떠나지 마시오!

우리가 착각을 하고 당신이 옳을 수도 있소, 그렇기 때문에 우리를 떠나지 마시오!

가까운 길이 먼 길 보다 낫다는 것을 부인하는 사람은 아무도 없소

하지만 어느 누가 그 길을 알고서

우리에게 그 길을 가르쳐주지 못한다면, 그의 지혜가 우리에게 무슨 소용이겠소?

우리 곁에서 지혜로와 지도록 하시오!

우리를 떠나지 마시오!

젊은 동지 내가 정당하기 때문에 난 굴복하지 않겠어요. 내 두 눈으로 보고 있어요. 빈곤이 더 이상은 기다릴 수가 없음을.

감독합창단

당의 예찬

개인은 눈이 두개이고
당은 눈이 천개이므로.
당은 일곱 나라를 보고
개인은 도시 하나를 본다.
개인은 자신의 시간을 갖지만
당은 여러 시간들을 갖고 있다.
개인은 없애 버릴 수 있지만
당은 없앨 수가 없다
왜냐하면 당은 대중의 전위이며
현실의 인식으로부터
길어낸 고전의 방법을 써서
그들의 투쟁을 이끌기 때문이다.

젊은 동지 그 모든 것이 더 이상 소용없어요; 눈앞에 투쟁을 보고 있는 지금 나는 어제까지 통했던 모든 것을 팽개쳐버리겠어요. 모든 사람과의 모든 동의를 파기하고, 오로지 인간적인 행위만 하겠어요. 여기에는 행동이 있어요. 난 그들의 선두에 서겠어요. 내 가슴은 혁명을 위해 고동치고 있어요. 여기에 혁명이 있어요.

세 선동가 입닥치시오!

젊은 동지 여기에는 억압이 있군요. 난 자유를 옹호합니다.

세 선동가 입닥치시오! 당신은 우리를 배신하고 있소!

젊은 동지 난 입을 다물 수가 없어요. 그건 내가 옳기 때문이에요.

세 선동가 당신이 옳든 그르든－당신이 입을 열면, 우리는 망하고 말

〈조처〉

아! 입다물어요!

젊은 동지   난 본 게 너무 많아요.

그래서 그들 앞으로 나서겠어요

나의 본디 모습으로, 그리곤 말하겠어요, 사실을.

그는 마스크를 벗고 외친다:

여러분들을 도우러 우리가 왔습니다

우린 모스크바에서 왔어요.

마스크를 찢는다.

네 선동가   그리고 우리는 보았습니다, 어스름한 빛 속에서

우리는 보았지요 그의 맨 얼굴을

인간적이고, 솔직하고 악의없는 그 얼굴을. 그는

마스크를 찢어버렸어요.

그러자 여러 집안에서

착취당한 자들이 외쳤습니다: 어느 놈이

가난한 사람들의 단잠을 설치게 하는가?

그리곤 창문이 하나 열리더니 한 목소리가 외쳤습니다:

여기 외국놈들이 있다! 선동질하는 놈들을 잡아라!

우리는 그렇게 들키고 말았습니다.

그리고 그 시각에 들려왔습니다. 도시 아래 구역에서

폭동이 일어난 소리가. 그리고 집합장소에는 아무 것도 모르는 사람들이,

거리에는 무장하지 않은 사람들이 기다리고 있었습니다.

하지만 그는 고함을 멈추지 않았습니다.

그래서 우리는 그를 쓰러뜨려

둘러 메고선 급히 그 도시를 떠났습니다.

7
위기일발의 추격과 분석

감독합창단   당신들이 도시를 떠나다니!

시내에 폭동이 자라나고 있는 데

지도부가 시 경계선 너머로 도망을 치다니.

어이없는 조처로군!

네 선동가   잠깐!

사정거리에서 멀리 벗어난 위치에서

몇 달의 시간을 갖게 된다면

옳은 길을 알아내는 것은 쉬운 일이오

하지만 우리는

십분이라는 시간에

총구 앞에서 심사숙고했습니다.

우리가 도망치는 도중 시 변두리의 석회갱 근처에 이르렀을 때, 우리는 우리 뒤에서 추격하는 사람들을 보았습니다. 우리의 젊은 동지는 눈을 뜨고서, 무슨 일이 일어났었는지를 알아 차렸습니다. 그리고 자신이 어떤 일을 저질렀는지를 깨닫고서, 우린 망했군요 라고 말했습니다.

감독합창단   당신들의 조처는 어처구니가 없군요!

극도의 추격과 이론의 혼란기에도

전력투구할 가능성을 헤아릴 수 있도록

투사들은 상황의 도표를 그려보는 법이오.

네 선동가   그 분석을 재현해보겠습니다.

첫째 선동가   그를 국경 너머로 데려가야 한다라고 우리는 말했지요.

둘째 선동가   하지만 대중들은 거리에 있어요.

셋째 선동가   그리고 우리는 그들을 집회장으로 이끌고 가야 해요.

〈조처〉

첫째 선동가	그러므로 우리는 우리 동지를 국경 너머로 데려갈 수가 없군요.
셋째 선동가	하지만 우리가 그를 숨긴다 하더라도 그는 발견될 것이고, 그의 얼굴이 알려진 이상 무슨 일이 일어나겠습니까?
첫째 선동가	이미 포함은 강물 위에 대기하고 있고 장갑열차는 철로 위에 서 있습니다. 우리들 중 하나가 거기서 발견되면 우리를 공격하기 위해서이죠. 그는 발견되지 말아야 합니다.
감독합창단	사람들이 우리를 만나면, 어디서든

그들은 외칩니다: 지배자들은
없어져야 한다!고
그리곤 대포가 발사됩니다.

굶주린 사람이 신음소리를 내면서
괴롭히는 자를 물리치는 경우라면
신음소리를 내고 물리치도록
우리가 그에게 돈을 주었기 때문이지요.

우리의 이마에는 씌어 있답니다
우리는 착취에 반대한다 라고.
우리의 영장에는 씌어 있지요: 이자들은
억압받는 자들의 편이다!

절망한 사람을 돕는 자
그는 세상의 쓰레기입니다.
우리가 세상의 쓰레기입니다
우리는 발견되지 말아야 합니다.

8

매장

세 선동가   우리는 결정했습니다:

고로 그 사람은 사라져야 한다. 그것도 아무런 흔적없이
라고.

우리는 그를 데려 갈 수도, 거기에 버려 둘 수도 없기 때
문에

우리는 그를 사살하여 석회갱 속에 던져야 한다

석회가 그를 태워버릴 것이므로.

감독합창단   모면할 길을 찾지 못했습니까?

네 선동가   짧은 시간 내에 우리는 타개책을 찾지 못했습니다.

짐승이 짐승을 돕듯

우리 역시 그를 돕고 싶었습니다

우리와 함께 우리 일을 위해 투쟁했던 그를.

추격자들을 눈앞에 둔 5분 동안

우리는 숙고했습니다

보다 나은 해결책을.

여러분들도 지금 생각해 내어 보십시오

보다 나은 해결책을.

침묵

그러므로 우리는 결정했습니다: 이제 발 하나를 자신의
몸에서 잘라내기로.

사 람 을 죽 인 다 는 것 은 끔 찍 한 일 입 니 다.

하지만 어쩔 수 없는 경우라면, 남 뿐 아니라 우리는 우리
자신도 죽일 것입니다

살아있는 사람이라면 누구나 알듯이

〈조처〉

사람 죽이는 이런 세상은 오로지

폭력에 의해서만 변혁시킬 수 있기 때문입니다.

우린 말했습니다, 아직은 우리에게

살인하지 않는 것이 허용되지 않았노라고. 오로지 세상을

변혁시키겠다는 불굴의 의지만 가지고 우리는 정당화시켰

습니다

그러한 조처를.

네 선동가 마지막 대화를 되풀이해 보겠습니다.

첫째 선동가 그가 동의하는지를 우리는 그에게 묻고자 합니다. 그는
용기있는 투사였으니까요. (물론 마스크 뒤에서 나타난 얼
굴은 우리가 마스크로 가렸었던 그 얼굴과는 다른 얼굴이
었습니다. 그리고 석회가 지워버린 그 얼굴은 언젠가 국
경에서 우리를 환영했던 그 얼굴과는 달랐습니다.)

둘째 선동가 하지만 그가 동의하지 않는다 할지라도, 그는 사라져야
합니다. 그것도 흔적없이.

첫째 선동가 *젊은 동지에게* 당신이 붙잡히면, 그들은 당신을 사살할
것이오. 그리고 당신은 얼굴이 알려졌기 때문에, 우리의
사업이 탄로가 나게 되오. 그래서 우리는 당신을 사살하
여 석회갱 속에 던져야 하겠소. 석회가 태워버리도록. 하
지만 우리는 당신에게 묻겠소: 다른 해결책을 아는 게 있
습니까?

젊은 동지 없습니다.

세 선동가 그럼 당신에게 묻겠소: 동의합니까?

침묵

젊은 동지 네.

세 선동가 우리가 어디로 당신을 데려가야 하겠소 라고 우리는 그에
게 물었습니다.

젊은 동지	석회갱 속으로 라고 그가 말했습니다.
세 선동가	혼자 하겠소?
젊은 동지	도와주세요.
세 선동가	머리를 우리의 팔에 기대고
	눈을 감으렴.
젊은 동지	*보이지 않은 채*
	그는 아직도 말했지요: 공산주의의 이익을 위해
	만국의 프롤레타리아 대중의 전진에 동의하며
	세계의 혁명에 동의합니다
세 선동가	그리곤 그를 사살해
	석회갱 속으로 던졌습니다.
	그리고 석회가 그를 집어 삼키자
	우리는 우리의 사업으로 되돌아갔습니다.
감독합창단	그리고 당신들의 사업은 성공하여
	그대들은 전파했습니다
	고전대가의 교의를
	공산주의의 에이비씨를
	무지한 사람들에겐 그들의 상황에 대한 가르침을
	억압받는 사람들에겐 계급의식을
	그리고 계급의식이 있는 사람들에겐 혁명의 경험을.
	그리하여 거기서도 혁명이 진군하고 있으며
	그리하여 거기서도 투사들의 대열이 정비되었습니다
	우리는 당신들에게 동의합니다.
	하지만 여러분들의 보고는 우리에게 가르쳐 줍니다
	세상을 변화시키는 데 필요한 게 얼마나 많은 지를:
	분노와 끈기, 지식과 격분
	재빠른 개입, 깊은 숙고

〈조처〉

차가운 인내, 무한한 끈기
개별의 이해와 전체의 이해:
오로지 현실의 가르침을 받고서만, 우리는
현실을 바꿀 수 있습니다.

♣ 번역자 (가나다순)

김기선

서울대학교 독어독문학과 및 동 대학원 졸업. 독일 뮌헨 대학교에서 문학박사. 현재
성신여자대학교 인문대학 독어독문학과 명예교수

오제명

서울대학교 인문대학 독어독문학과 및 동 대학원 졸업. 독일 칼스루에 대학교 수학.
서울대 대학원에서 「베르톨트 브레히트의 교육극 연구」로 문학박사 학위 취득.
현재 충북대학교 독어독문학과 교수

이원양

서울대학교 문리대 독어독문학과 및 동 대학원 졸업. 서울대 대학원에서 「브레히
트의 후기 희곡 연구」로 문학박사 학위 취득. 현재 한양대학교 인문과학대학 독어
독문학과 명예교수 및 한국브레히트연극연구소 소장

이정준

성균관대학교 독어독문학과 졸업. 독일 뮌헨대학교에서 브레히트와 마리루이제
플라이써에 대한 연구로 석사, 박사 학위 취득. 현재 성균관대학교 문과대학 독어
독문학과 교수

임수택

한국외국어대학교 독일어과 및 동 대학원 졸업. 한국외국어대 대학원에서 「슈테
른하임과 현상학」으로 문학박사 학위 취득. 현재 연극연출가, 과천한마당축제
예술감독

조길예

전남대학교 독일어교육과 및 서울대학교 대학원 졸업. 독일 칼스루에 대학교 수학.
서울대학교 대학원에서 「변화을 위한 '동의' – 브레히트 교육극의 문화사적 연원과
전개과정」 연구로 문학박사 학위 취득. 현재 전남대학교 독일언어문학과 교수

브레히트 선집 1 희곡

초판 1쇄 발행 2011년 2월 12일
초판 2쇄 발행 2020년 2월 20일
엮은이 한국브레히트학회
펴낸이 박성복
펴낸곳 도서출판 연극과인간
　　　　서울시 강북구 수유2동 252-9
등록번호 제6-0480호.(2000. 2. 7)
전　화 (02) 912-5000
팩　스 (02) 900-5036
homepage http://www.worin.net

ⓒ 한국브레히트학회, 2011

ISBN 978-89-5786-367-1　(세트)
ISBN 978-89-5786-368-8　94680

값 24,000원